prometeo
libros

LA RAZÓN HUMANITARIA

Didier Fassin

La razón humanitaria

Una historia moral del tiempo presente

prometeo
libros

Fassin, Didier
   La razon humanitaria : una historia moral del tiempo presente /
Didier Fassin. - 1a ed. - Ciudad Autónoma de Buenos Aires : Prometeo Libros, 2016.
   396 p. ; 22.8 x 15,5 cm.

   Traducción de: Mónica Cristina Padró.

   1. Filosofía Política Contemporánea. 2. Intervención Humanitaria
. I. Padró, Mónica Cristina, trad. II. Título.
   CDD 320.01

Traducción: Mónica Cristina Padró
Cuidado de la edición: Micaela Magni
Armado: María Victoria Ramírez
Corrección: Marina Rapetti

© Didier Fassin. La raison humanitaire. Du Seuil, Paris, 2010.
Esta obra cuenta con el apoyo del Programa Victoria Ocampo de Ayuda a la
Publicación, Institut Français d'Argentine / Ambassade de France.
Cet ouvrage a bénéficié du soutien du Programme d'aide à la publication Victoria
Ocampo de l'Institut Français d'Argentine / Ambassade de France.

© De esta edición, Prometeo Libros, 2016
Pringles 521 (C1183AEI), Buenos Aires, Argentina
Tel.: (54-11) 4862-6794 / Fax: (54-11) 4864-3297
editorial@treintadiez.com
www.prometeoeditorial.com

Hecho el depósito que marca la Ley 11.723
Prohibida su reproducción total o parcial
Derechos reservados

Índice

Introducción
El gobierno humanitario[*]

*Acordaremos fácilmente que llegaríamos a saber mucho más
si no fuéramos víctima de la moral.*
Emmanuel Levinas. *Totalidad e infinito.*

Los sentimientos morales resultan ser una energía esencial de las
políticas contemporáneas: ellos nutren los discursos y legitiman las
prácticas, especialmente cuando estas se dirigen a los desposeídos y a
los dominados –que pertenecen a un mundo cercano (los pobres, los
extranjeros enfermos, las personas sin vivienda) o lejano (las víctimas
del hambre, de las epidemias, de las guerras)–. Por sentimientos morales entendemos las emociones que nos conducen sobre el malestar de
los otros y nos hacen desear corregirlo[1]. Ellos asocian afectos y valores
–la sensibilidad y el altruismo–, algunos hacen derivar los segundos de
los primeros, es decir la moral de los sentimientos: por lo tanto, según
esta tradición filosófica, la experiencia del sufrimiento precede al sentido del bien. La compasión cumple con la forma más acabada de esta
combinación paradojal entre el corazón y la razón: es la simpatía que
se siente frente al infortunio del prójimo la que produce la indignación
moral susceptible de generar una acción que busque hacerlo cesar. De

[*] Traducción a cargo de la doctora Mónica Cristina Padró.

[1] Desde Adam Smith, especialmente, quien en la *Théorie des sentiments moraux* (*La
teoría de los sentimientos morales*) (1999/1759, p.23), publicado por primera vez en
1759, comienza con esta frase: "También a un egoísta como es el hombre, podemos
suponer, hay ciertos principios en su naturaleza que lo llevan a interesarse en la suerte
de los otros y que le resulte necesario su bienestar. De esa forma es la piedad o la compasión, es decir la emoción que sentimos por la miseria de los otros, que la veremos o
que seríamos llevados a concebirlas con mucha violencia". En su historia de la filosofía
moral, John Rawls (2008/2000, p. 18-19) asocia Smith a Hutcheson, Shaffestbury,
Butler y Hume en una misma "escuela del sentido moral", esencialmente escocés.

esa forma, frente al hombre dejado por muerto por los tunantes en el borde de un camino, el Buen Samaritano del Evangelio se conmueve: le llena la panza, encuentra un hospedaje y paga para que reciba cuidados[2]. Esta parábola inaugura de manera paradigmática una política de la compasión que riega la moral occidental mucho más allá de la doctrina cristiana, la que por otra parte no ostenta el monopolio de la solicitud frente a la desgracia de los otros.

En ese contexto, propongo llamar "gobierno humanitario" al despliegue de los sentimientos morales en las políticas contemporáneas. Gobierno debe entenderse aquí en sentido amplio[3], como el conjunto de dispositivos establecidos y de las acciones realizadas para administrar, regular y favorecer la existencia de los seres humanos ; el gobierno incluye, pero sobrepasa la intervención del Estado, de las colectividades territoriales, de los organismos internacionales y, generalmente, de las instituciones políticas. Humanitario debe también ser comprendido en una acepción amplia[4],en referencia a la doble dimensión que tiene la noción de humanidad, por una parte como el conjunto de seres humanos que comparten una misma condición (pertenecer a la humanidad) y, por otra, como movimiento afectivo que conduce hacia otros

[2] La parábola (Lucas, X, 30-37) cuenta la respuesta de Jesús a un "doctor de la ley" que lo invita a decir quién es su prójimo. En su investigación sobre el sufrimiento a distancia, Luc Boltanski (1993, p. 21) hace de esta escena un paradigma, distinto de la piedad y de la compasión, que él califica de "comunitarias". Las diversas traducciones de los Evangelios mencionan siempre sin distinción que el Samaritano fue presa de la "piedad" o de la "compasión" frente al espectáculo del hombre herido. Ni la caracterización identitaria del Samaritano ni su compromiso en una acción de ayuda justifican esa distinción.

[3] Sentido que le es dado por Michel Foucault (1994, p. 25) en el resumen de su curso en el Collège de France de 1979-1980, precisamente titulado "Le gouvernemment des vivants": según él, se trata de las "técnicas y procedimientos destinadas a la conducta de los hombres" y habla del "gobierno de los niños, gobierno de las almas o de las conciencias, gobierno de una casa, de un Estado o de uno mismo".

[4] Heredera de las "Luces" y más precisamente de las sociedades filantrópicas de fines del Siglo XVIII, estudiadas por Catherine Duprat (1993, p. XIV) apoyándose principalmente sobre la definición dada por François-VincentToussaint en 1748: "Yo entiendo por humanidad el interés que tienen los hombres por aquellos que se les parecen, por la única razón de que son hombres como ellos. Ese sentimiento grabado en su corazón, responde a otras virtudes sociales y las supone también impresas". Encontramos aquí los dos términos ingleses a los cuales reenvía la palabra *humanity*, a saber: *mankind* (la especie) y *humaneness* (la solicitud).

semejantes (dar prueba de humanidad). De la primera significación derivan una demanda de derechos y una expectativa universal; a la segunda se incorpora la obligación de asistir y la atención por el otro. Encontramos aquí esta articulación de la razón y de la emoción que define los sentimientos morales. El gobierno humanitario excede, en consecuencia, las limitaciones habituales que lo circunscriben a las acciones llevadas en el tercer mundo, y que corresponden a la visión que dan las organizaciones precisamente llamadas humanitarias. En los hechos, lo humanitario deviene un lenguaje que relaciona inextricablemente los valores y los afectos y que sirven tanto para definir como para justificar prácticas del gobierno de los hombres. Cuando un candidato a la elección presidencial se dirige a "la Francia que sufre", utiliza el mismo lenguaje de los sentimientos morales que su colega en los Estados Unidos, quien cualifica su programa como de "conservadurismo compasional"[5]. Cuando bajo la presión de las asociaciones de ayuda a los inmigrantes y los pacientes con SIDA, los poderes públicos franceses autorizan la regularización de extranjeros solo si ellos son portadores de una enfermedad grave, no pudiendo ser atendidos en sus países de origen, aludiendo una "razón humanitaria", ellos emplean el mismo calificativo que los jefes de estado occidentales, que aluden al bombardeo de Kosovo en el marco de una campaña militar de la que afirman el "carácter puramente humanitario"[6]. El vocabulario del sufrimiento, de la compasión y de lo humanitario forma parte, de ese modo, tanto a nivel nacional como internacional, de nuestra vida

[5] Ver las intervenciones de Nicolás Sarkozy, "Discourspour la France quisouffre", del 18 de diciembre del 2006 (www.u.m.p.org/site/index.php/s_informer/discours/nous_allons_faire_revivre_l_espoir, consultado en enero del 2009) y de George Bush "President Promotes Compassionate Conservatism", del 30 de abril del 2002 (www.whitwhouse.gov/news/releases/2002/04/20020430-5html, consultado en enero del 2009).

[6] Ver la versión consolidada del 25 de noviembre del 2008 de la ordenanza del 2 de noviembre de 1945 relativas a las condiciones de ingreso y estancia de los extranjeros en Francia y, más particularmente, el artículo 12 bis, acápite 11 (www.legislationline.org/documents/action/popup/id/7617 consultado en abril del 2010), y el discurso pronunciado por Tony Blair en Chicago el 22 de Abril del 2009, donde se define la que posteriormente será llamada "Doctrina Blair" de justificación de las intervenciones armadas (www.opendemocracy.net/globalization-institutions_gouvernement/article_1957.jsp, consultado en abril del 2010).

política: sirve para describir lo que está en juego y argumentar las elecciones. Ciertamente, objetaremos y con razón que hay, generalmente, una forma de cinismo –no necesariamente consciente– en utilizar el lenguaje de los sentimientos morales aun cuando se ponen en funcionamiento programas que aumentan las desigualdades sociales, medidas que fragilizan a las poblaciones inmigrantes u operaciones militares cuyos objetivos son esencialmente geoestratégicos –para mencionar algunos ejemplos citados–. El lenguaje de lo humanitario no sería más que una estafa que jugaría sobre el sentimentalismo para imponer la ley del mercado y de la *Realpolitik*. Sin embargo, y entendido bajo esta hipótesis, la pregunta que subyace es: ¿por qué es tan eficaz? Más allá de la mala fe de algunos o de la buena conciencia de los otros –cuya significación no puede ser ignorada en vista de lo que podríamos llamar una ética de la política–, se trata, sin embargo, de comprender cómo ese lenguaje se impone hoy como el más apto para producir adhesión de los oyentes o de los electores, porqué preferimos en general hablar de sufrimiento y de compasión antes que de interés y de justicia, y en nombre de qué legitimamos las acciones declarándolas humanitarias. El discurso de los afectos y de los valores tienen en el mundo contemporáneo un rendimiento político alto: es lo que debemos analizar.

Una paradoja debe ser señalada frente a esta mirada. Por un lado, los sentimientos morales apuntan principalmente a los individuos más pobres, más desdichados, más frágiles, dicho de otra forma, la política de la compasión es una política de la desigualdad[7]. Por otra parte, los sentimientos morales tienen generalmente como condición de posibilidad el reconocimiento de otros como semejantes, en otras palabras, la política de la compasión es una política de solidaridad[8]. Esta tensión entre desigualdad y solidaridad, entre relación de dominación

---

[7] La forma más radical de esta afirmación de desigualdad de los sentimientos morales se encuentra en Friedrich Nietzsche, quien no se distingue, por otra parte, por la compasión o la piedad y para quien, como lo escribe Gilles Deleuze (2003/1962, p.172), "la piedad es amor por la vida, pero no de la vida débil, enferma, reactiva: militante, ella anuncia la victoria final de los pobres, de los sufrientes, de los impotentes, de los humildes".

[8] Buscando en la fórmula de Tocqueville sobre la "igualación de posibilidades" una llave para la interpretación, Myriam Revaultd'Allonnes (2008, p. 17) habla de la "compasión democrática".

y relación de ayuda, es constitutiva de todo gobierno humanitario: ella explica la ambivalencia observada generalmente entre los gobernantes, los donantes, los agentes que obran por el bien de los otros y dan cuenta de aquello que a veces se llama la fatiga compasional, es decir, la usura de sentimientos morales que se convierten en indiferencia, a veces en agresividad a la vista de los desdichados; esta tensión explica también, de manera recíproca, el malestar de los gobernados, de los asistidos, de todos aquellos que reciben esos dones no apelando a ninguna contra-prestación, dando cuenta del resentimiento y a veces de la hostilidad en ocasiones manifestada por los desprotegidos y los dominados por aquellos que se creen sus benefactores[9]. Numerosos filósofos y moralistas se han esforzado por minimizar el alcance de esta relación asimétrica de la compasión, para destacar, por el contrario, la dimensión igualitaria y de ese modo valorizarla como emoción fundadora de la comunidad humana: es porque uno hace del otro otro-yo mismo, dicen ellos, que uno siente en su presencia simpatía y trata de actuar por su bien. El problema no es siempre psicológico, ni aun ético, como ellos lo hacen suponer: es estrictamente sociológico[10]. No es la condescendencia eventual del auxiliar la que está en entredicho, menos aún la significación de su acto de ayudar, son las condiciones de la relación social ligando a dos partes que, más allá de toda intención de los actores, hacen de la compasión un sentimiento moral sin reciprocidad posible. Seguramente podríamos asegurar que ese don, aparentemente desinteresado, supone un contra-don bajo la forma de la obligación que liga al que recibe a su benefactor, por ejemplo obligación de contarlo en unos y de enmendarse para los otros, de demostrar el reconocimiento frente a todos. A pesar de todo, vemos claramente que

[9] Los dos fenómenos –hostilidad de unos y resentimiento de los otros– podrían ser descriptos, en referencia a *La Têmpete* de Shakespeare y, de forma más explícita aún, en su reescritura por Aimè Césaire (1980/1969), como respectivamente el síndrome de Próspero y el síndrome de Caliban: "Je te plains" (NdT: Yo te quiero), dice el primero al segundo, "Et moi, je te hais" (NdT: Y yo te odio), le responde el último. (Acto III, Escena V).

[10] Al menos en el espacio político que es considerado aquí, o como lo dice Martha Nussbaum (2001, p. 401), en la relación entre "compasión y vida pública". No se trata aquí de la compasión en la esfera privada, por ejemplo la de la madre en el lugar de su hijo que sufre.

en esas condiciones el intercambio resulta profundamente desigual. Además, aquellas y aquellos que son objeto de atención humanitaria saben bien que se espera de ellos la humildad del agradecido más que la reivindicación de un derecho-habiente.

Si hay dominación en el arrebato compasional, él es objetivo antes que –aunque no debe serlo necesariamente- subjetivo. La asimetría es más política que psicológica: no se trata de criticar la compasión por la postura de superioridad que ella implicaría, sino porque ella supone siempre una relación de desigualdad. La razón humanitaria gobierna en las vidas precarias[11]: vidas de demandantes de empleo y de demandantes de asilo, vidas de extranjeros enfermos y de enfermos de SIDA, vidas de siniestrados por catástrofes y víctimas de conflictos, vidas amenazadas y vidas olvidadas que el gobierno humanitario hace existir protegiéndolas y revelándolas. La compasión, cuando es ejercida en el espacio público, también es ejercida de arriba hacia abajo, desde los más poderosos hacia los más frágiles, los más vulnerables -a quienes podemos designar como aquellos a cuyo destino los sobrepasa–. Es necesario tomar el concepto de vidas precarias en su fuerte acepción latina[12]: las existencias que no están aseguradas sino que son concedidas por el ruego, dicho de otra forma, que no son determinadas en absoluto por una condición, sino en la relación con aquellos que tienen sobre ellos un poder. El gobierno humanitario es también una política de las vidas precarias.

Esta política, que pone en ejecución los Estados Unidos y las organizaciones no gubernamentales, las instituciones internacionales y

---

[11] A partir del suceso que significa el 11 de setiembre del 2001 –y especialmente su continuidad– y sobre la base de un pensamiento de Emmanuel Levinas sobre la violencia, Judith Buttler (2004, p. XVII) propone una ética de la vida precaria "que se fundamente sobre una comprensión de cuán fácilmente puede ser suprimida una vida humana". Siempre es posible ampliar esta reflexión más allá de la violencia física y criminal interrogándose sobre la fragilidad de las vidas y la forma en que son tratadas por los políticos.

[12] Según Alan Rey (2006, p. 2898), "precario" es extraído del latín jurídico *precarius* "obtenido por la oración", este valor que implica una intervención superior y por lo tanto una ausencia de necesidad, desembocando en "mal asegurado, pasajero". En consecuencia,"ese término jurídico cualifica que lo que es concedido, no se puede ejercer más que gracias a una concesión, un permiso irrevocable para aquel a quien le es acordado".

las colectividades locales tiene una historia. No es este el lugar para reconstituirlas. Podemos, no obstante, sugerir una doble temporalidad. La primera, prolongada, se refiere a la emergencia de los sentimientos morales en la reflexión filosófica, luego, en el sentido común de las sociedades occidentales, a partir del siglo XVIII: la identidad moderna es indisociable de la conjunción de afectos, y de valores que normalizan las conductas y las emociones en vista de los otros y que definen un respeto por la vida y la dignidad humanas. La segunda, breve, se refiere a la inscripción de esos sentimientos morales en el espacio público y, más precisamente, en la acción política de fin de siglo XX: es imposible fechar ese fenómeno con precisión, solo podemos observar la convergencia de un conjunto de hechos en el curso de los últimos decenios de este siglo, entre ellos, la creación de las llamadas organizaciones humanitarias (con su invocación de un derecho o de un deber de injerencia), la instalación de ministerios de acción humanitaria (en el seno de numerosos gobiernos franceses pero igualmente en otros países), la calificación de conflictos como crisis humanitarias (justificando de esa forma intervenciones militares bajo la misma bandera), a las que podríamos agregar la multiplicación de medidas y dispositivos en vista de los pobres, de los desocupados, de los sin domicilio, de los enfermos sin recursos, de los extranjeros en situación irregular, de los candidatos al estatuto de refugiados, medidas y dispositivos definidos –explícita o implícitamente como humanitarios–. La primera temporalidad construye la trama genealógica de la segunda. Pero, es en esta última en la que me intereso principalmente –en la constitución de un gobierno humanitario–. Me esfuerzo por dar inteligibilidad a la reconfiguración de la política de las vidas precarias en el curso de los últimos decenios: las investigaciones presentadas aquí conciernen esencialmente a las medidas, dispositivos, formas –gubernamentales y no gubernamentales– de gobierno que han sido puestas en acción a fines del siglo XX y comienzos del siglo XXI, para administrar poblaciones e individuos confrontados a situaciones de desigualdad, en contextos de violencia, en experiencias de sufrimiento. No se trata de afirmar que la compasión es una creación reciente, aún si es necesario reconocer que ciertos períodos son más propicios al sentimentalismo. No se trata tampoco de considerar como irreversible a este comprometido movimiento, porque nada es más débil y revocable que el sentimiento de compasión en política. Tampoco se trata, finalmente, de sugerir que el hecho compasional sería exclusivo de otros fenómenos, porque el cuerpo social es permanentemente trabajado por lógicas contradictorias y, especialmente, tratándose de vidas precarias, por lógicas de aseguramiento. Mi objetivo busca mostrar qué es a lo que se apunta de singular a través del desarrollo de la razón humanitaria en el espacio público contemporáneo, comprender cómo los sentimientos morales han penetrado en la vida pública en los últimos decenios.

En este sentido, las ciencias sociales han acaparado la evolución de lo aquí descripto. Es destacable constatar la importancia que toman, en la década de 1990, porque podríamos apelar a una literatura científica compasional, dicho de otro modo, de un corpus de trabajos sobre el sufrimiento, los traumas, el malestar, la miseria, la exclusión, la queja, y esto especialmente de ambos lados del Atlántico. En Francia, la sociología y la psicología son las más implicadas. En Estados Unidos, los estudios literarios y la antropología médica se han movilizado con anterioridad al resto[13]. Muchos de estos estudios se inscriben en vastos programas de investigación y se benefician de sostén financiero, en Francia de organismos público y no públicos, en Estados Unidos de fundaciones privadas y organizaciones sin fines de lucro. En Francia, la Caja de depósitos y consignaciones han permitido el suceso editorial francés más importante del último decenio para un libro de sociología, financiando un conjunto de investigaciones sobre las pequeñas y grandes miserias del mundo. En los Estados Unidos, el Social Science Research Council ha tenido una influencia enorme en el campo científico, sosteniendo financieramente una serie de se-

---

[13] No podríamos presentar de manera exhaustiva una considerable bibliografía sobre la cuestión. Podemos mencionar para Francia, las obras de Pierre Bourdieu (1993), Luc Boltansky (1993), Jean-François Laé (1996), Vincent de Gauléjac (1996), Christophe Dejours (1998) y, para los Estados Unidos, los libros de Arthur Kleinman (1988), David Morris (1991), Nancy Sheper-Hughes (1992), Paul Farmer (1992), Cathy Caruth (1995), Ruth Leys (2000). Podemos, también, encontrar un análisis parcial en una recensión (Fassin, 2004a).

minarios y de obras sobre la violencia y sus efectos[14]. De ese modo, se desarrolla una dinámica especular en la cual los poderes públicos y los grupos privados producen una representación del mundo a la que las ciencias sociales aportan la autoridad de su reflexión teórica y los materiales de sus investigaciones científicas. Legitimado a su vez, por una y por otros, por la política y por los intelectuales, esta representación del mundo se consolida y se impone poco a poco como una evidencia. Las desigualdades se borran en beneficio de la exclusión, la dominación se transforma en malestar, la injusticia se nombra en las palabras del sufrimiento, la violencia se expresa en términos de traumatismo. Si bien el antiguo léxico de la crítica social seguramente no ha desparecido totalmente, el nuevo vocabulario de los sentimientos morales tiende a recubrirlo según un proceso de sedimentación semántica cuyas consecuencias son perceptibles tanto en las políticas públicas como en las acciones privadas[15]. La operación de traducción de la realidad social en el lenguaje de la compasión se duplica en forma de conversión epistemológica, pero también emocional, de los investigadores y de los intelectuales a este acercamiento a la sociedad más susceptible a la subjetividad de los actores, a la experiencia del dolor y la aflicción. Estudios, programas y textos se multiplican. En algunos años la exclusión y el malestar, el sufrimiento y el trauma devienen lugares comunes en ciencias sociales que acreditan, de esta forma, el nuevo discurso político.

Esta nueva inteligibilidad del mundo muchas veces ha sido tomada por dinero en efectivo. Muchos consideraron que, en el fondo, solo se trataba de un simple reflejo de los cambios sucedidos en la sociedad; no se hablaba de excluidos porque ellos serían muchos más y, del su-

---

[14] La primera para *La Misère du Monde* (Bourdieu, 1993), la segunda, para la trilogía *Social Suffering* (Kleiman *et al*, 1997), *Violence and Subjectivity* (Das *et al.* 2000) y *Remaking a World* (Das *et al.* 2001).

[15] Ese vocabulario también penetra la alta administración del Estado francés, especialmente bajo la influencia de sociólogos que representan escuelas de pensamiento muy diversas, el lugar de reflexión estratégica que es el *Commisariat général du Plan* (Fassin, 1996). Y, también, en los Estados Unidos en las esferas políticas ganadas por el *ethos* compasional (Berlant, 2004). Significativamente, por una concesión de estos tiempos, el título inglés dado a *La Misère du Monde* es *The Wiegth of the World*, con un subtítulo: *Social Suffering in Contemporary Society*.

frimiento, porque sufriríamos más; enviaríamos médicos y enfermeras, a veces fuerzas armadas, para el bien de las poblaciones concernidas porque nuestro mundo deviene más generoso. Algunos se han alegrado con esta evolución, viendo en ella cierto progreso moral: según ellos, los poderes públicos y las organizaciones no gubernamentales, los sindicalistas y los políticos, los periodistas y los investigadores manifestarían finalmente mas humanidad, estarían más cerca de las experiencias de la gente común. Otros, por el contrario, están indignados y ofendidos de lo que ellos ven como una deriva sentimentalista: creyéndoles, cada uno se consideraría además como una víctima en una suerte de carrera desenfrenada a la exposición de sus malestares e incluso, también, a la reivindicación de reparaciones.

Por mi parte, yo adopto una postura totalmente diferente que considero más analítica que normativa. Podemos considerar, en efecto, que nuestra manera de aprehender el mundo resulta de un proceso histórico de "problematización", por lo que vamos a conocerlo e interpretarlo de una determinada manera, haciendo vivible cuál es el problema y dándole una forma singular, renunciando de esta forma a otras maneras de describir e interpretar la realidad, de determinar y constituir lo que verdaderamente es problema[16]. De esa forma, el usuario de drogas por vía intravenosa que antaño era visto como un delincuente potencialmente peligroso para los otros deviene ahora un ser sufriente que es necesario proteger –de él mismo, de sus pulsiones de muerte y especialmente de riesgos de infecciones–, el hecho no ha cambiado mucho: lo que se ha transformado es nuestra mirada y nuestra actitud frente a él, como bien lo saben los policías, encargados ayer de detenerlos y hoy conminados a ignorarlos cuando

---

[16] La construcción de lo que es un problema social ha sido objeto de una literatura considerable (Schneider, 1985). Recorriendo el concepto de "problematización", yo me sitúo generalmente mucho más en la perspectiva de Michel Foucault (1994, pp.669-670), quien, al final de su vida, considera que toda su obra filosófica ha sido llevada sobre una sucesión de "problematizaciones" del mundo social (sobre la locura, la clínica, la prisión, la sexualidad, etc.): "Problematización no quiere decir representación de un objeto preexistente, ni tampoco creación por el discurso de un objeto que no existe. Es el conjunto de prácticas discursivas y no discursivas que hacen entrar algo en el juego de lo verdadero y de los falso y lo constituye como objeto para el pensamiento."

visitan al distribuidor de jeringas. Del mismo modo, en otro registro, si el voluntario deseoso de comprometerse junto a las víctimas de conflictos y de opresiones lo hacía en otro tiempo a través de un combate político, a veces militar, como Malraux en España o Genet en Palestina, serían figuras emblemáticas, lo hacían a través de la medicina y ayuda humanitarias, que simboliza Bob Geldof organizando un concierto para Etiopía o Bernard Kouchner llevando una bolsa de arroz a las costas de Somalía. De hecho, las situaciones sobre los territorios no se han modificado sustancialmente: por el contrario, la violencia y la injusticia toman otro sentido para nosotros y, más precisamente, nuevas justificaciones de las acciones nos aparecen hoy como legítimas, al punto de que los gobiernos invocan, cada vez más seguido, el argumento humanitario para calificar las intervenciones armadas que ellos conducen. De la desviación al sufrimiento, de la lucha política a la asistencia humanitaria: es en esos desplazamientos antropológicos en los que yo me intereso. Señalando esta evolución en nuestra aprehensión del mundo, no pretendo juzgar si ella es acertada o peligrosa, o determinar si debemos alegrarnos o inquietarnos: me esfuerzo simplemente por reconocer el fenómeno por lo que él es –y medir los efectos, o mejor aún, lo que está en juego–.

Una nueva economía moral[17] –en la cual la razón humanitaria es de alguna manera el corazón– es constituida en el curso de los últimos decenios del siglo XX. Nosotros somos aún tributarios en este comienzo del siglo XXI. Ella induce respuestas inéditas –lo que podemos llamar un gobierno humanitario– a las cuales les es prestada una atención particular al sufrimiento y al malestar. Que ese movimiento proceda de la sinceridad o del cinismo de los actores, que manifieste una simpatía real o instrumentalice la competencia compasional es otra cuestión: el punto que quiero señalar es que esta manera de ver

---

[17] Concepto propuesto por el historiador Edward P. Thompson (1971) y retomado por el politista James Scott (1976) para interpretar las sublevaciones populares; las economías morales han dado lugar a interpretaciones diversas. Yo propongo definirlas más generalmente como "la producción, la repartición, la circulación y la utilización de las emociones y los valores, de las normas y de las obligaciones en el espacio social": ellas caracterizan un momento histórico particular y, eventualmente, un grupo dado (Fassin, 2009b, p.1257).

y de hacer se impone a nosotros como una evidencia[18]. Ahora bien, esta problematización de nuestras sociedades no va de suyo: ella es también, a su turno, problemática. Ella nos obliga a interrogarnos no solo sobre la significación de esta evolución, sino también sobre las implicancias políticas y morales, sobre sus consecuencias tanto políticas como morales, objetivas y subjetivas. En el fondo, ¿qué ganamos o qué perdemos con el cambio cuando hablamos de sufrimiento para decir desigualdades, cuando se invoca a los traumatismos antes que a aprender de las violencias, cuando regularizamos a los extranjeros enfermos restringiendo las formas de asilo, cuando movilizamos la compasión a falta de justicia? O también, ¿qué beneficios y qué pérdidas tenemos cuando abrimos los lugares de escucha para hablar de la exclusión social, cuando exigimos a los pobres que nos cuenten sus malestares, cuando enviamos psicólogos a las escenas de conflicto, cuando representamos la guerra con el lenguaje de lo humanitario? Este vocabulario contable puede sorprender un poco. En realidad, deberíamos entenderlo menos en una lógica de cálculo que en una lógica de juego –o más precisamente de lo que está en juego–. La pregunta que se hace en este libro es la siguiente: ¿cuáles son las cosas que están en juego en estos múltiples desplazamientos que implica el desarrollo del gobierno humanitario?

* * *

[18] Una anécdota significativa de esta evolución y de su ambigüedad es el gesto simbólico de Nicolás Sarkozy que, el 17 de mayo del 2007, apenas electo presidente de la República, hacía leer durante una ceremonia solemne la carta enviada por el joven Guy Moqueta a su madre justo antes de su ejecución por la Gestapo en 1941, y anunciando su lectura obligatoria en las escuelas en el regreso a clases. Como sabemos, las primeras líneas son: "Mi mamita querida, mi hermanito adorado, mi papito amado. ¡Yo voy a morir!". Es a través del *phatos* de esos adioses que el jefe de Estado quería hacer escuchar la voz consensual de la "identidad nacional" a la celebración en la cual él consagraba el nuevo Ministerio de la Inmigración. Luego de la ejecución de esta medida controversial, la Red de Educación Sin Fronteras (RESF) denunció la política de expulsión de extranjeros, sin título de estadía de ese mismo ministerio, afirmando: "Ser digno de los 27 de Châteaubriand, es oponerse a las regresiones sociales y al acoso de los sin papeles". Ver el sitio www.republiquedesletrres.fr/1644-nicolas-sarkozy-php y www.lepost.fr/article/2007/10/22/104050_lecture.de.la.lettre.de.guy.moquet-resf-vs.dati.htlm (consultado en abril del 2010), así como el texto de Éric Fassin: "Guy Môquet y el teatro político de las emociones", disponible en www.mouvements.info/goy-moquet-et-le-theatre-politique.html, (consultado en abril 2010).

¿Cómo comprender las cuestiones que están en juego? Las ciencias humanas y sociales han respondido a esta cuestión según dos líneas principales que podemos describir distinguiendo provisoriamente, por un lado, la moral humanitaria –el principio de fundación o de justificación de las acciones– y, por el otro, la política humanitaria– la ejecución de esas acciones–. En la primera, estamos generalmente limitados al territorio nacional y también al espacio local. En la segunda, nos están dando al mundo por terreno de investigación. La relación entre ambas ha sido raramente establecida.

En la primera perspectiva –aquella de la moral humanitaria-, la filosofía recientemente se ha ocupado del análisis de las expresiones públicas de los sentimientos morales, algunos para tomar partido por la compasión, los otros, en cambio, para denunciar el control. En el primer caso, el sufrimiento es considerado como una realidad vivida que no podríamos poner en cuestión (está naturalizada) y que nos esforzamos por inscribirla en una economía política (la crítica se realiza entonces sobre las injusticias sociales que produce el sufrimiento). En el segundo caso, el sufrimiento aparece como la manifestación de la sensibilidad moderna (ella está culturalizada) y nos aficionamos a mostrar los excesos de su exposición pública (la crítica conduce esta vez sobre el sentimentalismo que pone en escena el sufrimiento)[19]. Tomemos en serio a esa gente que sufre, dicen unos. No sean víctimas de los sentimientos compasionales, retrucan los otros. Los dos puntos de vista se dicen críticos. En consecuencia, los dos puntos de vista son

---

[19] La confrontación de dos textos aparecidos el mismo año muestra claramente esta tensión. La obra de Emmanuel Renault sobre los *Suffrances Sociales* (2008) es ejemplo de la primera postura: el autor da muestra de los sufrimientos inducidos por la sociedad y defiende los actores que se esfuerzan por mitigarlas; en las repercusiones de los trabajos de Christophe Dejours, el hecho de la organización del trabajo "liberal" es la fuente de esta nueva "patología social"; para él la historicidad de la categoría y de las políticas que ella moviliza no tiene sentido. El libro de Myriam Revault d'Allonnes sobre *L'Homme compassionelle*(2008) es ilustrativo de la segunda posición: la autora pone en entredicho la banalización del lenguaje del sufrimiento; siguiendo a Hannah Arendt, ella ve en las "políticas de la piedad" una desnaturalización del sentimiento de humanidad y, en las "democracias compasionales" una forma de desviación contemporánea del espacio público; para ella, las emociones reenvían a la forma del teatro donde es verdad que la actualidad que él estudia muestra los efectos perversos.

antitéticos porque el primero rechaza la genealogía de la compasión y, el segundo se desvía de la verdad del sufrimiento.

La sociología no escapa completamente a ese dualismo: significativamente, es en la Francia de los años 1990 –en el momento donde la cuestión tomaba amplitud en el espacio público- que ella se inclina sobre el sufrimiento abordándolo según dos lógicas casi opuestas. En *La Misère du Monde*, Pierre Bourdieu da la expresión contemporánea de "un orden social que sin dudas ha hecho retroceder la gran miseria, pero que, diferenciándose, ha multiplicado los espacios sociales que ofrecen condiciones favorables para un desarrollo sin precedentes de todas las formas de pequeñas miserias". Desde entonces, la acumulación de entrevistas realizadas por el equipo de investigadores trabajando a su lado nos muestra que es toda la sociedad la que sufre casi indistintamente: los jóvenes habitantes de las zonas pabellonadas, del trabajador inmigrante al militante de extrema derecha, del policía al sindicalista. Que el sufrimiento sea también un lenguaje característico del mundo contemporáneo y que la compasión devenga un resorte político, escapa al análisis del sociólogo que opone como contrario el "amor intelectual" que debe manifestar el investigador frente a sus interlocutores –a riesgo de anular toda distancia en su trabajo de descripción y finalmente redoblar la construcción social a la que él contribuye, aun sin darse cuenta[20]–. En *La Souffrance à distance*, Luc Boltanski propone, por el contrario, una mirada alejada, a veces desfasada, porque toma por objeto el "dilema del espectador", expuesto al sufrimiento de los otros y atrapado "entre el ideal, egoísta, de la realización del yo y el compromiso altruista, en las causas que le permiten, por su intervención, realizase": solo el "movimiento humanitario" permite encontrar una salida a ese dilema. La investigación del sociólogo conduce sobre los tópicos del sufrimiento y la retórica de la

[20] Ver Pierre Bourdieu (1993, pp: 9-11 y 903-925). En ese libro él pasa del análisis de la reproducción social de las desigualdades al estudio de la "miseria de posición", donde las víctimas hacen "la experiencia más que dolorosa de que este universo, en el cual ellos participan bastante para intentar su bajada relativa, está situado muy alto en el espacio global". Sustituye en la objetivación de la objetividad, de la que él había hecho su piedra fundamental de su método, una subjetivación de las subjetividades en términos de una "conversión del mirado" que permite desarrollar una verdadera "disposición acogedora" a la vista de los "sufrimientos" de sus interlocutores.

piedad, apoyándose en un rico material de cuestiones históricas y de literatura romántica que abandona, prácticamente, toda perspectiva sobre el mundo contemporáneo. Los últimos desarrollos consagrados a la "acción humanitaria" consisten especialmente en una discusión de la "polémica" que ella ha suscitado sobre el "retorno del moralismo", y en un análisis de argumentos de naturaleza estrictamente ideológicos intercambiados por "intelectuales mediáticos" –a riesgo esta vez de deconstruir los modos de acción políticos de esta forma de acción, para terminar en una apología de lo humanitario[21]–. Lo que escapa a esos autores, todos reunidos en la denuncia del orden social para uno, en el estudio sociológico de la denuncia para el otro, es sin embargo eso que permitiría pensar los efectos de la dominación donde el sufrimiento es la expresión (lo que hace uno) al mismo tiempo que los juegos de construcción donde el sufrimiento es el objeto (lo que expone el otro), dicho de otra forma, considerar en su complejidad y su ambigüedad las políticas del sufrimiento. Probablemente la razón de sus dificultades estaría en parte ligada a una cuestión de método: las entrevistas realizadas por Pierre Bourdieu entregan un relato que pone en palabras las emociones sin distancia, mientras que los discursos analizados por Luc Boltansky muestran figuras retóricas que mantienen lo social a distancia. Cualquiera sea la riqueza de los materiales así recolectados, ellos no remplazan el trabajo etnográfico y la presencia prolongada que permitirían restituir a la vez escenas más precisamente descriptas y contextos más ampliamente situados, evitando de ese modo las simplificaciones, inscribiendo las narraciones y los argumentos en el marco de enunciación, comprendiendo las reglas del juego en las que ellas son tomadas y que contribuyen a constituirlas.

[21] Ver Luc Boltanski (1993, pp. 8-9 y 258-263). Es significativo que luego de haber desarrollado a lo largo de su libro una aproximación distanciada, lo que la atención puesta en la retórica le permite hacer, el autor termina por una irrupción inesperada en la arena política para defender lo humanitario y especialmente a su héroe, Bernard Kouchner: "La crítica es fácil, pero el arte es difícil. A los críticos es conveniente preguntarles qué quieren y qué proponen. Aquellos que hemos recordado no lo dicen claramente". Y para hacerlo bien, va a comparar estos últimos a los "jóvenes de la Acción francesa" quienes en otro tiempo habían igualmente denunciado los excesos del uso de la piedad en el espacio público.

En la segunda perspectiva –aquella de la política humanitaria-, la ciencia política y el derecho internacional se han inclinado recientemente sobre formas inéditas de intervención en los terrenos del malestar y de los conflictos. Politistas y juristas han podido levantar ambiciosos frescos de lo que algunos califican a veces de nuevo orden mundial[22]. La escala de análisis no es más aquí el individuo, a veces un colectivo indeciso, como lo hemos visto en la filosofía y la sociología, sino el mundo, si bien no en un choque de civilizaciones, al menos con relaciones de poder entre Estados, instituciones internacionales, organizaciones no gubernamentales. Aquí también se enfrentan dos posiciones. Para unos, la intervención humanitaria, incluyendo aquella que es conducida por militares en nombre de la protección de las poblaciones, es un hecho conocido que no es puesto en dudas en tanto que tal: sus esfuerzos analíticos conducen sobre las condiciones del desarrollo de esta acción, en términos de legalidad, a veces de legitimidad, e incluyen algunas veces recomendaciones sobre la base de las enseñanzas sacadas de operaciones recientes. Para los otros, la intervención humanitaria es objeto de una crítica radical: aun dando crédito a los actores políticos de una voluntad de defender causas justas, la acción emprendida en esas condiciones muestra no solo una violación de soberanía, sino también de una imposición de modelos y de valores[23]. El conjunto de esos trabajos lleva sobre configuraciones macro políticas mucho más que sobre situaciones micro sociales, esta-

[22] Podemos dirigirnos a los trabajos pioneros de Larry Minear y Thomas Weis (1992), y especialmente de Nicholas Wheeler (2000) sobre "la intervención humanitaria en la sociedad internacional", y de Mark Duffield (2001) sobre el "nuevo humanitarismo en la gobernancia global".

[23] Significativos de la primera posición son los trabajos de Stanley Hoffmann (1996) sobre "la ética de las intervenciones humanitarias" y de Hugo Slim (2002) sobre la "filosofía humanitaria": tanto uno como el otro se proponen hacer justicia, es decir, fundamentalmente mas legítima, la acción humanitaria, aquella de los estados en particular. Representativos de la segunda postura son los análisis de Anne Oxford (1999) sobre el "humanitarismo autoritario" y de Vanessa Pupavac (2001) sobre la "gobernancia terapéutica": para una es el principio mismo de la intervención sin legalidad internacional la que es problemática, la otra se interesa en la movilización de categorías psiquiátricas, tales como el estado de stress postraumático en la caracterización de las violencias y por lo tanto de los efectos de la patologización de las víctimas de los conflictos.

mos en el orden de las relaciones internacionales. Los escasos estudios que se han realizado son, hasta un período reciente, especialmente los realizados por los actores de las organizaciones humanitarias que están interesados en las contradicciones en las cuales ellos mismos están implicados: en Dafour y en Rwanda han dado también lugar a finos análisis sociopolíticos[24]. No se trata, sin embargo, de investigaciones etnográficas que permitirían acceder a las lógicas de los actores y a la justificación de las acciones.

La antropología se ha comprometido de manera reciente sobre esos campos lejanos. Se trata de una inversión empírica inédita que se inscribe en un vasto movimiento de redefinición de la disciplina, a partir de ahora presente en los lugares de guerra y de violencias, de los cuales ella estuvo hasta ahora cuidadosamente separada[25]. Las descripciones que resultan de esas investigaciones están muy lejos de ser homogéneas. Mariella Pandolfi, que estudió la intervención conjunta de militares y de humanitarios en Kosovo, hace una lectura radical: ella revela el lenguaje de las organizaciones internacionales, y especialmente la noción de "urgencia compleja", que amalgama todas las crisis (desde el temblor de la tierra de la guerra), y de "derecho de injerencia", que justifica las operaciones de protección de las poblaciones, en particular en situaciones extra-legales. Ella pone en perspectiva los grandes alojamientos donde se encuentran militares, humanitarios y periodistas y los campos de refugiados donde los mismos actores inventan "soberanías inestables" que sustituyen a las instancias estatales estáticas débiles; toma partido conmovida de las situaciones que ella observa; ya que es empleada como experta de una institución internacional, ella hace un análisis implacable del mundo humanitario. A la inversa, Peter Redfield, que está interesado

---

[24] Con la ayuda de "Salvemos a los niños", Alex de Waal (2005-1989) estudió el hambre en Dafour y las dificultades de las intervenciones para combatirla. De regreso de su experiencia de responsable de misión de Médicos sin fronteras, Fiona Terry (2002) propone un análisis de las paradojas de las acciones humanitarias, especialmente después del genocidio de los Tutsis en Rwanda.

[25] La antología dirigida por Nancy Scheper-Huges y Philipe Bourgois (2004) ofrece numerosos ejemplos, reveladores de las transformaciones de la antropología del otro lado del Atlántico.

en la vida cotidiana de una organización no gubernamental francesa en Uganda, desarrolla un acercamiento mas empático: ciertamente el contexto no es idéntico, pero también, especialmente, la perspectiva difiere: se apropia de las situaciones un poco más cercanas al gesto humanitario, hace converger los gestos, los sentimientos morales de los intervinientes y del antropólogo que él ve como "confrontados al mismo problema", a una experiencia parecida del sufrimiento de los otros y del deseo de acción. Como el médico o la enfermera él se siente concernido por la precariedad de las existencias que señala el "brazalete de la vida" distribuido entre los niños para medir su estado nutricional. Este paralelo entre los dos estudios, entre la denuncia por una parte y la comprensión por otra, muestran como, en una suerte de relación especular, la antropología del gobierno humanitario está ligada –emocional y moralmente- a su objeto. Es destacable que, en la mayoría de las investigaciones etnográficas llevadas sobre este tema, las políticas del sufrimiento en la distancia (las guerras, los campos) no son puestas en la perspectiva de las políticas del sufrimiento en lo cercano (los pobres, los inmigrantes). Sin embargo, muchos elementos, comenzando por la implicancia creciente de las organizaciones humanitarias aquí y allá y por el recurso al mismo lenguaje de lo humanitario en las políticas nacionales e internacionales, sugieren que es necesario analizar de manera conjunta los dos mundos.

Mirando los trabajos realizados en ciencias humanas y sociales en el curso de los dos últimos decenios sobre la cuestión humanitaria, tal como vengo de resumir, mi proyecto puede por lo tanto ser simplemente enunciado. Consiste en buscar la moral humanitaria en el momento en que ella se inscribe en la política –eso que llamo el gobierno humanitario–. Este proyecto implica una doble orientación.

Por una parte, lleva a pensar en un mismo movimiento teórico y a estudiar a partir de un mismo camino empírico lo que pone en juego en nuestras sociedades y en sociedades lejanas, eso que se desarrolla en el espacio nacional e internacional[26]. Las economías morales que se ponen en acción en una consulta por precariedad y en un campo

---

[26] Como lo hemos hecho a propósito del trauma con Richard Rechtman (Fassin y Rechtman, 2007).

de refugiados, en un lugar de escucha para marginales de un barrio de las afueras y en una toma a cargo del trauma en las zonas de conflicto, en la asignación de escasos recursos para los desocupados a través de un dispositivo de ayuda financiera en Francia o para los enfermos en un programa de asistencia médica en África tienen muchos puntos en común que es necesario trabajar de manera conjunta. Los estudios de caso presentados en esta obra conciernen al tratamiento de los pobres, de los precarios y de los inmigrantes en Francia, pero también de los huérfanos del SIDA en África del Sur, de los siniestrados de la catástrofe de Venezuela, de las víctimas del trauma en Palestina, de las organizaciones no gubernamentales en Irak[27]. Cada una de esas escenas ilumina la realidad más amplia de las transformaciones del mundo contemporáneo bajo la empresa humanitaria. Para comprender lo que está en juego en ese movimiento, es necesario anclarse en las realidades locales y entrever el paisaje global. La confrontación de los dos niveles de lectura (global y local) permite evitar también el cierre monográfico, liberarlo de interpretaciones circunscriptas, de las pretensiones teleológicas, que buscan descubrir una direccionalidad de la historia.

Por otra parte, mi propósito es construir este análisis sobre la base de investigaciones precisas mucho más que sobre proposiciones generales, estudiar un pequeño número de situaciones especialmente destacables. En suma, someter esta antropología política y moral a la prueba de la etnografía[28].Mi hipótesis es que el estudio profundo de un objeto particular, tal como las cartas que demanda el seguro financiero, los certificados médicos para los indocumentados, los testimonios publicados por las organizaciones humanitarias, una estructura de acogida en un barrio de las afueras o una intervención militar después de un desmoronamiento de tierra, pueden aportar, mucho mejor que

---

[27] Es en una perspectiva bastante diferente que Signe Howell (1997) ha reunido una serie de estudios de caso sobre los discursos morales realizados por los antropólogos en Inglaterra, Zimbawe, Argentina, México, Mongolia, Yemen del Norte y en Papúa-Nueva Guinea.

[28] Para retomar el modelo de la obra que dirigí con Alban Bensa (Fassin y Bensa, 2008). En efecto, los estudios de los casos presentados en ese libro asocian numerosos dispositivos metodológicos.

si hacemos un análisis exhaustivo o dominante, a una inteligibilidad del mundo social[29].

No debemos asombrarnos, por lo tanto, de hacer pasar por la casuística de las decisiones de adjudicación de ayuda a los pobres, la retórica de las actas de tortura por los candidatos al estatuto de refugiados, la descripción de las tácticas de los inmigrantes en búsqueda de un título de estadía para comprender como funciona, en Francia, la política compasional del Estado. Es a ese precio que comprenderemos las lógicas y los presupuestos, las ambigüedades y las contradicciones, los principios de justicia y las prácticas de juicio: el diablo se esconde en los detalles. Al mismo tiempo, debemos interesarnos en las imágenes producidas sobre los niños en África del sur, en los escritos de los psiquiatras y de los psicólogos informando la situación de los palestinos bajo ocupación israelí y en los debates en el seno del Consejo de administración de una organización no gubernamental sobre la pertinencia de su presencia en Irak para aprender las prácticas humanitarias en tierras lejanas. En cada oportunidad, es por medio de una investigación minuciosa que podemos acceder a determinadas certezas y a las dudas de esos actores, a su ceguera o a su lucidez, a sus prejuicios o a su reflexividad; debemos por respeto a nuestros interlocutores restituir esas tensiones dialécticas. Ahora bien, es así que escapamos a los ensayos sobre lo humanitario y a los panfletos sobre el moralismo, cuyas tesis unívocas no reconocen ni la complejidad de las cuestiones ni la inteligencia de los actores.

* * *

---

[29] En la introducción de su seminario en la Écoles des hautes études en sciences sociales, Pierre Bourdieu (1992, pp. 191-192) afirmaba: "La cumbre del arte es sin duda su capacidad de comprometer en cuestiones llamadas "teóricas" importantes cuestiones de objetos llamados "empíricos" bien precisos, y en apariencia siempre menores, a veces un tanto irrisorios". Dando como ejemplo el certificado de aptitud profesional que permite analizar el "monopolio estatal de la violencia simbólica", y agregaba: "Lo que cuenta en realidad, es la construcción del objeto y la potencia de un método de pensamiento que no se manifiesta jamás tan bien como en su capacidad de constituir en objetos científicos, objetos socialmente insignificantes".

La obra es construida alrededor de dos series: la puesta en acción de la razón humanitaria en el seno de las políticas de las vidas precarias en el contexto francés, y la diseminación del gobierno humanitario sobre las escenas trágicas del mundo. Los nueve episodios, reconstituidos entre mediados de los años 1990 y mitad del 2000, bosquejan con pequeñas pinceladas lo que podemos llamar el momento humanitario de la historia contemporánea.

En una primera parte, trato sobre las políticas que han sido llevadas en Francia en el curso de los últimos veinte años: ellas conciernen a los marginales y los excluidos, los desocupados y los precarios, los extranjeros sin papeles y los solicitantes de asilo, a través de cuatro estudios de caso. La identificación del sufrimiento psíquico como consecuencia de una situación social da lugar, a partir de 1996, a la puesta en acción en los barrios pobres de las afueras, de lugares de escucha destinados a hacerse cargo de los adolescentes y los jóvenes en dificultades (capítulo 1): iniciado por psiquiatras y protagonizados por psicólogos, esos dispositivos revalorizan las desigualdades sociales en el lenguaje de la salud mental. Sin embargo, mucho más que una psiquiatrización o una psicologización de lo social que tanto anuncian, asistimos a la difusión de sentimientos morales en espacios desprofesionalizados. Poco después, la supresión de las ayudas de urgencia a los demandantes de empleo provoca, a fin del año 1997, una importante movilización social, a la cual el gobierno responde con la distribución de un millón de francos apoyado en un examen de las situaciones particulares (capítulo 2): el análisis de las modalidades concretas de esta repartición del maná público muestra los principios de justicia y las prácticas de juicio en el seno de los servicios del Estado. En particular, porque es pedido a los solicitantes tomar la forma de la suplica, observamos cómo la exposición de los malestares suscita una usura emocional que desemboca en una mezcla de contingencia y arbitrariedad en las ayudas financieras. El año siguiente, la instauración en la ley sobre la inmigración de 1998 de un criterio del derecho que permite la regularización de los extranjeros que sufran una enfermedad grave, es el resultado de una reivindicación asociativa que busca impedir la expulsión a la frontera de las personas enfermas (capítulo

3): ese protocolo compasional consagra una evolución histórica por la cual el cuerpo del inmigrante, antaño valorizado por su fuerza de trabajo, se encuentra ahora reconocido en nombre de la enfermedad que lo invalida. El estudio de las prácticas de los médicos, encargados de poner en acción esta selección de las personas en condiciones de ser regularizadas, muestra el desplazamiento de la legitimidad de la vida social hacia la vida biológica. Paralelamente, la disminución sistemática de la tasa de acuerdo para las demandas de asilo que se divide por cinco, para pasar al veinte por ciento en el curso de los años 2000, conduce a una creciente exigencia de pruebas de primer grado, entre ellas el certificado médico que certifique las persecuciones sufridas (capítulo 4): en un contexto de deslegitimación de la condición de refugiados, esta nueva situación señala el descrédito de la palabra del requirente, la cual es sustituida cada vez más por la opinión de los expertos. El análisis de los certificados producidos y de las resistencias asociativas muestran cuánto eso que aparece como una simple búsqueda de verdad deviene una práctica de verificación puesta a prueba en el cuerpo, que desnaturaliza profundamente el espíritu mismo de la letra de la Convención de Ginebra de 1951.

La investigación sobre la hospitalidad, ambigua en consideración de los refugiados, ocupa una posición preliminar entre las dos partes (capítulo 5), en efecto, alrededor de la historia controversial del centro de acogida de Sangatte, entre 1999 y 2001, se despliegan lógicas de las políticas de inmigración y de asilo, especialmente la humanización del derecho, que fueron examinadas anteriormente, pero que anuncian también la apertura sobre cuestiones transnacionales, con esa tensión creciente entre lo compasional y lo represivo en la gestión de los extranjeros. Del mismo modo se designa la doble línea de constitución de los informes de dominación que atraviesan todo el libro con, por una parte, las desigualdades sociales en los países del Norte y, por otro lado, las disparidades globales que se profundizan en los países llamados del Sur.

En la segunda parte examino la puesta en acción de las prácticas humanitarias como tratamiento de las aflicciones en el mundo. La epidemia de SIDA ha tocado a África del Sur más que a cualquier otro país en el mundo y provocó, a partir del año 2000, una crisis social y política inédita, particularmente dolorosa en lo que concierne a los niños (capítulo 6): a través de tres figuras omnipresentes en el espacio público del niño enfermo, del niño violado y del menor huérfano, se manifiesta la vulnerabilidad de este grupo de edad. La investigación invita mientras tanto a tomar en consideración las implicancias de esta movilización emocional y, especialmente, el desconocimiento de las realidades históricas y sociales que contribuyen a producir. Incluso en Venezuela, donde la catástrofe natural ocurrida en diciembre de 1990 y que tuvo lugar en un contexto particular de reconstrucción moral de la nación y situación destacable, el mismo día en que se votaba la nueva Constitución (capítulo 7): confrontada al malestar colectivo, la sociedad entera sostuvo la puesta en marcha del estado de excepción para facilitar la asistencia a las poblaciones siniestradas. La unanimidad compasional ocultó de esa forma las violencias policiales y militares, hechas posibles por las medidas de urgencia que las profundas disparidades en la toma a cargo de los siniestrados. Es este resorte emocional el que también se pone en juego luego de la segunda Intifada, estallada en setiembre del 2000, suscitando la emergencia de un testimonio humanitario inédito (capítulo 8): las organizaciones no gubernamentales, apoyándose sobre su experiencia junto a poblaciones ocupadas, mostraron las heridas de la violenta ocupación de los territorios Palestinos por la armada israelí recorriendo especialmente al lenguaje del trauma. El estudio de los documentos producidos por dos de los más destacados entre ellos muestra las dificultades y los *impases* de este lenguaje, tanto para hablar de la inscripción histórica y política de los sufrimientos como para reconocer las formas locales de subjetivación de la violencia. Es lo humanitario, también, lo que se encuentra puesto a prueba con el desenlace de la segunda guerra de Irak en abril del 2003 (capítulo 9): a partir de la polémica suscitada, en el seno de la principal organización no gubernamental francesa, alrededor de la cuestión de permanecer o no en Bagdad mientras que los bombardeos iban a comenzar, es posible analizar la significación de tal sacrificio. Las implicancias de la decisión tomada, de mantenerse en el lugar, muestran la dificultad de los arbitrajes sobre el valor de la vida, al fin de cuentas, de desigualdades ontológicas raramente reconocidas como lo que ellas son en realidad. Más allá de las situaciones y de los contextos, son las lógicas y las consecuencias del despliegue de la razón humanitaria lo que finalmente se trata de aprender en cada caso.

Este libro reúne también trabajos que dirigí en el curso de los diez últimos años. El proyecto bosquejado desde el comienzo en mi seminario de la École des hautes études en sciences sociales (EHESS) (NdT: Escuela de altos estudios en ciencias sociales de París) titulado: "Las políticas del sufrimiento", no obstante fue modificado y precisado a lo largo del tiempo. Las intuiciones originales han sido certificadas o corregidas. Esa es la razón por la cual, por una parte, deseo reunir los textos, generalmente poco accesibles, que había marcado las etapas de ese recorrido y, por otra parte, he querido reescribirlas íntegramente para dar a mi trabajo la coherencia que se me impone. Lo usual, cuando retomamos los capítulos de la obra, es dejarla en su forma original, por un deseo de autenticidad, pero también en razón de la dificultad de toda revisión que no sería totalmente cosmética. Adopto aquí la decisión inversa para mejorar un proyecto que solo me ha resultado totalmente inteligible cuando llegó a su finalización, seguramente provisoria: se trata sobre una serie de investigaciones sobre temas aparentemente aislados y sobre terrenos geográficamente dispersos, de comprender en la diversidad de las manifestaciones del gobierno humanitario, de explorar en su complejidad las economías morales contemporáneas, en suma, de contribuir en tanto que antropólogo a una historia moral de los tiempos presentes.

Agradecimientos

Las investigaciones sobre las cuales se apoyan los capítulos de este libro se beneficiaron de becas de investigación en el marco de llamadas de ofertas realizadas por numerosos instituciones: el INSERM sobre los sitios de escucha, el Ministerio de Asuntos sociales sobre los Fondos de urgencia asocial, el Centro nacional de investigación científica (CNRS) sobre la regularización de los extranjeros, el Ministerio de investigación sobre los demandantes de asilo, la Agencia Nacional de investigación (ANR) sobre las políticas de inmigración, la Misión de la investigación (MiRe) sobre el trauma psíquico, el programa Ecos-Nord sobre la catástrofe en Venezuela y en la Agencia nacional de investigación (ANRS) sobre el SIDA en África del Sur. Los trabajos sobre lo humanitario no han dado lugar a financiamientos específicos pero han sido posibles por las organizaciones que me abrieron sus puertas (comenzando por Médicos sin fronteras y Médicos del Mundo). La preparación del manuscrito fue facilitada por la obtención de un subsidio del Consejo europeo de la investigación para un proyecto titulado *Towards a Critical Moral Anthropology*. A esas instituciones les expreso mi reconocimiento por su sostén.

Los capítulos que componen esta obra son versiones enteramente reescritas de textos publicados mayoritariamente en inglés. Retomándolas de esa forma, he querido aportar mayor homogeneidad al conjunto, borrar algunas repeticiones, actualizar los datos, finalmente corregir ciertos análisis. Varios de esos textos han sufrido modificaciones limitadas, otras son versiones totalmente libres de artículos publicados:

Capítulo 1: "Sufrir por lo social, gobernar por la escucha. Una configuración semántica de la acción pública", *Politix*, 2006, vol. 19, nº 73, pp. 137-157.

Capítulo 2: "Caridad organizada. Principios de justicia y prácticas de juicio en las ayudas de emergencia", *Revue française de sociologie*, 2001, vol.42, n 3, pp. 437-475.

Capítulo 3: "Cuando el cuerpo es ley. La razón humanitaria en los procedimientos de regularización de los extranjeros", *Sciences sociales et santé*, 2001, vol. 19, n 4, pp. 5-34.

Capítulo 4: "TheTruth from de Body, certificados médicos como evidencia última para los solicitantes de asilo", con la colaboración de Estelle Halluin, *American Anthropologist*, 2005, vol. 107, n 4, pp. 597-608.

Capítulo 5: "Compasión y represión. La economía moral de las políticas de inmigración en Francia", *Cultural Anthropologist*, 2005, vol. 20, n 3, pp. 362-387.

Capítulo 6: "Suffering Children, Abused babies and SIDA orphans. The moral construction of childhood in post apartheid en Sudáfrica", en Cinthia Comacchio, Janet Golden y Goerge Weisz (edits.) *Healing the World's Children, Interdisciplinary Perspectives on Child Health in the Twentieth Century*, McGill-Queen's University Press, Montréal, 2008.

Capítulo 7: "Humanitarian Exception as the rule. The Political Theologie of the 1999. Tragedia en Venezuela", con la colaboración de Paula Vásquez Lezama, *American Ethnologist*, 2005, vol. 32, n° 3, pp. 389-405.

Capítulo 8: "The Humanitarian Politics of Testimony. SubjectificationThrougt Trauma in the Israeli-Palestinian Conflict", *Cultural Anthropology*, 2008, vol. 23, n° 3, pp. 531-558.

Capítulo 9: "Humanitarianism as a Politics of Life", *Public Culture*, 2007, vol. 19, n° 3, pp. 499-520.

Agradezco a los editores su autorización para reproducir los originales de esta forma tan poco respetuosa. Ellos me permiten darle una coherencia a los trabajos cuya dispersión editorial no facilita la aproximación intelectual. El sostén caluroso de Christofe Prochasson y la rigurosa relectura de Marie Laborit fueron importantes para el éxito de esta empresa.

Más allá de las deudas institucionales y editoriales, quiero expresar mi agradecimiento a aquellos y aquellas que, en el curso de los últimos 10 años, contribuyeron, por los intercambios que he podido tener con ellos, a mi reflexión sobre las economías morales: los estudiantes de mis seminarios en la Escuela de Altos Estudios en Ciencias Sociales, mis doctorandos con los cuáles nuestras regulares interacciones sobre mi trabajo me ayudaron ciertamente a construir mis propios cuestionamientos, y a mis colegas, en el seno del Instituto de investigaciones interdisciplinarias sobre las cuestiones sociales (IRIS), con quienes el diálogo no ha cesado a lo largo del trabajo de escritura y, particularmente Alban Bensa, en el marco de nuestro atelier sobre las políticas de la investigación, Eric Fassin con quien concebí nuestra enseñanza sobre los nuevos objetos y terrenos de la antropología y, finalmente, a Richard Rechtman, quien me ha estimulado de manera permanente para la realización del proyecto de este libro; pero también, en forma de reencuentros y discusiones sobre alguno de estos textos, Arjun Appadurai, AthenaAthanasiou, Jonathan Benthall, Joao Biehl, Lawrence Cohen, Paul Farmer, Michel Fischer, Margaret Lock, Vinh-Kim Nguyen, Mariella Pandolfi, Paul Rabinow, Peter Redfield, Nancy Scheper-Hughes, Ann Stoller, Mara Viveros, y especialmente a Veena Das por nuestras lecturas compartidas sobre las políticas del sufrimiento; sin dudas debo mencionar igualmente los debates suscitados por la presentación de algunas de las investigaciones reunidas aquí, en seminarios y coloquios en París, Toulouse, Marsella, Atenas, Montreal, Nueva York, Princeton, Harvard, Berkeley, Ann Arbor, Caracas, Buenos Aires, Johannesburgo. Todos lo sabemos, en esos momentos de intercambio, generalmente fugaces, a veces contradictorios, pueden mostrarse a la distancia, y generalmente originado en nuestros interlocutores, decisivos en la construcción de nuestro pensamiento y en la formulación de nuestras ideas.

Pero seguramente, desde el momento en que me propuse fundar esta antropología de las economías morales contemporáneas sobre una etnografía, dicho de otra forma, en investigaciones llevadas cerca de los actores y de sus prácticas, nada de lo que he escrito hubiera podido existir sin la generosidad de aquellas y aquellos que aceptaron darme parte de su tiempo, proveerme documentación, transmitirme sus conocimientos, de acceder finalmente a las propuestas de análisis a que yo lo sometía. Para respetar el contrato de anonimato y confidencialidad que nos liga, jamás los he nombrado cuando los citaba a partir de entrevistas privadas, sino solamente cuando mencionaba extracto de sus declaraciones públicas o de sus textos ya publicados. Decisores, administradores, médicos, enfermeras, psicólogos, trabajadores sociales, miembros de asociaciones, pero igualmente desocupados, solicitantes de asilo, extranjeros en situación irregular, venezolanos siniestrados, enfermos sudafricanos, todos han hecho su parte en el trabajo. Tal vez ellos no se encontrarán nunca, pero pueden estar seguros de que me he esforzado en dar un valor y un crédito idéntico a la palabra de cada uno, aún cuando haya debido rendir cuentas de ellas de manera crítica.

Osny, abril del 2009 - Princeton, abril del 2010.

PRIMERA PARTE
Políticas

Capítulo 1
Un sufrimiento develado.
Los lugares de escucha para los excluidos y los marginales

La elección presidencial de 1995 fue dominada por el tema de la "fractura social". Habíamos terminado por reconocer la desocupación como un hecho estructural de la sociedad francesa, mucho más que un elemento coyuntural como lo habíamos creído durante mucho tiempo. Una sorda inquietud se estaba desarrollando alrededor de lo que en los años 1980 habíamos llamado "nueva pobreza", y a partir de 1990 "exclusión social". Los sociólogos afirmaban que el mundo social no estaba ya mas jerarquizado de abajo hacia arriba, sino estructurado entre un adentro y un afuera. Las antiguas desigualdades de clase –o categorías profesionales- eran reemplazadas por una nueva y radical división de la sociedad: estamos incluidos o excluidos. Y, ese desplazamiento seducía a muchos responsables políticos, investigadores, intelectuales, periodistas. El candidato Jaques Chirac fija el eje de su campaña y el 17 de febrero en su discurso inaugural afirma: "La seguridad económica y la certeza del mañana a partir de este momento serán privilegiados. La juventud francesa representa su desarrollo. Una fractura social se supera cuando el conjunto de la nación soporta la carga". A los ojos de numerosos comentadores, esa lección estratégica fue para muchos la causa de su victoria, absolutamente inesperada, mientras él parecía cercado entre dos candidatos –uno liberal, el otro socialista– que no le dejaban mucho espacio ideológico: interpretamos por lo tanto su éxito como el resultado de la habilidad de un candidato de derecha que hacía campaña con un tema propio de la izquierda[1]. Una vez elegido, el nuevo presidente de la República fue coherente con sus promesas, al menos formalmente, dado que el gobierno que forma Alain Jupé incluía, además del clásico Ministerio de Trabajo responsable de las cuestiones de solidaridad y de una habitual Secretaría de Estado de la Acción humanitaria de Emergencia, un ministerio encargado de la Integración y la lucha contra la exclusión y una Secretaría de Estado encargado de los barrios con dificultades. La medida más original, después de la reorganización ministerial, concierne a la puesta en ejecución de "lugares de escucha". Numerosos informes habían puesto en evidencia un nuevo fenómeno de "sufrimiento psíquico", especialmente entre los jóvenes y los adolescentes, a los que esos dispositivos de acogida y especialmente de escucha debían responder. Una primera circular aparece el 14 de junio de 1996: ella pone en acción "puntos de acogida para jóvenes de entre 10 y 25 años" y busca "responder al malestar de los adolescentes"; hecho destacable, estaba firmado por el Ministro de Trabajo y de Asuntos Sociales, Jacques Berrot, y el secretario de Estado de la acción humanitaria de emergencia, Xavier Emmanuelli; la implicación de este último se inscribía en una reorientación, al menos parcial, de las grandes asociaciones humanitarias de las causas internacionales sobre los desprotegidos de la sociedad francesa[2]. Una segunda circular fue publicada el 10 de abril de 1997: esta vez, se centraba más explícitamente sobre los "puntos escucha para los jóvenes

---

[1] Su adversario en el segundo turno, Lionel Jospin, se esfuerza en vano en retomar el tema de las "dos Francias", aportando un toque personal porque él declara, de forma poco convincente, preferir a la idea de "fractura" la de "falla" (archives.lesechos.fr/archives/2007/lesechos.fr/05/02300166117.htm, consultado en abril de 2010).

[2] Médicos del Mundo, desde 1986, luego Médicos sin Fronteras habían abierto la "misión Francia" a favor de aquellas personas que no tenían acceso a los servicios. Por una suerte de movimiento simétrico, pero finalmente complementario, de antiguos militantes de causas locales se comprometen en la acción desde lejos (Collovald, 2001). Xavier Emmanuelli mismo, cofundador de Médicos sin Fronteras luego del SAMU social, escribió algunos años después un libro titulado *La fracture sociale* (Paris, Presses universitaires de France, 2002).

y/o los padres", buscando responder a la "necesidad de expresar los malestares sentidos"; los firmantes eran el ministro de Organización del territorio, de la Ciudad y de la Integración, Jean-Claude Gaudin, y su ministro delegado en la Ciudad y la Integración, Éric Raoult. El nombre de este último al pie del documento causó sorpresa ya que él era más conocido por sus virulentas intervenciones sobre las cuestiones del orden público. De ese modo, los lugares de escucha fueron el resultado de un enganche inédito entre lo humanitario y la seguridad.

En los meses siguientes, esos dispositivos se multiplicaron en toda Francia[3]. Uno de ellos, en la gran ciudad de Seine-Saint-Denis –departamento particularmente afectado por las dificultades económicas, pero fuertemente movilizado en el terreno de las respuestas sociales–, estaba dirigido por un psiquiatra rodeado por un grupo de psicólogos. La intendencia hubiera deseado que se instalaran en una "cité", pero los profesionales de salud mental, dudando de la perspectiva de ir codo a codo con una población a la cual ellos no estaban acostumbrados, arguyeron a favor de lo que ellos habían llamado con el eufemismo de "lugar neutro". Habían tomado posesión de una bella construcción burguesa en un antiguo barrio. Habían ganado en tranquilidad, pero perdieron con seguridad parte de su público más precario[4]. Sin embargo, al leer el informe de la actividad que ellos habían llevado bajo su tutela, la situación parecía preocupante:

> Frente al clima de inseguridad y de inquietud generada por la precariedad que toca al mundo del trabajo, de la formación y de la familia, los jóvenes constituyen un grupo muy vulnerable ante la pérdida de reparos. La explosión de la violencia y de la delincuencia juvenil así como su reiteración provocan la estigmatización de los adolescentes

[3] Una evaluación llevada a cabo sobre los dispositivos puestos en acción solo por la circular de 1997 contaba 67 de los mismos, con un presupuesto de 167 millones de francos. Ver el informe de Elizabeth Jabob et all., *Evaluation des Points écoute jeunes et/ou parents* (Paris, Observatoire français des drogues et toxicomanies, Étude n 23, octubre del 2000).

[4] La historia de ese dispositivo, así como la sociología de su intervención han sido informados en un libro publicado sobre los sitios de escucha (2004b). La investigación había sido conducida por Zahia Kessar. Ver "Un dispositif d'observation psychologique" pp. 83-102.

y suscitan la desconfianza, a veces el temor. ¿Cómo establecer un lazo con esos jóvenes que, aun en estado de sufrimiento psíquico no pueden formular un pedido de ayuda?

Esa constatación alarmante hacía coincidir el análisis de los políticos: la mezcla de precariedad y de inseguridad generaba, a la vez, el sufrimiento, que se traducía en violencia en los jóvenes, y desconfianza, que se transformaba en temor en los adultos, círculo vicioso para el cual los sitios de escucha eran la solución[5]. Sin embargo, en el lugar, la imagen que daba ese centro de acogida era totalmente distinta. Los adolescentes esperaban felizmente después del fin de las clases para tomar su merienda, antes de reunirse en pequeños grupos alrededor de una partida de Monopoly o en el taller de informática. Había ciertamente a veces disputas y a veces golpes, pero solo en el patio del colegio. Era difícil al verlos reconocer un sufrimiento que pudiera desembocar en violencia. Pero, sobre ese punto, los psicólogos tenían una respuesta siempre lista: el sufrimiento era generalmente invisible a la mirada improvisada del que no es especialista y, más aún, su ausencia de expresión por parte de los jóvenes era la certeza de su existencia. Sin embargo, las estadísticas del lugar de escucha indicaban que solo el 6% de los adolescentes habían sido derivados por un servicio de psiquiatría, 6% por la protección judicial de la juventud, 5% por el intermediario de la Educación Nacional, mientras que al menos el 80% venían con gusto y generalmente con entusiasmo. Esto no impedía a los psicólogos adivinarlos con "gruesas dificultades", mostrando de esa forma mucho más su desconocimiento del medio, muy alejado de ellos, que la realidad, a veces incluso banal, de los colegiales: "Cuando llegas aquí, tienes la impresión de estar en otro planeta", reconocía uno de los participantes, poco familiarizado con las expresiones verbales y corporales de esos adolescentes. Más allá

[5] El informe del Alto Comisionado de salud pública, llamado *La Souffrance psichique des adolescents et des jeunes adultes,* publicado en febrero del 2000, invita a la prudencia en el establecimiento de un lugar entre sufrimiento y violencia: "La noción de sufrimiento psíquico de los jóvenes es vaga, escriben estos autores. Tenemos demasiado la tendencia de confundirla con algunos de esos efectos puestos como espina, en la categoría igualmente confusa de 'violencia de los jóvenes'" (www.sante.gouv.fr/htm/actu/36_000200.htm, consultado en abril del 2010).

de la distancia entre los psicólogos, pertenecientes en su mayoría a las clases medias o altas parisinas, y los adolescentes, de medios modestos y orígenes de inmigrantes, lo que aquí me interesa es la política que traduce las desigualdades sociales en términos de sufrimiento psíquico y que propone como respuesta a los problemas de las clases populares una escucha de su malestar.

A fines del siglo XX aparece un nuevo lenguaje en Francia para calificar a los problemas sociales, sus consecuencias sobre los individuos y las soluciones que se les podría darle. Los problemas han sido relacionados con la exclusión, las consecuencias fueron interpretadas en términos de sufrimiento, las soluciones fueron orientadas hacia los lugares de escucha. De esa forma, podemos llamar configuración semántica al conjunto de las nociones que se construyen juntas, se responden y se completan para dar cuenta de una realidad social. Exclusión, sufrimiento, escucha, constituyen para el decenio de 1990 una configuración semántica que podemos calificar de compasional. Ellas permiten enunciar lo que los sociólogos han nombrado como «nueva cuestión social»[6], es decir, eso que hace que lo «social» exista como problema, entre lo económico y lo político, y se lo pone en cuestión a través de una problematización específica de un momento de la historia. Cada período histórico podría con suerte ser caracterizado por la configuración semántica que expresa la forma en que se comprende la cuestión social: en los años 1970, por ejemplo, inadaptación, pobreza, integración, anuncian respectivamente el problema, su consecuencia y su solución, en un contexto donde los grandes temas políticos que nos son hoy familiares, tales como la desocupación, la inmigración o la inseguridad, son aún hoy poco formulados[7]. Para un período dado, sin embargo, numerosas configuraciones semánticas pueden desarrollarse paralelamente, encontrar recursos en lugares diferentes y a veces, incluso, entrar en competencia por la legítima definición de la cuestión social: de ese modo, en los años 1990, un conjunto consti-

---

[6] Especialmente las dos obras de cercana inspiración y publicadas simultáneamente por Pierre Rosanvallon (1995) y Robert Castel (1995).

[7] Heléne Thomas (1997) evoca el papel jugado por las obras *Les Exclus. Un François su dix* de René Lenoir (Paris, Seuil, 1974) y *Vaincre la pauvreté dans les pays riches* de Lionel Storelu (Paris, Flammarion, 1974).

tuido alrededor de las ciudades, de la inseguridad y de la «tolerancia cero» emerge progresivamente hasta imponer esta nueva configuración semántica que calificaríamos de seguritaria y, sabemos hasta qué punto ella se convirtió en una imposición en el curso del siguiente decenio[8]. Por lo tanto, es indispensable considerar esos lugares comunes como característicos de un período como redes fluidas y dinámicas.

Pero, una configuración semántica no nace de la nada. Ella tiene su fuente en un mundo social particular –profesional, institucional, cultural, etc.– que adquiere, en un momento determinado, un cierto reconocimiento en tanto que descriptor autorizado de los hechos sociales y en tanto que promotor competente de respuestas sociales. En los años 1990, en Francia, la salud mental jugó ese papel. Ella encontró las palabras para nombrar el desorden social. La sociedad, o al menos segmentos importantes de la misma, intervenía alrededor de la cuestión social, desde la alta administración hasta los trabajadores sociales adaptaron su vocabulario para poner en acción políticas sobre las desigualdades y las marginaciones, de la pobreza y la delincuencia, que miraban además como una exclusión y un sufrimiento reclamando una escucha. Observando esta evolución, no se trata evidentemente de sugerir que los instrumentos tradicionales del Estado hayan sido disminuidos: los dispositivos de asistencia se mantuvieron y aún se desarrollaron; las tecnologías de represión han sido utilizadas y refinadas; pero, igualmente, aparecieron nuevas respuestas para las cuales los psiquiatras y los psicólogos aportaron sus útiles y prácticos métodos que se mostraron más eficaces de lo que supusieron las ciencias sociales, el mundo político, los medios de comunicación. Es la innovación social introducida en y por el universo de la salud mental, entendida a su vez como un corpus de profesionales y un corpus de saberes, la que trato de aprehender aquí. Los análisis que se hacen sobre ese fenómeno, generalmente en términos de psicologización, a veces de psiquiatrización de lo social, no dan cuenta más que imperfectamente del mismo. Más que una determinación unilateral del curso de las cosas, asistimos a una cristalización de representaciones e ideas alrededor

[8] Philippe Robert (2002) señala que la temática es menos reciente de lo que generalmente creemos, porque ella aparece a fines de los años 70.

de las palabras y las nociones; entonces, más allá de de los anuncios oficiales, examinamos los discursos y las prácticas tal como ellas son puestas en práctica en las políticas nacionales y locales, especialmente aquellas que conciernen a los lugares de escucha.

Sintomatología de lo social

El 15 de octubre de 1999, en el marco de la diecisiete edición del Festival internacional de fotógrafos y corresponsales de guerra de Bayeux, donde se comentaban las transformaciones del mercado de los reportajes y de imágenes que dan cuenta e ilustran los dramas del planeta, una periodista francesa formulaba esta constatación: "Creo que nosotros hemos sobrepasado el estadio donde mostrábamos los cadáveres y la sangre. Hoy, la demanda es el sufrimiento. Especialmente el de las mujeres y los niños, porque es lo que puede emocionar y movilizar a las personas". Discretamente, el conductor de la emisión "Pot-au-feu" que la entrevistaba en France Culture agrega: "En suma, La *Pietá* mas que la Crucifixión". La fórmula es sobrecogedora. Ella encuentra una ilustración destacable en la fortuna controversial de la fotografía trágica de aquella madre desesperada informando, en la mañana del 23 de setiembre de 1997, en un hospital de Argelia, el asesinato de sus ocho hijos masacrados en la ciudad de Bentalha, con otras cuatrocientas personas[9]. De ese asesinato, los periódicos del mundo entero publicaron en una imagen, no los cuerpos sin vida o mutilados de las víctimas, sino la representación de la aflicción de esa mujer. El lector será de este modo espectador de un sufrimiento mucho más que de una violencia. La emoción que sentirá será más de compasión que de terror.

De ese modo, el sufrimiento no es solo puesto en imágenes, también lo es en palabras. A fines de la década de 1990, ella deviene omnipre-

[9] La controversia concierne al derecho a la imagen, porque esa madre pidió que su foto no sea publicada. Ella fue acusada por el poder argelino al que se acusa de haber querido de esa forma eludir su responsabilidad en la masacre, porque estando el ejército en una caserna cercana, permanecieron sin intervenir. Por esta "Madona de Bentalha", como se la nombra generalmente, el fotógrafo Hocine recibirá en ese año el premio World Press Photo (www.humanite.fr/1998-02-14_cultures_-La-Madone-de-Bentalha-photo-de-l-annee-1997, consultado en abril del 2010.

sente en el campo del trabajo. Para dar cuenta de los movimientos sociales que se multiplican, una revista titula metafóricamente: "El sufrimiento desciende a la calle". Consultada una socióloga del trabajo, Danièle Linhart, explica: "Los trabajadores sociales, los médicos del trabajo señalan hasta qué punto, en muchos sectores, los trabajadores se sienten mal. Antes, entre colegas se intercambiaban cartas sindicales, ahora se intercambian antidepresivos". Y, de lamentar esta evolución: "El sufrimiento se dice más, pero él se expresa todavía de manera individual... escucharse, llorar unos con otros, reconocerse en el sufrimiento es una cosa. El problema consiste en volver al terreno colectivo". Las relaciones sociales en las empresas y las mutaciones de la organización de la producción se expresan cada vez más en el terreno de la psicopatología. "La modificación de las condiciones de trabajo genera nuevos sufrimientos", titula un periódico nacional en un largo artículo que celebra el centenario de la ley sobre accidentes de trabajo y cita ampliamente numerosos psicoanalistas y psicólogos. Su descripción es inequívoca, resumida por un especialista en psicodinamia del trabajo de esta forma: "Antiguamente el sufrimiento era asunto de los obreros y ellos lo callaban. Esos fenómenos alcanzan además a todas las categorías profesionales, a los ejecutivos, a los investigadores"[10]. Dicho de otra forma, mientras que antiguamente se defendía solo al obrero, hoy en día son todos los actores del mundo del trabajo, hasta los más favorecidos, los que se quejan. Especialmente, lo que antaño se explicaba en términos de explotación económica se expresa ahora con el vocabulario de la salud mental. Allí donde el sindicalista denunciaba las condiciones de ejercicio de la actividad profesional, el médico del trabajo toma a su cargo los traumas psiquiátricos. Ciertamente, no es necesario forzar el guión, porque un lenguaje no reemplaza totalmente al otro pero, de manera casi más significativa aún, el discurso

---

[10] Ver Telerama, n° 2553, el 16 de diciembre de 1998, pp: 8-9, y Le Monde, 9 de abril de 1998, p.9. Numerosos otros artículos publicados en ese período, entre ellos: "Tu trabajarás sin dolor", *Liberation*, 20 de abril de 1998. "Stress y depresión vacían las oficinas", **Liberation**, 10 de octubre del 2000. Las revistas realizan artículos especiales: *Santé mentale,* sobre "El sufrimiento psíquico" en diciembre de 1998, *Santé et travail* sobre "Sufrimientos de las mujeres en el trabajo", en abril del 2000, *La Pensée* sobre "sufrimiento en el trabajo", en marzo del 2002.

de la protesta comienza a encontrar en el léxico del dolor uno de sus recursos más eficaces.

El sufrimiento, además, comienza a ser contagioso. En otras palabras, uno no sufre solamente por su propia situación sino también por la confrontación con aquella de los otros. La empatía deviene también patógena. Este contagio puede ser directo, en el cara a cara con la persona que sufre, o indirecto, por la intermediación de imágenes o de palabras que expresen el sufrimiento. En el primer caso, los profesionales de la salud o de lo social son los más expuestos. La sociedad de formación terapéutica del generalista lanza un programa destinado a los médicos llevado sobre "los límites del tomar bajo cuidado o de la compasión". Los organizadores se preguntan "porqué el sufrimiento de los profesionales de la ayuda es desdeñado" e invita a los poderes públicos a "proponer en el chequeo el estrés y no solo las competencias". Y, para ayudar a los participantes a reconocer el "sufrimiento del médico", ellos difunden en el seno del grupo un cuestionario auto respondido, el *Malaschburnoutinventory*, que permite saber si uno está concernido por el "agotamiento profesional" o la "despersonalización"[11]. En el segundo caso, es el telespectador el que está particularmente afectado. Una investigación del Observatorio del debate público sobre la recepción de la información, destilada por la televisión cada noche y, mirada en promedio por veintitrés millones de personas, muestra que "los franceses viven su noticiero televisivo como un sufrimiento". Según el director de este instituto de sondeo, "mirar un noticiero televisado es una prueba psicológica y física, una suerte de vértigo ligado a la cantidad y diversidad, que es fuente de angustias". El trabajo editorial del conductor consiste entonces en

---

[11] Ver SFTG, Departamento de ciencias humanas y sociales, "Surmenage et limites du medicin", seminario realizado el 20 de enero de 1999 para los generalistas. Esta temática es retomada en una editorial de *Le Monde*, el 2 de enero del 2002: "Médicine souffrante". En los hechos, es cuestión del movimiento de huelga de los generalistas por una revalorización de la consulta médica con base en 20 euros y de la visita a domicilio en 30 euros. Sin embargo, aquí también, sus dificultades son puestas en relación con el malestar de sus pacientes. "El movimiento está bien estructurado, traduciendo un malestar. Más allá de sus ingresos, los médicos se quejan de sus condiciones de vida", habiendo "devenido en el primer recurso en una sociedad donde los individuos sufren en primer lugar de soledad".

servir de "contrapeso psicológico", para permitir "la atenuación de la catástrofe"; por su comentario que "tranquiliza a medida que las imágenes aceleran la angustia", él "evita al telespectador huir frente a tanto horror"[12]. Antes que la oposición arendniana entre compasión con lo cercano y piedad a la distancia, tenemos aquí una forma de proximidad generalizada con el sufrimiento que permite la empatía de expresarse casi de la misma forma si se está delante de la persona o a miles de kilómetros de ella.

Frente a este crecimiento del dolor, pueden ser adoptadas diferentes posturas. La primera de ellas toma el discurso sobre el sufrimiento como una simple descripción de la realidad, considerando por un lado que se sufre más que antes y, por el otro, que estamos más expuestos al sufrimiento de los otros. Calificamos a este primer enfoque de naturalista. Comentando una obra sobre el "sufrimiento social", Jakie Assayag escribía: "Nosotros vivimos en una era atormentada por el sufrimiento. No a aquel al que nos habían acostumbrado la religión y la literatura. Pero, ninguna tradición pasada nos había acostumbrado a ese espectáculo de atrocidad o de terror. Si bien está desigualmente repartido, está igualmente expandido, el "sufrimiento social" ha terminado por colonizar nuestro futuro con sus pesadillas. Las actuales socio-odiseas políticas del desastre han tomado el relevo de las antiguas teodiceas"[13]. Es generalmente lo que expresan, refiriéndose a los eventos colectivos que han marcado el siglo, los filósofos, antropólogos y periodistas que informan las violencias y las injusticias. Es también lo que afirman, esta vez en la escala de las experiencias comunes, los sociólogos, psicólogos y médicos que hacen sus observaciones sobre

[12] Ver *Le Monde*, 27 de noviembre del 2001.

[13] Esta mención, en *L'Homme* (1999, vol. 39, n° 149 [enero-marzo],pp.214-2155) del volumen colectivo *Social Suffering*, dirigido por Arthur Kleinman, Veena Das y Margaret Lock (1997) puede ser vista a partir de otro comentario, igualmente positivo pero planteando otra cuestión sobre el mismo libro, hecha por Vincanne Adams, en *American Anthropologist* (1998, vol. 100, n° 4 [diciembre], p. 1064): "¿Por qué este imperativo de explorar el sufrimiento, de exponerlo, de tomar posición en relación a él es tan importante? Podríamos preguntarnos si ese imperativo no es también culturalmente específico. ¿Cuál es la base cultural para el imperativo de esta obra? Curiosamente, si el sufrimiento es reconocido como el producto inevitable de las formaciones estatales y sociales modernas, ¿por qué es entonces el sufrimiento el único representante en nuestra disciplina en los tiempos actuales?"

los trastornos físicos en la empresa, señalando los efectos de las nuevas formas de organización del trabajo. La segunda posición rechaza, por el contrario, el discurso sobre el sufrimiento como una suerte de artefacto que no hace más que mostrar la tendencia de nuestra época a la banalización del descontento. Mencionemos otro aporte irónico. En su estudio sobre la depresión, Alain Ehrenberg considera que nuestra época ofrece "una excelente coyuntura para sufrir" y habla de la "ola del sufrimiento". Citando un informe oficial según el cual el sufrimiento psíquico habría devenido el síntoma mayor de la precariedad, él marca que "esta atención al sufrimiento, pero también a su uso cognitivo para comprender y definir los problemas sociales son totalmente recientes"[14]. De una forma un poco diferente, esta misma línea es adoptada por un conjunto de reflexiones filosóficas y de ensayos literarios que denuncian y a veces se burlan de la tendencia contemporánea a producir víctimas y discursos victimarios, a nutrirse de compasión y a exaltar las actitudes compasionales.

Si adoptamos la primer postura, parece que hay una cuestión que permanece: en la medida donde sea difícil pensar que las generaciones que nos precedieron no sufrieron psíquicamente a causa de sus condiciones de vida o de trabajo, ¿por qué las ciencias sociales, y más ampliamente la sociedad, están listas hoy en día para interrogarse sobre realidades a las que ellas no daban cabida? Si adoptamos la segunda postura, nos surge otra pregunta: en la medida en que el sufrimiento psíquico no sería más que una moda significativa de los modos de vida de nuestra época sobre el mercado floreciente de la compasión, ¿por qué vendría a explicarlo tan bien y especialmente de forma tan consensual? Por tanto, se impone un tercer enfoque. Él consiste en tomar en serio al sufrimiento psíquico, como realidad vivida y al mis-

---

[14] La investigación de Alain Ehrenberg (1998) se realiza sobre este hombre deficitario que "deviene deprimido porque debe soportar la ilusión de que todo le es posible". Lo retoma algunos años más tarde en un artículo de la revista *Esprit* (2004) y, rechazando los enfoques fenomenológicos del sufrimiento psíquico, ve en su invocación "la expresión pública de las tensiones de un tipo de individuo al cual se le ha pedido siempre disciplina y obediencia, pero especialmente autonomía, la capacidad de decidir y actuar por sí mismo".

mo tiempo como discurso público, considerando la asociación de los dos como un hecho social.

¿Cómo caracterizar este enfoque? Digamos que él nace de un asombro: ¿cómo ha venido el sufrimiento a imponerse con tal eficacia, y por lo mismo con tanta facilidad, en nuestro universo semántico? Él procede a su vez de un desplazamiento: no deberíamos ver en esto ¿por qué nos parece tan natural –que las personas sufran con sus malestares– también el producto de una operación cultural que haría existir aquello que hasta ahora no tenía existencia en la esfera pública? No se trataría de rechazar la realidad de los sufrimientos (pero adivinamos cuán difícil sería comparar los genocidios de la época presente y las exterminaciones del siglo pasado o aun los trastornos psíquicos de los trabajadores contemporáneos y las experiencias dolorosas del proletariado de antaño). No se trata en absoluto de subestimar las intermitencias del discurso (pero no podemos conformarnos con tal apreciación ocultando los efectos sociales y políticos que él produce en la gestión de los conflictos internacionales o la administración de las poblaciones dominadas). Se tratará más de considerar el sufrimiento como un lenguaje de nuestro tiempo y de interrogarse sobre las significaciones e implicancias que tiene la reconfiguración –ciertamente parcial- de nuestra visión del mundo en esta perspectiva patética. Es a este ejercicio de extrañeza y desplazamiento que se entrega Ian Hacking a propósito de la memoria[15]:

> Mi curiosidad es estimulada precisamente cuando algo parece inevitable. ¿Por qué intereses tan diversos se encuentran agrupados en la memoria? Un gran filósofo norteamericano, Nelson Goodman, igualmente devoto de las artes y de las ciencias, se autocalifica como escéptico, analístico y constructivista. Yo también tengo esa tendencia. Me pregunto con escepticismo: ¿por qué es tan necesario organizar nuestros proyectos presentes en términos de memoria? Me interro-

---

[15] Reconocemos aquí un camino foucaultiano de la cual Ian Hacking además se considera parte (1995, pp. 3-4): "Es términos de estrategia de investigación, siempre me sentí atraído por lo que Foucault llama arqueología. Pienso que a veces hay mutaciones brutales en los sistemas de pensamiento y que esta redistribución de las ideas establece lo que más tarde parece inevitable, no cuestionable, necesario".

go analíticamente: ¿cuáles son los principios dominantes que nos encierran en la memoria como acercamiento a tantos problemas de nuestra vida, desde la educación de los niños hasta el patriotismo, del envejecimiento a la ansiedad? Y me digo: ¿qué construcciones sustentan estos principios? No estoy en busca del lugar común según el cual habría numerosos tipos de memoria. Pero me hago la pregunta: ¿por qué hay tal criatura, "la memoria" de la cual encontramos tantas clases diferentes?

Lo que parece evidente –¿quien soñaría con negar la realidad del sufrimiento o la existencia de la memoria?– no puede ser considerado como tal por el historiador que, a diferencia del etnólogo que sabe que no todo es lo mismo, es consciente de que no todo ha sido siempre así. Tanto para uno como para el otro, la investigación comienza por una pregunta: ¿por qué sucede esto aquí y ahora? En otros términos, porque eso nos concierne: ¿por qué creemos nosotros hoy que lo social hace sufrir mientras que esto se nos había escapado hasta ahora? O también: ¿cómo se nos ha impuesto esta evidencia? Y finalmente: ¿cuáles son las consecuencias de esta representación dolorida del mundo?

Génesis de una pregunta

Para que una "enfermedad mental transitoria" exista en una sociedad particular en un momento dado, es necesario, dice Ian Hacking, que ella encuentre su lugar en lo que ella designa, retomando una metáfora biológica, como un "nicho ecológico" que realiza esta conjunción de circunstancias gracias a las cuales una nueva suerte de patología pueda nacer: es así que da cuenta de la emergencia y declinación de la histeria y de los histéricos, de la fuga y de los fugitivos y, más recientemente, especialmente en los Estados Unidos, síndromes de personalidad múltiple[16]. Este nicho pone en acción cuatro dimensiones: una clasificación médica que provee un cuadro diagnóstico; una polaridad normativa que permite distinguir lo positivo de lo ne-

[16] Este modelo del "nicho ecológico" es aplicado, para Ian Hacking (1999), a toda una serie de enfermedades y de enfermos de los que estaríamos tentados a decir que no tuvieron más que un tiempo.

gativo; una posibilidad de observar el fenómeno para hacerlo visible y medible; finalmente, una oportunidad de salir de un problema que no encuentra salida de ninguna otra forma. La enfermedad mental puede existir en tanto cumpla con esas cuatro condiciones. El sufrimiento no es exactamente una enfermedad mental, es mucho más un síntoma psíquico y, por otra parte, no es posible afirmar su carácter transitorio, que haría suponer que después de haber aparecido, ella haya desaparecido hoy. Si aceptamos sin embargo abordarla no desde el punto de vista de una fenomenología o de una hermenéutica, sino simplemente desde una sociología política, tal vez desde una antropología moral, la cuestión es por lo tanto saber cómo, es decir en qué condiciones históricas particulares, el sufrimiento devino social.

En Francia, los años 1980 fueron marcados por el desarrollo de una "nueva pobreza" y por la explosión de "violencias urbanas"[17]. La concentración de esos dos fenómenos sobre territorios particulares –los "suburbios" y sus "barrios"– y sobre categorías específicas –los medios populares, ampliamente afectados por las transformaciones del empleo– orienta las respuestas, las políticas de inserción por un lado, y de los barrios por otro, sobre un acercamiento más específico que universal, una justicia más reparadora que distributiva, la equidad y no la igualdad generaron muchos debates en esta época. Especialmente, la asociación de las dos realidades en el espacio público perpetúa el circuito entre miseria y delincuencia, entre clases miserables y clases peligrosas, que caracterizan la percepción de la cuestión social desde sus orígenes y, en consecuencia, su tratamiento entre compasión y represión. Esta polarización es no obstante inestable. A partir del fin de ese decenio, el primer registro, compasivo, se impone sobre el segundo, represivo. Tenemos de ello un índice particularmente significativo a través de la evolución de esas políticas en materia de toxicomanías que de hecho conciernen casi con exclusividad a los barrios llamados "con dificultades". Mientras que hasta ese momento, las acciones

[17] Las dos expresiones son de alguna manera consagradas por el uso en el curso de este decenio. Ellas merecerían seguramente un análisis crítico, lo que ya ha sido objeto de una producción científica importante. Para una presentación de esas dos nociones y de su validación empírica, podemos referirnos a las obras de Serge Paugam (1991) y de Christian Bachmann y Nicole Le Guennec (1995).

estaban casi enteramente construidas sobre el principio del orden público, alrededor de la policía y de la justicia (con algunos centros psiquiátricos especializados en los márgenes), se comienza a poner delante el doble argumento de la puesta en peligro de sí mismo (con el desarrollo del SIDA y de las hepatitis) y el dolor psíquico (donde el uso de drogas es a la vez el síntoma y el factor agravante). Esta inversión de la representación de los toxicómanos –que, de delincuentes temibles y rechazados pasan a ser seres amenazados y sufrientes– es el preludio de una profunda reestructuración de la acción pública: lo que concebimos además en términos de la "toma a cargo" devienen de esta forma en un eje importante de las políticas locales, con la reducción de riesgos y la promoción de servicios[18]. Más ampliamente, la mirada llevada sobre la cuestión social se hace más cercana a aquellos y aquellas que son consideradas como las víctimas. Mientras, el crecimiento del número de personas sin empleo y, especialmente su visibilidad, particularmente mediática, un sentimiento compartido de empatía y un imperativo moral de solidaridad parecen llevarlos a las tendencias de la estigmatización de los compartimientos y al repliegue sobre uno mismo[19] que hubieran podido tener curso anteriormente. La "crisis económica" es la causa de todos esos males, desocupados, precarios, pobres y jóvenes de los barrios son sus víctimas. La instalación del salario mínimo de inserción (RMI) en 1988 instituye además nuevas obligaciones contractuales entre los beneficiarios y las instituciones de

[18] Tal como lo describimos en la investigación que hemos conducido con Herve Hudebine, en dos departamentos de la región parisina el discurso compasional sobre los heroinómanos había impregnado de tal forma la manera de ver y de hacer de los policías que ellos hablaban con una forma de conmiseración y que evitaban sistemáticamente interpelarlos para permitirles acceder a los distribuidores de jeringas con toda serenidad. Ver *Politiques de la drogue et gouvernement des villes. Les scénes locales de la réduction des risques.* (Bobigny, Centre de recherche sur les enjeux contemporains en santé publique, 2002). Podemos leer para un análisis de las políticas de ese período, a nivel nacional y local respectivamente, el libro de Henri Bergeron (1999) y el artículo de Anne Lovell (1998).

[19] En este mismo período, la mirada sobre los enfermos de SIDA se transforma. La reprobación de las prácticas sexuales de los homosexuales y, como lo vimos, de los toxicómanos, que había marcado fuertemente los primeros años de la epidemia en una lógica de "victim *blaming*", cede espacio a una preocupación que produce derecho, como lo ha escrito Nicolás Dodier (2003), a un conjunto de "biens en soi": la salud, seguramente, pero también la lucha contra la estigmatización y la realización del yo.

acompañamiento: el primero debe hacer todo lo posible por insertarse y las segundas poner todo en acción para ayudarlos. Ese contrato
supone una exposición del yo[20]. No solo los beneficiarios deben presentarse, contarse, justificarse, sino que deben, sobre la base de ese
relato, construir el proyecto por el cual ellos se van a reinsertar en el
mundo social, es decir, relacionar su pasado y su futuro alrededor de
un presente incierto.

Dos innovaciones lingüísticas de comienzos de los años 1990 van a
anclar completamente la acción pública en el registro de la compasión:
la exclusión y, particularmente, el sufrimiento. En los dos casos, la alta
administración y las ciencias sociales juegan un papel esencial y convergen legitimando esas nuevas categorías política e intelectualmente.
La exclusión aparece en un principio en los trabajos del Comisariado
general del Plan, específicamente en dos informes producidos bajo
la dirección de Philippe Nasse en 1991 y de Bertrand Fragonard en
1993, quienes desarrollan la noción y normalizan su uso en los medios
políticos. Paralelamente, ella es objeto de una teorización por parte de
sociólogos cercanos a esta institución y publicadas por ediciones Esprit
en 1991 y 1992, con autores como Jacques Donzelot o Alain Touraine,
quienes afirman la existencia de una nueva forma de diferenciación
social, radicalmente diferentes de las desigualdades del anterior período
de industrialización[21]. Con algunas variaciones de interpretación de un
informe o de un autor a otro, la exclusión reenvía de manera bastante
consensuada a un nuevo orden social que no es más "vertical" sino
"horizontal", con un "afuera" y un "adentro", una parte creciente de
la población francesa se encontraba privada de "lazo social", expresión

---

[20] Como lo muestra Isabelle Astier (1998) en su investigación sobre las comisiones
de inserción, esta política restituye un dispositivo de exploración de la intimidad
entre las personas.

[21] Ver especialmente los textos de Jacques Donzelot y Joël Roman (1991) y de Alain
Touraine (1992). Los informes del Comisariado general del Plan se titulan respectivamente: *Exclus et Exclusions. Connaître les populations et comprendre les processus* y
Cohésion sociales et prévention de l'exclusion. Las relaciones en esta época son estrechas
y orgánicas (relaciones personales, grupos de trabajo, coedición de obras) entre esta
institución de reflexión ubicada cerca del gobierno socialista y la nebulosa intelectual
que gravita alrededor de la revista *Esprit*. Para una aproximación socio-histórica de
la noción de exclusión se puede leer mi artículo (1996).

que se impone como un lugar común. Si bien los análisis en los que se sustenta esta recalificación son de carácter empírico, y tal vez no dan una visión de lo que puede ser la experiencia de los excluidos, la terminología de la exclusión evoca realidades más concretas que no tiene el lenguaje de las desigualdades. Los medios la retoman ampliamente mostrando, muchas veces apoyado en imágenes, que el problema no concierne solo a los márgenes sociales, sino que toca a la sociedad en su conjunto: ninguna persona está al margen, cada uno es susceptible de pasar del "otro lado". Los sondeos confirman que una parte importante de la sociedad francesa se siente amenazada con la exclusión. Si bien pocos comentan el hecho de que el riesgo de estar sin empleo o de tener un contrato precario está estrechamente ligado a la categoría socio-profesional y que es seis veces más alto entre los obreros no calificados que entre los ejecutivos[22].

Es eso precisamente lo que vienen a confirmar, esta vez sobre la base de encuestas, los trabajos sobre el sufrimiento social que se desarrolla alrededor de Pierre Bourdieu en el marco de una investigación colectiva, financiada por la Caja de impuestos y consignaciones, y que se vieron beneficiados con un éxito editorial excepcional con la publicación en 1993 de *La Misère du monde*. Si bien la noción de sufrimiento no es verdaderamente conceptualizada, ella es colocada en el corazón del proyecto teórico y especialmente desarrollada a través de cada entrevista informada y situación descripta[23]. Dos años más tarde, la intención había sido explicitada: "Deseosos de conocer y comprender los verdaderos fundamentos del sufrimiento social que no se expresa más que a través de signos y de síntomas opacos y obscuros, hemos

[22] Como lo recuerdan Alain Bihr y Roland Pfefferkorn (1999): en 1998, la tasa de desocupación alcanzaba el 4.5% entre los ejecutivos, contra el 21.9% entre los obreros no calificados, y la proporción acumulada de contratos de duración determinada y de empleos precarios era del 2.9% para los primeros y del 19.2 % para los segundos.

[23] En la sobre-cobertura del libro, el título del mismo (1993) está recubierto por dos palabras dactilografiadas en enormes letras rojas: "Francia habla". Desplegándola, encontramos la primera palabra completa: "sufrimiento". Éric Maigret cuenta cómo había sido contactado por los organizadores del estudio: "Consultado para formar parte eventualmente del equipo de investigadores, todavía estudiante, me recuerdo del pedido dirigido, que yo encontraba reduccionista, no por el tema abordado sino por la manera substancialista de definirlo: encontrar alguien en su entorno que "verdaderamente sufra" en la vida". La "consigna" era: "solo el sufrimiento será audible".

elegido interrogar a las personas que se sienten "mal en su piel", como dice el sentido común, porque ellos se sienten mal en su posición". Para dar sentido de este sufrimiento, es necesario poner en acción una "forma de escucha activa y armada, demandando una postura en apariencia contradictoria: por un lado una disponibilidad total respecto de la persona interrogada, una sumisión completa a la singularidad de su caso particular, que puede conducir, por una suerte de mimetismo más o menos controlado, a adoptar su lenguaje y a entrar en sus vidas, en sus sentimientos, en sus pensamientos; por el otro, un interrogatorio metódico, importante en el conocimiento de las condiciones objetivas, común a toda una categoría, y atenta a los efectos de la relación de investigación"[24]. Con esta investigación se establece entonces la relación entre una condición social y una experiencia íntima (uno está mal en su piel porque uno está mal en su posición), y, el papel del sociólogo se encuentra claramente definido (él es el único capaz de una forma de escucha sensible de la subjetivación y de la objetivación del malestar al mismo tiempo). El sufrimiento social adquiere, de esa forma, por la autoridad del sociólogo su título de nobleza, y la escucha empática deviene un instrumento legítimo para el cual las ciencias sociales pueden servir de modelo para el trabajo social. Ese éxito que el libro tiene se debe entre otras cosas a su diferencia con investigaciones anteriores sobre la exclusión, mostrando que todo el mundo está efectivamente o potencialmente afectado por el sufrimiento. Lejos de retomar la idea de la separación del mundo social entre excluidos e incluidos, él muestra que todos sufren, teniendo de esa forma un espejo en el que cada uno puede reconocerse. De esa forma, cuando en noviembre de 1993 el delegado interministerial de la ciudad, Jean-Marie Delarue, confía a un profesor de salud pública, Antoine Lazarus, la presidencia de un grupo de trabajo llamado "Barrio, salud

---

[24] En 1991, un número de las *Actes de la recherche en sciences sociales,* titulada simplemente "la souffrance" (nº 90 [diciembre]), ya había lanzado los primeros elementos de esta investigación colectiva. Era muy emocionante ver a Pierre Bourdieu, no sin cierta ingenuidad, la "vida de los otros" si podemos decirlo así. Él mismo lo reconocía y subrayaba la ruptura introducida por esta investigación en su programa científico: "Fue necesario que yo llegara a esta edad y que tuviera un poco más de actitud social para ser capaz de hacer esta transgresión".

mental, precariedad y exclusión social", todo está ya dispuesto para recibir los análisis y las proposiciones que desembocarán, dos años más tarde, en la publicación del informe *Une suffrance qu'on ne peut plus cacher*[25]. El "nicho ecológico" puede ser constituido donde al menos tres condiciones de posibilidad estén reunidas. Primero, aportando a la vez una interpretación y una solución, que el sufrimiento social proponga una salida política en una coyuntura socio-económica sobre la cual el gobierno afirme no tener asidero. Segundo, validado por los poderes públicos y demostrado por las ciencias sociales, él deviene observable y cuantificable. Tercero, privilegiando lo compasional sobre lo represivo en la gestión de la cuestión social, él ofrece una polaridad moral positiva. Queda por examinar la cuarta dimensión de cómo la taxonomía psiquiátrica lo convierte en hecho.

Clínica de la exclusión

Después de las conferencias de John Langshaw Austin, sabemos que los enunciados pueden ser "descriptivos" o "performativos", decir como son las cosas o producirlas nombrándolas. En el espacio público, sin embargo, sucede generalmente que las frases que pronunciamos scan las dos cosas al mismo tiempo, descriptivas y performativas, que se presenten como pura relación de hechos contribuyendo ambas a hacerlos existir: hablar de inseguridad como una realidad es participar en su realización como sentimiento. Sin embargo, para que el discurso funcione socialmente, y por lo tanto sea reconocido como verdadero, es necesario que obedezca a ciertas reglas que podemos descubrir *a contrario*, a partir de la "doctrina de los fracasos", es decir, cuando una o varias de sus condiciones están ausentes[26]. No es suficiente que

[25] En su carta, Jean-Marie Delarue afirma que su delegación (DIV) y aquella del sueldo mínimo de inserción (DIRMI) "son informadas regularmente de problemas que hacen difícil la conducción de políticas de lucha contra la exclusión", y que "esas dificultades conducen a un estado de malestar o más precisamente de salud mental de ciertas poblaciones". Las nociones de exclusión y de salud mental son también asociadas de golpe. El informe *Une suffrance qu'on ne peut plus cacher*, redactado por Hélène Srihol, es publicado en 1995 bajo el doble sello DIV-DIRMI.

[26] Con humor, Austin (1970-1962) da el ejemplo siguiente de fracaso (*infelicity*) de un enunciado performativo: "Supongamos, por ejemplo, que vea un barco en un dique

yo pronuncie una palabra que tenga valor descriptivo o performativo para que ella tenga sus efectos. Es necesario, especialmente, que exista un procedimiento reconocido por convención y sea puesta en acción por personas y en circunstancias convenientes. Por consiguiente, el sufrimiento no ha devenido una noción eficaz en la definición de las políticas públicas más que a partir del momento en que ella ha sido tomada a cargo por psiquiatras e inscripta en un marco institucional que ellos construyeron. En la introducción al coloquio organizado en 1997 para el Observatorio Regional sobre el sufrimiento psíquico en relación con la exclusión (Orspere), Jean Furtos, su director, que es psiquiatra en el centro hospitalario Le Vinatier de Lyon, reconoce además su deuda y aquella del «cuerpo social» en su totalidad en vista al informe interministerial. Este, afirma él, se «muestra fundamental» poniendo en evidencia un sufrimiento que hasta ese momento había dejado «caer en el precipicio de la negación, de la indiferencia o del desprecio». Tres años más tarde, durante otra conferencia que había marcado el comienzo de una importante movilización de la psiquiatría, había evocado un recuerdo personal que sugería cuánto su disciplina había demorado en identificar el problema: «Al comienzo de los años 1980, éramos unos pocos, de horizontes geográficos y teóricos muy diferentes, invitados a una reflexión sobre el tema de de la psiquiatría del año 2000. Mi memoria, tal vez imprecisa, no recuerda que nadie haya visualizado como probabilidad que el sufrimiento psíquico en relación con la pobreza, la precariedad y la exclusión devendrían uno de los desafíos mayores del tercer milenio y, sin embargo, la angustia social era patente. Ella no era todavía tan presente como ahora y especialmente el informe Lazarus no había realizado su tarea de levantar el velo»[27]. Dicho de otra forma, en la génesis de la noción de sufrimiento

---

de construcción, que me acerque y rompa la botella suspendida en el casco, que yo diga "Yo bautizo a este barco como el *Joseph Stalin*" y, que para estar bien seguro de mi asunto, con una patada hago saltar las cuñas. El problema es que yo no era la persona designada para proceder al bautismo".

[27] Esas dos manifestaciones han dado lugar a publicación de actas dirigidas por Jean Furtos *et al*: *Déqualification sociales et psychopathologie. Devoirs et limites de la psychiatrie publique* (Lyon, Orspere, 1994) y *Souffrance psychique, contexte social et exclusion* (Lyon, Orspere, 1997).

de origen social hay un antes y un después de 1995. Más precisamente (este descubrimiento que es deudor, en condiciones precarias), sufrir por lo social no procede de un movimiento interno de la psiquiatría, que sería deudora del problema y lo habría llevado al espacio público, sino del reencuentro de una de sus corrientes minoritarias, de sensibilidad social y de práctica militante, con un conjunto de actores implicados de cerca o de lejos en las políticas de los barrios y, ellos mismos, irrigados por la sociología[28]. En ese comienzo de los años 1990, las interacciones entre ciencias sociales, *expertise* pública y salud mental, son estrechas aunque jamás directas. En ese contexto, para explicar el éxito del informe Lazarus, parece que es necesario tomar en consideración dos intervenciones interpretativas de las que aún no se ha verdaderamente medido su magnitud.

En primer lugar, los autores desplazan el objeto tradicional de la psiquiatría afirmando que los desórdenes psiquiátricos que se observan en los barrios periféricos no muestran la patología mental: "eso no es una enfermedad, eso es sufrimiento", escribe el informante. Estamos aquí en la lógica que Robert Castell había calificado como "promoción de la psicología por él mismo" y de la que él había analizado la emergencia hace ya veinte años como un "más allá del psiquiátrico"[29]. Se trata de un renunciamiento al corte entre lo normal y lo patológico que había permitido ingresar, en el siglo XIX, a la psiquiatría en el mundo de la medicina. Con el sufrimiento, lo normal se introduce en el campo de la salud mental: los desocupados y los precarios no son enfermos; los disturbios psíquicos que los afectan representan la respuesta adaptada a su situación socio-económica; su sufrimiento no tiene nada de patológico, incluso él es la prueba de su buen funcionamiento psíquico. Desde entonces, el nuevo horizonte de la acción pública en ese campo no es la psiquiatría, en tanto que ella cuida las

---

[28] Entre los cuarenta y siete miembros del grupo de trabajo interministerial, contábamos con siete psiquiatras considerados como especialistas en públicos con dificultades. Uno de ellos, Jean Maisondieu, antiguo médico de las fuerzas armadas y psiquiatra del hospital de Poissy, es uno de los precursores de la clínica de la exclusión.

[29] Robert Castell (1981) habla de una "cultura psicológica", es decir, "de una postura cultural que tiende a hacer de la instalación de la psicología el cumplimiento de la vocación del sujeto social".

patologías mentales que se encuentran ordenadas en una nosografía clásica hecha de depresión, neurosis y psicosis, sino la salud mental, en tanto ella se hace cargo de los lastimados de la vida[30]. Desde entonces, el término sufrimiento, que luego se impuso como el único legítimo, no fue encontrado inmediatamente por los autores del informe. En las redes, más o menos institucionalizadas que trabajan sobre esas cuestiones y que van a constituir el esqueleto del grupo de trabajo, se hablaba hasta entonces de "malestar" o de "trastorno", que continuamos encontrando en algunos lugares de ese documento[31]. Posiblemente la palabra sufrimiento califica mejor una experiencia susceptible de ser compartida por todos. Ella se impone en el título que no está desprovisto de una intención literaria. Ella devendrá desde entonces el término consagrado en las políticas públicas de acción social y de salud mental.

En segundo lugar, el informe invierte la mirada puesta sobre los problemas psíquicos encontrados en las poblaciones de los barrios, interesándose más en los actores responsables de la toma a cargo de los públicos en dificultades antes de examinar a los mismos públicos: "el malestar de los intervinientes es el punto de partida de la reflexión", anuncia el portavoz en el comienzo del texto. Médicos generalistas en los barrios, miembros de comisiones de inserción, maestros en las zonas de educación prioritaria, acogedores en las misiones locales: de todos esos profesionales "surge una demanda" que se trata de atender de forma prioritaria, porque hay una "urgencia objetiva para tratar la cuestión". Frente a las situaciones a las que ellos son confrontados, esos participantes se sienten desprotegidos e impotentes, lo que con-

[30]Podemos pensar en el influyente documento de Éric Piel y Jean-Luc Roelandt, *De la psychiatrie a la sante mentale,* informe del Ministro de salud (París, 2001).

[31] El nudo de la red que estructura el grupo de trabajo está compuesto de investigadores y profesionales que son buscados en el marco de un proyecto de salud comunitaria, en el barrio Franc-Moisin de Saint-Denis, alrededor de un médico, Antoine Lazarus, y de un sociólogo, Michel Joubert. La investigación domiciliaria realizada entre los habitantes del barrio había permitido visualizar la frecuencia de alteraciones del humor de tipo depresivo, encontrado en el 59% de las personas entrevistadas. Los autores (Jouvert, Bertolotto y Bouhnick, [1993]) propusieron una "epidemiología del malestar" a fin de "sentar las bases de una clínica de lo cotidiano", pero en la reseña de esta investigación, ellos no utilizaban aún la palabra "sufrimiento".

duce a todos los fenómenos de agotamiento que podemos observar en el mundo profesional. Encontramos aquí un elemento central de la psicodinámica del trabajo que ha tenido un rol pionero en la puesta en evidencia del sufrimiento y que es receptor hoy de una audiencia creciente. La publicación en 1998 de *Souffrance en France* de Christophe Dejours, iniciador de esta escuela psicoanalítica, es el inicio de una multiplicidad de informes en los diarios y en números especiales de revistas. El autor muestra que "el deslizamiento irreductible entre la organización prescripta del trabajo y la organización real del trabajo", entre los objetivos y los logros, es la mayor fuente de sufrimiento de los trabajadores, ya sean ellos los ejecutantes o los ejecutivos[32]. Además, es precisamente lo que constatan todos aquellos que estudian los objetivos de lo social: la separación se profundiza, en la mirada de los asistentes sociales y más ampliamente de los profesionales que son confrontados a los públicos más desfavorecidos, entre la espera colectiva y las posibilidades de encontrar soluciones, ya sea que se trate de ayuda financiera, de vivienda, de empleo, a veces de perspectivas escolares[33]. Además de esta cuestión de la imposibilidad, dolorosamente percibida, igualmente encontramos, con el sufrimiento de los profesionales, la lógica del contagio compasional: ellos sufren al contacto de aquellos y aquellas que sufren, simplemente por empatía.

De esa forma, se establece además, que lo social provoca sufrimiento sin llegar a la locura y, por otra parte, que este sufrimiento afecta de igual manera a los usuarios y a los mediadores. A partir de la publicación del informe, sobre la premisa de sus análisis y sus propuestas, se institucionaliza eso que el equipo de Vinatier, en Lion, llama una "clínica psico-social". Ciertamente, no es el único lugar donde se va a

---

[32] Por su mismo título, el libro (1998) hizo eco a *La misère du monde*, hasta la exacta recuperación, por parte del psicoanalista, del juego de palabras de la sobrecubierta del libro de Pierre Bourdieu que fuera mencionada más arriba.

[33] Un número especial de la revista *Esprit,* titulado "Á quoi sert le travail social?" y publicado justamente en marzo-abril de 1998, se interroga en particular sobre esta evolución que hace pasar el análisis del trabajo social de la denuncia al nombre del control que ejercería sobre los dominados, en los años 1970, a la crítica de sus deficiencias para responder a las necesidades de los usuarios, en los años 1990. Hace mucho tiempo eran acusados de hacer demasiado, los trabajadores están hoy reprochados de no hacer nada.

desarrollar la práctica de la salud mental alrededor de la exclusión[34]. Ella merece, sin embargo, un interés en particular por la visibilidad que va a dar al sufrimiento psíquico en el espacio público.

En la clínica psicosocial se presentan las dos innovaciones del informe de 1995. Por una parte, estamos tratando con una nueva realidad: "Este sufrimiento, porque por definición psíquica se vive en la singularidad de la persona, no pertenece a la disciplina psiquiátrica en tanto "objeto", –escribe Jean Furtos–. Sin hablar de etiología, concepto más apropiado a un pensamiento médico causalista, yo diría que estamos en presencia de un dolor existencial con topografía social: podemos "tener dolor al lazo social" como hablamos de dolor miocárdico". Detrás de la metáfora médica, casi podemos reconocer la fórmula de Pierre Bordieu: "mal en su piel/mal en su posición". Más precisamente, según su promotor, "el campo de la clínica psicosocial se manifiesta en las dos zonas como pérdida objetiva de objetos sociales", que son la asistencia (que realiza una forma de dependencia respecto de la acción social) y la exclusión (que manifiesta una ruptura total de lazo social). Las dos situaciones apuntan a la salud mental. Por otra parte, es necesario tomar en cuenta el sufrimiento de los mismos trabajadores sociales confrontados en sus prácticas al sufrimiento de los usuarios: "El exceso de la noción de urgencia reenvía a un sentimiento de angustia e impotencia –afirma el director de Orspere–. Es importante reconocer ese sentimiento de urgencia, legitimarlo como tal sin buscar responder por un acto todopoderoso o en apuro, de lo contrario se producirá una sensación de amargura, de decepción, llamaremos a eso fracaso y nos sentiremos agotados. De hecho, nosotros estamos colectivamente agotados"[35]. Significativamente,

---

[34] No podríamos ciertamente restringir la riqueza de los trabajos de los psiquiatras y de los psicólogos sobre el sufrimiento, a la sola escuela lionesa de la "clínica psicosocial", aún si, indiscutiblemente su rol ha sido preponderante en la construcción de un espacio legítimo del sufrimiento en las políticas públicas. Numerosas redes y asociaciones, de inspiración más psicoanalítica o etnocultural, exploran igualmente esta dimensión social del sufrimiento.

[35] Los extractos precedentes son sacados de la intervención de Jean Furtos en el coloquio de 1997, ya citado, y del informe de Orspere, *Points de vue et rôles des acteurs de la clinique psychosociale* (ministerio del Empleo y de la Solidaridad - Federación nacional de las asociaciones de acogida y de reinserción social, 1999).

además, la acción del Observatorio está dirigida esencialmente sobre los trabajadores sociales, especialmente bajo la forma de "grupos de trabajo compuesto por trabajadores sociales" del campo de la ayuda social, de la inserción y del alojamiento, para analizar junto con ellos las "problemáticas encontradas". La clínica psicosocial, así definida y desarrollada, no es ciertamente reconocida por todos los especialistas de la salud mental –y, numerosos profesionales encontrados luego de esta investigación en la región parisina no la conocían e incluso recusaban su pertinencia–. Ella constituye, sin embargo, un referencial en relación al que es bastante más difícil no reconocer que es beneficiado con una fuerte legitimidad por el lado de los poderes públicos y, que manifiesta competencias organizacionales en el campo en vías de constitución[36]. Con su observatorio y su red, su revista y sus conferencias, la clínica psicosocial amplía su influencia institucional.

De esa forma, en pocos años, el sufrimiento se convierte en un objeto banalizado de política pública. Nacido en círculos académicos, reconocido por algunos clínicos en los segmentos marginales de la psiquiatría, beneficiándose de un contexto donde la exposición de la intimidad y el reconocimiento de la subjetividad le han conferido una suerte de evidencia compartida, él no se constituye políticamente más que a partir del momento en que los actores legítimos para hablar de salud mental le aportaron no solo el aval de su autoridad sino también los recursos de su profesión. El añadido del adjetivo psíquico, que no encontramos hasta mediados de los años 1990, es el gesto simbólico que autentifica la toma de posesión de esta nueva noción y autoriza la toma a cargo de esos nuevos pacientes. La descripción psiquiátrica de un "sufrimiento psíquico", causado por una situación o una posición social, funciona de hecho como un enunciado performativo que

[36] En 1999, la Red Nacional Sufrimiento Psíquico y Precariedad es creada a iniciativa del equipo de Lion: Xavier Emmanuelli, antiguo secretario de Estado encargado de la Lucha contra la exclusión, de la cual es el presidente, y Antoine Lazarus, uno de sus administradores. En el 2000, sale el primer número del periódico *Rhizome, Bulletin national santé mentale et precariete,* con la ayuda de la dirección de Acción social del Ministerio de Trabajo y de la solidaridad: bajo la dirección de Jean Furtos, él deviene uno de los principales focos en la promoción de la causa del sufrimiento psíquico y de debate sobre el futuro de la salud mental. En el 2002, Orspere deviene en el Observatorio nacional de las prácticas en salud mental y precariedad.

justifica su entrada en el terreno de la acción pública. Ciertamente, los actores en cuestión no ocupan los mejores lugares en el seno del sistema de salud mental: ni el medio universitario ni el sector científico están representados. Sin embargo, el éxito de su empresa está asegurado por la convergencia de su lógica con un mundo político que ha tomado conciencia, a través de la formación de la alta administración, pero también a través del trabajo cotidiano de los medios de comunicación, de que la exclusión y sus consecuencias devinieron cuestiones sociales y políticas. La creación de lugares de escucha habría sido una de sus consecuencias. Ellos marcaron la entrada oficial del sufrimiento social en el repertorio de la acción pública.

Los males y las cosas

El lenguaje es eso que nos permite acceder al mundo y comunicar el sentido de lo que nosotros aprendemos, pero los análisis de Wittgenstein nos enseñan a no tomar las palabras por las cosas y la propuesta por la realidad que ella simplemente pretende nombrar[37]. La "crítica del lenguaje", donde él afirma que ellas están en el principio de toda filosofía, tiene una doble implicancia para las ciencias sociales. Por un lado, es necesario preguntarse en qué las palabras utilizadas contribuyen a formar (y transformar, incluso deformar) los objetos que constituyen el mundo y, por otra parte, interrogarse sobre la forma en que los actores hacen uso de las palabras para manipularlas (hacerlas suyas, darlas vuelta, las discuten) en su actividad cotidiana. Se trata, dicho de otra forma, de comprender el movimiento por el cual el lenguaje impone una realidad y lo real se resiste al lenguaje. El estudio de introducción del léxico del sufrimiento y de escucha en las políticas públicas francesas en el curso de los años 1990 señala esta exigencia. Debemos tomar con seriedad el efecto que las palabras tienen en la representación del mundo social (hablar de exclusión mucho más que de desigualdad o de pobreza, de sufrimiento más que de injusticia o

---

[37] En el *Tractatus lógico-philosophicus* (1961-1921), pero especialmente en las *Recherches philosophiques* (2004-1953).

de violencia, de escucha más que de equidad o de sanción) y, de la misma forma eso que hacen los actores (cuando hablan o actúan).

Las dos circulares ministeriales del 14 de junio de 1996 y del 10 de abril de 1997, por las que son creados los lugares de escucha son interesantes desde ese punto de vista: ellas anuncian algo diferente que la realidad a que ellas se refieren. La primera se inicia con el problema, fuertemente mediatizado, de los "jóvenes marginalizados que se abandonan a la mendicidad". La segunda comienza con "el uso de los productos tóxicos, el ingreso a la delincuencia, el fenómeno de las bandas". En ambos casos, los trastornos del orden público parecen justificar los dispositivos. Por lo tanto, la solución consiste para unos en escuchar el "malestar" y las "necesidades sentidas" para los otros. Sorprendente traducción de una realidad social en problemas y en políticas públicas: la desviación es reconocida como sufrimiento y la respuesta privilegia la escucha sobre la represión. Al menos es así como se hace la escritura política. Las prácticas institucionales y los usos sociales se tomarán evidentemente algunas libertades. El carácter poco apremiante de los textos, la necesidad de permitir una rápida aplicación que favorezca una estructura ya puesta en funcionamiento, y por lo tanto concebidas según otras lógicas, la diversidad de oficios representados en el dispositivo, aun cuando los psicólogos son los más numerosos, la heterogeneidad de los públicos a ser recibidos que van desde colegiales sin problemas, desde adolescentes fugados a los desocupados de larga duración y a los extranjeros sin papeles: todo eso contribuye a que los lugares de escucha estén demasiado alejados de lo que podían imaginarse tanto los ministros firmantes de las circulares como los que elaboraron los proyectos[38]. Nada hay más banal, podríamos pensar, porque las políticas públicas jamás son en

[38] Es suficiente consultar el informe de investigación de Pierre Vidal-Naquet, Irène Amiel, Sophie Tièvant y Silviane Touzé, *Lieux d'écoute et prévention des toxicomanies,* (Consejo General de Seine- Saint-Denis, 1997), para constatar la gran diversidad de los dispositivos: entre la casa para desocupados que provee servicios a los solicitantes de empleo y saca beneficios de la circular para reclutar a un "psi que vagabundea", como se designa él mismo, y el centro de acogida y de servicios para toxicómanos que hace el "trabajo de la calle" con los educadores, no hay mucho más que el financiamiento del Estado que permite el acercamiento y la eventual constitución, *a posteriori*, de una "comunidad" de especialistas de la escucha.

los hechos lo que son en la letra. Sin embargo, tratándose de lugares de escucha, las ambigüedades y sus definiciones son constitutivas del mismo proyecto que las concibe.

El mismo sufrimiento, que estas estructuras supuestamente toman a cargo, permanece problemático. Su construcción práctica por los actores de los lugares de escucha obedece a múltiples lógicas, ligadas a la tradición psicoanalítica y a veces política, en las que ellas se inscriben, pero también a los objetivos y a los usuarios de las estructuras donde ellos trabajan. Por lo tanto, algunos las reivindican y dan de ellas una visión excesiva: toda manifestación inesperada, todo desvío de lenguaje o de conducta; una demanda o por el contrario un silencio, todos ellos vienen a manifestar un sufrimiento que la persona supuestamente afectada no puede reconocer o validar, precisamente porque aquel o aquella que sufre ignora generalmente su sufrimiento por lo que ella es. Otros critican la noción y rechazan la instrumentalización de su disciplina por la política: las dificultades sociales no generan necesariamente sufrimiento y, a la inversa, el sufrimiento tiene otras razones además de las sociales, aseguran ellos. Especialmente, los psicólogos y los psiquiatras no son están aquí para ser una suerte de policías mentales, cuidando el psiquismo de individuos cuyos problemas son sociales. Muchos otros, sin embargo, consideran al sufrimiento como una evidencia que no tiene necesidad de ser interrogada: ellos utilizan la palabra como si ella fuera evidente y algunos afinan el sentido distinguiendo de manera inédita el sufrimiento psíquico y el sufrimiento social.

Por otra parte, la noción no es solamente: ¿qué es el sufrimiento?, sino también, ¿quién sufre? Una célula de sostén psicológico había sido puesta en acción en París para aportar una ayuda psicológica a los beneficiarios del RMI, de quienes los trabajadores sociales "referentes" consideraban que ellos presentaban trastornos psíquicos que les significaba un obstáculo en su búsqueda de empleo[39]. La consulta con un psicólogo formaba parte desde entonces de su "proyecto de

---

[39] Esta célula ha sido estudiada durante un año por Blandine Boulenger en el marco de la investigación mencionada (Fassin, 2004b). Ver : "Une rencontré improbable entre des psychanalystes et de chômeurs" (pp.143-159).

inserción", y el rechazo a someterse podía teóricamente dar lugar a la disminución o a la supresión del "ingreso mínimo" girado cada mes. Después de su primer encuentro, uno de los beneficiarios del RMI no pudo reprimir su sorpresa descubriendo en los lugares de escucha asistentes sociales en mayor número que las personas en situación precaria: ellos venían de participar de un grupo de trabajo puesto en acción en ese lugar sobre el tema "Sufrimiento de los profesionales y deterioro de la relación de ayuda", quienes, era evidente, recibían en principio más candidatos que consultas destinadas a los beneficiarios. "Es por lo menos estrafalario para una organización como esa", comentaba él. Esta anécdota traducía un hecho general en el que se veía que tenía su origen en las premisas del informe de 1995: el trabajador social que se encuentra enfrentado al sufrimiento del otro y que se siente incapacitado para resolverlo sufre a su turno por contagio.

En esas condiciones, comprendemos el argumento de la "Psiquiatrización de lo social", a veces de su "psicologización", sea generalmente adelantado y, especialmente por otra parte, entre los actores de los lugares de escucha o más ampliamente de la salud mental de ellos mismos, para denunciar, sino la realidad, al menos el peligro de un desarrollo de la psiquiatría y de la psicología en la "gestión de los pobres". Sin responder a ese fenómeno, que parece asegurar la investigación, conviene tomar la real medida a la luz de los procesos inversos, y mucho menos discutidos de la sub-psiquiatrización y de la des-psicologización. Esos procesos obedecen a lógicas distintas. Por un lado, la sub-psiquiatrización corresponde a la desafectación de los psiquiatras –ya poco numerosos en los lugares más desfavorecidos– por los sectores público y liberal que tiene honorarios convencionales: ellos eligen el segundo sector o practican el trasvasamiento, resultando a todas luces inaccesibles para los sectores de modestos recursos. De esa forma, los psicólogos parisinos que toman a cargo a los pacientes que perciben el RMI están reducidos a una cincuentena de psiquiatras de barrio, con la posibilidad de reorientar aquellos casos más difíciles opusieron su rechazo, salvo en alguna oportunidad: la razón invocada era que su trabajo no consistía en hacer lo social y agregando, además, que se preocupaban porque la presencia de esos pacientes en sus salas de espera era desagradable para su clientela habitual. El peligro de psiquiatrización de los pobres, menos en el marco limitado de ciertas patologías, es por lo tanto poco creíble: sirve ante todo para justificar la ausencia de compromiso de la mayoría de los psiquiatras sobre terrenos que ellos conocen mal y además consideran poco valorizantes. Por otra parte, la des-psicologización procede de una realidad casi simétrica. En efecto, la demografía pletórica de psicólogos en el mercado de empleo conduce a su intervención creciente en diferentes y variados dominios y, especialmente en el campo de lo social, donde ellos entran en competencia con los trabajadores sociales para puestos que requieren un amplio perfil: los lugares de escucha son un ejemplo de ello. Sin embargo, lejos de exportar sus prácticas, como ellos desearían, se ven obligados a hacer otra cosa que no es su profesión. De ese modo, en un espacio de acogida para estudiantes analizado, una psicóloga que en realidad ejercía una función de animadora se quejaba de estar empleada para hacer de todo, salvo lo que correspondería a sus competencias. Sin embargo, esto no tiene nada llamativo porque: las circulares ministeriales eran claras sobre la necesidad de "desmedicalizar y desprofesionalizar" las estructuras creadas. Los pobres no estaban locos y sufrir no era una patología, por lo tanto la toma a cargo debería "recrear los lazos" y no curar enfermos que no lo son.

Al término de este análisis podemos pensar como consecuencia, que los psiquiatras, en los márgenes de su profesión, han dado al sufrimiento psíquico sus títulos de nobleza y, que los psicólogos, en busca de una salida, han sido reclutados para escuchar la miseria del mundo, pero que si mientras los primeros se cuidan muy bien, al menos la mayoría de ellos, de aventurarse en nuevos territorios, los segundos han sido sumados, generalmente, para no hacer aquello para lo que habían sido formados. En resumen, el sufrimiento es un significante demasiado amplio para dejarse controlar por los especialistas de la salud mental, y la escucha es una práctica demasiado indefinida como para fundamentar un verdadero ejercicio profesional. No obstante, las políticas públicas se acomodan bastante mejor y, por lo tanto, a pesar de las apariencias en contrario, administran territorios relegados y poblaciones marginalizadas mucho más que escuchar la demanda de los excluidos, de pacificar mucho más que de tratar. El sufrimiento social es también una construcción política.

* * *

El sufrimiento es una invención reciente. No es que, evidentemente, los hombres y las mujeres no hayan sufrido desde siempre, ni tampoco, nadie podría decirlo, que se haya tenido menos conciencia en el pasado: simplemente, él permanecía como un asunto esencialmente privado o bien, inscripto en una experiencia religiosa y del sufrimiento redentor del cristianismo. El sufrimiento, por lo tanto, es una invención reciente en tanto entra en el espacio público y deviene un asunto político. Hace un cuarto de siglo, es probable que el obrero sometido a cadencias rápidas en las cadenas de producción, que el desocupado en su incapacidad de encontrar un empleo, que el inmigrante víctima de discriminación racial, que el adolescente en fracaso escolar y aun el trabajador social confrontado a sus propias dificultades para cumplir su misión, sufrieran. Pero, nosotros no lo sabíamos y ellos no lo decían. Y, tampoco, había un lugar legítimo para expresarlo. El sufrimiento no existía socialmente. Hoy nosotros lo reconocemos. Que las condiciones sociales, en el sentido de la pobreza, de exclusión, de relegación, en términos de desprestigio, de desfasaje entre los deseos y las realizaciones, de tensiones entre la misión y los contratiempos, sean fuentes de humillación, de malestar, de tormentos, nos resulta ahora familiar −natural de alguna manera−. Es, además, un lugar común del discurso político o sindical, de comentarios sobre los colegas o sobre los barrios periféricos, los análisis sobre las crisis o sobre el mundo. Lo social hace sufrir y ese sufrimiento debe ser comprendido. Él debe también ser escuchado y es el objetivo de la política puesta en marcha a fines de los años 1990.

Una historia del sufrimiento debería probablemente partir de la constatación que hace Charles Taylor en su genealogía de la identidad moral moderna[40]. Nuestra concepción respecto de lo humano descansa

---

[40] Según él (1998-1989), las "fuentes del yo" deben ser investigadas, más allá de la filosofía moral de las Luces, remontándonos a Locke, Descartes y aun san Agustín.

sobre procurar evitar el sufrimiento. Los castigos impuestos otrora públicamente a los criminales y las escenas de excitación popular que ellos suscitaban se han vuelto ajenos a nuestro sentido de la humanidad[41]. El filósofo canadiense concluye: "Nosotros somos mucho más sensibles al sufrimiento, lo que puede ser entendido como un simple rechazo de escuchar hablar demasiado de eso o como una acción concreta de remediarlo. La idea de que se falla al tratar de reducirlo al mínimo forma parte integrante de la significación del respeto tal como nosotros lo entendemos hoy". En la larga duración de su estudio genealógico, los tres últimos siglos, el análisis es preciso. Si nos atenemos al período contemporáneo que analizamos aquí, deben ser incorporadas dos inflexiones significativas. Una concierne a la definición de sufrimiento, la otra levanta una paradoja sobre su exposición. En principio, el sufrimiento no es un estado fisiológico o psicológico, es también una construcción social: cuando Charles Taylor piensa en el sufrimiento, tiene probablemente en mente los dolores del cuerpo; sin embargo, el sufrimiento ha sido recientemente redefinido y ampliado considerablemente; él incluye además toda una serie de afectos que suponemos presentes en las personas confrontadas a situaciones sociales difíciles y que imputamos, por lo tanto, a un agente inmaterial. Asistimos a una extensión del dominio del sufrimiento. Luego, el sufrimiento ya no es mas eso que debemos ocultar a los otros o disimular frente a nosotros mismos, es lo que él es, que es legítimo evocar para los otros y mostrarnos a nosotros mismos: allí donde Charles Taylor veía un rechazo de escuchar hablar, debería por el contrario señalar el deseo colectivo de exponerlo; no solo el sufrimiento es mostrado en imágenes, enunciado en los discursos, contado en las entrevistas, sino que su escucha forma parte de las políticas públicas y más particularmente de su despliegue social, al mismo tiempo que las consultas médicas realizadas por los enfermos en situación precaria o las ayudas financieras para las personas confrontadas a dificultades económicas.

---

[41] Desde ese punto de vista, la escena emblemática de ese cambio es la ejecución de Damiens, regicida fracasado, en 1757, última muerte pública por descuartizamiento, de la cual Michel Foucault (1975) cuenta en un relato atroz, no sin un cierto deleite, al comienzo de *Surveiller et punir*.

La cuestión sería entonces: ¿por qué tenemos hoy tanto que mostrar y que decir del sufrimiento?

Esta puesta en palabras y en escena de nuestra compasión ha sido objeto de apreciaciones diversas y contradictorias. Algunos denuncian la cursilería de nuestros sentimientos y la complacencia de nuestra escucha: estamos en una era de víctimas donde cada uno se queja y compadece a los otros. Otros, por el contrario, se alegran por la atención acordada finalmente a eso que no se reconocía y que producía un dolor oculto, no legítimo, no escuchado. Muchos se contentan con registrar como un hecho adquirido que sufrimos más y que por lo tanto hablamos más; hay, a veces, una ingenuidad en esta posición y a veces, por el contrario, una forma de instrumentalización, pero en la mayoría una convicción moral de la degradación de los lazos sociales. Más que entrar en una u otra de esas posturas, trataré aquí de responder no a la cuestión filosófica del porqué, sino a la pregunta sociológica del cómo. ¿Qué ha sucedido en el curso de las últimas décadas que nos ha conducido a reconocer una subjetividad social? Y ¿qué pasa hoy cuando esos dispositivos se han creado para responder a ese sufrimiento? Uno de los primeros en tomar cuenta de la dimensión de esta cuestión es realmente Nikolas Rose[42]: "El Yo es un elemento vital de las redes de poder que atraviesan las sociedades modernas. El aparato de regulación del Estado moderno no es cualquier cosa impuesta desde el exterior sobre los individuos que no se verían afectados. Incorporar, formar, orientar y promover la subjetividad es intrínseco a las operaciones de gobierno". Es esta práctica de gobierno la que interesa aquí, no tanto cuanto inscripción en el discurso y las reglamentaciones, sino también en los dispositivos y en las acciones. En un país que es uno de los más desigualitarios entre las naciones occidentales y en un período donde las desigualdades sociales no dejan de profundizarse, la banalización del sufrimiento social en el espacio público y la puesta en acción de una política nacional de escucha no proceden únicamente como formas nuevas de subjetivación, gracias a las cuales manifestamos

---

[42] En su obra sobre el "gobierno del alma" (1999a/1889). Lo precedió Richard Sennett (1979/1974) en su libro publicado en inglés bajo el título bien alejado de su traducción francesa: *The Fall of the Public Man*.

una preocupación por el malestar del otro, ellas son también formas de gobierno por las que nos esforzamos por hacer visibles las vidas precarias y ocultar las causas sociales de su condición.

Volvamos sobre las premisas de estas políticas. En su programa, hecho público el 10 de enero de 1995, el candidato a la presidencia de la República, Jacques Chirac, anticipaba los riesgos de la "fractura social" y del "desarrollo" que ella provocaría, prediciendo cual profeta del sufrimiento social y de sus consecuencias deletéreas: "En los barrios desfavorecidos reina un terror blando. Cuando muchos de los jóvenes no vean más que lo incierto de la desocupación o los pequeños cursos en términos de estudios, ellos terminarán por sublevarse". Diez años más tarde, cuando las desigualdades no habían cesado de profundizarse, Francia conoce en sus "barrios desfavorecidos" los más violentos disturbios de las tres últimas décadas. Entonces no se habla más de sufrimiento social, sino que se declara el estado de urgencia. Una época había terminado. Lo seguritario retoma el paso por sobre lo humanitario.

Capítulo 2
Una elección patética.
La ayuda de urgencia a los desocupados y precarios

No podemos saber porqué el mundo sufre. Pero podemos saber cómo el mundo decide que el sufrimiento afectará a algunos y no a otros.

Guido Calabresi y Philip Bobbitt, *Tragic Choices*

¿Cómo distribuir de forma eficaz y justa un "millón de francos" a los pobres? Así podríamos enunciar la pregunta que se hace el Estado francés después del anuncio de Lionel Jospin, en enero de 1998, de la instalación de un "Fondo de urgencia social" destinado a dar una respuesta política al "movimiento de desocupados y precarios", para retomar la designación que rápidamente se había impuesto. En efecto, en el transcurso de las semanas anteriores, ese conflicto social había aparecido no solo como el más importante al que debió hacer frente la nueva mayoría socialista, luego de su llegada al poder en junio de 1997, sino también como el más legítimo a la vista de una opinión sensibilizada por los medios alrededor del tema de la miseria en esos tiempos de celebración de las fiestas de fin de año[1]. Para compensar la desaparición de los fondos sociales de la Unión nacional para el

[1] El simbolismo de Noel es particularmente fuerte en la historia de la asistencia a los pobres. En su estudio sobre los "desocupados de Marienthal", luego de la crisis de 1929, Paul Lazerfeld y su equipo (1981/1932) recuerdan las cestas que eran ofrecidas por el municipio para ayudar a los obreros mineros sin empleo a fin de pasar las fiestas de manera menos miserable. El suceso del movimiento de 1997, que estudian Didier Damazière y María Teresa Pignoni (1999), se debe en parte al escándalo público provocado por la pérdida de los fondos sociales que sostienen el sobresueldo de Noel para los desocupados.

empleo en la industria y el comercio (UNEDIC), que servían hasta ese entonces para ayudar a los desocupados con mayores dificultades y, en el mes de diciembre para Noel, daban un sobresueldo que era automáticamente otorgado, el Primer Ministro y la Ministra de Trabajo y de la Solidaridad, Martine Aubry, decidieron desbloquear una suma que, si bien era ligeramente inferior al monto habitual de esos fondos, revestía un valor simbólico –un millón de francos en total, es decir 150 millones de euros–, y habían pedido a las prefecturas que aseguraran la distribución en el lugar por las organizaciones locales de las Asociaciones para el empleo de la industria y el comercio (ASSEDIC) –de los que era la prerrogativa mientras los fondos aún existían–. Francia tenía en ese momento 3.114.000 solicitantes de empleo, es decir, un 11.8% de la población económicamente activa, uno de los mayores niveles observados en el período reciente y seguramente en aumento más allá del promedio europeo[2]. La circular oficial dirigida a los prefectos el 12 de enero estipulaba que la medida oficial debía beneficiar "a las personas y las familias en situación de miseria grave quienes, a pesar de las medidas de socorro implementadas, están expuestas a serios riesgos para el mantenimiento de sus condiciones de existencia". Munidos de esta consigna que les permitía una amplia interpretación, y confrontados, desde el día siguiente del anuncio televisado de las instauración de esos fondos, a una afluencia de demandantes en los servicios prefectorales, los funcionarios encargados de la ejecución de la medida debieron improvisar sus respuestas, imaginar instrumentos, inventar principios a fin de asegurar una distribución equitativa de la mano del Estado. Delicado ejercicio de una justicia local, para la que ellos

[2] Según el INSEE, la tasa de desocupación, una vez corregidas las variaciones estacionales, cierra entre 1993 y 1997 alrededor del 12% de la población económicamente activa. Para recordar, a comienzo de los años 1970, no sobrepasaba el 3% (www. ladocumentationfrancaise.fr/dossiers/emploi/chiffres-cles.shtml, consultado en abril del 2010). Es, por lo tanto, la crisis más fuerte que sobreviene al movimiento social. Pero, las cifras del sub empleo son mucho más altas y si tenemos en cuenta los solicitantes de empleo en formación, los desocupados que abandonaron la búsqueda de un trabajo o han dejado de ejercer de manera anticipada una actividad y los trabajadores a tiempo parcial o con contratos precarios que aún subsisten, alcanzamos a 6.700.000 personas, es decir, más del doble de la cifra oficial mencionada. El conjunto de esta población es concernida por la movilización de "desocupados y precarios". Ver la discutida investigación de 1996 realizada por Jaques Freyssinet (2004).

no estaban preparados y a partir de la que descubren cuánto pueden influir en las condiciones de existencia de las personas involucradas.

La asignación de un recurso escaso plantea un problema a partir de ahora clásico, que los sociólogos califican de "elección trágica"[3]. Numerosos trabajos le han sido consagrados, la mayoría de ellos se realizan en el campo de la medicina, y especialmente sobre los trasplantes de órganos que presentan una situación paradigmática, porque disponemos de una oferta de trasplantes mucho menor a la demanda de los trasplantables y debemos establecer criterios para distribuir de manera justa este recurso escaso. La decisión es evidentemente trágica desde el momento en que ella concierne a bienes que tienen por efecto prolongar la vida o mejorar su calidad[4]. Con la ayuda de urgencia, la situación es bien diferente a primera vista: la repartición de un seguro financiero parece resolver cuestiones menos dramáticas, en tanto no afectaría a la existencia física de sus beneficiarios potenciales de esta ayuda y mostraría de manera más prosaica el ejercicio común de la asistencia social[5]. Leyendo los informes presentados por los solicitantes, los descuentos de sus presupuestos debidamente certificados por justificativos y cartas de las motivaciones que ellos adjuntan a su demanda, estaríamos tentados de pensar lo contrario y a considerar que la pobreza pone en juego igualmente, aunque de manera diferente, la supervivencia del individuo. El texto siguiente, redactado por un hombre francés de treinta y cinco años, sin empleo desde hace un año, divorciado y padre de cinco hijos, cuyos únicos recursos son los 325 euros del ingreso mínimo de inserción (RMI) y como cargas mensuales fijas los 357 euros de su alquiler y de la pensión alimentaria que envía a su ex-esposa, da una idea del tenor de los correos dirigidos a los

[3] La fórmula es de Guido Calabresi y Philip Bobbitt (1978), dos juristas cuya obra, *TragicChoice,* abrió un campo prolífico de investigaciones sobre la justicia local.

[4] Sobre el trasplante de órganos, podemos referirnos al estudio de Jhon Elster y Nicolás Herpin (1992). Por su lado, Sébastien Dalgalarrondo y Philipp Urfalino (2000) estudiaron el problema planteado por la llegada de la segunda generación de antirretrovirales para los enfermos de SIDA.

[5] Tal como lo ha analizado particularmente Michel Messu (1991), quien muestra cómo funcionan los dispositivos de ayuda social y cómo los utilizan los pobres.

prefectos en la esperanza de obtener la ayuda de urgencia anunciada por el gobierno:

> Es que yo no llego más a salir, fui trabajador en Italia como moldeador estratificado durante 8 años en los que vivía allí con mi ex mujer, entre nosotros hubo un problema familiar y debí volver con mis padres a R... aquello no iba más porque desde muy joven mi suegra no me quiere y solo tengo el RMI para vivir y mandar 1000 francos (150 euros) a mis hijos, yo jamás pedí ayuda pero hoy ya no tengo vergüenza porque no es más que hacer y tener confianza en mí es muy duro. Por la asistencia social de R... CCAS, para tener una habitación en el hogar Sonacotra de V...debo tener un trabajo sino eso no funciona, y además no puedo pagar la reserva del hogar que es de 2600 francos (400 euros), y tengo miedo al mismo tiempo de encontrarme en la calle, porque no voy a volver a lo de mis padres, actualmente vivo el día a día, no tengo a nadie salvo vuestra ayuda, no tengo nada para comer, tuve que vender la poca ropa que tenía en el mercado de pulgas para poder comer, no sé qué decir más que cuento con vuestra ayuda. Gracias.[6]

Podríamos pensar que esta situación (con gastos incomprensibles que exceden el ingreso disponible) es excepcional. Nada de eso. El análisis estadístico que realicé con los servicios de la Dirección departamental de asuntos sanitarios y sociales (DDASS) de Seine-Saint-Denis muestra que, entre las veinte mil personas que presentaron su documentación en el departamento que se ocupa de los Fondos de urgencia social, un tercio de los desocupados indemnizados por las ASSEDIC, un quinto de los beneficiarios del RMI y una décima parte de los asalariados tienen cargas superiores a sus recursos, dicho de otra forma, para retomar la terminología particularmente expresiva de la acción social, ellos tienen "un resto para vivir" negativo[7]. De esa

[6] La ortografía y la tipografía fueron reproducidas de manera textual.

[7] Según este estudio, lo "que queda para vivir" por persona y por mes se eleva en promedio a 43 euros para los desocupados indemnizados por la ASSEDIC, 65 euros para los beneficiarios del RMI y 130 euros para los "trabajadores pobres", según la fórmula consagra de aquí en mas. Ver Didier Fassin y Anne-Claire Defossez, *Une charité d'État. La mise en place du Fonds d'urgence sociale en Siene-Saint-Denis* (2000, Bobigni, Centre de recherches sur les enjeux contemporains en santé publique, Rapport d'étude n° 1, mayo). En el conjunto de ese texto, daré los valores en euros, salvo

forma, ya sea que se trate de alguien sin trabajo o de un trabajador pobre, subsidiario de las prestaciones por desocupación o de los ingresos mínimos sociales, todos están expuestos –en un grado variable, pero siempre elevado– al riesgo de tener gastos más altos que sus ingresos regulares y, como consecuencia, no poder subsistir más que endeudándose. Desde entonces, el problema de la elección trágica se encuentra planteado de manera efectiva, porque se trata de atribuir un bien en cantidad limitada a personas para las que están en juego las condiciones materiales –y aun biológicas– de su existencia. La retórica administrativa de las "necesidades vitales", donde se trata de asegurar la satisfacción, sitúa claramente lo que está en juego en el socorro financiero puesto en acción por el gobierno, en el registro de la "vida desnuda"[8]. Como lo testimonia, entre muchas otras, la carta citada, aquí es una cuestión que alcanza no solo a la dignidad de la persona, sino también a la integridad de su cuerpo. Las restricciones económicas tienen consecuencias físicas que las "exposiciones de motivación" de los demandantes expresan frecuentemente en términos de "supervivencia". Teniendo por objetivo el establecimiento de esos fondos de urgencia para el tratamiento de las «situaciones más difíciles», que los «mínimos sociales» no son suficientes para resolver, el gobierno expresa claramente que su intervención se sitúa de alguna manera en un nivel infra-político, en el terreno del simple «mantenimiento de la existencia»[9].Como lo declaran los miembros de la comisión de la que dicen «haber descubierto» atribución de fondos que ellos tenían como cuestión una «miseria para comer», los seguros acordados parecían permitirles a los demandantes «sacar momentáneamente la cabeza del agua». En consecuencia, la decisión de dar o no una ayuda y la elección de su monto representaban a sus ojos una elección trágica,

cuando se trate de citaciones para las cuales las mantendré tal cual están enunciadas, en francos, indicando entre paréntesis el equivalente en euros.

[8] Para retomar el concepto propuesto por Giorgio Agamben (1997), que reformula la distinción aristotélica entre *zoé*, la vida desnuda, reducida a su biología, y *bios*, la existencia política inscripta en el mundo social.

[9] Según los términos del informe establecido en 1998 por el inspector general de los asuntos sociales, Marie-ThereseJoin-Lambert, a solicitud del primer ministro: *Rapport des mission sur les problemes soulevés par les mouvements de chomeurs en France fin 1977-debut 1998.*

en el sentido de que tenían un impacto decisivo sobre las condiciones de existencia de los demandantes de ayuda financiera. Esa elección revestía además una dimensión poco habitual, porque las personas eran invitadas a justificar su solicitud, más allá de la demostración objetiva de su situación, por un corto texto argumentando su pedido. Ellas eran de alguna manera invitadas a contar sus malestares y sus miserias buscando las palabras susceptibles de emocionar y convencer a sus lectores. Más que trágico, la elección resultaba patética. Restableciendo con la forma clásica de la súplica dirigida al soberano, las instituciones recurrían entonces a una exposición de los sufrimientos y de las necesidades de los solicitantes[10]. Son las respuestas a esas súplicas las que analizo aquí.

La investigación fue realizada retrospectivamente, por entrevistas cercanas a los actores y por el análisis de una muestra de informes[11]. Si es cierto que, como lo escribe Harold Garfinkel, «la persona define retrospectivamente las decisiones que ella ha tomado[12]», lo que supone que, paradojalmente, «el resultado precede la decisión», mientras, el método empleado aquí permite confrontar las reglas enunciadas *a priori* con los resultados decididos *a posteriori*. Yo me ciño por lo tanto, para empezar, a analizar los principios de justicia puestos en ejecución, tales como los miembros de la comisión, para confrontarlos

[10] Debemos a Natalie Zemondavis (1987) un estudio sobre las súplicas dirigidas al rey bajo el Antiguo Régimen. Yo desarrollé (2000) un análisis de las retóricas y de las argumentaciones utilizadas por los requirentes de los Fondos de Urgencia social, en un artículo precisamente titulado: "La supplique".

[11] Por una parte, las entrevistas fueron realizadas de manera cercana a los principales actores implicados, directamente o indirectamente, en la puesta en ejecución de los fondos: los miembros de la comisión de atribución, agentes encargados de la instrucción de los informes, trabajadores sociales de las colectividades locales, representantes de las asociaciones de desocupados. Por otra parte, un estudio específico fue realizado en una muestra de trescientos informes de solicitantes, sacados al azar entre los veinte mil recibidos por los servicios prefectorales: cien demandantes de empleos indemnizados, cien beneficiarios del RMI, cien asalariados. Cada informe comprende características demográficas sumarias, un descriptivo de los presupuestos, un texto del solicitante argumentando su pedido, así como la decisión de la comisión, el monto eventual de la ayuda, el correo dirigido al solicitante y, generalmente, anotaciones manuscritas que explicitaban la respuesta dada.

[12] En su célebre investigación (1984/1967, p. 114) sobre el trabajo de los jurados reunidos en los tribunales.

después con las prácticas del juicio, tales como los exámenes de los documentos los proporciona en la puesta a prueba. Esos elementos son la llave para comprende qué evaluación moral hacen los actores cuando ellos deciden otorgar los recursos a algunos más que a otros y aliviar de alguna manera ciertos sufrimiento y no otros, pero también para medir la eficacia de las argumentaciones y de las opciones retóricas aceptadas por los solicitantes para emocionar a la administración. Para hacer eso, es necesario pasar por el análisis fino de la casuística del Estado el término de las cuales son devueltas las decisiones.

Es solo entrando en los detalles de los cálculos efectuados o corregidos, y realizando el desciframiento de las anotaciones marginales y de las exclamaciones indignadas, interesándose en las tachaduras y en los subrayados que resulta posible comprender lo que está en juego. Espero me disculpen, por lo tanto, el carácter fastidioso de esta investigación: es solo a ese precio que la práctica de la caridad pública deviene inteligible.

El saldo para vivir

Lejos de los casos clásicos que el concepto de elección trágica sirvió para analizar en el universo médico, existe una diferencia importante en la repartición de los socorros. Ella trata de que los recursos sean mantenidos teóricamente hasta la saciedad, lo que no es evidentemente el caso de los trasplantes ni tampoco de los medicamentos a administrar. A lo sumo, podemos imaginar una modalidad de subsidio formalmente igualitaria conducente a dar la misma suma a todos los solicitantes, sobre el modelo de la distribución de las «primas de Navidad» a los desocupados: es efectivamente lo que se hace en el departamento de Bouches-du-Rhöne. Ese principio de igualdad era sin embargo contrario al espíritu de equidad, claramente enunciado por la circular ministerial y perfectamente interiorizado por los miembros de las comisiones: se trataría de no aportar un complemento del ingreso con vistas a corregir las insuficiencias de los mínimos sociales, lo que hubiera parecido dar crédito a las reivindicaciones de las asociaciones de desocupados, sino vigilar eso de que «las ayudas sociales sean de un nivel suficiente para aportar un auxilio adaptadas a la situación de cada uno y proporcionadas a los casos de necesidad identificados». Adaptadas y proporcionadas: estamos frente a un caso de recursos escasos del cual no podemos beneficiarnos todos, pero que es particular en lo que al nivel del subsidio pueda ser dosificado en función de criterios que son dejados a la apreciación de servicios desconcentrados del Estado, es decir, de las DDASS. El procedimiento de juicio puesto en ejecución conduce a la vez a la elegibilidad (¿quién recibe?) y a la cantidad (¿cuánto dar?). La decisión es por lo tanto doble, a la manera de aquella en que un juzgado de tribunal es el que debe dictaminar la culpabilidad del acusado y la pena a infligirle, conduciendo a una forma de elección fácilmente modulable.

Por otra parte, como vimos, las personas que otorgan los subsidios no están simplemente informadas de la situación objetiva de los solicitantes, como cuando uno debe decidir un trasplante de órganos o sobre la administración de medicamentos, pero se encuentran tomando parte por la exposición subjetiva de las demandas. La argumentación de los solicitantes es una pieza esencial del informe de solicitud y «la exposición de las dificultades financieras y las motivaciones del pedido» han sido, también, concebidas como un medio de esquivar las evaluaciones habituales realizadas por los servicios sociales, por razones al mismo tiempo prácticas, para ganar tiempo, e ideológicas, buscando evitar su carácter reputadamente normalizador. El principio fundamental de ese procedimiento, según una responsable de los servicios sociales departamentales, era «no condicionar el otorgamiento a una evaluación social y reconocer la autonomía de las personas y su capacidad de expresar de manera clara sus necesidades». Esta opción colocaba de hecho a los solicitantes en la posición de deber justificar su demanda en un texto, con el sentimiento de que esta justificación que ellos dirigían a la administración, dependía la decisión final. De ellos se desprende la sobreestimación de los solicitantes de este ejercicio de exposición de su historia y de sus sufrimientos que conducían a una dirección departamental de asuntos sanitarios y sociales, e ironizar sobre el hecho de que sus agentes «lloraban con los desfavorecidos». La compasión podía, de esa forma, devenir en un resorte importante de la decisión. Antes de comprometerse en el análisis de esta decisión, es necesario mesurar las sumas de dinero sobre las que ella es tomada. Los 150 millones de euros fueron fijados por el gobierno sobre la base, re calculada a la baja, del monto de fondos sociales distribuidos por los ASSEDIC, que se elevaban a 213 millones de euros en promedio los tres años precedentes. Era una cifra fuertemente simbólica (los «millones» –de francos– para los desocupados y precarios), consagrada anualmente al «esfuerzo social de la nación». La repartición de esta suma entre los departamentos era además efectuada por el Ministerio del Empleo y de la Solidaridad, prorrateada en nombre de los demandantes de empleo de larga duración registrados en el AMPE y de los beneficiarios del RMI, dos indicadores considerados como buenos marcadores de la pobreza. En Siene-Saint-Denis tendrá de esa forma 4.5 millones de euros a distribuir, suma que podemos, aquí tomada como medida relativa, aproximar a millón de euros distribuidos por las caja de subsidios familiares (CAF) el mismo año, a título de diversos subsidios. Estamos por lo tanto en el orden de crecimientos bastante modestos.

En la práctica, la repartición de las sumas subsidiadas vuelve a la comisión de atribución puesta en acción por la misión de urgencia social, bajo la autoridad del prefecto. La Comisión, presidida por un funcionario de rango elevado en el seno de la DDASS, comprende también representantes del Consejo General, de la CAF y de las ASSEDIC. Ella sola decidió sobre veinte mil informes presentados en poco menos de seis meses, al ritmo de cuatro o cinco sesiones de trabajo semanales, en general de una media jornada, movilizando generalmente a los más altos responsables de esas administraciones: la comisión se reuniría en total ciento quince veces, examinando, luego de algunas sesiones de los meses de marzo y abril, más de cuatrocientos informes. Dispositivo destacable en el que la gestión común de un seguro puntual es confiado a un colegio de directores de instituciones departamentales, que efectúa aquí una tarea habitual desarrollada por los trabajadores sociales o por los agentes administrativos. Dispositivo inadaptado, sin embargo, a la vista de la intención del examen individual de los casos porque, aun con esa intensidad de trabajo, el tiempo promedio otorgado a cada expediente es del orden de un minuto, e incluso menos en los períodos de mucha carga de trabajo. Al finalizar este procedimiento, una opinión favorable ha sido dada para el 72% de las demandas, es decir, un poco menos del promedio nacional que es del 80%. Es esta decisión la que me interesa en el presente y, más particularmente, ese punto de encuentro fugaz y virtual entre los miembros de la comisión de atribución y los solicitantes, físicamente ausentes.

Las consignas transmitidas por el Ministerio de Trabajo y de la Solidaridad para establecer los criterios de esta decisión aparecen políticamente precisas y técnicamente flojas al mismo tiempo. Se formulan dos exigencias políticas. En primer lugar, la respuesta dada debe ser personalizada, correspondiendo al tratamiento personalizado de lo social que ha devenido el nuevo credo de los poderes públicos[13]. En segundo lugar, los problemas concernidos deben mostrar urgencia y no ser simplemente un complemento de recursos insuficientes, según la lógica clásica de la asistencia[14]. Esos dos criterios subrayan el hecho de que de ninguna manera la ayuda debe aparecer como un "merecimiento", eso que uno de los presidentes de la comisión de atribución expresa crudamente afirmando que la "lógica del socorro" busca "evitar los tres mil francos (450 euros) fijados para los desocupados" en sus reivindicaciones. La solidaridad nacional, proponiendo en esas condiciones una ayuda de urgencia personalizada, espera de esa forma desmarcarse de las exigencias sindicales y asociativas: ni "prima de Noel" automáticamente otorgada, ni mejora de lo básico de los "mínimos sociales", el Fondo de urgencia social debe dar a cada pobre según su situación y sus necesidades[15]. La caridad no excluye, por lo tanto, las segundas intenciones políticas.

[13] Así lo muestra –y lo defiende, del resto- Pierre Rosanvallon (1995, pp. 197, 210 y 217): para él, el Estado debe "tomar a cargo especialmente a los individuos que se encuentren todos en situaciones particulares", en lugar de poner en práctica medidas universales aplicables a la totalidad de las poblaciones.

[14] Al respecto, Serge Paugam (1993, pp. 85 y 87) recuerda la recurrencia después de la Revolución y por la cual se encuentra reafirmada "la obligación de la colectividad de garantizar los medios necesarios para la existencia" a los pobres: lo asistencial debe remediar las insuficiencias del sistema de reparto.

[15] A pesar de la apariencia de ruptura que se entiende dar en relación a los usos de la ayuda social, las dos consignas –individualización de la ayuda y principio de emer-

Como en la mayor parte de los departamentos –es igualmente el caso de cinco de los otros seis casos estudiados de la evaluación nacional–, la comisión de atribución de Seine-Saint-Denis no se da por otra parte, reglas pre-establecidas, pero se va constituyendo progresivamente una "doctrina", según la fórmula utilizada por los responsables. Es en el curso de las primeras reuniones donde se formulan las grandes líneas del procedimiento: decisión sobre la base de las informaciones presentadas por el mismo solicitante en el informe, y por lo tanto sin evaluación social; tratamiento individualizado integrando los datos de los documentos provistos y exposición de la dificultad financiera; respuesta esencialmente a las urgencias económicas, orientación complementaria si el caso lo amerita. No ha sido precisado ningún principio que permita definir la elegibilidad. Según uno de los presidentes de la comisión: "los criterios jamás fueron definidos completamente y no ha habido nunca una explicitación clara. Pero, nos damos cuenta empíricamente de que calculábamos un ingreso disponible correspondiente a los recursos menos las cargas fijas y que lo dividíamos por el número de personas para obtener lo que puede alcanzarles para vivir. Cuando esto último era inferior a mil francos (150 euros), dábamos una respuesta favorable".

Este método es menos fruto del azar de lo que quiere sugerirse aquí. En efecto, el cálculo de un cociente familiar, fundamentado en el mismo principio, consistente en sustraer las cargas fijas de los recursos y relacionar la suma calculada de esa forma al efectivo del hogar, ya era utilizado por los servicios departamentales de ayuda social a la infancia para la atribución de subsidios temporarios a las familias en dificultades o de socorros excepcionales. La hipótesis de un préstamo institucional luego de las sesiones iniciales de coordinación de la comisión de atribución es, además, tanto más probable, que otro de sus presidentes recuerda que, en la precipitación de la instalación, "nosotros nos inspirábamos en los informes de demandas de ayuda financiera existentes en EDF-GDF (NdT: compañías de luz y de gas)

gencia- inscriben perfectamente el dispositivo gubernamental en la tradición de la "asistencia moderna" a la que George Simmel (1998/1908, pp.47 y 66) reconoce, "en tanto que institución pública, un carácter único".

y en el subsidio mensual de ayuda a la infancia del Consejo general", agregando que "nada se parece más a un expediente de ayuda financiera que otro expediente de ayuda financiera". Esta "inspiración" es llevada, por lo tanto, más allá del expediente de pedido para incluir también un criterio de respuesta. De hecho, el "saldo para vivir" es ciertamente más destacable como invención lingüística –permaneciendo a lo largo del tiempo, dado que diez años más tarde es siempre usada en las instituciones de ayuda social– que como innovación técnica: enuncia perfectamente el minimalismo al cual se encuentra reducido el lenguaje administrativo cuando se trata de poner en acción programas de asistencia social, donde la estadística ilumina con una luz cruda las condiciones de existencia de esas poblaciones. Estableciendo que en una de cada cuatro personas "el saldo para vivir" es negativo, quiero mostrar no solo que no hay ningún saldo para vivir, pero, además, que el endeudamiento es ineluctable.

Si bien el modo de cálculo de la suma disponible por persona y por mes resulta de una simple adaptación de herramientas de ayuda que ya estaban en uso, la determinación del límite de elegibilidad en 150 euros merece una explicación. Dos razones de esa elección son generalmente conocidas. Una surge del uso, esta suma servía en las "evaluaciones sociales" sin que ella fuera objeto de una verdadera formalización. La otra señala el efecto de atracción ejercido por la "cifra redonda" en miles de francos. Sin embargo, es una tercera interpretación, inesperada pero destacable, que da uno de los presidentes de la comisión, recordando una de sus primeras sesiones de trabajo:

> Había muchas solicitudes de trabajadores inmigrantes que vivían en hogar. Comenzamos por decir no para ellos. La mayoría llegaban al RMI y con el monto de su hogar, eso les dejaba un saldo para vivir de alrededor de mil, mil quinientos francos (150 a 225 euros). Entonces nos dijimos: ellos tienen techo, tienen para comer, no entran en el marco estricto de la circular cuyo objetivo no es la lucha contra la pobreza, sino responder a situaciones de miseria. Generalmente, además, ellos solicitaban ayuda para las familias que habían quedado en el país de origen, pero los fondos no eran para eso. Entonces, como queríamos

tener la misma actitud con todos, los mil francos (150 euros) salieron de allí. Sí, es de aquí que salió la regla.

Si bien no es posible zanjar entre estas tres explicaciones, sin embargo podemos señalar que las dos primeras muestran una generalidad relativamente anodina que permite una racionalización a la vez eficaz y plausible, mientras que la última expresa por el contrario una forma de discriminación invisible al corazón de esta administración del Estado: por un lado, ella otorga un estatuto de excepción a los extranjeros que viven solos en hogares, porque su situación no parece inscripta en el lote común de la "miseria grave"; por otro, mantiene la apariencia de una igualdad de todos frente a la "solidaridad nacional", ocultando esta exclusión a través del establecimiento de una regla que los separa en nombre de un principio de apariencia universal. Devaluado en lo interno, la lógica republicana, sin embargo, se salva para lo exterior. Bien entendida, la asociación de ese estatuto de excepción y de ese principio de igualdad solo es posible con la condición de no tomar en cuenta el hecho de que los inmigrantes viviendo en esos hogares envíen regularmente dinero a sus familias, lo que automáticamente disminuye su ingreso real por debajo del nivel establecido. Lo leemos, por ejemplo, en la exposición de un demandante de Mali, padre de seis hijos, donde no se precisa si ellos viven con él, lo que es supuesto por la comisión, dado que la dirección indicada es la de un hogar: "Yo no percibo más que el RMI y tengo una familia a cargo. Desde el 95 no encuentro más trabajo debido a mi edad. Tengo 57 años. Sin embargo trabajé 33 años en Francia. Es por esa razón que solicito una ayuda financiera a título excepcional a fin de reequilibrar mi situación financiera". Ese rechazo automático solo sirve para los extranjeros viviendo en hogares, y numerosas familias inmigrantes instaladas en departamentos se benefician de ayudas financieras, a veces considerables, en el marco de los Fondos de urgencia social.

Sea cual fuere su razón de ser, la elección del instrumento y el establecimiento del umbral parecen alejarse de las consignas ministeriales. En principio, ellos sustituyen en la casuística caritativa preconizada en la circular la referencia a una norma aritmética elemental. Luego, ellos desvían el objetivo de alivio de situaciones de urgencia operando simplemente como el paliativo de una insuficiencia de ingresos. Esta separación en relación a la política oficialmente anunciada llama a dos señalamientos. Por una parte, el análisis caso por caso es sistemáticamente sostenido a pesar de la institucionalización de la norma cifrada. Todos los expedientes son analizados en comisión y se toma conocimiento de todas las cartas de los solicitantes. Sobre la base de la evaluación de cada situación, la individualización del tratamiento permite invertir la decisión automática de acuerdo o de rechazo que exigiría la solución más allá o más acá del umbral fijado. Un presidente de comisión puede, por lo tanto, con propiedad afirmar que la "instrucción de los documentos ha sido muy individual", aun si el indicador elegido ha tomado, en los arbitrajes, un lugar más importante de lo inicialmente previsto. Pero, por otra parte, teniendo en cuenta un presupuesto común establecido sobre la simple sustracción de los gastos a los ingresos consagra la vacuidad de la noción de urgencia social. El simple cálculo efectuado devela una evidencia trivial, que la decena de euros que quedan después para pagar el alquiler, las facturas de gas, electricidad y de teléfonos no son suficientes para asegurar la condición de existencia de los hogares solicitantes, de los que cuatro sobre cinco son beneficiarios del los ASSEDIC, tres sobre cuatro los beneficiarios de RMI y cerca de dos sobre tres de los asalariados tienen una disponibilidad financiera por encima del umbral (cuadro 1). Este descubrimiento, por parte de la administración, de la "pobreza crónica" rechaza los presupuestos de dificultades financieras accidentales justificando una ayuda excepcional. Eso es lo que expresa un responsable de la DDASS cuando dice que "la verdadera urgencia social no existe, salvo cuando se trata de personas que no tienen techo y nada para comer", situación finalmente bastante rara. La urgencia a la cual se dirigen los fondos, como algunos comentadores no han dejado de mostrar, es en realidad más política que social.

El cálculo de "el saldo para vivir" y su utilización como criterio discriminatorio de la respuesta de la comisión puede ser, finalmente, considerado como un método que busca construir un reparo objetivo en la instauración de una justicia local. Ello constituye un medio práctico de operar una primera selección sobre una base empírica validada en otros lugares de distribución de los dineros públicos. Esta selección resulta globalmente eficaz: ocho solicitantes sobre nueve que se sitúan por encima del umbral obtienen una ayuda, y dos sobre tres que se encuentran, al contrario, por debajo ven oponer un rechazo, lo que indica por otra parte que la corrección ha sido efectuada en proporción, de manera más frecuente en el sentido de la generosidad.

Cuadro 1. Distribución social y valor discriminante del "saldo para vivir" por persona

Monto del saldo para vivir *(en euros)*	Solicitantes de empleo	Beneficiarios del RMI	Asalariados o independientes	Proporción de acuerdos[*]
Inferior a O	*34 (30)*	*21 (19)*	*10 (7)*	*86%*
0 a 75	*26 (23)*	*26 (24)*	*14 (10)*	*86%*
75 a 150	*22 (20)*	*28 (25)*	*27 (11)*	*93%*
150 a 300	*16 (5)*	*21 (11)*	*27 (11)*	*42%*
Superior a 300	*2 (0)*	*4 (0)*	*12 (1)*	*6%*
Proporción de acuerdos	*78%*	*79%*	*65%*	*74%*

Nota: La primera cifra indica el efectivo total y la segunda, entre paréntesis, el número de acuerdos (expresado en % sobre la última línea): por ejemplo, 34 solicitantes de empleo tenían un "saldo para vivir" por persona negativo, entre ellos, 30 de ellos fueron beneficiados con una ayuda (y 79% de los beneficiarios del RMI la recibieron).
[*] La proporción de acuerdos mide la eficacia del "saldo para vivir" en discriminar los expedientes y, por lo tanto, orientar las decisiones: por ejemplo, cuando su monto era negativo, en el 86% de los casos fue acordada una ayuda.

La lectura de los expedientes muestra también que, considerada en principio como indicativa, la barra fijada devino rápidamente en un límite psicológico: varios de ellos, para los que una suma disponible por persona sobrepasaba el límite fatídico, llevan la marca de una rectificación efectuada, siendo remplazado el acuerdo inicial por un rechazo definitivo, informando al demandante con la fórmula "vuestra situación no corresponde a las condiciones previstas por la circular del Ministerio del Empleo y de la Solidaridad del 12 de enero de 1998", a saber, "personas o familias en situación de miseria grave expuestas a serios riesgos para el mantenimiento de sus condiciones de existencia". Sin embargo, tal justificación contradice la mayor parte de las cartas dirigidas por los solicitantes. De esa misma forma, una respuesta negativa era dirigida a un beneficiario del RMI en el que, la exposición de las dificultades y la presentación de los justificativos indicaban que se encontraba encuadrado en la mencionada circular:

> Yo soy inquilino desde 1996 y siempre pagué prioritariamente mis alquileres; pero la regularización de las cargas para diciembre de 1997 me resulta insalvable. Jamás pedí ayuda hasta hoy a pesar de mis serias dificultades para llegar a fin de mes. Si bien manifiesto muchos esfuerzos para llegar a fin de mes, eso no impide que me cueste mucho dinero y que hoy por primera vez me encuentre acorralado por un endeudamiento cierto y que me angustia mucho. Yo hice un compromiso de pago con la Tesorería de Seine-Saint-Denis a razón de 200 francos (30 euros) por mes. En el marco de mi contrato de inserción RMI, debo comenzar una formación que me interesa mucho y no quiero que mis dificultades financieras contraríen mi proyecto profesional.

El carácter de excepción invocado en la demanda y la demostración de buena voluntad del demandante no serían razón del efecto del umbral, porque la suma de 450 euros, que le había sido originalmente acordada, estaba tachada a continuación porque sobrepasaba el límite: su "saldo para vivir" había sido re calculado efectivamente a 170 euros, ligeramente por encima del umbral. La referencia a la norma ha jugado aquí como un elemento decisivo. Ella es, además, objeto de una verificación a veces obsesiva. En este caso, por ejemplo, los recursos suman 322 euros por mes y las cargas fijas a 265 euros, es decir, una suma disponible de 57 euros que debería hacer pasar el expediente bajo el umbral establecido. El rechazo que le es alegado es que la comisión corrigió el cálculo no incluyendo los gastos de transporte y el reembolso de la deuda, evocados en la carta, rondando así en 150 euros la suma sustraída a sus ingresos y haciendo que por esto pierda el beneficio de la ayuda financiera. Esta observación ilustra el cuidado con que apegan a la evaluación del "saldo para vivir". No solo son exigidos los justificativos, sino que son verificadas las cifras y las operaciones, aquí para mensualizar una carga corriente en varios meses o en el año, allá para sustraer un monto considerado como no relevante dentro de los gastos fijos, allá también para excluir a una persona considerada como no perteneciendo al hogar y que por eso no debe ser tomada en cuenta en la división. La minuciosidad de esta contabilidad, certificada por las cifras manuscritas de los administradores que se añaden a las indicaciones de los demandantes, encuentra sus límites.

La exposición de las situaciones por los requirentes son ellas mismas portadoras de aporías que las hacen prácticamente imposibles de decidir de manera totalmente coherente. Por ejemplo, un hombre francés de treinta años que tiene por único ingreso el RMI declara como única carga la transferencia de 120 euros por mes a su madre que lo hospeda. No tiene otros gastos, pero señala deudas por 1200 euros, ligadas a multas que le realizaron por falta de boletos para el transporte. Es el porqué, explica él, "yo desearía también poder permitirme el asegurar algunos desplazamientos en regla por el transporte común para buscar empleo". La carta de abono a los transportes comunes para quien no tiene cómo pagarlos, no figura evidentemente en sus cargas fijas. Por lo tanto, es su carencia la que está en el origen de su endeudamiento y que, ahora que teme una nueva contravención, contribuye a sus dificultades para encontrar empleo. Si en lugar de plantear su necesidad, él hubiera podido comprar su boleto de transporte, el cálculo de su "saldo para vivir" le hubiera sido favorable, porque él hubiera descendido por debajo de la barra… y lo mismo sucede para lo que viven en situación de calle, que no tienen recursos para alquilar una habitación o ir a un hotel y que, por consecuencia, no teniendo gastos fijos, paradojalmente sobrepasan el umbral. Absurdidad de la ayuda: la evaluación de la situación económica no incluye los gastos que la pobreza no permite y que, sin embargo, permitirían la adquisición de bienes susceptibles de favorecer la inserción. La elección de la forma de contabilidad desplaza aquí el procedimiento de la intervención del Estado, de una lógica de necesidades de los individuos a una lógica de presupuesto de los hogares.

La institución de un criterio de elegibilidad procede más de un deseo de comodidad que de equidad en la repartición de los subsidios. Reservando siempre la posibilidad de decidir de otra forma en vista de la situación individual, y especialmente de la nota redactada por el solicitante, los miembros de la comisión se dotan de una herramienta de ayuda para la toma de decisión, relativamente simple y confiable, al menos en apariencia. De allí el éxito de ese criterio donde demuestran, a la vez, el esfuerzo para verificar sistemáticamente el cálculo y su utilización generalizada que se impone rápidamente en la comisión. En el uso, sin embargo, se muestra más complejo y menos robusto de lo que imaginamos: porque las evaluaciones económicas de los hogares son siempre delicadas, porque la aplicación de un instrumento se hace en la urgencia sin reglas precisas, pero también porque las situaciones de pobreza son particularmente difíciles de analizar, y porque mínimas variaciones en la interpretación tienen consecuencias sin apelación sobre las decisiones, el recurso al "saldo para vivir" muestra límites de los que los actores no tienen completa conciencia cuando algunos euros más allá o más aquí del umbral los orientarían sobre el rechazo o el otorgamiento.

La miseria compartida

Por otra parte, los miembros de la comisión no deben decidir solamente quién recibe las ayudas. Ellos igualmente deben fijar la suma otorgada de manera de aportar una "respuesta adaptada y proporcionada". En este sentido, el presupuesto global de los fondos autorizaba un cierta generosidad (321 euros en promedio para los 14298 dosier aceptados), al menos a la vista de lo que los servicios sociales tienen costumbre de distribuir a título de subsidios, porque las sumas en realidad resultan modestas, si las comparamos a la vez con el nivel de endeudamiento reconocido (38% de los solicitantes de ayuda tienen deudas que superan los 1500 euros) y el nivel de necesidades expresadas (22% de ellos declaran tener gastos fijos superiores a sus ingresos). Una responsable departamental de los servicios sociales pudo alegrarse así: "Por primera vez hubo medios importantes para responder a las necesidades de complemento de recursos para las personas en dificultades: en lugar de dar 36 francos para hacerlos durar, teníamos sumas considerables que han permitido poner en acción verdaderas ayudas". Y, concluir con una tautología que habla ampliamente sobre el funcionamiento regular de la asistencia: "Si tenemos muy poco dinero, esto no tiene sentido. Lo que condiciona la eficacia de los fondos de ayuda es que haya dinero". Esta relativa holgura financiera, en relación a las ayudas habitualmente distribuidas, era una fuente de satisfacción para el conjunto de los miembros de la comisión, aun cuando algunos agregan que su principal placer era poder restaurar un derecho al solicitante, del que no era beneficiario hasta ahora, orientándolo hacia servicios competentes. En ese contexto, las ayudas no se ubicaban nunca por debajo de los 150 euros. La media, en la investigación realizada sobre la muestra, se establecía en 335 euros y la suma más elevada distribuida alcanzó los 840 euros. Es decir, que la modulación posible es importante, justificando la aplicación de principios de asignación.

Dos principios entran en competencia en la atribución de los subsidios: la fijación de sumas según la composición de las familias apreciada de manera grosera y la regulación de caso por caso en función de criterios específicos para cada uno. Uno instaura un bareme económico oponiendo los "solteros" y las "familias", en tanto el otro pretende enviar una "señal" a las personas a la manera de una suerte de semáforo social. Según la opinión de uno de los presidentes de la comisión, el segundo principio prevalecía sobre el primero:

> La suma otorgada buscaba tomar a su cargo una parte de la deuda contraída o de las cargas fijas. Entonces podíamos ya sea dar una suma que permitiera una ayuda global o dar una suma que tuviera sentido para la persona y le permitiera saldar una deuda particular, de la EDF (NdT: electricidad y gas) por ejemplo, o bien para hacer frente a un gasto imprevisto, como un calefón que se rompe, o inclusive realizar un proyecto, como permitir a un hijo salir de vacaciones. Mientras fuera posible, tratábamos de dar una ayuda que fuera significativa

para las personas. Especialmente, evitábamos a todo precio dar un complemento de los ingresos.

En una segunda versión, presentada por otro presidente, el orden de las prioridades era inverso:

> No había realmente montos determinados, sino más bien normas. En principio eran mil o mil quinientos francos (150 o 225 euros) para las personas solas, tres mil o tres mil quinientos francos (450 o 525 euros) para las personas en pareja o con hijos. Salvo que en el expediente hubiera una razón que justificara un monto determinado: una deuda, un accidente de la vida o un proyecto particular. En ese caso elegíamos la suma a fin de dar un mensaje a la persona. Pero en la inmensa mayoría de los casos era imposible identificar una suma particular.

Esta contradicción entre las dos versiones pone en evidencia menos una divergencia de análisis que una diferencia real de prácticas entre las comisiones. Los presidentes imprimen su marca personal en la deliberación, algunos buscando personalizar los subsidios para dar "sentidos" diferentes a cada uno, los otros esforzándose por proceder con "normas" idénticas para todos.

Sin embargo, esas diferencias señaladas no se traducen necesariamente en las decisiones, como lo demuestran los dos casos que siguen. La primera situación concierne a una mujer francesa, madre de un niño pequeño, solicitante de empleo y beneficiaria de un subsidio específico de solidaridad, que vive con un saldo disponible por persona evaluado en 85 euros. En su exposición relata: "Mi concubino parte del domicilio dejándome deudas de alquileres impagos y facturas de su auto. En dificultades para cuidarme y vestir a mi hijo". El primer presidente, que declara en la entrevista preferir dar una suma identificable para el beneficiario, atribuye en este caso 450 euros, lo que corresponde simplemente al monto que él otorga a los hogares con niños. A fin de precisar su intención, inscribe en el margen "seguro, hospital + agua", de lo cual la destinataria no sabrá nunca nada, porque recibirá una carta tipo sin mención de lo que representa esta suma, menos "legible", por cierto, sin saber cómo fue redondeada. La segunda decisión nos lleva sobre el dosier presentado por un hombre argelino, casado y padre de cinco hijos, viviendo del RMI y de los subsidios familiares, con un saldo disponible por persona de alrededor de 100 euros. Su carta explica: "Yo estoy acabado. Los niños expulsados de la escuela y como no hay trabajo deben permanecer en la casa para no ser un SDF (NdT: Sin Domicilio Fijo, persona en situación de calle) y además es necesario darles de comer y vestirlos". El segundo presidente, que afirma en la entrevista utilizar un bareme, no lo aplica en esta ocasión, pero fija un monto de 403 euros que corresponden a un "mes de cargas", según la anotación manuscrita. Sin embargo, él visiblemente se arrebata, borra esta suma ostensiblemente exacta y finalmente otorga 400 euros. En esos dos casos, como en muchos otros, las inscripciones marginales, los cálculos bien ajustados y las tachaduras muestran la particular atención que se le da al establecimiento de un monto de ayuda. Ahora bien, si bien el "mensaje" está destinado al demandante, la suma asignada es significativa ante todo para el decisor. En efecto, la paradoja es que el solicitante no sabrá nada de la "señal" que le han querido dirigir, salvo tal vez en el 4% de los casos donde la suma otorgada, de singular precisión, podrá echar una duda en su espíritu: recibir 163 euros o 575 euros puede hacer suponer que esta suma esconde algo que es necesario descubrir, oculta detrás del cálculo generalmente complejo que conduce allí. Pero, en más de dos decisiones sobre tres, en las cuales una anotación indica que la comisión desea permitir re-embolsar una deuda, de sobreponerse a una dificultad o de realizar su proyecto, la suma redondeada después hace imperceptible la sutilidad de la elección: en los dos ejemplos mencionados, la intención que está explícita en las notas marginales se hace absolutamente invisible para el receptor. La administración se habla a sí misma.

La determinación de una suma susceptible de ser identificada por los solicitantes no se opone además a la noción de bareme: las dos situaciones evocadas precedentemente, bastante cercanas en el plano económico, dan lugar a montos semejantes cualquiera sea el razonamiento seguido para llegar a él. Por otra parte, parece ser que es alrededor de un valor correspondiente a la norma establecida que se encuentra fijada la suma final en relación con el sentido buscado. De la misma manera, una mujer marroquí, madre de un pequeño niño y cuyos recursos, una vez descontados los cargos fijos, se elevan a 75 euros por persona, se vería bonificada en un primer momento con 450 euros, de acuerdo al baremo; ese monto es luego rectificado y fijado en 425 euros, en conformidad al principio de elegibilidad, con la precisión "alquiler" indicado en dos sitios del expediente: aquí la pérdida es de solo 25 euros. A veces entre los dos principios se establece una fuerte disociación. Es el caso de una pareja senegalesa que recibe el RMI y en los cuales los gastos fijos sobrepasan los recursos; la argumentación adjunta precisa que su situación financiera entrañó un retardo en el pago de dos meses de alquiler, elevándose a 700 euros, en lugar de lo que prevé la norma para esta situación, la comisión le otorgó exactamente 204 euros por "3 meses de alquiler residual", haciendo el cálculo no sobre la norma debida, sino sobre la diferencia entre el monto pagado y la ayuda para la vivienda que ellos reciben: para ellos, la pérdida relacionada con la aplicación del principio de legibilidad en relación a la utilización del baremo es de casi 500 euros. Dirigir un "mensaje" a los solicitantes puede resultar penalizador para ellos.

De manera general, la tensión entre los dos principios (baremo y signo) se resuelve según una lógica que privilegia el "sentido", a condición siempre de no sobrepasar la "norma". El "mensaje" enviado no debe tener un costo demasiado alto, ya sea desde un punto de vista financiero o moral (estando relacionados los dos elementos, porque otorgar sumas demasiado elevadas a algunas demandas significaría sustraerlo de otras). Idealmente, los dos principios convergen. Tal es el caso de esa mujer marroquí que vive en compañía de sus dos hijos y su padre, con 126 euros por persona, y que recibe 433 euros que corresponden exactamente al monto de endeudamiento declarado. Una pareja francesa, con un niño de corta edad y viviendo con 143 euros por persona, una vez deducidas las cargas, es asignada con 164 euros correspondientes a su endeudamiento. A una mujer tunecina que mantiene sola a su hija y que con la mitad de un SMIC dispone de 91 euros por persona, la comisión decide pagarle un mes de alquiler, es decir, 182 euros. En los dos casos, estamos muy por debajo de lo que ellos podían pretender si la escala de repartición anunciada hubiera sido efectivamente utilizada.

Por el contrario, cuando la suma que ellos van a otorgar para hacer significativa la respuesta excede con mucho el monto previsto por el baremo, es este último el que se aplica; entonces, se llega a que la contradicción sea resuelta renunciando al mensaje, o acondicionándolo. Ejemplo de renunciamiento, el trato de una pareja peruana con un niño cuyos recursos son 170 euros por persona después de la deducción de las cargas: la comisión decide en principio acordar el equivalente de "la mitad de la deuda de alquileres", es decir, 730 euros, luego retrocede frente a la importancia de la suma y finalmente se resuelve entregarle los 450 euros del baremo. Ilustración de acondicionamiento, el caso de esa mujer francesa subsidiaria del RMI y sola con un hijo; las cargas sobrepasan los recursos y la comisión desearía intervenirlas deudas acumuladas en el lugar de su residencia anterior; siendo el monto demasiado elevado, le otorgaron 600 euros, indicando en nota bajo página "los pagos atrasados de Nantes, salvo la tasa de habitación (EDF, teléfono, hospital, alquiler)". Es al precio de esas adaptaciones complejas que los actores mantienen frente a sus propios ojos la coherencia aparente del principio de justicia, llegando de las reglas universales a una sutil casuística.

Esas son en efecto, por un lado, un principio de igualdad, instituyendo un monto idéntico para cada uno en función de criterios objetivos, a veces groseros (composición del hogar, con solo dos posibilidades exclusivamente: estar solo o ser muchos), y por el otro, un principio de equidad, acordando a cada uno según sus necesidades (con tres modalidades específicas: el endeudamiento, el accidente y el proyecto). En la lógica general que venimos de describir, prevalece la equidad siempre y cuando ella no sobrepase en mucho a la igualdad (figura 1). Si nos referimos a las cifras, el baremo parece más ampliamente aplicado que el signo: 32% de las ayudas son de entre 250 o 300 euros, 36% son de 375 a 450 euros. Hemos visto, sin embargo, que la realidad de las intenciones es más compleja, porque un monto correspondiente a un valor de baremo puede ser otorgado con una intencionalidad particular. Además, una parte de los montos escapa a esta doble lógica, en particular en el caso de atribución de dos sumas no previstas en el baremo, una a la baja, otra a la alta: 150 euros, para el 11% de los subsidios, frecuentemente en relación con situaciones no llevadas por la convicción, tales como los solteros que viven con sus padres, y 600 euros, en el 4% de los casos, generalmente para familias numerosas.

Podemos a veces sorprendernos con que, habida cuenta del cuidado otorgado al cálculo del "saldo para vivir" por la decisión concerniente a la elegibilidad, esta no sea de ninguna manera utilizada en el cálculo de los montos a otorgar. La suma disponible mensualmente por persona no sirve para la distribución de los recursos. No solo los miembros de la comisión no mencionan jamás el recurso a ese criterio, sino que tampoco el examen de los dosier provee más elementos en ese sentido. No le es dado más a los que tienen menos. Una vez pasado bajo la barra de los 150 euros, lo que permite un acceso altamente probable a los subsidios, el solicitante ingresa en otro sistema de evaluación. El nivel de la suma disponible por persona tampoco es más predictiva de la suma recibida, como no lo es el criterio de elegibilidad, según lo visto precedentemente. Del mismo modo que un hogar, teniendo un "saldo para vivir" negativo, no tiene más chance, estadísticamente, de obtener un subsidio que aquel que se encuentre entre los 100 y los 150 euros por persona, como tampoco pueden esperar recibir más. Se trata aquí, en suma, de la aplicación del principio de ayuda usada en la parábola cristiana del obrero de la undécima hora, aplicada al campo del trabajo. Aquel que ingresa en el espacio moral de los subsidios no puede ser juzgado con el rasero de su pobreza en el momento de la evaluación de la redistribución de su trabajo. No es más que en relación a un baremo elemental y a un dispositivo semántico por los cuales los poderes públicos manifiestan su manejo de las reglas de juego.

Figura 1. Razonamiento seguido para el establecimiento de la suma subsidiada

Medida general: el baremo
Fijación de una norma
225 o 300 euros para un adulto solo
375 o 450 euros para una familia

⇓

Medida individualizada: el semáforo
Búsqueda de un signo:
Reembolso de una deuda, resolución de una dificultad,
realización de un proyecto

⇓

Decisión final:
signo que representa un costo superior al valor del baremo:
elección de la norma *(igualdad)*

signo que representa un valor inferior al baremo:
elección del mensaje *(equidad)*

Sin embargo, la justicia local no puede ser descripta únicamente sobre la base de las reglas por las cuales los actores dan cuenta de sus deliberaciones. Más allá de los principios de justicia que sustentan la distribución de los subsidios –principios que no son formulados *a priori* como ayuda a la toma de decisiones, sino que los enuncian *a posteriori* para nutrir sus justificaciones–, razonamientos comunes, reacciones afectivas y orientaciones morales determinan los actos de juicio.

El agotamiento de la compasión

Si bien la decisión se sostiene, por una parte para lo que es la elegibilidad, sobre el cálculo de un indicador y el establecimiento de un umbral, y por otra parte para lo que son las prestaciones sociales, sobre un doble principio buscando respetar un baremo y enviar un mensaje, las "exposiciones de las dificultades y las motivaciones" realizadas por los solicitantes no tuvieron mayor utilidad que los "montos de la demanda"; de acuerdo a lo que venimos de ver, la única virtud es demostrar a los administradores el carácter razonable de sus pedidos con respecto a la solidaridad pública. Bajo esta hipótesis, la individualización del tratamiento de las situaciones preconizada por el gobierno y reivindicada por la comisión no tendría sentido. Sin embargo, este no es el caso. Numerosos indicadores demuestran de manera convergente que no se contentan con aplicar reglas más o menos explicitadas. Antes de examinarlas, importa en todos los casos precisar el procedimiento que conduce a la atribución de los recursos. En efecto, es teniendo en cuenta la doble obligación de la individualización del tratamiento (con una presentación de cada caso) y del tiempo limitado (en promedio un minuto por expediente) que es posible tomar la dimensión de la imposición de las reglas y de la libertad que se toman sin consideración. Tres elementos testimonian, en efecto, el margen de maniobra que son dados a la comisión y que justifica frente a los ojos de sus miembros el mantenimiento de ese funcionamiento extraordinariamente pesado para una administración de Estado desconcentrada.

En primer lugar, la instancia de los miembros de la comisión de interponer historias particulares, mezclando apreciaciones y sentimientos tanto sobre las situaciones expuestas como sobre las decisiones tomadas, pone en evidencia la importancia subjetiva de la casuística: "aquí donde estábamos contentos, es cuando las personas que recibían el mínimo social recibían un duro golpe y podíamos ayudarlos, por ejemplo con una máquina de lavar que se rompe"; "hubo el caso de ese viaje lingüístico a España para la hija de un maliense que él criaba solo y se mataba por ella". El interés de los administradores por los textos dirigidos por los demandantes no era, por otra parte, totalmente funcional, a fin de determinar la elegibilidad del postulante y el monto de la ayuda, revestía, para algunos, una dimensión igualmente ideológica, certificando la inutilidad de las prestaciones sociales: "Las personas son perfectamente capaces de formular su demanda ellas mismas.

Lo que me golpea, es la calidad de su expresión y aun la sensibilidad de sus cartas. Es siempre muy clara. Esto confirma nuestro análisis de inicio respecto de la autonomía de las personas", se maravilla un funcionario territorial encargado de los servicios sociales que no creía a "sus pobres" dotados de tales competencias sociales.

En segundo lugar, el análisis estadístico, que no es posible más que por muestra, en ausencia de datos confiables relevados sobre el conjunto de los dosier, indica claramente el margen de maniobra que le deja la comisión en la deliberación. En lo que concierne a la elegibilidad, 53 decisiones no respetan el umbral indicado: 24 son más severas que la norma y rechazan un subsidio a personas cuyo "saldo para vivir" se sitúa debajo de los 150 euros anunciados; 29 son más generosas y acuerdan una ayuda a los hogares donde "el saldo para vivir" excede el límite fijado. Para lo que es el subsidiado, la cuantificación está más sujeta a garantía, porque la justificación de la suma no está siempre indicada: con esta reserva, solo 96 de las 224 decisiones favorables se apoyan exclusivamente en el baremo; en las otras 128, los datos personales modificaron la situación, la intervención de las deudas fueron notificadas en 31 casos. De manera general, el grado de libertad que se da la comisión en relación a una norma universal del tipo umbral o baremo es mayor en la determinación del monto estipulado que en el reconocimiento de la elegibilidad, siendo eso porque los principios enunciados incluyen explícitamente la toma en cuenta de un criterio de "sentido" que recupera posibilidades múltiples de elección.

Finalmente, en tercer lugar, el análisis cualitativo de los dosier muestra las grandes variaciones en las decisiones, y más particularmente en la fijación de las sumas acordadas. En la explicación de esas fluctuaciones de juicio, como veremos, entran en juego de manera decisiva las cartas de los demandantes. Un soltero que declaró un salario de 1070 euros y 690 euros de cargas fijas, lo que significa sobrepasar en el 150% el umbral de elegibilidad, recibe 225 euros con el siguiente comentario sobre su expediente: "visto las deudas y el contexto". En efecto, las "deudas" se elevan a 6350 euros y la carta, que seguramente ha tocado a la comisión, describe al "contexto" de la siguiente forma:

> Vivo solo en un F3, recibía el APL hasta el mes pasado. Mis recursos no me permiten vivir correctamente, demasiados créditos a pagar. Mis *assedic* (NdT: Asociacion para el Empleo en la Industria y el Comercio, antiguo sistema de cobertura para los desocupados) no quieren pagarme más y mi contrato se vence el 17/04/98 ¿y después? Yo quiero empezar de nuevo, sin créditos, sin deber nada. Yo pago mis errores de juventud hoy a los veintisiete años y no hay futuro. Nadie quiere ni puede ayudarme, tal vez puedan ustedes hacer algo por mí.

Podemos considerar *a posteriori* que los solicitantes han tenido razón de dar un cuidado particular a su relato. En este ejercicio de justificación, su competencia argumental debe permitir pasar con éxito la prueba. En ausencia de una evaluación social estricta, el relato escrito supone enunciar una historia verdadera. Las apreciaciones muy positivas realizadas por los miembros de las comisiones sobre la calidad de los textos ven menos su valor literario, o su corrección gramatical, que la claridad de la exposición y la veracidad del Testimonio. No es suficiente que el texto sensibilice al auditor, es necesario también que él sea preciso, en un contexto donde la sospecha puede invalidar un dosier. La duda que manifiesta la comisión en sus anuncios lleva casi siempre sobre los justificativos aportados o faltantes, mientras que las exposiciones pueden, en esos casos, proveer una prueba sensible de veracidad. Dos tipos de figuras son posibles.

A veces el relato conduce a la convicción de la comisión, aún cuando el expediente objetivo era poco creíble. La reserva suscitada tiende entonces a expresarse sobre el monto de la suma atribuida, inferior a lo que prevé el baremo. Una joven mujer francesa sola a cargo de sus dos hijos pequeños declara percibir un RMI de 330 euros, e indica en concepto de cargas fijas algunas cifras más o menos precisas de las que ella no adjunta los justificativos. Por lo tanto, resulta imposible a la comisión no solo verificar sus gastos, sino también calcular la suma disponible por persona. A pesar de ello, su presentación parece convencer, porque ella obtiene una ayuda, pero no corrige totalmente la insuficiencia del expediente, ya que el monto es fijado en 300 euros.

Yo estoy en prácticas desde el 27.2.98 al 28.5.98=RMI= 2160 francos sin salario 0000F de gastos de transporte, comida y vestimenta = (transporte zona 5ta. y comida 1300 F por mes), tengo gastos de vestimenta para los niños, gastos de cantina de guardería y todo el resto de los gastos, y desde que yo termine mis prácticas voy a trabajar gracias a vuestra comprensión.

A veces, el texto no alcanza para invertir la mala impresión dejada por el dosier. La sospecha que se insinúa al descubrir un detalle perturbador puede también anular todas las demostraciones de buena fe del demandante. Una mujer joven peruana, soltera, madre de dos niños y portadora de una tarjeta de residencia de un año, da cuenta de un salario de medio tiempo pagado con el SMIC, con gastos que superan sus ingresos. Las facturas que ella adjunta a su dosier están, sin embargo, a un nombre que no es el suyo, lo que el instructor deja señalado en dos partes de su expediente. En un principio, en vista de la declaración de deudas "¡no!, no están a nombre del solicitante". Luego, en la decisión final: "facturas EDF, teléfono, alquiler a nombre de M.N (igual dirección). ¡M.N no figura en la información de la composición de la familia!". La lectura atenta del dosier hubiera podido por lo tanto levantar la duda, o más o menos la veracidad de la petición, los siguientes elementos: los niños llevan, como es común en América Latina, el apellido de sus dos padres, lo que permite identificar a "M.N" como el padre de los niños; las facturas a su nombre testimonian que la mujer no pudo realizar los cambios luego de la partida de este último, probablemente a causa de la precariedad de su propia tarjeta de estadía; la ausencia de justificación de esos elementos en su expediente constituye por otra parte un elemento paradojal a favor de su honestidad, sugiriendo que los datos objetivos que ella indicaba, las facturas adjuntadas, no requerían otras explicaciones; ella se conforma con explicar y argumentar sus necesidades, sin dudar que la sospecha sobre las piezas presentadas va a conducir a un rechazo de su pedido de ayuda.

> Actualmente no llego a pagar mi factura de electricidad, de teléfono y tampoco llego a alimentar bien a mis hijos y mi salario no es suficiente. Por otra parte, tengo deudas con mis amigos y mi situación financiera es difícil porque no tengo ni los subsidios familiares ni de alquiler.

En este caso litigioso, un elemento puede resultar decisivo: el compromiso de un trabajador social, cuando el expediente, a veces remplazado por su ayuda, recibe su aval bajo la forma de un comentario, una firma, un sello. El valor acordado a esta garantía, especialmente cuando ella manifiesta claramente una toma de posesión, muestra ciertamente el reconocimiento de competencia que le es acreditada a ese trabajo, pero muestra también que la evaluación social desprestigiada por algunos miembros de la comisión guarda en su seno una legitimidad real. Tal señalamiento juiciosamente adaptado a la lógica del subsidio apoya la solicitud y contribuye a la obtención, para una familia francesa con dos niños, de una suma de 600 euros, claramente por encima del baremo en uso: "La señora M. desea cubrir sus deudas, no atreviéndose a indicar una suma". Tal formulación se hace de manera más directa para una familia maliense con nueve hijos que obtiene efectivamente la suma solicitada, excediendo con mucho la norma establecida: "El señor recibió a fines de diciembre dos facturas enormes, aviso de consumo de agua fría de un año y regularización de las cargas para 1997. Podremos otorgarle una ayuda financiera de 5000F (750 euros) para ayudarlo a pagar esas dos facturas?", la petición puede ser más imperiosa aún, especialmente en ocasión de un rechazo. Para auxiliar a una mujer francesa de veinticinco años, locataria del RMI y rechazada en dos oportunidades por la comisión en razón de insuficiente "documentación (motivación y papeles justificativos) para permitir una valoración aún sumaria de su situación", la asistente social de la Asociación departamental para la promoción de los gitanos toma su pluma ella misma. Su perseverancia será la causa de las reservas de la comisión que atribuirá, probablemente hartos de buscar, la suma de 300 euros:

Con fecha 06/05/98 ustedes enviaron un correo a la Sta. F. concerniente al rechazo de la atribución de una ayuda financiera solicitada por mi intermedio a vuestro servicio. Las razones del rechazo están relacionadas a la falta de elementos que puedan justificar la situación de la señorita y por lo mismo, el otorgamiento de una ayuda. Ahora bien, yo misma elaboré el dosier a fin de apoyar la demanda de ayuda y la situación personal y familiar fue claramente explicada. Efectivamente la señorita M. es discapacitada, declarada como tal por la COTOREP con una incapacidad constatada del 80%, pero esperando la renovación de su subsidio, el RMI le resulta insuficiente para cubrir sus necesidades. La señorita vive sola y está aislada a causa del fallecimiento de su madre, sobrevenido de manera inesperada en octubre de 1997; el padre recibe la jubilación mínima y vive solo; sus hermanos reciben el RMI y viven en pareja, desplazándose por toda la región parisina. La señorita debe aún devolver su parte de las exequias de su madre, es decir 6000F (900 euros) y no sabe cómo hacerlo. Por lo tanto, teniendo en cuenta su situación familiar y personal muy precaria, solicito nuevamente a vuestro organismo un subsidio de 6000F a favor de la señorita.

En vista de los pobres, la sociedad siempre ha tenido un cierto tipo de expectativa: sobre lo que ellos son y sobre los que ellos deben ser, sobre la manera en que se comportan y sobre la forma en que deberían comportarse. No se trata de un hecho sociológico general[16]. Lo que nos representamos de los otros tiende de esa forma a devenir en una norma del mismo modo en que se juzga sus discursos y sus acciones. En el caso de los pobres, además, mucho más que en el resto de las categorías sociales, hay una dimensión moral particularmente fuerte fiel a la significación que cada sociedad otorga a la pobreza en el establecimiento de un orden justo. Sabemos las críticas que se han dirigido a los trabajadores sociales acusados de ser agentes de esta ideología normativa y que retoman a su cuenta los detractores de la evaluación social: "Nosotros hemos querido desprenderlos de los criterios moralizadores", dice uno de ellos. Resta saber si es cierto.

[16] De ese modo, Irving Goffman (1975/1963, p.12) muestra que "en la rutina de las relaciones sociales", la "anticipación" que tenemos sobre las personas resultan insensiblemente en "exigencias presentadas con justicia".

Redactando su exposición, los candidatos del Fondo de urgencia social no pueden fallar en la búsqueda por convencer a sus lectores. En ese sentido, y para abolir la distancia física y social con los decisores, su principal medio consiste en llegarles al corazón, es decir, restaurar a través de la exposición una relación de proximidad susceptible de hacerles compartir, a pesar de esa doble separación, una humanidad común. Esta tentativa de crear un lazo de simpatía los vuelve virtual y transitoriamente presentes en el espacio de la deliberación, ellos ignoran evidentemente los principios y los criterios utilizados por la comisión (y por ese motivo, podríamos agregar, la comisión no los descubre más que avanzando en el análisis de los dosier). Por otra parte, ellos tienen idea sobre la forma en que serán juzgados (esto sucede en razón de los múltiples contactos que la mayoría de ellos tuvo anteriormente con los servicios de la acción y de la ayuda social).

Su retórica se apoya en cuatro tópicos de justificación: la necesidad, la justicia, el mérito y la compasión, que se expresan cada uno de ellos en un estilo (tonalidad expresiva), sobre un registro (tipo de evidencia presentada) y a través de los argumentos (naturaleza de los hechos invocados). El impacto de esos textos sobre las decisiones de la comisión pueden ser evaluados según dos métodos. Estadístico, por una parte, calculando la tasa de respuesta favorable en función de cada figura retórica identificada (cuadro 2): esta aproximación da una lectura exhaustiva de los expedientes y de sus arbitrajes; el límite es siempre que no podemos considerar los efectos de cada elemento argumental, "todas cosas iguales por otra parte", porque para esto deberíamos realizar un análisis multivariado que significa un gran número de variables y, en consecuencia, efectivos considerables para que cada configuración sea representada. Por otra parte, casuística, analizando individualmente las decisiones: en este caso el interés está en la lógica misma del procedimiento adoptado por la comisión de atribución, de poder tener en cuenta, para cada dosier presentado, el conjunto de los elementos que los componen, y también a veces, poder realizar comparaciones entre situaciones similares; el límite del ejercicio busca, sin embargo, la singularidad de cada caso y de cada deliberación. Los dos métodos son utilizados aquí.

Cuadro 2. Los efectos de las figuras retóricas sobre la decisión de la comisión

Tópicos de Justificación	Necesidad	Justicia	Mérito	Compasión
Estilo	Factual (52%) 67%	Reivindicativo (4%) 83%	Digno (20%) 89%	Implorante (24%) 77%
Registro	Contable (32%) 65%	Protesta (9%) 83%	Virtud (20%) 83%	Simpatía (39%) 76%
Argumento	Insuficiencia (61%) 71%	Iniquidad (10%) 75%	Inserción (14%) 77%	Malestar (15%) 87%

Nota: Los porcentajes indicados entre paréntesis corresponden a la frecuencia, en el cuerpo de los textos, de la figura retórica concernida. El porcentaje siguiente corresponde a la tasa de acuerdo de la comisión para cada una de ellas. De ese modo, el estilo factual, constatado en el 52% de los textos, da en el 67% de los casos al otorgamiento de un subsidio. Para un cometario detallado sobre la significación de cada figura retórica y de las condiciones metodológicas de su caracterización, podemos referirnos al artículo de la revistas *Annales*, mencionado ya (Fassin, 2000), que sin embargo no incluye las cifras sobre las tasas de acuerdo que aparecen aquí.

La *necesidad* se expresa en un estilo factual y en el registro de la evidencia contable, los textos retoman para lo esencial los daos sobre los ingresos, las cargas y las deudas, para arribar a una doble constatación de la insuficiencia de recursos y de insatisfacción de las necesidades: en esas condiciones, resulta ampliamente redundante en relación al dosier administrativo, no aportando aquí ni allá más que algunos elementos de explicación o de justificación, y apenas significa la alteración de la deliberación. Una mujer francesa, casada de treinta y un años, cuyo "saldo para vivir" es de 50 euros, expresa de manera sobria su solicitud:

> Yo les propongo analizar mi situación que es objeto de precariedad. Estoy desocupada desde hace mas de 3 años, mi esposo está finalizando el derecho al subsidio por discapacidad, sin prorroga en el ASS (NdT: subsidio específico de solidaridad) y esto desde febrero del 97, él no

> recibe ninguna renta, aunque está enfermo, fue operado recientemente
> por tercera vez, ni se beneficia con un AAH (NdT: subsidio para el adul-
> to discapacitado) y se encuentra incapacitado para trabajar. Nosotros
> vivimos desde hace más de un año y medio con 2800 F (430 euros) de
> mis indemnizaciones ASSEDIC para mi, sabiendo que tenemos 2000F
> (300 euros) de alquiler a pagar por mes y las cargas correspondientes.
> Seguramente no se les escapa el modo en que se puede vivir en estas
> condiciones. Espero vuestra ayuda.

El tópico de la necesidad es, a la vez, la configuración más frecuente y la única que da lugar a una tasa de acuerdo inferior al promedio
general. En ese sentido, cuando distinguimos, entre los argumentos
utilizados, aquellos que describen la insuficiencia de recursos o las
dificultades financieras y aquellos que evocan el riesgo de que no se
vean aseguradas en adelante sus necesidades vitales, como la alimentación, el alquiler o la protección contra el frío, constatamos que los
primeros reciben un subsidio en solo el 67% de los casos, en tanto
que a los segundos se les otorga una ayuda al 80%. La argumentación
basada en la necesidad aparece por lo tanto como menos operativa,
salvo cuando es anunciada dramáticamente como una amenaza para
la supervivencia.

La *justicia* recurre al estilo reivindicativo y al registro de la protesta,
ya sea colectiva en nombre del conjunto de pobres o individual en
referencia a un perjuicio personal sufrido a causa de un empleador o
de una administración. Una mujer argelina de cuarenta y seis años,
criando sola a sus cuatro hijos con un "saldo para vivir" de 82 euros
mensuales por persona, escribe:

> Yo me encuentro actualmente en la siguiente situación: tengo 4 hijos
> a cargo y mis únicos recursos son 3600 F (550 euros) por mes, tengo
> una deuda con el tesoro público de 63.000F (9600 euros) que no sé
> como levantar. No llego a salir, tengo demasiadas deudas y lamento
> mucho que el gobierno no quiera valorizar los mínimos sociales porque
> eso ayudaría a un buen número de familias desprotegidas.

El tópico de la justicia es marginal en los expedientes, porque él concierne a menos de un dosier sobre diez: en efecto, conforme al papel que ellos imaginan como su deber a cumplir en el marco de una petición delante de los poderes públicos, los solicitantes raramente se expresan en términos de reivindicación y, a partir de ese momento, esa argumentación pesa poco sobre los arbitrajes realizados por la comisión. Aun si debemos concluir con prudencia porque los efectivos son pocos, observamos que las exposiciones, poniendo en evidencia las desigualdades sociales en general o la inequidad de una situación en particular, se han mostrado eficaces en el 83% de los casos, siendo un tono amenazante o una sugerencia de suicidio los únicos elementos desfavorables. Por lo tanto, contrariamente a lo que creen los solicitantes, la comisión considera como legítima su denuncia. Dicho de otro modo, aunque raramente evocada en las súplicas o pareciendo no tener lugar en ellas por los demandantes, la justicia ha sido mejor aceptada que lo que ellos imaginan.

El *mérito*, que se manifiesta por un estilo digno y en el registro de la virtud, parece ser un resorte particularmente útil para obtener la convicción de la comisión. Si bien es poco frecuente, generalmente es decisivo. El "buen pobre", desde hace mucho tiempo, es un pobre meritorio. El mérito, tal como lo toman los solicitantes, se expresa principalmente en tres órdenes: el orden económico, implicando los esfuerzos por encontrar empleo; el orden social, que supone descartar prácticas marginales; y el orden moral, poniendo de relieve las responsabilidades familiares. En principio, la voluntad de insertarse en el trabajo resulta un leitmotiv eficazmente aceptado por los demandantes. Un soltero desocupado relata:

> He aquí mi posición social: hice un CES (NdT: Contrato de solidaridad de trabajo de tiempo determinado) de 18 meses en el Hospital L., luego me encontré como solicitante de empleo en el que percibí los ASSEDIC. En este tiempo hice una estadía de formación en el marco de obtención de un certificado de capacidad profesional, que obtuve sin problemas, por lo tanto tuve una formación de conductor de aparatos motorizados en una empresa. En ese puesto obtuve un

> trabajo sin problemas en una empresa de trabajo temporal. Pero para
> ello me hace falta un uniforme azul y zapatos de seguridad que me son
> necesarios para el mismo. Esas son las razones por las cuales solicito
> nuevamente, según vuestra disponibilidad un subsidio de alrededor
> de 800 a 1000F (120 a 150 euros).

Él obtiene 225 euros, es decir, casi el doble de lo que pedía. Luego, la promesa de gestionar bien sus magros recursos constituye una prueba importante de buena voluntad, en tanto que la administración considera al endeudamiento como una práctica desaconsejada. Un hombre solo asalariado:

> El problema financiero hace que no pueda tener un buen vivir, especial-
> mente comer. En vista de que tengo muchas cargas a pagar, así como
> una pensión alimentaria que envío a mis dos hijos. Vivo siempre en
> descubierto. Es por esto que yo hago este pedido para saber si ustedes
> pueden ayudarme a pagar las viejas deudas, así como a comer.

A fin de justificar los 150 euros que le son otorgados mientras su ingreso neto es de 175 euros, la presidenta de la comisión escribe: "Hace reales esfuerzos para equilibrar su presupuesto". Finalmente, la preocupación manifestada respecto de los hijos, o incluso de los padres ancianos, suscita la benevolencia de la comisión. Un hombre divorciado y padre de dos niños que no están a su cargo tiene un "saldo para vivir" evaluado en 200 euros:

> El RMI es mi único recurso, yo tengo a mis hijos un fin de semana
> cada dos, y la mitad de cada período de vacaciones escolares. Es ne-
> cesario alimentarlos, y alimentarse uno mismo. Mis motivos son una
> mejor salud y encontrar un empleo que corresponda a mi profesión.
> Actualmente en pasantía de formación en L., para volver a motivarme.
> Cuando tenga un poco más de dinero podré mejorar la educación y las
> visitas más frecuentes a mis hijos, para que ellos tengan un mejor pasar.

Esta argumentación que relaciona proyectos personales y familiares recibe una acogida favorable: le son acordados 225 euros. El juicio sobre el mérito puede también leerse de manera negativa por defecto, a partir de los rechazos, raramente anunciados como tales, o también a partir de sustracciones sutilmente realizadas, en el cálculo de atribución. Tenemos como ejemplo de rechazo moral el caso de un hombre francés joven, receptor de un subsidio del RMI que hace una solicitud para su familia compuesta por su madre, viuda, y sus dos hermanos, uno asalariado y el otro estudiante. Su dosier tiene todos los justificativos permitiendo calcular su "saldo para vivir": este es de 112 euros, lo que le otorga en principio el derecho a un subsidio. A pesar de ello, la comisión parece reticente: una suma de 150 euros, proyectada inicialmente, es luego suprimida. La deuda declarada es la que resulta el problema, no por su monto, sino por su motivo: "sala completa en el centro Cuir". Probablemente estiman esta razón poco conveniente. Tres tipos de argumentos se acumulan entonces para intentar rechazar el dosier, cuando el uso sirve solo a una persona; en principio, se rehacen los cálculos de las cargas, sin haber franqueado aún la barra de la elegibilidad; luego, se pone en duda los recursos, mostrando una "imprecisión sobre su situación", sin embargo, perfectamente clara y justificada; finalmente se repliegan sobre una alternativa, sugiriendo una "orientación CAF" para las prestaciones familiares –en la que ellos ven mal cómo se puede beneficiar a una familia cuyo hijo más pequeño tiene veinticuatro años–; el asunto se cierra y el solicitante no tendrá derecho a nada. Ejemplo de sustracción moral esta vez, una madre maliense locataria del RMI, cuyo ingreso neto es calculado en 56 euros por persona, expone de este modo su situación, manifiestamente ayudada en la redacción de su texto por un agente de la misión de urgencia social:

> Nosotros solicitamos una ayuda financiera para arreglar una multa y una factura de edf. Nosotros aseguramos el mantenimiento y la educación de 3 niños escolarizados y de mi hermana, para la cual hemos encontrado un tercero de confianza. Hacemos frente al conjunto de las cargas que incumben a nuestro hogar, pero solo disponemos para hacerlo, de un RMI y de prestaciones familiares.

La suma solicitada es de 309 euros. El monto acordado se eleva a 240 euros con el comentario "factura EDF-GDF". A pesar de lo modesto del requerimiento, muy por debajo del baremo, la multa del Tesoro

Público de 70 euros fue excluida del subsidio: a los ojos de los administradores del Fondo de urgencia social, esa es una deuda mal habida.

La *compasión*, la última de las cuatro figuras retóricas adoptadas en las argumentaciones, utiliza un estilo implorante y se inscribe en un registro de simpatía, evocando generalmente de manera precisa un malestar o una acumulación de infortunios. Ella forma parte de la relación con los pobres de tal manera que se instituye clásicamente en el marco de la asistencia. Es porque ese sentimiento es producido en la intersección del sufrimiento de unos y la mirada del otro que una pertenencia común a la humanidad es posible, cuando todo separa al desocupado de largo tiempo del funcionario encargado de evaluar su situación. La emoción es un resorte vigoroso del ejercicio de la caridad, y lo es más aun cuando ella juega sobre dos imágenes: la empatía con el desventurado y la satisfacción de venir en su ayuda. Para los agentes que arman los dosier, tanto administrativos como asociativos, como para los miembros de la comisión que deciden la atribución de la ayuda, esta doble dimensión cimenta una experiencia colectiva sobre la cual cada uno vuelve ampliamente en las entrevistas. Al escucharlos hablar del sentimiento en vista de los pobres ("lloramos con ellos") y del beneficio simbólico de su alivio, aún parcial ("pequeño impulso"), podríamos pensar que la compasión invade el espacio moral del juicio. Ese, sin embargo, no es el caso, y ni el estilo implorante que multiplica las fórmulas de la súplica desesperada, ni el registro de la simpatía, que trata de suscitar una proximidad por los detalles concretos y dolorosos, modifican las tasas de acuerdo con que, aproximadamente, entre el 77% y 76% se aproximan a la media. Solo la evocación de pruebas patéticamente singulares (el sobrevenir de una enfermedad o de un accidente, la muerte de la pareja o de un familiar, a veces un divorcio, pero no la pérdida del empleo, demasiado banal en este contexto) parecen susceptibles de aumentar la proporción de respuestas positivas por parte de la comisión.

Esta insensibilidad *a priori* inesperada en un procedimiento que convoca, con la exposición de la situación del propio solicitante, la búsqueda empática del sufrimiento, tiene una razón simple. Es la recurrencia en los textos, de los mismos temas de infortunio, desocupación, enfermedad, de la frustración del fracaso, de la imposibilidad de hacer frente. Desde ese momento, la simpatía por los desafortunados deviene una suerte de efecto rutinizado que impregna el juicio operando sobre él de manera relativamente poco discriminante. Lo certifica la severidad creciente de la comisión a lo largo de los meses. Esta evolución es perceptible tanto en la proporción de acuerdos como en los montos otorgados, sin que los indicadores socio-demográficos disponibles revelen modificaciones en el perfil de los solicitantes, sin que ni siquiera las presiones financieras particulares obliguen a intervenir para hacer más parsimoniosos a los decisores. De ese modo, sobre las 19.726 demandas depositadas, la tasa de respuesta favorable decrece del 75.1% en enero-febrero al70.5% en marzo-abril y al 62.5% en mayo-junio. Del mismo modo, siempre sobre el conjunto de los dosier, las sumas atribuidas para cada subsidio disminuye de 406 euros en el curso de la primera quincena de funcionamiento de la comisión a 286 euros en el curso de la última quincena de su existencia. Con el tiempo, la emoción disminuye al contacto con la miseria cotidiana de los demandantes. A la inversa de lo que podríamos imaginar y lo que los mismos demandantes podrían suponer, la exposición del sufrimiento no tiene más que un impacto modesto sobre la decisión de otorgar la ayuda. Una mujer que, con su marido y sus dos hijos dispone de un ingreso neto de 50 euros por persona, escribe:

> Mi marido está desocupado y sin indemnización desde septiembre del 96. Nosotros percibimos un poco de RMI y mi baja por maternidad + los subsidios familiares. No hay solo mes en que nosotros logremos salir. Para nosotros cada mes es muy muy difícil, una vez pagadas las cargas y las deudas no nos queda nada más. Nuestros niños no han tenido una Navidad como todos los otros por falta de medios.

Esta declaración patética no tuvo efecto. El subsidio les es otorgado, pero ciertamente no por la aplicación del umbral del "saldo para vivir", sino que su monto es solo de 375 euros, lo que corresponde al límite basal de la norma para una familia. La comisión no se ha dejado ablandar por la súplica. Esta ley de hierro, sin embargo, no es inmutable. Un hombre solo, cuyo "saldo para vivir" es calculado en 63 euros, expone su situación del siguiente modo:

> Estando gravemente enfermo y hospitalizado en noviembre de 1995 durante 3 meses y demandante de empleo desde el 2/2/96 y separado de mi esposa desde el 29/11/96 solo percibo el RMI y con toda la buena voluntad y las privaciones que hago me resulta imposible conectar los dos extremos en la esperanza de encontrar un empleo para remontar la pendiente yo deseo regularizar al máximo mis deudas para obtener una liberación de pago y probar mi buena fe de querer arreglar mis deudas.

La comisión, presidida por el mismo funcionario, le otorga 375 euros, es decir, alrededor del doble de lo que prevé el baremo para un soltero. La acumulación de desgracias (enfermedad, desocupación, separación) otorga una explicación razonable a esta generosidad, mientras tanto, la demostración de mérito no está ausente (búsqueda de trabajo, pago de las deudas, manifestación de buena voluntad). Pero, la lectura del conjunto de los expedientes sugiere otra interpretación, circunstancial, no siendo exclusiva en la primera: el presidente de la comisión parece, en este caso, más sensible a la miseria de los hombres solos que a aquella de las familias en dificultades (lo que lo diferencia, ya veremos, de otros presidentes de comisión que manifiestan una desconfianza en vista de los primeros y una simpatía por los segundos).

Estos efectos diferenciales de la movilización de la compasión, en la que los ejemplos son muy numerosos, señalan el carácter inestable de los criterios de decisión, ya sea entre dos comisiones distintas, sea en el seno de la misma comisión, como es el caso de los ejemplos citados. Sería conveniente entonces, interrogarse sobre los límites del ejercicio de la justicia local, en relación a las normas que ellas aplican explícitamente e incluso con respecto a los valores a los que ella se refiere explícitamente.

Las intermitencias del poder

Cualquiera sea la voluntad de justicia que anime a los actores encargados de la distribución de recursos escasos y cual sea la precisión de los criterios que ellos utilicen para normalizar sus elecciones, su deliberación no puede analizarse enteramente en base a racionalizaciones objetivas (respecto de las normas, en este caso umbral de elegibilidad y principios de distribución) o subjetivas (adhesión a los valores, en caso de mérito, más aún que de compasión).Muchas de las decisiones tomadas parecen escapar de la regla, tanto a la de la razón como a la del sentimiento. Ellas muestran un ejercicio de la autoridad y sus fundamentos se deben solo a esto. Ninguna justificación parece poder dar cuenta de ellas. Incluso no pretenden siquiera ser justas.

Esas decisiones aparentemente incomprensibles son de dos tipos diferentes, y a las que propongo llamar arbitraria y contingente[17]. Lo arbitrario provoca una decisión por la cual el poder de una persona se manifiesta más allá de la regla, bajo una forma casi gratuita. Lo contingente reenvía a circunstancias particulares que juegan un rol determinante en relación a la regla. De manera general, para las decisiones en las que no es posible reconocer la aplicación explícita de una regla o recurrir a una razón fuerte, podemos hablar del ejercicio de autoridad sin referencia a los principios de valores de justicia. Las calificaremos de arbitrarias cuando la necesidad surge solo del capricho. Las designaremos como contingentes cuando una forma del azar prevalece sobre la intención. En el primer caso, el poder actúa por exceso. En el segundo, se manifiesta por ausencia. En ambos casos, la autoridad se ejerce injustamente.

Una forma particular de decisión injusta entra en una falta de competencia de la comisión en su terreno de intervención. Un des-

---

[17] Si seguimos la distinción que establece André Lalande (1993/1926, pp. 75 y 182), el sustantivo "arbitrario" se define así: "En sentido concreto: placer individual de una autoridad; decisión caprichosa en un tema donde se debería proceder por la razón o por la aplicación de una regla". Y por el adjetivo homónimo: "Que depende únicamente de una decisión individual, no de un orden establecido, o de una razón válida para todos". La nota crítica precisa: "Arbitrario difiere de contingente en que este último no contiene la idea del placer individual". Este último calificativo recibe también la siguiente definición: "Sentido general: es contingente todo aquello que es concebido como pudiendo ser o no ser". Y yendo más lejos: "Sentido relativo: un hecho es contingente en relación a una cierta ley general o a un cierto tipo, cuando consiste no en la aplicación de esta ley o de este tipo, sino en alguna circunstancia particular de tal o cual objeto individual al que ellas se apliquen. Es contingente toda coincidencia que no es ni constante ni tampoco general".

conocimiento del funcionamiento de la acción social, o del baremo de los mínimos sociales, también puede conducir a dar una respuesta contraria a aquella que una buena información podría haber producido. Un hombre yugoslavo, padre de dos hijos, subsidiado con un RMI, con cargas superiores a sus recursos, es sospechado de engaño por la comisión cuyo presidente anota sobre el dosier: "Él tiene falta de recursos: RMI de 1739F (265 euros)". Ninguna ayuda le fue acordada. Entonces, la declaración debe hacer juego con los justificativos, indica claramente en los recursos ayuda para el alquiler y subsidios familiares. Como lo indica el demandante en su breve texto de acompañamiento: "Les ruego tengan a bien querer ayudarme para la suma de 3000F (450 euros) porque con mis ingresos de 4478F/mes (682 euros) y no llego a salir de la situación". Lo que no llega a tomar en cuenta la comisión, es que el RMI es, como todas las otras ayudas mínimas sociales, un subsidio diferencial, enviado en función de los otros recursos de forma de alcanzar un cierto techo. A título indicativo, en diciembre de 1997, el monto promedio entregado a una pareja con dos hijos es, a nivel nacional, de 772 euros a título de RMI completado con subsidios a la vivienda y a la familia, o sea prácticamente el monto indicado en ese expediente. Disponiendo de esta información, la comisión hubiera podido ahorrarse la sospecha de duplicidad en el candidato y, teniendo en cuenta su "saldo para vivir", hubiera podido ciertamente beneficiarlo con una ayuda. La injusta elección resulta de una mala aplicación de la regla. Más que de una arbitrariedad, podemos hablar en este caso de una falta de conocimiento. Más allá de este caso preciso –que sin embargo muestra condiciones estructurales, porque el desconocimiento conduce aquí a una injusticia solo porque la generosidad pública en vista de los pobres se da siempre bajo un fondo de sospecha en cuanto a la realidad de su situación y a la veracidad de sus declaraciones–, las decisiones injustas, en el sentido en que ellas no se derivan lógicamente de principios universales, incluso discutibles, o de razones particulares, sino regularmente aplicadas, se ejercen en tres niveles.

En primer lugar, ellas conciernen al modo de cálculo del "saldo para vivir", del que hemos visto era el elemento decisivo para la obtención de una ayuda. Aunque siempre es objeto de una atención particular, porque la documentación es examinada y las operaciones verificadas, dando lugar a veces a correcciones bizantinas, variaciones en el rigor del ejercicio son constatadas de tres formas diferentes: la inclusión de algunas cargas (especialmente el transporte, los créditos, los impuestos locales, las sumas enviadas a los familiares); la toma en cuenta de la situación familiar (un hijo adulto es a veces considerado como exterior al hogar o, a la inversa, un padre ausente puede despertar las dudas); finalmente, el interés en la verificación de los datos (la ausencia de justificativos puede ser insalvable, las cuentas pueden rehacerse o no). De ese modo, las diferencias en las modalidades de cálculo, provenientes seguramente de un simple olvido en el uso que se impone implícitamente en ausencia de codificación precisa, conducen a arbitrajes contradictorios, incluyendo a dos dosier consecutivos en el curso de una misma sesión. Hemos visto cómo la exclusión de los montos de los boletos de transporte y el reembolso de una deuda de evaluación de las cargas había logrado pasar "el saldo para vivir" de un beneficiario del RMI por encima del umbral fatídico, privándolo de un recurso que su argumentación justificaba de manera convincente. Poco después, la misma comisión examina el caso de una joven francesa igualmente locataria de un RMI. Ella declara en sus cargas una pensión de 150 euros enviada a sus padres, por la que no presenta justificativos y un cupón de su boleto de transporte. Esta vez, las dos sumas indicadas son sustraídas de sus ingresos. Mientras que sus recursos son idénticos al del caso precedente, y que su presupuesto declarado es prácticamente el mismo, el cálculo efectuado de esta forma le permite pasar por debajo de la barra. Ella obtiene 300 euros de la comisión. Tales micro-decisiones de hacer entrar o no una suma en el numerador –o, también una persona en el denominador– pueden parecer irrisorias. Sin embargo, tienen consecuencias innegables si pensamos que en este caso, la suma otorgada a uno y negada al otro corresponde a casi un mes de sus recursos.

En segundo lugar, la injusticia afecta la elegibilidad de los candidatos. Ella se manifiesta con seguridad en las excepciones a la aplicación de la regla de los 1000 francos, excepciones que no obedecen a principios puestos en acción regularmente. Tratándose de las personas sin domicilio fijo, donde los recursos generalmente no sobrepasan el umbral, teniendo en cuenta la ausencia –o de la fragilidad- de los recursos regulares, algunos se benefician de una ayuda mientras que a otros se les impone estrictamente la barra del umbral. En el caso de los adultos jóvenes que viven con sus padres, la respuesta es generalmente desfavorable, porque no se los considera como parte de un hogar, pero a veces se les otorga una ayuda a pesar de todo, por razones que no son ni indicadas ni interpretables en vista del expediente. Una deuda elevada constituye en ciertos casos motivo de rechazo del dosier que es reenviado a la comisión de sobre-endeudamiento, mientras que en otros, ella no es causa agravante para la obtención de un subsidio. Veamos los dos siguientes pedidos. Una pareja con dos niños, el marido es consejero técnico de un edificio y la esposa no tiene empleo, dispone de 58 euros por persona y por mes. Las deudas se elevan a 9860 euros, incluyendo un cuarto de gastos de servicios médicos. La argumentación explica los esfuerzos hechos para "reducir nuestras cargas, reembolsar los créditos y hacer frente a los gastos cotidianos de primera necesidad", una "promesa de un trabajo a medio tiempo desde el 21 de marzo del 98" es también mencionada. El dosier es rechazado: si bien se encuentran muy por debajo del umbral del "saldo para vivir", el expediente solo tiene derecho a una "reorientación" a la comisión de sobre-endeudamiento. La carta de rechazo es justificada a la solicitante con la fórmula habitual indicándole que su situación no corresponde a aquellas de "familias o personas expuestas a serios riesgos para el mantenimiento de sus condiciones de existencia", fórmula que uno se pregunta cómo puede ser recibida por un hogar, abrumado por los créditos en el que viven cuatro personas con 230 euros mensuales. Otra pareja, igualmente con dos niños, uno de los dos adultos asalariado –en este caso la mujer–, dispone de recursos inferiores a los gastos desde la pérdida del empleo del marido. Un importante endeudamiento es objeto de un plan de reembolso que es adjuntado al dosier. Garantía de seriedad del hogar, el camino así comprometido le permite obtener una ayuda de 450 euros. La deuda no ha sido un obstáculo en este caso. De manera general, la corrección de una persona que se encuentra por encima del umbral o, a la inversa, el rechazo de un expediente que esté por debajo del mismo muestran generalmente elecciones que es imposible sistematizar a la luz de una referencia común.

En tercer lugar, la inequidad toca muy particularmente la determinación de la suma otorgada, para la cual, como hemos visto, las variaciones pueden ser cuantitativamente importantes y sutiles en sus causas: ya sea porque los decisores pretenden a través de la elección de los montos enviar un mensaje a algunos y no a otros, sea porque ellos se emocionaron por un hecho leído en la exposición de un solicitante más que por otro, todos elementos que varían en función de la composición de la comisión y el humor del momento, determinando aquí una severidad incomprensible, allá una generosidad inesperada. Las decisiones inocuas son tomadas, en efecto, tanto en beneficio de una persona como en detrimento de otra. Una mujer sola criando a dos hijos, beneficiaria de un RMI con un ingreso neto de 143 euros por persona, describe así su situación:

> Habitando un F3 y debiendo comprar muebles para mis hijos, porque mi hija de 3 años y medio dormía todavía en una cuna y mi hijo sobre un acolchado, me endeudé pidiendo crédito a una amiga cercana. El problema fue que no he podido devolverlo. Además he debido dejar mi habitación a mi hija porque ella tiene 5 años de diferencia con su hermano. Yo tuve que comprarme un sofá cama y duermo actualmente en la cocina, sobre una cama que no pude pagar. Comprenderán bien que con 4119.90F (628 euros) por mes no llego a salir: los reembolsos personales + 1500F (225 euros) de cursos para mi, sin contar el alquiler que varia siempre y puede llegar hasta 900F (137 euros), con las regularizaciones de la EDF. No sé cómo hacer para comprarle ropa a mis hijos, como tampoco a mí misma, actualmente en búsqueda de un empleo. Yo tampoco tengo los medios para comprar una tarjeta naranja entonces yo robo un ticket a derecha e izquierda. Sin contar el estado de la habitación de mi hijo en la que el papel tendría necesidad de ser rehecho. Sin contar que tampoco tengo los medios de inscribirlos en los centros de tiempo libre.

Ella solicita 750 euros. La comisión, que en principio anota 375 euros sobre el expediente, rectifica esta suma y le otorga finalmente 822 euros, por sus "deudas de mobiliario". Es el monto más alto otorgado entre los 300 dosier. Algunas semanas más tarde, la comisión, presidida por otro responsable de la DDASS, examina el expediente de una mujer igualmente locataria de un RMI y a cargo ella sola también de sus dos hijos con un ingreso neto por persona de 93 euros. Su endeudamiento es comparable al de la mencionada anteriormente. Sobriamente ella escribe: "Sola, con dos hijos a cargo, me es difícil satisfacer mis necesidades. Actualmente yo tengo diez meses impagos de alquiler. En consecuencia, una ayuda, aunque sea mínima, será bienvenida". La ayuda, en efecto será mínima, porque la comisión le otorga 225 euros, es decir, alrededor de la mitad del valor supuesto y tres veces y media menos que a la precedente. La caridad es siempre discrecional.

En esas condiciones hay algo de provocador en haber sugerido a los solicitantes completar un cuadro indicando el "monto de ayuda demandado", lo que hicieron 226 sobre los 300 de la investigación. Sin embargo, la comisión no siguió este pedido en ninguno de los casos, incluso cuando una responsable de los servicios sociales departamentales podía sorprenderse por la "modestia de las demandas": de hecho, el promedio de las solicitudes es de 690 euros; el tercio de los demandantes propone 450 euros o menos, solo un 14% solicitan una ayuda superior a 1500 euros, correspondiendo generalmente a endeudamientos muy importantes. La comparación de los deseos expresados y de las ayudas acordadas muestra que, aunque solo sea para descartar algunos euros, la comisión no mantiene nunca el monto indicado. Que una pareja viva con un "contrato de empleo solidario" como recurso y tenga una disponibilidad de 12 euros por persona sugiere una ayuda de 300 euros, evaluación redondeada por ellos en la decena superior por una deuda recientemente contraída con EDF-GDF, ellos son beneficiados solo con 290 euros para señalarles la intención de limitar la ayuda a la devolución de esa suma. Que un hogar con dos niños para el cual la diferencia entre ingresos y cargas se eleva a 136 euros por persona, solicita 450 euros, suma que corresponde exactamente a su endeudamiento, no recibe en esta oportunidad más que 150 euros, es decir un poco menos que los 182 que ellos señalan en su carta de solicitud como imprescindible para la compra de anteojos destinados a la mujer que ya perdió un ojo, decisión que es tomada sin ninguna explicación. A través de este rechazo de cumplimentar la demanda, solicitada sin embargo en los formularios, la comisión parece querer recordar que la decisión depende de su exclusiva prerrogativa. En el primero de los dos casos mencionados, el principio del "mensaje" (intervención de la deuda) es recordado a los solicitantes, probablemente desconocido por otra parte, porque el intervalo entre el depósito del dosier y la recepción del cheque es de un mes, el endeudamiento del hogar es de casi el doble (lo sabemos porque, impaciente por no haber recibido nada, el demandante depositó cuatro semanas más tarde un segundo dosier). En el segundo caso, más demostrativo aún, la adecuación de la proposición a la doble lógica de la "norma" y del "sentido" (porque el endeudamiento se eleva precisamente a la altura de lo que prevé el baremo) no entraña, sin embargo, la adhesión esperada de los administradores. Podríamos afirmar mejor que solo la comisión sabe lo que es bueno para los pobres y ella espera hacérselo saber.

Lo arbitrario y lo contingente, tales como ellos lo expresan en las decisiones consideradas aquí como inequitativas, no deben ser vistos sin embargo como una justicia anómica. Más que una ausencia de normas, se trata de una multiplicidad de normas entre las cuales es posible elegir, sin prioridad sistemáticamente acordada a tal o cual de ellas. Que podamos privilegiar, en la determinación del monto a otorgar, aquí el baremo general, allá una necesidad específica, que entre los signos que pretendemos enviar al beneficiario elijamos una deuda, a veces solamente una parte de una deuda, para algunos, o bien un proyecto para otros, que, finalmente algunos se muestren más generosos con los desafortunados o las mujeres criando solas a sus hijos, y otros para los meritorios o los hombres en situación de calle, indica bastante más que lo arbitrario y lo contingente producen un exceso, y no un déficit de las normas. No nos asombraremos, por lo tanto, de encontrar en este análisis de los juicios desiguales todos los ingredientes de los principios y de los valores que hemos descripto hasta ahora.

Figura 2. Lo arbitrario y la contingencia: características comunes y diferencias

	Arbitrario	Contingencia
Definición	Injusticia en la aplicación de la medida Es decir, uso irregular de reglas más o menos explicitadas: -de manera intencional	 -por efecto del azar
Mecanismo	Capricho o mala voluntad	Buena suerte o mala suerte
Consecuencia	Penalización o gratificación (rechazo u obtención de una ayuda, disminución o aumento del monto)	
Condiciones estructurales	Régimen de obligación: a. la ayuda no es un derecho social para el que la recibe b. la atribución implica un deber social de aquel que lo da Tratamiento individualizado: a. el solicitante debe presentar competencias para justificarse b. el distribuidor debe movilizar valores para arbitrar	
Factores agravantes	Multiplicidad de principios (jerarquías inestables) Criterios borrosos (construcción empírica) Labilidad de las consignas (transmisión oral)	
Factores atenuantes	Justicia fundada sobre la moral con el deseo de comunicar	Composición variable de la comisión
	Establecimiento de un umbral de elegibilidad (susceptible de excepción) Institución de un baremo de ayuda (competencia entre mensajes) Interiorización de un ideal de decisión justa (ambiguo siempre) Posibilidad de ayuda indicada por escrito (raramente utilizada)	

Lo arbitrario no se opone a la norma del mismo modo que lo contingente no contradice la moral: es la aplicación de lo imprevisible, y a veces lo injustificable, de una y de otra lo que determinan las decisiones inequitativas. Arbitrario y contingente tienen en común el corresponder a un uso irregular de las reglas, más o menos explicitadas. Lo que los distingue es que el primero es intencional y el segundo fortuito. Esta frontera, sin embargo, es menos fácil de trazar de lo que parece: cuando dos hombres locatarios de un RMI, con un ingreso neto negativo, reciben de la misma comisión con algunos días de diferencia, 380 euros uno que no redactó la exposición y, 150 euros otro, que escribió una argumentación en un estilo digno, podemos suponer que es debido simplemente por las fluctuaciones de un funcionamiento burocrático determinado, pero no podemos descartar completamente una voluntad consciente de establecer una diferencia. Salvo cuando aquella es explícitamente aclarada en referencia a una evaluación moral, a una voluntad pedagógica, o también que marque una fuerte ruptura con la decisión esperada o el monto promedio, es generalmente difícil, frente a arbitrajes injustos, determinar si la gratificación o la penalización resulta de buena o mala voluntad de la comisión, o bien de circunstancias felices o infelices relacionadas a la fatiga de los miembros o al humor del momento.

El zócalo común de las dos figuras de la injusticia se compone esencialmente de dos elementos. En primer lugar, la ayuda responde a un régimen obligatorio. La generosidad pública no establece ciudadanos reclamando lo debido a la solidaridad nacional, sino a pobres solicitando la benevolencia del Estado. Lo que tiene una doble consecuencia. Por un lado, los "obligados" no pueden hacer valer un derecho social ni exigir reglas precisas: ellos se someten a las modalidades que les son impuestas y de las que ellos no saben nada. Por otro lado, los "obligantes" se sienten investidos de un deber frente a la sociedad, de la que ellos distribuyen los recursos, y del Estado, donde ellos ejecutan su acción caritativa: el compromiso de todos los integrantes de la DDASS a todo lo largo de la operación muestra muy bien hasta qué punto la cuestión es tomada en serio. En segundo lugar, la decisión procede de un tratamiento individualizado. La casuística empírica, así llevada a cabo, buscando tomar en cuenta las singularidades de cada situación, tiende a distanciarse de los principios de justicia comunes y transparentes. Esto también tiene dos efectos. Por un lado, los "obligados" deben poner en acción competencias para aportar a la justificación del pedido, lo que a igualdad de situación genera diferencia en el tratamiento. Por otra parte, los "obligantes" deben recurrir a valores morales para fundamentar sus arbitrajes, lo que pone en evidencia la plusvalía acordada al mérito o a la desgracia, o más exactamente su puesta en palabras en las peticiones.

A esta doble condición estructural de la injusticia se agregan elementos que son propios de las modalidades aceptadas en el funcionamiento de la comisión, y cuyos efectos reflejan las lógicas generales de inequidad de la comisión: las reglas son múltiples y competitivas, sin principios jerárquicos claramente definidos; los criterios son imprecisos, dando lugar a variaciones en el cálculo de un presupuesto o en la modulación de un baremo; las consignas no están escritas en ninguna parte, no dan lugar a la constitución de una memoria de los principios que podrían transmitirse de una reunión a otra. Factor productor de arbitrariedades en el establecimiento de las normas, la voluntad de comunicar, de dar un "mensaje" al beneficiario de la ayuda, implica generalmente apreciaciones del mérito de la persona, o de la legitimidad de una deuda. El "sentido" buscado, aunque permanece raramente interpretable para el destinatario, conduce frecuentemente a reducir la suma que la simple aplicación del sentido neutro, más aproximativo, de la composición del hogar, hubiera finalmente determinado. A la inversa, la variación en la composición de las comisiones puede ser tomada como un factor generador de contingencia. Según que el dosier sea examinado por uno o por otro, las chances de escapar al efecto del umbral para la elegibilidad o de beneficiarse de una suma más alta se modifican en función de los criterios o de los valores que utiliza el presidente, de quien hemos señalado el rol preeminente. Este se muestra sensible a la desgracia de las mujeres solas a cargo de sus hijos, a las que trata de darles voluntariamente más confianza ante la falta de algún justificativo y en vista de las que él manifiesta mayor generosidad que sus colegas; otro evidencia una debilidad frente a hombres solos a los cuales él otorga la ayuda, aun cuando su disponibilidad sobrepase el umbral. Tal privilegia el recurso al baremo, más conforme según él con la igualdad; tal otro pone por delante el mensaje, por su valor pedagógico.

*   *   *

La publicación en 1971 de la obra de Frances Fox Piven y Richard Cloward, titulada *Regulating the Poor,* fue seguida de intensos debates entre los historiadores sociales de lengua inglesa[18]. Los autores mostraban cómo las mejoras en la asistencia pública a los pobres servía para controlar los desórdenes sociales en los períodos de dificultad económica y cómo, por el contrario, los momentos de estabilidad en la producción de las riquezas permitía ejercer una presión mayor sobre la fuerza de trabajo y, por lo tanto, reducir los dispositivos de protección social. Los historiadores del *welfare* se oponen a esta lectura marxista de las "historia por lo bajo", considerando que el progreso social era especialmente producto del progresismo de las elites gubernamentales o empresariales, empujadas no por el temor a las movilizaciones populares, sino por la toma de conciencia en la degradación de las condiciones de vida de los pobres. En vista de esta discusión, es real que la génesis de los Fondos de urgencia social, por más modesto que sea el dispositivo en la historia de la asistencia, aporta agua al molino de los historiadores del conflicto, contra los historiadores del consenso. La creación del Fondo de urgencia social no tenía como primer objetivo aliviar la miseria de los pobres, sino cortar rápidamente una protesta que comenzaba a desbordar el "movimiento de desocupados y precarios". Más allá de las declaraciones gubernamentales justificando la medida por la voluntad de "aportar una ayuda substancial a las situaciones más difíciles", según las palabras del propio Primer Ministro, la decisión de distribuir "un millón" (de francos) es una

---

[18] La obra fue escrita en el período que siguió a las agitaciones sociales y durante las que el dispositivo asistencial fue substancialmente extendido en los EE.UU. Ha sido reeditado con numerosas actualizaciones veinte años más tarde, mientras que el clima ideológico y la situación económica habían cambiado fuertemente y las críticas contra el *social welfare* se habían generalizado (Piven y Cloward, 1993/1971).

ilustración ejemplar de la función de regulación social que siempre ha tenido la caridad pública.

Los solicitantes de ayuda financiera del Estado lo habían comprendido muy bien. El examen de trescientos dosier que presentamos aquí muestra la rareza de los textos reivindicativos contrastando con la frecuencia de las exposiciones que muestran la miseria y mueven a la piedad, y eso, aunque también el dispositivo de ayuda de urgencia responde a una movilización espectacular. En la calle, los desocupados y los precarios hacen valer sus derechos frente a la justicia. En los formularios de solicitud, ellos apelan a la obligación de asistencia. Haciendo eso, le daban en alguna medida la razón a los representantes del Estado que declaraban haber querido "romper la militancia evitando atribuir la suma reclamada por el movimiento de desocupados", y que se vanagloriaban en mi presencia de que a través de su participación en la ejecución de los Fondos de urgencia social, "las asociaciones habían abandonado su rol de militancia por aquel de trabajadores sociales". Para ellos, como para los economistas sociales del Siglo XIX, la distinción del derecho de asistencia y de la obligación de la asistencia era un principio de la caridad pública: en ningún caso la obligación debe prevalecer sobre un derecho; va de la mano del control de la miseria. De ese modo, en eco a los procedimiento habituales de objetivación de la pobreza, de la que las investigaciones realizadas por un trabajador social extrae el modelo, el despliegue de un dispositivo de exposición del sufrimiento puede ser visto como un ejercicio de subjetivación impuesto a los pobres, es decir, de construcción del yo como sujeto de asistencia. El éxito aparente del ejercicio –porque en las argumentaciones los solicitantes exigen mucho menos la justicia, en tanto se presentan como meritorio o apelan a la compasión–, sin embargo, no nos dice nada de la subjetividad de los solicitantes. ¿Se sometían verdaderamente ellos al mandato de los servicios del Estado o bien manifestaban simplemente una competencia adquirida a lo largo de los años en contacto con la burocracia asistencial? Evidentemente no lo sabemos –aún cuando esta alternativa tenga sentido–.

¿Cuál es entonces el alcance del gesto del Estado? ¿Cuál es la significación del trabajo incansable de los agentes por distribuir, según principios de justicia más o menos elaborados, sumas relativamente modestas en vista de los presupuestos de la acción social y de la política familiar? Porque podríamos muy bien encontrar bastante irrisorias las ayudas financieras del Fondo de urgencia social y el dispositivo para otorgarlos. La atribución de 200 o 300 euros de más a tal o cual es ciertamente modesto en función de las situaciones sociales difíciles, y aun dramáticas, de los candidatos con las que hacen frente cotidianamente a la bendición estatal. Los arbitrajes realizados por la comisión pueden, en esas condiciones, parecer bastante anodinos y la micro-sociología parece atarse aquí a esas decisiones sin consecuencias y sin futuro. Sin embargo, si bien esta ayuda puntual es efectivamente un simple episodio en la larga historia de la asistencia, no es menos reveladora de fenómenos más generales y de transformaciones más amplias en el tratamiento de los pobres –y aun también de los dominados, en un sentido más amplio–. Ya sea que se trate de solicitantes de asilo o de extranjeros pidiendo su regularización, de pobres en las consultas médicas de precariedad o en los dispositivos locales de inserción, de los que pretenden los seguros en las colectividades territoriales o las prestaciones sociales de las asociaciones humanitarias, de personas dirigiéndose a las comisiones de endeudamiento o de deudas de alquiler, dicho de otros modo, de todos aquellos para quienes el reconocimiento de un derecho no está nunca separado de un recordatorio de su deuda que ellos contraen de esa forma frente a la sociedad, son las mismas formas narrativas y argumentativas las que se esperan de ellos para justificar su pedido. Pero, también, los mismos procedimientos de evaluación y de juicio que se ponen en juego para decidir si es legítimo acordarles vienen precisos como son las cartas de estadía, las prestaciones médicas o sociales, las ayudas financieras o el refinanciamiento de sus deudas. Dones de fragmentos de vida, contra-dones de medios de supervivencia, tal la estructura de intercambios que organiza la administración de los pobres. En esta transacción de bienes simbólicos y materiales, los mediadores son agentes administrativos, trabajadores sociales, profesionales de la salud, miembros de asociaciones. Los recursos puestos a su disposición son más o menos modulables. Las elecciones que ellos realizan son más o menos patéticas. Pero, ellos se basan en principios de justicia y ponen en acción prácticas de juicio que experimentan el *ethos* de la acción pública tanto como sus aleatoriedades. Por lo tanto, es legítimo pensar que las lecciones aprendidas del estudio de la distribución de los Fondo de urgencia social tienen una importancia mayor que la que su fugaz existencia dejaría suponer.

La pequeña ciudad austríaca de Marienthal conoció una expansión económica y social destacable en el transcurso de la segunda mitad del siglo XIX gracias a la implantación de una próspera fábrica de algodón. Su mecanización después de la crisis económica condujo, a fines de los años 1920, al cierre de la manufactura y a la desocupación de la mayoría de sus habitantes. El sociólogo Paul Lazarsfeld y sus dos asistentes realizaron una investigación en 1931, interesándose especialmente en las ayudas aportadas por la comuna a fin de ese año. Señalan: "Gracias a todas esas ayudas, la vida fue un poco más fácil en el momento de navidad. Pero la única ayuda realmente eficaz, sería naturalmente el tener trabajo"[19]. Setenta años más tarde, podríamos escribir casi lo mismo, con dos diferencias. Por una parte, hoy, aun aquellas y aquellos que trabajan no escapan necesariamente a la pobreza y, por el contrario, en el departamento estudiado, un solicitante de ayuda sobre seis tiene trabajo. Por otra parte, y tal vez especialmente, los seguros de antaño se hacen sin condiciones y, además, los solicitantes deben exponer sus sufrimientos. Las crónicas de la miseria cotidiana de los que nos hacen sus súplicas, nos hablan a su vez de la precariedad de sus condiciones, cuyos relatos exponen, y de nuestras economías morales, que las deliberaciones muestran.

---

[19] Ver Lazarsfeld (1981/1932).

Capítulo 3
Un protocolo compasivo

La regularización de los extranjeros por razones médicas

> *¿El lenguaje médico, no expresa a su manera, la situación general de los inmigrantes? Sin dudas es el tan ampliamente compartido porque es producido por el conjunto de las categorías de percepción y de análisis que presiden habitualmente a las imágenes de lo que nosotros hacemos con los inmigrados y el tratamiento que les tenemos reservado.*
>
> *Determinado de esa forma, él podría ser solo una variante del discurso habitual. Sobre los inmigrados y sobre su condición de inmigrantes.*
>
> Abdelmalek Sayad, *La double Absence*

Una de las primeras medidas del gobierno, de la mayoría de izquierda salidas, de las elecciones legislativas que siguieron a la disolución de la Asamblea Nacional en 1997 fue la publicación, el 24 de junio, de una circular relativa al re examen de la situación de algunas categorías de extranjeros en situación irregular, emitida por el ministro del Interior, Jean-Pierre Chevénement. La innovación más destacable –y que sin embargo pasó bastante desapercibida por fuera de los ámbitos de las organizaciones de sostén a los inmigrantes– fue la regularización del derecho del "extranjero residente habitual en Francia, afectado de una enfermedad grave que necesite tratamiento médico, cuyo partida podría entrañar un daño de excepcional gravedad, bajo compromiso de que no podría realizar un tratamiento similar en su país de origen". Al término de este inciso, confirmado al año siguiente por el famoso "artículo 12 bis 11" de la ordenanza de 1945, modificada por la ley del

11 de mayo de 1998 "relativa a la entrada y a la estadía de extranjeros y al derecho de asilo", la persona enferma recibiría una carta de estadía acompañada de una autorización de trabajo[1]. Resultado de recurrentes intervenciones asociativas, el reconocimiento de este criterio médico marcaría el resultado de una evolución de las prácticas de las prefecturas, las que, en el curso del decenio 1990, habían otorgado un lugar creciente a los que la administración calificaría entonces como prácticas de "razón humanitaria". En un período donde las restricciones en materia de derecho de estadía no habían dejado de escucharse, y donde el número de los sin papeles aumentaba en la misma medida del despliegue de un dispositivo reglamentario que producía siempre más irregulares, la enfermedad –siempre que ella fuera lo suficientemente grave y su tratamiento considerado como inaccesible– abría nuevos horizontes y, de forma cruelmente ambigua, nuevas esperanzas. Es a la luz de esta transformación que debemos leer esta súplica redactada por un hombre senegalés a fines de los años 1990:

> Al Sr. Prefecto. Por los poderes que Ud. nos ha atribuido en el artículo XX de la ordenanza del 8 de Mayo de 1945, gracias a vuestra más alta indulgencia, yo insisto después de haber recibido ese rechazo realmente inesperado seguramente originado en un malentendido, luego de mi entrevista con el agente médico de la DASS. Contrariamente a lo que yo esperaba, sin preguntar, ella elige entre algunos de los resultados negativos que no tienen relación con lo que yo sufro. Ciertamente, mi venida a este país no es por razones médicas. Mientras tanto, después de 6 años de tratamiento sin controles, siempre con la misma enfermedad y ahora con la ayuda médica que finalmente me va a permitir continuar con mis cuidados regularmente, yo habría deseado ser recibido dentro de ese cuadro. Efectivamente, siendo miembro en aquel momento de un grupo de comité de estudiantes en Dakar, amenazado y buscado entre otros por la policía, tuve miedo de terminar olvidado como muchos otros en una prisión. De allí mi llegada imprevista a Francia. Porque hijo de una víctima de guerra en el régimen de tira-

---

[1] La circular: www.legifrance.gouv.fr/affichTexte.do?cid.Texte=JORFTEXTO00000565 587&dateTexte=, y la ley n 98.349:www.legislationline.org/documents/action/popup/ id/7617 (consultada en abril del 2010).

dores senegaleses, siendo al mismo tiempo, desde mi llegada en 1990 la única fuente de ingresos de mi familia a parte de su pensión militar que les llega tardíamente y es insuficiente, por todas esas razones es evidente que mi regreso es a todas luces imposible. Sin embargo, a título excepcional, le ruego al Sr. Prefecto otorgarme la autorización de permanecer solo para poder continuar mis cuidados. A la espera de una respuesta favorable, quiera creer en mi sinceridad.

Después de haber agotado todas las vías administrativas de regularización, pero también todos los argumentos posibles de justificación, este hombre invoca la necesidad de cuidarse como una forma de último recurso frente a los ojos de las autoridades prefectorales. Si él menciona el peligro corrido en su país en razón de sus compromisos políticos (lo que hubiera ameritado el examen de su dosier al título de asilo), si bien él indica la fecha de su llegada para establecer la antigüedad de su vínculo (en tanto la circular hace posible la regularización al cabo de siete años en territorio francés), si él, finalmente, hace referencia a la actividad de su padre en la armada francesa (donde el mérito hubiera valido a este último un título de estadía y hubiera podido influir sobre su propia situación), él se sirve de más elementos para dar a sus lectores una impresión globalmente favorable y, de alguna manera, apuntalar su demanda solo para reivindicar un derecho: el hecho de que no hubiera demandado un estatuto de refugiado, que no disponga seguramente de los documentos administrativos que prueben la duración de su estadía y que él evoque indirectamente la magra pensión paterna del antiguo combatiente, sugiere que él no cree que la legitimidad de esta triple invocación. Por otra parte, la enfermedad es, si nos atrevemos a decirlo, la única tabla de salvación. Su cuerpo se ha convertido en un recurso social susceptible de producir una compasión que, traducida al derecho, le permitirá tal vez ser regularizado. Estando bien, no tenía ninguna perspectiva de obtener un título de estadía. Sufriendo, piensa ahora tener una oportunidad.

Es a esta evolución del derecho y a sus modalidades concretas de aplicación en las que me intereso en este capítulo. ¿Cuál es el singular dispositivo humanitario que el Estado francés inventa en los años

1990? ¿Cuál es ese nuevo orden moral que hace de un cuerpo enfermo un criterio superior de evaluación de lo bien fundamentado de una solicitud de regularización? Analizaré en principio las transformaciones históricas que atraviesan el cuerpo del inmigrante después de medio siglo y su traducción en una legislación rápidamente cambiante. Estudiaré enseguida la manera en la que los médicos aprehenden el nuevo derecho inicialmente conocido bajo el nombre de razón humanitaria: se tratará de comprender su trabajo moral de cualificación de los extranjeros legítimos. Presentaré, finalmente, algunas de las tácticas que ponen en acción los inmigrantes para hacer valer esos derechos, e incluso desviarlas: se trata de reconocer las figuras morales que ellos toman para obtener su título de estadía evocando una enfermedad. Trataré del mismo modo de develar hasta en sus contradicciones el funcionamiento de ese dispositivo de la última oportunidad –lo que, por analogía con la medicina, podemos llamar un "protocolo compasivo"–.

El cuerpo del inmigrante

A comienzo de los años 1980, Abdelmaleck Sayad trataba, en una conferencia varias veces reeditada, definir "el mal de la inmigración", escribiendo[2]: "Porque el inmigrante no tiene sentido, a su ojos ni a los ojos de su entorno, y porque no tiene existencia, al límite, más que por su trabajo, la enfermedad, por ella misma o tal vez más aun por el vacío que ella entraña, no puede dejar de ser experimentada como la negación del inmigrante". Y agrega: "La importancia de lo que se nombra en el "lenguaje del cuerpo" o, en otros términos, la importancia orgánica del cuerpo no es, en otras palabras, más que la importancia del cuerpo como órgano, es decir, esencialmente, como fuerza de trabajo en principio y, como forma de presentación del yo, después". En aquel tiempo, estaríamos tentados de decir que tal definición revolucionó

[2] Conferencia dada en 1980 en el 22 Coloquio de la Sociedad de Psicología Médica de lengua francesa, publicada el año siguiente en la revista *Psychologie Médical,* reeditada en un volumen *La Double Absense* (Sayad, 1999). Es remarcable que el título inicial del artículo, "Salud, y equilibrio social de los inmigrados", fuera reformulado dos décadas después como "La enfermedad, El sufrimiento y el cuerpo" –formulación más adecuada a la forma contemporánea de hablar de esas cuestiones, como ya lo hemos visto–.

la época donde la demanda económica de mano de obra extranjera hacía de la inmigración una necesidad social. El cuerpo del inmigrante era totalmente legitimado en su función de instrumento de producción donde la enfermedad, o el accidente, interrumpía la realización. Ciertamente, el "cierre de las fronteras", anunciada algunos años más adelante, rompía el hielo de lo que llamábamos "la inmigración del trabajo", pero donde la representación común era aquella del "trabajador inmigrante", de quienes las fábricas certificaban su utilidad y los hogares la precariedad: venido del sur de Europa o de África, él participaba en la construcción de la riqueza nacional permaneciendo con un estatuto provisorio y permanentemente renovado. El cuerpo del inmigrante era entonces un cuerpo productivo supuesto en buena salud. Cuando una alteración física acontecía, era una ruptura de la relación contractual con la sociedad de acogida. La incapacidad de trabajar, a continuación de una enfermedad o un accidente, era fuente de sospecha, tanto por parte de las instituciones de protección social que olfateaban la simulación, como en el seno del mundo médico donde el término "siniestrosis"[3] anunciaba con circunspección la duda sobre la realidad orgánica del sufrimiento. El cuerpo alterado, dicho de otro modo, no apto para producir, era socialmente ilegítimo.

Los tiempos han cambiado. A partir de ahora, el asunto se trata de otra configuración del espacio moral. En esta, el aumento de la desocupación a partir de los años 1970 y, especialmente, la reestructuración de la industria han acabado por volver indeseable la inmigración de mano de obra no calificada, aun cuando algunos segmentos de la economía nacional continúan todavía recurriendo a ellos, ya sea en el marco de contratos temporales (agricultura, vitivinicultura), o sea bajo la forma de trabajo ilegal (construcción, confección, restaurantes). En

---

[3] El término "siniestrosis" aparece por primera vez en 1908 en el lenguaje de la medicina legal bajo la pluma de Édouard Brissaud, quien califica de ese modo las consecuencias psíquicas post-traumáticas, secundarias a un accidente de trabajo. Ese diagnóstico permitirá durante más de medio siglo hacer entrar en la gnoseología psiquiátrica la ideología del sospechoso, en vista de aquellos obreros que se quejaban de síntomas mal identificados en sus condiciones. En los años 1950 y 1960, servirá para calificar –o descalificar– una patología especialmente concentrada en los trabajadores de África del Norte, sospechados de buscar, de esa forma, beneficios secundarios en detrimento del Estado social francés (Fassin y Rechtman, 2007, pp.61-65).

esta configuración, la categoría de inmigrantes se ha visto reemplazada poco a poco en el discurso público por la de extranjeros, indicando un pasaje de la lógica de la oferta, en la que la capacidad de producción regulaba la necesidad de fuerza de trabajo inmigrante, a una lógica de la demanda en la que la desaparición de esa necesidad deja lugar a un régimen de solicitud por parte de los extranjeros. Finalmente, en esta configuración, el inmigrante, tres veces más desocupado que el promedio de los activos, aparece como la forma arquetípica del "inútil para el mundo", mientras que el extranjero hace irrupción en la escena social bajo la figura de exclusión radical del "indocumentado"[4]. En este nuevo estado del mundo social, el cuerpo del inmigrante devino ilegítimo en tanto que fuerza de trabajo, mientras que la competencia se ha incrementado en el mundo del trabajo, pero el cuerpo del extranjero adquiere una nueva legitimidad a través de la enfermedad, que le permite, bajo ciertas condiciones de gravedad y de imposibilidad de tratamiento en su país de origen, obtener un permiso de residencia por "razones humanitarias". Como consecuencia, inversión completa de perspectiva: la patología que suscitaría sospecha deviene fuente de reconocimiento social.

La autorización provisoria de estadía por cuidados médicos, práctica en principio débilmente institucionalizada, dejada a la iniciativa de los prefectos, luego inscripta en una circular ministerial de regularización de los indocumentados y, finalmente, traducida en la ley sobre la entrada y estadía de extranjeros, no es más que una entre las múltiples disposiciones reglamentarias previstas para la obtención de un permiso de residencia. Ella es reveladora de los cambios acontecidos, no solo porque el caso en el que las estadísticas más rápidamente aumentan en el curso de los años 1990, aun cuando las legislaciones sucesivas restringen prácticamente todas las otras vías al permiso de estadía, sino también por su significación, porque ella instituye una nueva forma de relación, de tipo compasional, con algunas categorías de extran-

---

[4] La emergencia de la cuestión de los "indocumentados", secundaria al movimiento social comenzado con la ocupación de la iglesia de San Hipólito, en junio de 1996, fue abordada en una obra colectiva (Fassin, Morice y Quiminal, 1997). La expresión "inútiles para el mundo" es de Bronislaw Geremec (1980).

jeros que tienen una cierta legitimidad de estar en territorio francés solo porque ellos se encuentran amenazados en su integridad física, a veces psíquica. "El inmigrante no es más que su cuerpo", escribía Abdelmalek Sayad. Y, sucede que el extranjero, él también solo sea cuerpo, pero ese cuerpo no es el mismo: inútil a la economía política, él encuentra sin embargo su lugar en una economía moral.

Las leyes de lo humanitario

"Salvo si su presencia constituye una amenaza para el orden público, el permiso de residencia temporario llevando el título "vida privada y familiar" es otorgado con pleno derecho al extranjero residente habitualmente en Francia cuyo estado de salud requiere una toma a cargo médica, que en caso contrario podría entrañar para él consecuencias de una grave excepcionalidad, bajo restricción de que él no pueda beneficiarse efectivamente de un tratamiento apropiado en su país de origen", estipula la ordenanza del 2 de noviembre de 1945, relativa a las condiciones de entrada y estadía en Francia de los extranjeros, modificada por la ley del 11 de mayo de 1998, llamada "ley Chevènement", y que retoma prácticamente los términos de la circular de 1997[5]. Para el legislador, se trata de adaptar mejor la reglamentación al artículo 8 de la Convención europea de derechos del hombre, en referencia a la que el Estado francés tenía diferentes versiones, siendo objeto de condenas por los tribunales franceses o por la Corte europea de justicia; pero, también, de terminar con esta categoría de extranjeros "inexpulsables - irregularizables" creada por la ley del 24 de abril de 1997, llamada "ley Debré", que había introducido la protección del "extranjero que padecía una patología grave" de la amenaza del alejamiento, sin tener por ello derecho a un permiso de residencia. Se encuentra desde entonces inscripta en la ley una preocupación que

---

[5] Le Gisti, Grupo de información y de sostén de inmigrantes, publicó dos notas comentando, por un lado la circular en julio de 1997, y por otro la ley en julio de 1998: *Sans-papiers: regularisation? Analyse de la circulaire du 24 juin 1997,* [Indocumentados: ¿regularización? Análisis de la circular del 24 de junio de 1997] y, *Entrée. séjour et éloignement des étrangers après la loi Chevènement,* [Entrada, estadía y alejamiento de los extranjeros después de la ley Chevènemenet].

había comenzado a manifestarse a fines de los años 1980, cuando la doble lógica de la producción de leyes cada vez más restrictivas en materia de inmigración y de aplicación, siempre más firmes de medidas represivas, había conducido a alejar del territorio un número creciente de personas en situación irregular, entre quienes algunas sufrían de patologías graves, en particular SIDA, en plena expansión entonces[6]. La movilización de las asociaciones de defensa de los inmigrantes, así como de lucha contra el SIDA y la creación de lugares de cuidados gratuitos, privados o públicos, donde los enfermos sin permiso de estadía constituían la mayoría de la clientela, habían, además, conferido una visibilidad a esta realidad en vista de la cual comenzaba a manifestarse una corriente de simpatía en la opinión.

En ese contexto, a comienzo de los años 1990, algunos prefectos habían tomado la iniciativa de otorgar, caso por caso, permisos de estadía por tres meses, cuya atribución, en ausencia de todo marco legal, mostraba el poder discrecional de la administración, luego de la opinión de un médico inspector de la Dirección departamental de asuntos sanitarios y sociales (DDASS), disposición que de inmediato se generalizó a todo el territorio según distintas modalidades. Si la prefectura rechazaba otorgar esos documentos, podía ser presentado un recurso ante la Dirección de la población y de las migraciones del Ministerio de Asuntos Sociales y de Salud, conduciendo generalmente a una resolución favorable del Ministerio del Interior. Resultado de un procedimiento derogatorio, los permisos otorgados eran casi sistemáticamente completados con una prohibición de ejercer un empelo y no otorgaban derecho alguno a prestaciones sociales. En Seine-Saint-Denis, departamento que, junto con París, trataba el mayor número de dosier de pedidos de regularización, alrededor de doscientas autori-

---

[6] El Consejo nacional del sida se había expresado fuertemente sobre esta cuestión en diciembre de 1995 en su *Rapport suivi d'un avis sur la situation des personnes atteintes par el VIH de nationalité étrangère et en irrégularité de séjour*[Informe seguido de opinión sobre la situación de las personas atacadas por el HIV, de nacionalidad extranjera y en irregularidad de estadía], donde denunciaba la imposibilidad de atenderse para los enfermos extranjeros (www.cns.sante.fr/spip.php.article109, consultado en abril del 2010).

zaciones provisorias de estadía eran otorgadas cada año: 229 en 1991, 154 en 1992, 194 en 1993, 163 en 1994, 162 en 1995 y 238 en 1996.

Si bien la práctica de los permisos provisorios de estadía para cuidados médicos habían comenzado a difundirse, la inscripción en la ley del estado de salud –en principio como un obstáculo al alejamiento del territorio, luego como motivo de obtención de un permiso de estadía-marca una verdadera ruptura. La primera mención de la enfermedad en la legislación francesa sucede a continuación de la enmienda adoptada por la Asamblea Nacional el 27 de febrero de 1997, luego de los debates parlamentarios sobre la "ley Debré". Ella, sin embargo, no estipula más que sobre la imposibilidad de expulsar a los extranjeros "alcanzados por una patología grave" y no se pronuncia nunca sobre la adquisición de un permiso de estadía. Dicho de otra forma, la lógica dominante sigue siendo aquella de la represión, aun si admitimos la existencia de procedimientos derogatorios. En los hechos, es la circular del 24 de junio de 1997 la que hace de la enfermedad un criterio de regularización de manera completa. Ella retoma los términos de la ley concerniente a la protección contra el "alejamiento del territorio", en conocimiento de una "gravedad excepcional" de la enfermedad y la imposibilidad de "continuar el tratamiento en el país de origen". En tanto el informe del médico inspector departamental sea favorable, debe ser entregado un permiso de estadía con, hecho novedoso, "la mención asalariado", si el médico y el paciente hacen el pedido. Es esta nueva lógica del pleno derecho la que es retomada en la "ley Chevènement". Es adquirido, de esta forma, el reconocimiento legal del cuerpo sufriente.

Las estadísticas disponibles –poco numerosas y de difícil acceso– evidencian ese cambio[7]. En el marco de la circular de 1997, entre los 38.000 dosier sobre los cuales se expidieron favorablemente,

[7] Esas estadísticas provienen, para aquellas en relación con la circular y las concernientes a los pedidos depositados en Seine-Saint-Denis, de entrevistas realizadas con altos funcionarios de la Dirección de Libertades públicas en el primer caso y de la DDASS en el segundo. Los datos nacionales relacionados con la aplicación de la nueva ley fueron facilitados por los servicios del Ministerio del Interior en el Observatorio del derecho a la salud de los extranjeros (ODSE), que es un colectivo de diecisiete asociados incluyendo, especialmente, a Médicos del Mundo, la Cimade, La Comede, la Gisti.Aides, Act Up Paris, la asociación Primo Levi (Ver *Un projet de loi dangereux*

3238 fueron beneficiados con un permiso de estadía por "razones humanitarias": es, por lo tanto, una regularización sobre doce que ha sido realizada sobre el criterio de enfermedad grave. A nivel de los departamentos, la puesta en ejecución de ese criterio ha resultado espectacular: en Seine- Saint- Denis, las demandas de permiso de estadía temporarios invocando ese criterio se elevan de 737 en 1997, 757 en 1998 a más de un millar en 1999, es decir, cinco veces más en relación a la situación anterior, cuando no existía ningún referencial reglamentario. A nivel nacional, la tendencia es idéntica si nos referimos esta vez a los permisos de estadía para cuidados médicos, no solo pedidos sino efectivamente otorgados: esa cifra está disponible solo a partir de 1998, fecha en que entra en vigencia la ley, era entonces de 1045, pasando a 3605 en 1999 y a 4795 en el año 2000.

En consecuencia, podemos describir el recurso a la razón humanitaria en la gestión de la inmigración en tres períodos (tabla 1). Antes de 1990, la enfermedad grave es una circunstancia excepcional para la obtención de un permiso de estadía, no apoyándose sobre ningún texto de referencia y dejado solo al poder discrecional del prefecto. Entre 1990 y 1996, ella se impone poco a poco como una medida cada vez más rutinaria en la práctica administrativa y se consolida, de manera reglamentaria, por medio de la posibilidad de un recurso jerárquico, continuando por mostrar un régimen derogatorio por el que la prohibición de ocupar un empleo le recuerda al extranjero que se lo pone cara a cara en una relación de obligación. A partir de 1997, ella se instituye en la reglamentación, abre la perspectiva de la obtención de un permiso de residencia de pleno derecho, se acompaña de una autorización de trabajo en principio automático y creado por una verdadera condición social de extranjero enfermo[8]. De sospechoso, el enfermo ha sido transitoriamente tolerado, antes de acceder a un estatuto de plena legitimidad.

pour la santé des étrangers [Un proyecto de ley peligroso para la salud de los extranjeros], odse.eu.org/IMG/pdf/Analyse_de_l_ODSE.pdf, consultado en abril del 2010).

[8] Por condición social se trata aquí de caracterizar una situación objetiva que, a diferencia de la "condición humana" tal como lo entiende Hannah Arendt (1961/1958), está constituida históricamente, pero también sociológicamente diferenciada: no es el ser humano, sino más bien el sujeto social y político (Fassin, 2001).

Tabla 1. Los tres períodos de la razón humanitaria en la gestión de la inmigración

Edad	Régimen	Período	Reglamenta-ciones	Títulos	Efectivos
El enfermo sospechoso	Excepción	Antes de 1990	No hay referencia a la enfermedad en la ley	Sin designación particular	Número ínfimo
El enfermo tolerado	Derogación	Entre 1990 y 1966	Protección contra el alejamiento del territorio	Autorización provisoria de estadía para cuidados	150-250 por año
El enfermo legítimo	Pleno derecho	A partir de 1997	Derecho a estadía con autorización de trabajar	Permiso de estadía para "vida privada y familiar"	700-1000 por año

Nota: Los datos consignados con cifras corresponden solo al departamento de Seine-Saint-Denis.

Más allá de las divergencias ideológicas fuertes que se han expresado a todo lo largo de este período alrededor del tema de la inmigración, y donde los debates parlamentarios preparatorios para las diferentes leyes dan las señales, hay un hecho remarcable y es que el reconocimiento del cuerpo del enfermo no generó las habituales divisiones partidarias que marcan las políticas alrededor de esos temas. Es una mayoría conservadora la que votó sobre la imposibilidad de alejamiento del territorio de un extranjero alcanzado por una lesión grave, mientras que, al mismo tiempo, ella aprobaba un texto que, sobre el resto de los puntos manifestaba una gran severidad. Y, es el gobierno socialista quien publicó la circular e hizo votar la ley que otorga al enfermo un permiso de estadía. Aun cuando las dos posiciones no sean equivalentes (la introducción de la noción de pleno derecho y de autorización de ocupar un empleo representa un gran avance en el reconocimiento de estatuto de extranjero enfermo), o que las posiciones de unos y de otros sean indiferenciadas (es suficiente para convencerse consultar el texto de las audiciones de la comisión parlamentaria "Inmigración clandestina y estadía irregular de los extranjeros en Francia" de 1996, en el curso de las que algunos diputados de la derecha han impugnado el fundamento de la ayuda médica para los indocumentados, solicitando a los trabajadores sociales y a los profesionales de la salud denunciarlos cuando ellos plantean la solicitud), en los dos casos, ninguna voz ha sido verdaderamente elevada para rebatir los beneficios particulares otorgados a los extranjeros gravemente enfermos. La razón humanitaria se impone como cualquier otra causa justa, o, al menos, como una causa que no puede ser públicamente combatida. Sin embargo, en el mismo momento, las condiciones de reagrupamiento familiar o de asilo político, para no citar más que dos categorías para las cuales hay normas internacionales establecidas, eran fuertemente debatidas, dando lugar a virulentos ataques destinados a poner en cuestión su aplicación e incluso sus mismos fundamentos.

Por analogía con las medidas terapéuticas utilizadas en el fin de la vida para los enfermos que sufren patologías incurables, podemos llamar "protocolo compasional" legal a la disposición reglamentaria y al dispositivo institucional que buscan permitir a los enfermos extranjeros en condiciones de irregularidad permanecer en el territorio francés, ser atendidos y garantizar su subsistencia[9]. La disposición reglamentaria se inscribe en los textos legislativos, las circulares ministeriales, los decretos de aplicación. El dispositivo institucional comprende la pericia médica, la decisión administrativa, los procedimientos de recursos. La analogía con su equivalente médico se justifica desde un doble punto de vista. En primer lugar, la ley reserva ese triste privilegio para circunstancias extremas, porque ella precisa que es necesario actuar en un problema de salud para el que la ausencia de tratamiento tendría "consecuencias de una gravedad excepcional": no podría decirse nada mejor cuando uno se sitúa en una lógica de lo final. En segundo lugar, la legislación encuentra su justificación en un registro emocional que ubica al parlamentario cuando la vota, o al agente prefectoral aplicán-

---

[9] Recordamos la novela de Hervé Guibert publicada con el título "Protocole Compassionnel" en 1991 (Paris, Gallimard), es decir poco tiempo después de su muerte por SIDA, es una expresión que los médicos utilizan para designar un tratamiento de final de vida para los cuáles, las fases habituales de experimentación clínica no ha sido respetadas.

dola en un informe empático con el ser sufriente que trasciende los argumentos racionales, o los prejuicios ideológicos que se les podría oponer: es al sentimiento de humanidad al que se apela. El protocolo compasional es por lo tanto un procedimiento de estadío terminal que se muestra como una forma de simpatía probada frente al sufrimiento. Reivindica el derecho de mantener en vida a aquel que no tiene en sus manos nada más que su existencia.

Tal es al menos su realidad en el universo de los principios y de las ideas, allí donde la ley se enuncia y se debate. Sin embargo, tal como lo hemos dicho, no hay disposición sin dispositivo: el protocolo supone a la vez textos que oficien de referenciales y de situaciones concretas en las que ellos encuentran su aplicación. Es en esta discrepancia donde los actores toman cuerpo y donde las decisiones devienen efectivas, donde se insinúa la investigación etnográfica.

La justicia del experto

"¿El médico inspector de salud pública debe aceptar tener las "manos sucias" comprometiéndose a trabajar con el servicio de extranjeros de la prefectura sobre el difícil problema de las expulsiones?", se pregunta un médico inspector de la DDASS de Seine-Saint-Denis en una nota interna[10]. Su respuesta no tiene rodeos:

> Sin ser ingenuo con las ambigüedades éticas de la situación, hemos respondido positivamente considerando que nuestra intervención solo puede ser beneficiosa evitando las expulsiones arbitrarias. Además, nuestra experiencia nos ha demostrado que esta intervención ha sido eficaz. Las dificultades técnicas reales son mucho menos importantes de lo que ese dosier permite pensar, la mayoría de los casos no se discuten. En la incertidumbre, el beneficio de la duda debe ser de provecho de la persona en situación de ser expulsada. Esas opiniones nos permiten ser

[10] La nota de siete páginas, con fecha 11 de febrero de 1997, es redactada por Charles Candillier bajo el título: "El procedimiento de las Autorizaciones de prolongación de estadías por razones sanitarias. ¿El rol del médico inspector de salud pública o "las manos sucias"?".

> creíbles en los expedientes de expulsiones para intervenir de manera
> más profunda en los contactos con la prefectura y las asociaciones.

El análisis fundamentado sobre la experiencia de un profesional de salud pública llevado a pronunciarse sobre decenas de dosier cada año, no es compartido por todos. Lo certifica la gran variabilidad de las opiniones dadas por los médicos inspectores. Estos últimos, según un estudio realizado en toda la Île-de-France, declaran emitir entre el 5% y el 50% de opiniones desfavorables[11], lo que confirma la investigación estadística, sobre cerca de tres mil expedientes analizados en tres de los siete departamentos, que establece, que para los años 1997 y 1998 la parte proporcional de las presentaciones de regularización presentadas por la administración sanitaria es de 42.7% en los Hauts-de-Seine, 7,5% en Seine-Saint-Denis y 96,7 % en Val-de-Marne. Antes de examinar más de cerca la significación de esas variaciones de la pericia médica, precisaremos el funcionamiento del dispositivo.

Las modalidades concretas de la autorización provisoria de estadía para cuidados médicos han sido, durante mucho tiempo, dejados a la libre apreciación de las prefecturas, lo que se correspondería por otra parte a realidades estadísticas diferentes, las menos activas de entre ellas apenas llegan a trabajar algunos dosier cada año, siendo que los más solicitados reciben numerosas centenas. Progresivamente, se ha impuesto el uso de que un médico inspector de la DDASS esté a cargo de la evaluación de las solicitudes, pero en numerosos departamentos han seguido, hasta la publicación de la circular del 24 de junio de 1997, recurriendo a los servicios de los médicos peritos, pagados puntualmente por el Estado. Con ese texto, el médico inspector deviene la piedra angular del dispositivo, porque su opinión es transmitida a los servicios prefectorales de la inmigración y seguido cuando es favorable, salvo casos particulares que la ley limita a las amenazas al orden público. Mientras tanto, existen importantes diferencias entre los

---

[11] En el marco de su memoria de la Escuela nacional de salud Pública, titulada "*Le Maintein des étrangers pour raison médical sur le territoire francais*" [El mantenimiento de los extranjeros en territorio francés por razones humanitarias] y presentado en abril de 1999, Dominique Delettre analizó las estadísticas e interrogó a los médicos inspectores de la DDASS de la Ile-de-France.

departamentos, tanto en los pedidos de peritaje externo, susceptibles de esclarecer la deliberación (algunos tratan de hacerlas sistemáticas, otras se satisfacen de elementos aportados por el paciente), y en el examen de las situaciones individuales (algunos se contentan con verificar los expedientes, otros exigen entrevistar personalmente a cada solicitante) como en la toma de decisión final (algunos juzgan solos, otros se reúnen en comisión). Esas diferencias procedimentales han tenido evidentemente una diferencia sobre las opiniones dadas, sin que sea posible deducir mecánicamente sus efectos: por ejemplo, la carta de un médico que sigue a un paciente puede aportar elementos objetivantes de la gravedad de la enfermedad o, por el contrario, minimizar la patología; en cuanto a la presencia del solicitante, ella induce ciertamente una proximidad propicia a la benevolencia, pero a veces suscita la sospecha o pone a la defensiva. Es para tratar de homogeneizar las prácticas que han sido publicados los textos reglamentarios, precisando los procedimientos de tratamientos de los dosier –decreto del 8 de julio de 1999 y circular del 5 de mayo del 2000[12]–.

Más allá de la forma del dispositivo, el uso que hace de él el médico inspector rinde cuenta mejor de las variaciones observadas en las opiniones. Cuatro dimensiones lo sustentan, que tienen a su vez las singularidades de ese trabajo y a los problemas específicos que presentan las opiniones a dar, esas dos características distinguen la administración de la justicia local de la que se realiza habitualmente en el ejercicio de la profesión médica. Profesionalmente, los médicos inspectores son sometidos a reglas particulares, porque ellos están eximidos de ocuparse de los casos individuales para centrarse en la salud pública: algunos aceptan jugar el juego de la nueva reglamentación y se esfuerzan por distinguir entre los solicitantes a los enfermos que corresponden a los criterios legales; otros consideran que el examen de los pacientes o de sus dosier no se corresponde con su misión y tienden a dar opiniones casi siempre favorables. Políticamente, los médicos inspectores pertenecen a un cuerpo del Estado, lo que supone una neutralidad y una independencia tanto más reivindicada que las

---

[12] Ver, para el decreto: www.sante.gouv.fr/adm/dagpb/bo/2000/00-21/a0211477.htm (consultado en abril del 2010).

dudas solo son expresadas por la presión que sufrirían por parte de las prefecturas: ellos, sin embargo, no escapan completamente a la empresa ideológica que de la inmigración ha hecho la sociedad francesa, lo que conduce a apreciaciones variables de la legitimidad de los extranjeros enfermos para obtener un permiso de estadía, no en el caso de aquellos portadores de una enfermedad que comprometería en corto tiempo su pronóstico vital, sino más bien en aquellos casos más numerosos donde la evaluación de la gravedad se presta a discusión. Deontológicamente, los médicos inspectores están comprometidos entre los deberes que le dicta la institución pública que los emplea y aquellos que es debido respetar en la realización de su trabajo, la medicina, aun cuando, hecho destacable, se lo han inscripto en la Orden: si bien el conflicto entre ambas obligaciones jamás ha llegado a una contradicción parecida a la que son puestos en ocasiones ciertos funcionarios quienes, por denunciar el delito de irregularidad que ellos constataron en el ejercicio de su función, renunciaron a su secreto profesional, existe una tensión entre el imperativo del Estado, que reserva el permiso de estadía a situaciones excepcionales por su gravedad, y las obligaciones de la medicina, que respeta eventualmente una forma de principio de precaución, justificada por añadidura por la responsabilidad penal que los compromete. Éticamente, por fin, los médicos inspectores hacen jugar una objeción de conciencia que podría reducirlos por error a la sola dimensión física o incluso médica: su deliberación toma generalmente en cuenta las repercusiones psíquicas o sociales de la decisión que será tomada, tanto como ella pueda ser revelada o más o menos informada por elementos de la historia o de la situación de la persona, sin relación directa con el estado clínico pero pudiendo contribuir a la legitimidad de la solicitud. Un rechazo corre el riesgo de desestabilizar un estado psíquico, un otorgamiento, por el contrario, puede hacer desaparecer ciertas confusiones mentales. Hasta aquí hemos visto solo la responsabilidad del médico inspector, que es el único considerado por la disposición reglamentaria y, además, el actor más habitual en el dispositivo institucional; otras personas pueden jugar un rol importante, en particular algunos médicos autorizados y, sobre todo, enfermeras en salud pública a veces encargadas de buscar a los enfermos y ponerse al día con sus dosier.

La combinación de estos factores desemboca en tres posturas de tipo ideal, ilustradas en los tres departamentos mencionados precedentemente (tabla 4). El legalismo estricto, consistente en seguir al pie de la letra la prescripción oficial y, por lo tanto, limitar las opiniones favorables, corresponde a una interiorización fuerte de la misión de representación del Estado: el médico inspector se ve ante todo como un funcionario encargado de aplicar la ley en su acepción más rigurosa. La liberalidad incondicional, conducente a aceptar casi todos los expedientes, se refiere a la autonomía de la profesión, tanto en relación con la práctica clínica –porque se trata de administrar poblaciones y no pronunciarse sobre los individuos–, como en relación al Estado –a fin de desmarcarse de la función siempre amenazante de policía sanitaria–: se marca claramente el papel del inspector en salud pública. La generosidad razonada, finalmente supone un tratamiento individualizado y profundo de cada caso, en función de una suerte de moral de la profesión que conduce al clínico a deliberar concienzudamente sobre la base de su íntima convicción: prevalece la invocación al humanismo médico. Seguramente, como toda tipología, solo provee de una grilla de lectura que no permite encerrar todas las prácticas reales en un cuadro muy estricto. Sin embargo, podemos constatar, en el examen de las cifras de los tres departamentos franceses, que ella tiene una traducción efectiva en las prácticas de la DDASS. Un extranjero enfermo seguramente no tiene las mismas chances de obtener un permiso de estadía de acuerdo al departamento en el que él reside –o en el cual él elige presentar su solicitud–, porque a veces se establecen esas prácticas, más o menos bien informadas, buscando incrementar la probabilidad de regularización con un cambio de domicilio. Desde el momento en que un bien escaso procede de una gestión local, las disparidades en el tratamiento de los expedientes y, por lo tanto, las desigualdades en el acceso, son grandes de un territorio a otro.

Tabla 2. Tres modelos de justicia local en la atribución de los títulos de estadía temporal para los extranjeros enfermos

Tipo ideal	Referencial dominante	Estatuto valorizado	Principio aplicado	Tasa de opinión favorable
Legalismo estricto	Autoridad de la ley	Funcionario	Razón de estado	Baja
Liberalidad incondicional	Autonomía de la profesión	Inspector	Práctica de salud pública	Alta
Generosidad racional	Moral de la profesión	Médico	Íntima convicción del clínico	Intermediario

Los médicos inspectores no son, además, los únicos en administrar una justicia local de forma variable. Sus colegas clínicos, liberales u hospitalarios, frecuentemente solicitados para transmitir a la DDASS un informe sobre la patología que sufre el extranjero enfermo, son igualmente sometidos a tensiones contradictorias. Entre el prudente retiro de algunos, en vista de una misión que no reconocen como propia ("no nos corresponde a nosotros decidir sobre los permisos de estadía"), y la instrumentalización militante de la medida para otros que ven la oportunidad de una acción justa ("si nosotros podemos de este modo ayudar a personas con dificultades, debemos hacerlo"), son posibles todas las posiciones. Los dos casos siguientes ilustran esas dos actitudes extremas.

Un joven hombre argelino en situación irregular residente en Francia desde hace nueve años, consulta al hospital por secuelas de poliomielitis que se manifiesta por deformaciones de ambos miembros inferiores, renguera y dolores. El ortopedista preconiza, en un correo dirigido al médico tratante, una serie de intervenciones de corrección y, paralelamente, una larga reeducación al término de la cual es posible entrever una recuperación funcional satisfactoria. A fin de llevar correctamente el plan quirúrgico, es necesario que el paciente se beneficie de manera previa con una cobertura social, lo que le aseguraría la cobertura médica pero, al mismo tiempo, y más globalmente una cierta seguridad personal, eso que la autorización de estadía para cuidados le garantizaría. Un informe es por lo tanto solicitado al ortopedista para incorporarlo al expediente del joven en vista de la presentación del dosier a la prefectura. Sin embargo, en esta oportunidad el cirujano se retracta, afirmando que la intervención no es deseable y que él no puede redactar un certificado indicando la duración de los cuidados como le han pedido: "la toma a cargo se limitará a la prescripción de calzado ortopédico", concluye en su carta de respuesta[13].

La actitud del cirujano se modifica desde el momento en que su fallo lo compromete frente a la administración: no es cuestión de reparar la discapacidad, sino solo de proveerle un aparataje ortopédico mínimo que no supone la autorización de una estadía. Otro médico, otros principios:

Una mujer beninesa de cuarenta y cinco años solicita una autorización de estadía para cuidados. Ella llego a Francia hace diez años para acompañar a su joven hijo, al cual se le había diagnosticado un raro tumor de los músculos y a cuya causa debía tener un largo tratamiento anticanceroso. Una vez curado, este último regresó a su país, pero la madre se quedó trabajando para cubrir las necesidades de sus hijos. Sin permiso de estadía, ella vivió e hizo vivir a su familia con la remuneración de empleos no declarados de tareas domésticas o de niñera. Su principal preocupación era hacer venir cada año a su hijo a fin de realizar un control médico. Luego de la consulta hospitalaria en el curso de la cual ella hace evaluar su propio estado de salud, se le encuentra una hipertensión arterial moderada, por añadidura bien equilibrada por un simple tratamiento. Sensible a su historia, el generalista establece, sin embargo, un certificado para la prefectura mencionando la existencia de una "enfermedad grave que pondría en juego el pronóstico vital en caso de regreso a su país".

El certificado enviado por el médico sirve para solicitar una autorización de estadía para cuidados por procuración: obteniéndolo para la

---

[13] El conjunto de las citaciones y relatos de este capítulo surge de notas de terreno.

madre que sufre de una patología banal y controlada, esto le permite a ella cuidar de su hijo que padece de una grave afección.

Esas son dos maneras opuestas de asumir la responsabilidad cívica del médico. Por mas contradictorias que ellas sean, las dos actitudes, sin embargo, testimonian, cada una a su manera, que esos profesionales inscriben su pericia médica en un espacio político donde los reparos deontológicos parecen difuminarse. Enunciar un diagnóstico y un pronóstico –para el clínico, un acto cotidiano cuya dificultad es solo técnica– deviene de esa forma un problema de conciencia que aparenta comprometer cuestiones ideológicas o éticas: es verdad para aquel que se excusa, mientras que para él sería suficiente emitir un informe médico descriptivo donde no compromete nada más que su competencia médica, como para aquel que sobreestima la gravedad de una enfermedad, cuando solo se le solicita evaluar el estado clínico. Entre esas dos posiciones extremas –rechazo a pronunciarse, justificación por exceso–, donde la primera actitud parece más frecuente que la segunda, todas las modulaciones son posibles, no solo de un experto a otro, sino también de un momento al otro para el mismo médico. De ese modo, la justicia local se pronuncia tanto en función de la aplicación de principios claramente enunciados, como en un doble juego de arbitrario y de contingencia, como lo hemos podido ver en las ayudas de urgencia. Arbitrario manifestando la buena voluntad del experto (severidad o generosidad dispensada de manera discrecional), contingencia evocando los efectos del azar (variaciones del juicio según el humor o la hora). Pero, si esas variaciones sobre el tema de la justicia local son posibles, es que, contrariamente a lo que la reglamentación deja suponer, el objeto mismo sobre el que se hace la deliberación se presta a interpretaciones diversas.

Los marcos del juicio

El texto legislativo, explicitado en una circular a los prefectos, indica en efecto tres condiciones para fundamentar el recurso a la razón humanitaria. Una de ellas se refiere a la estadía, las otras dos a la razón médica propiamente dicha. Por más precisas que ellas puedan parecer

–cada palabra del texto ha sido sopesada, como lo muestran las ínfimas variaciones de vocabulario de una versión a la otra y como lo señalan las luchas de las asociaciones para modificar tal o cual término–, esas condiciones dan lugar a interpretaciones variables y, en consecuencia, confrontan a los agentes a pronunciarse en función de valores morales y no únicamente con criterios técnicos. Lo que es cierto en todas las pericias médico-administrativas lo es con una intensidad particular cuando el asunto se encuentran situaciones que implican, a la vez, problemas vitales (para los enfermos, cuya devolución a las fronteras puede ser la firma de su certificado de defunción) y cuestiones políticas (para la sociedad, cuya relación con la inmigración se muestra eminentemente sensible). Se comprometen, de esa forma, entre el experto clínico y el extranjero enfermo, a pruebas de verdad en las que la decisión supuestamente justa se elabora y, a veces, se negocia, palabra contra palabra.

Primer criterio, entonces, el beneficiario debe ser un "extranjero habitualmente residente en Francia", eso que la circular del 12 de mayo de 1998 sugiere "analizar con flexibilidad", agregando a su vez que la "duración de la estadía sea excepcionalmente inferior a un año". Ese criterio busca, es evidente, evitar que las personas vengan a Francia solo para hacer atender su enfermedad beneficiándose, a la vez, de un permiso de estadía temporal y de una gratuidad en los servicios en el marco de la ayuda médica. Tales situaciones no son especialmente raras, en particular desde el pasaje del régimen derogatorio al pleno derecho, en 1997: de esa forma, los extranjeros regularmente instalados en Francia, a veces hacen venir a un pariente afectado de una enfermedad crónica para permitirle practicar exámenes y adaptar su tratamiento; en principio presentes bajo la cobertura de una visa de corta estadía justificada por la visita a su familia, ellos se encuentran, cuando se produce la caducidad, en situación irregular y pueden pretender, entonces, al menos algunos lo piensan y a otros se los escucha decirlo, a una regularización de su estadía, por medio de la carta temporaria, y a un acceso a los servicios, por la ayuda médica. Este doble procedimiento requiere una doble pericia: aquella del médico que en su evaluación clínica puede aportar los elementos que indican si hay o no "residencia habitual", lo que tendrá finalmente su peso en la opinión dada por el médico inspector sobre los fundamentos del permiso de residencia; aquella del asistente social, que debe mencionar en el dosier que él dirige a la seguridad social, si la "persona reside habitualmente", de manera de justificar la ayuda médica. La apreciación de ese criterio, en el espíritu mismo de la circular de aplicación, deja un significativo espacio a la interpretación de los agentes, especialmente cuando el tiempo pasado en Francia es corto: menos de un año, según lo explicitado por la circular. Entonces, dos situaciones administrativamente parecidas pueden dar lugar a apreciaciones contrarias.

> Un hombre argelino de cuarenta y cuatro años viene a Francia donde reside su hermana para hacerse tratar eso que él dice que es "un cáncer de garganta". Luego de la consulta, que tiene lugar al mes de su llegada, el médico diagnostica una patología menos grave, una forma particular de reacción alérgica, demostrada en una investigación complementaria simple y que requiere un tratamiento medicamentoso banal. Teniendo en cuenta la posibilidad de su regreso después de realizados los cuidados, el criterio residencial es opuesto a su demanda de permiso de estadía temporal y de ayuda médica: el trabajador social no puede declarar que la persona vive "habitualmente" en territorio francés. Por el contrario, una mujer argelina de treinta y ocho años se reúne con su hermano instalado en Francia después del fallecimiento de su marido en condiciones sospechosas, que él teme le puedan suceder en su propia existencia en razón del clima de violencia que reina en su país. Ella consulta algunas semanas más tarde por un síndrome depresivo y problemas endócrinos, solicitando un seguimiento psiquiátrico y una exploración biológica. En ese caso, la estimación de la probabilidad de que ella no vuelva a su país conduce a dar una lectura prospectiva de su estadía: la asistente social establece el documento indicando que la persona es llevada a permanecer en territorio francés, elemento que le permitirá obtener una autorización de estadía para cuidados y un acceso gratuito a las prestaciones médicas.

Por lo tanto, más allá de lo que se presente como una simple evaluación objetiva de las oportunidades de que la persona permanezca en Francia, se produce también un juicio sobre la legitimidad de la estadía: el hombre llegado para curar su enfermedad es considerado menos legítimo por pretender una "residencia habitual" que la mujer aduciendo amenazas, aun en el caso de que las mismas no pueden ser autenticadas. Más generalmente, son otros elementos, tales como la evocación de los años de infancia o adolescencia en Francia, la presencia de una pareja o de hijos pequeños ya instalados, así como el descubrimiento de una grave afección que necesite un largo tratamiento, los que pueden conducir a presuponer la estabilidad residencial y a validar la solicitud de una estadía o de una ayuda médica. La medicina, lo sabemos, ejerce siempre un poder sobre el tiempo de los pacientes, aunque mas no sea por la imposición de una espera. Ese poder no se ejerce solo sobre la gestión del presente, incluye también una intervención sobre su futuro, especialmente cuando se trata de otorgar un bien escaso, tal como lo son un permiso de estadía o la gratuidad de los servicios.

Por otra parte, la evaluación de ese criterio no es el resultado unilateral de la deliberación del médico experto o del trabajador social. Los extranjeros y sus familias pueden también desarrollar tácticas en conocimiento de causa. A veces informados de las sutilidades de la reglamentación por un abogado o por una asociación, ellos buscan hacer valer un proyecto de instalación o aun de la existencia de amenazas que pesan sobre su regreso.

> Un hombre senegalés que vivía y trabajaba en Francia, después de varios años hace venir a su madre septuagenaria que sufre de problemas de salud ligados a su edad y especialmente de una catarata que él hace examinar en un hospital francés. A la asistente social que le pregunta si la anciana mujer piensa en quedarse a vivir con él después, él responde afirmativamente y un dosier de ayuda médica es constituido en la CPAM. Al médico perito que debe redactar el informe de evaluación clínica para la DDASS, él le dice lo contrario, que su madre volverá a su país una vez terminado el tratamiento.

Esas dos afirmaciones son, sin embargo, menos contradictorias de lo que parecen –él habría equivocado al hacer un simple juego de disimulación– en tanto que, en situaciones como esta, las decisiones familiares no son definitivamente resueltas y pueden dar lugar a acomodamientos, en función de la evolución de la patología, pero también de las relaciones intrafamiliares que comprometen juegos complejos de obligaciones.

Segundo criterio requerido por el legislador, "el estado de salud que necesita una toma a cargo cuya falla podría entrañar consecuencias de una gravedad excepcional". Es bien seguro que este criterio justifica la pericia médica, aquella del clínico que transmite su evaluación y aquella del médico inspector que da su opinión. En este sentido, la comparación entre los tres departamentos ya mencionados muestra importantes diferencias. Es necesario poner de lado aquí el caso de Val-de-Marne, porque, en esta época, en el 96.7% de los casos, el médico inspector dictamina favorablemente, es decir, casi de manera independiente de la patología detectada. Si nos detenemos en los otros dos, los de Hauts-de-Seine y Saint-San-Denis, donde las proporciones de opinión favorable son de 42.7% y 74.5% respectivamente, constatamos que la distancia entre esos dos casos se debe esencialmente a una diferencia de apreciación concerniente a ciertas patologías. Juicio similar en lo concerniente a las afecciones consideradas como mortales: 100% y 99% entre los 129 casos de cáncer, 91% y 100% entre los 384 casos de SIDA. Evaluación discordante por otra parte con las enfermedades crónicas: 28% y 84% para los 121 diabéticos; 24% y 92% para los 122 cardiópatas. Posición diametralmente opuesta en vista de los disturbios psiquiátricos: 0% y 80% entre los 119 dosier presentados.

Tres clases de patologías se resaltan a la vista de la puesta en acción de la pericia médica. La primera se compone de enfermedades que comprometen el pronóstico vital y dan lugar de forma casi sistemática a opiniones favorables, con el agregado de la mención a una duración por tiempo "indeterminado" del seguimiento que permite la obtención de una permiso de un año, cualquiera sea el tiempo de residencia. El segundo grupo de afecciones graves implican un tratamiento prolongado y una vigilancia regular, para las cuales se hace la apreciación "caso por caso", tomando especialmente en cuenta el criterio que se hace sobre la posibilidad de curarse en el país, como veremos más adelante.

Finalmente, el tercer grupo concierne a las enfermedades mentales, en vista de las cuales dos posiciones contrastantes se oponen: según algunos, no solo muestran la necesidad de una toma a cargo médica, del mismo tipo de cualquier afección somática, sino que además muchas de ellas son el resultado, al menos en parte, de la situación jurídica de los pacientes. En estos casos, el permiso de estadía tendría sobre ellos un efecto terapéutico. Según otros, esas manifestaciones están ciertamente ligadas a las condiciones de existencia, en particular a la precariedad económica y habitacional, pero, por esta misma razón, no sería pertinente indicar un tratamiento psiquiátrico que podría cronificar las situaciones, en tanto que un regreso al país de origen sería susceptible de dar un medio ambiente social y aun terapéutico más propicio a la curación. No obstante, existen también situaciones intermedias, como lo ilustra el siguiente caso:

> Un hombre tunecino de treinta y tres años solicita un permiso de estadía para cuidados, a fin de poder completar exámenes complementarios costosos que le fueron prescriptos para la exploración de dolores torácicos. Él llegó a Francia hace cuatro años para buscar trabajo como mecánico a fin de poder "ayudar a su familia" en su país y con la esperanza de poder "hacer su vida". Pero sin permiso de estadía, él debe contentarse con "pequeñas changas" mal remuneradas que apenas le permiten pagar sus gastos. La frustración que le suscita el fracaso de su proyecto de migración y la ansiedad que resulta de ella explican buena parte de su sintomatología, y donde diversas consultas especializadas ya realizadas permiten entrever la benignidad orgánica. La pericia médica que le permitirá eventualmente obtener su permiso de un año, como él pretende, es enunciada en estos términos por el médico inspector: "La vida en situación precaria degrada a las personas. Para nosotros, no es fácil dictaminar sobre el malestar, la depresión, el desmembramiento". Si, bajo pretexto de la realización de exámenes complementarios, el médico y luego la prefectura dan en ese caso una opinión favorable a la regularización "para cuidados", es probable que ese permiso de estadía le permita encontrar trabajo, mientras él sea acompañado, como lo prevé la ley, de una autorización de ocupar un

empleo. Sus síntomas habrán servido, al precio de una patologización de su estado (en lo cual lo físico y los somático son inseparables), y de una medicalización de su toma a cargo (cinco médicos aseguran su seguimiento, más o menos regularmente), a facilitar su reconocimiento jurídico y su inserción social, conduciendo por esto mismo, a buen puerto haciendo desaparecer los síntomas, cuya exploración había justificado su permiso de estadía temporario.

Círculo médicamente virtuoso, estaríamos tentados de pensar en esta ocasión, pero que instituye al cuerpo como lugar último de la verdad del extranjero. Tal implicancia corporal es propicia a todo tipo de pruebas de verdad a las que son sometidos los que pretenden el precioso permiso de estadía, pero en las que ellos son susceptibles de desarrollar sus propias tácticas. Podemos, de esa forma, determinar cuatro figuras de veracidad en función de la realidad de la patología y de la identidad del demandante (figura 5)[14]. Cada una de ellas es designada aquí desde el punto de vista que sobre ella tiene la sociedad, comenzando por los mismos profesionales de la salud: ellas no representa, por lo tanto, una lectura pretendidamente objetiva, sino más bien una tipología inter-subjetiva.

Tabla 3. La figuras de la verdad

	Patología verdadera	Patología falsa
Identidad verdadera	Conformidad	Simulación
Identidad falsa	Usurpación	Impostura

Nota: Los modos de cualificación adoptados corresponden a la manera en que cada una de esas figuras es aprehendida y, generalmente, nombrada en el mundo social: de esa forma, el enfermo auténtico que se presenta bajo su verdadero nombre es considerado como "conforme", mientras que la persona que exagera o inventa una sintomatología es vista como un "simulador". Nos situamos, por lo tanto, en una lógica de designación, de tipo interaccionista.

---

[14] Esta tipología se inspira en aquella que propone Howard Becker en un célebre texto, donde discute las cuatro configuraciones de la desviación según que el acto haya sido no cometido y se encuentre o no reconocido (1985/1963).

La figura más frecuente –y en consecuencia la menos interesante en mi opinión– es evidentemente la que podemos cualificar como de "conforme": el extranjero que se presenta bajo su verdadero nombre, invocando una patología demostrada. Sin embargo, hemos visto que los problemas de interpretación que plantea esta situación distan mucho de ser simples.

Otra figura corresponde a esa que los agentes administrativos cualifican como de "usurpación de identidad": el extranjero enfermo, precisamente porque está en situación irregular, puede ser conducido a realizar sus exámenes o a seguir sus tratamientos bajo otro nombre, permitiendo de esa forma la toma a cargo financiera de esos servicios.

> Un hombre marroquí solicita un permiso de estadía temporario por razones de salud: él sufre de una patología ateromatosa cuya principal complicación ha sido, hace algunos años atrás, un accidente cerebro-vascular regresivo que condujo a una intervención quirúrgica para reemplazar un fragmento de la arteria carótida obstruida. Esta operación fue realizada entonces bajo otro nombre que aparece sobre el informe operatorio. Si bien su verdadera identidad está indicada en los exámenes complementarios más recientes, la discordancia de los nombres suscita la sospecha de la enfermera de salud pública encargada de instruir su dosier en la DDASS. No pudiendo realizar ella misma un examen clínico, solicita a un médico residente constatar que el diagnóstico corresponde al paciente. En este caso, la constatación es fácil, porque la cicatriz de la cervicotomía certifica la realidad del acto quirúrgico: la persona no había mentido.

La figura siguiente es conocida generalmente bajo el nombre de "simulación": el extranjero se presenta bajo su verdadero nombre, pero con una enfermedad ficticia. Como para toda situación en la que la patología entraña beneficios secundarios potenciales, el procedimiento de obtención de un permiso de estadía para cuidados genera sospecha sobre la realidad de la patología. Sin embargo, más que de las afecciones inventadas en su totalidad, se sospecha generalmente de una mejora por parte del paciente y, a veces, una complacencia por parte del médico:

> Un hombre maliano de treinta y tres años, en Francia desde hace varios años, solicita una regularización para cuidados, en apoyo de la cual presenta una carta manuscrita del médico detallando la lista impresionante de radiografías, ecografías, exámenes biológicos y parasitarios efectuados y concluyendo en la necesidad de continuar la evaluación para "buscar la causa de la anomalía sanguínea y de una aerocolia que comprime el diafragma". Dudando de la significación peyorativa del trastorno hematológico y del signo intestinal, el médico inspector solicita una pericia en el curso de la cual una nueva solicitud de precisión es dirigida al generalista. Esta vez, tal vez intimidado, este responde, mientras ningún elemento nuevo ha aparecido, que el paciente se quejaba simplemente de "molestias tan diversas como imprecisas y numerosas", pero que todo era "clínicamente y biológicamente normal". Las modificaciones de la fórmula sanguínea y las manifestaciones radiológicas de la aerofagia se encontraron de esa forma llevadas a los límites normales de la fisiología. En este caso, el médico era él mismo el origen de la simulación.

La última figura resulta de una doble falsificación, por lo que hablamos comúnmente de "impostura": en ese caso enfermedad e identidad son plagiadas.

> Un hombre de África del Oeste deposita una solicitud de permiso de estadía para cuidados. El espeso dosier médico que una asociación humanitaria arma para la DDASS certifica la existencia de un SIDA en estadío evolutivo. Sin embargo, en la medida en que los últimos exámenes biológicos se remontan a varios meses, se solicita una actualización de los mismos al hospital. Después de este nuevo chequeo, se constatan resultados llamativamente discordantes, conduciendo a una verificación serológica y al descubrimiento de ausencia de infección retroviral. El expediente médico presentado era falso.

Finalmente, siempre dentro del registro médico, interviene un tercer criterio, "la imposibilidad de seguir un tratamiento apropiado en el país de origen", para retomar las palabras de la circular de aplicación. Ese texto especifica, además, que la condición así anunciada "depende no solamente de la existencia de los medios sanitarios adecuados, sino también de la capacidad de acceso del paciente a esos medios". La precisión es importante: ella indica que el médico debe evaluar la disponibilidad y la accesibilidad a los servicios, entendida también en términos de instrumentos diagnósticos y de procedimientos terapéuticos. Más aún, la circular agrega que, en esta evaluación de la situación médica en el país de origen, el médico inspector debe "tomar en consideración las estructuras, el equipamiento y los financiamientos existentes, así como el personal competente para la afección que debe tratarse" y verificar "tratándose de personas generalmente desposeídas, la existencia de una cobertura social y de su extensión o de una toma a cargo financiera de cuidados por parte de la colectividad". Es decir que, si nos atenemos a esta formulación, los extranjeros de la casi totalidad de los países del tercer mundo serían beneficiarios potenciales de permisos de estadía. Es esto lo que había entendido muy bien un hombre burkinés y lo había presentado en su entrevista en una asociación de defensa de los extranjeros a la que él se estaba dirigiendo: "Yo le mostré mis recetas, ella me dijo que yo debía tener una enfermedad grave. Yo no puedo comprar los medicamentos en Burkina Faso, allá solo lo pueden hacer los ricos. Ella me dijo que fuera a ver a mi médico y que si yo tenía una buena prueba de sostén, eso no sería un problema, yo tendría mi permiso de estadía. Es suficiente demostrar que yo no puedo cuidarme en el lugar de donde vengo".

Aquí ahora las cosas no son tan simples. La interpretación liberal que autoriza la reglamentación induce importantes variaciones entre los expertos. Algunos buscan asegurar de cualquier forma la situación médico-sanitaria en el país considerado, a veces se lamentan de la ausencia de un servicio que centralice las informaciones pertinentes y en el que la circular deje entender que el "médico consejero técnico de la Dirección de la población y de las migraciones" pudiera tener lugar: concebimos el carácter utópico de tal proyecto, suponiendo un conocimiento universal de los sistemas de servicios al mismo tiempo que una evaluación global de cada lugar. La mayoría renunció a contemplar esa posibilidad y tiende a calcular su apreciación basándose en el criterio de gravedad de la enfermedad: para las afecciones mortales, como el cáncer y el SIDA, se presume que las condiciones de acceso a los servicios, que se saben son complejas y costosas, no son reunidas; para las patologías crónicas, tales como la diabetes y la hipertensión arterial, su gravedad sirve empíricamente para diferenciar entre los pacientes que deben ser atendidos en Francia y los otros. Difícilmente objetivable, ese criterio aparece en el uso como ampliamente redundante con el precedente.

Salvo en un caso: aquel que se trata de la salud mental. Como lo hemos visto, dos actitudes opuestas se encuentran entre los psiquiatras clínicos y los médicos inspectores. Por un lado, aquellos que estiman que las molestias psíquicas son evidencia de una toma a cargo como las otras patologías y que la exigencia de calidad debe ser puesta en acción para cualquier tipo de enfermo: el regreso al país de origen sería doblemente perjudicial, porque ello expondría a la persona a las mismas condiciones que provocaron su huida como inmigrante y porque interrumpiría el tratamiento psiquiátrico tal como él es visto en el contexto médico francés. Por otro lado, aquellos para quienes el origen del paciente, especialmente cuando él es africano, determina una apreciación específica: volver a su casa tendría una doble virtud terapéutica, por un lado, restaura el medio ambiente social familiar y, por otro, da acceso a los tratamientos locales, ya sea que se trate de rituales o de servicios dados por cuidadores. En los dos casos, son presupuestos aparentemente generosos pero exactamente simétricos que conducen, unos, en nombre de la nocividad del contexto del país de la persona y de una argumentación universalista, y los otros, refiriéndose al carácter presumidamente benéfico del medio de origen y a una justificación culturalista, para transmitirlos a sus prefectos de opiniones radicalmente contrarios. Encontramos aquí una línea de división que atraviesa el campo de la salud mental en el momento en que se trata el asunto de los inmigrantes[15]. Ella es dibujada aquí en función del hecho que condujo a la inmigración o a la condición que

[15] Ejemplo del enfoque culturalista, la etno-psiquiatría conoció, en los años 1990, un éxito sin precedentes en Francia –bastante más allá de los círculos de la psicología, en el mundo de la medicina, de la acción social, de la práctica judicial, de las políticas públicas y hasta en los círculos intelectuales y mediáticos (Fassin, 2000b)–.

prevalece en la sociedad de inmigración. Se trata aquí, entonces, de confrontación de verdades.

Entre los tres criterios evocados –la duración de la estadía, la naturaleza de la enfermedad y la accesibilidad al tratamiento en caso de regreso forzado–, los poderes públicos eligieron intervenir sobre el último en el momento en que ellos consideraron, a comienzos de los años 2000, que era necesario reducir el número de extranjeros que se beneficiaban de una regularización para servicios. El Ministerio del Interior condujo, de manera conjunta con el Ministerio de Salud, numerosas tentativas para establecer listas de países indicando, para cada uno de ellos y en función de las principales patologías, los recursos terapéuticos disponibles, con la idea de que sería posible controlar mejor las opiniones de los médicos inspectores. La idea se inspira en el principio que permitió, en materia de asilo, definir "países seguros" en los que los residentes se encuentran *a priori* excluidos del estatuto de refugiados. En la última formulación, propuesta en el 2006, aparece una forma de "derecho oponible" invertido, que permitiría al prefecto que tuviera conocimiento de la enfermedad del extranjero a ir en contra de la opinión del médico inspector, lo que supone el levantamiento del secreto médico. Los esfuerzos desplegados por los poderes públicos para restringir el alcance de la regularización para cuidados, incluyendo el detrimento de las reglas éticas elementales, muestran de esa forma por contragolpe el poder potencial de la razón humanitaria.

Al lado de esos tres criterios que acaban de ser discutidos, otros elementos no explicitados en la ley entran en juego en la deliberación de los expertos. "Eso no es simple, pero es que eso no puede ser simple, explica un médico inspector. Tratamos de examinar cada situación tomando en cuenta la duración de la estadía, la situación del país de origen, incluyendo la política, la edad de la persona, si es sostén de familia, si tiene hijos". Es decir, que los datos concernientes a la salud, que por sí solos determinan en principio la opinión provista por la DDASS, no son más que un elemento considerado por el médico en un contexto donde la dimensión afectiva y moral juegan un rol esencial. Tal es particularmente el caso cuando los expertos del Estado no se conforman con el examen del expediente, pero se comprometen en una conversación singular de género poco habitual que corporiza a un enfermo que no está a la espera de servicios, sino de un permiso de estadía, y un profesional de salud que no está en situación de tratarlo, porque él está obligado a ocuparse de la población.

Señal de la situación de empatía que se instala a veces en esas situaciones, es este comentario de un médico inspector llevado a decidir sobre varias centenas de dosier cada año: "más tiempo pasa uno con una persona, mas tiende a decir que si". Es, probablemente, para disminuir esta tensión interpersonal, con la compasión que ella produce, que los textos reglamentarios no dejan de instaurar normas procedimentales más neutras y distantes, debiendo además el experto decidir sobre el dosier. Pero, ya sea en el reencuentro con el enfermo o sobre la simple lectura del dosier, no se detiene menos sobre la verdad del cuerpo, tal como lo instituye la ley, no adquiere todo su legitimidad más que en relación a una verdad de la persona, más global, tal como la evalúa el experto. Esta verdad de la persona incluye su historia y su situación presente, pero mide también sus cualidades retóricas (para entrañar la convicción) y relacional (para suscitar la simpatía). Para el aspirante al permiso de estadía entregado en nombre de la razón humanitaria, el pasaje frente al experto clínico y luego delante del médico inspector se presenta como una prueba, en el curso de la cual él es juzgado.

*   *   *

En una década, el principio de regularización de los extranjeros enfermos es, por lo tanto, impuesto y la medida, presentada como compasional, ha sido recibida inicialmente de manera consensual. Sin embargo, esta unanimidad de sentimientos morales no ha sido más que un tiempo. Diez años después de la inscripción de la razón humanitaria –rebautizada médica– en la legislación francesa, su éxito suscita la polémica: 28.797 es el número de extranjeros que, en 2004, se beneficiaron de un permiso de estadía en Francia bajo la forma de una toma a cargo médica, cuya falla podría entrañar para ellos consecuencias de excepcional gravedad, bajo promesa de que ellos no se puedan beneficiar de un tratamiento apropiado en el país del que ellos son originarios. Ellos eran 1078 en 1998. Más de la mitad de esas patologías pesadas pertenecían a la psiquiatría. Francia, una verdadera tierra de asilo para aquellos que no tienen moral. Es en esos términos que, el 11 de octubre del 2007, el diario *Le Point* comentaba, bajo la pluma de Jacques Marseille, la evolución de las cifras de regularización para servicios. En realidad, la mayor parte de los relatos recibidos muestran situaciones mucho mas de que lo que deja entender la formulación irónica sobre la moral de los extranjeros; no solo el SIDA, el cáncer, la hepatitis crónica o la insuficiencia renal terminal son patologías frecuentes sino que, además, aun cuando las enfermedades sean menos severas, las realidades sociales a las cuales son confrontadas las personas concernidas se prestan bien poco al sarcasmo. Además, las estadísticas presentadas son groseramente manipuladas: en efecto, 16.164 extranjeros obtuvieron un permiso de estadía para cuidados en el 2004, lo que muestra una exageración del 78% en las cifras mencionadas; para comparar, ellos eran 7259 en el 2001 y 1045 en 1998, lo que muestra de todos modos una progresión destacable. En cuanto a la proporción alegada de trastornos psiquiátricos, ella supondría que los médicos inspectores levantaron el secreto médico divulgando las afecciones sobre las que ellos se pronunciaron, lo que no es evidentemente el caso; a pesar de las tentativas de poner en ejecución tal medida en las prefecturas, considerada especialmente en la versión en borrador de una circular ministerial en el 2006, este logro de la deontología no fue puesto en ejecución hasta el 2007, cuando el artículo estuvo escrito. No obstante su tono despectivo y sus cifras inexactas, ese comentario es doblemente significativo. En principio, señala un fenómeno innegable: el crecimiento rápido de la regularización para servicios. Además, muestra un hecho nuevo: la ruptura del consenso alrededor de la razón humanitaria.

Hasta el inicio de los años 1990, era un hecho excepcional recurrir a la condición de enfermo para obtener un permiso de estadía. Una década más tarde, el criterio de los servicios médicos devino uno de los principales motivos de regularización, e incluso, en aquel cuya progresión es la más alta. Sin embargo, es necesario ser prudentes en la interpretación de esta evolución. En primer lugar, ella no corresponde a una llegada masiva de nuevos enfermos, sino esencialmente al reconocimiento de un derecho a personas residentes desde hace muchos años en territorio francés: es necesario, en consecuencia, pensarla como la regularización, en sentido estricto, de una situación considerada como cada vez más problemática, por parte de las autoridades sanitarias. En segundo lugar, ella es ampliamente mejorada por el hecho de que la casi totalidad de la autorizaciones concedidas valen solo por un año y son, por lo tanto, objeto de una renovación que infla artificialmente la contabilidad del Ministerio; en efecto, las nuevas autorizaciones no representan más que un poco menos de cuatro casos sobre diez. Aun bajo esas dos reservas, no es menos destacable que el número de personas nuevamente admitidas con un permiso de estadía por enfermedad haya pasado de 455 a 7737 entre 1998 y 2005[16]. En ese contexto, los poderes públicos multiplican además las disposiciones en vistas a restringir las posibilidades de acceder a ese derecho (especialmente por el establecimiento de fichas de tratamientos disponibles en los países de origen), a ejercer presiones sobre los médicos inspectores (amenazándolos con sanciones si sus decisiones son juzgadas demasiado laxas) y finalmente, multiplicar los obstáculos administrativos para los mismos extranjeros (especialmente mediante el rechazo de instruir sus demandas y por el pedido de pagos excesivamente caros). Pero, más allá de esas prácticas, una deslegitimación de la razón humanitaria se realiza a través de impugnaciones cada vez más frecuentes –de las cuales el artículo del *Point* es un signo entre otros– del derecho a los servicios, desacreditado como abusivo y amenazado cada año en los debates parlamentarios.

[16] Lo que corresponde a una multiplicación por 17; paralelamente, el total de los dosier depositados para auditoría medica aumentaba regularmente, con 1500 en 1999, 5678 en 2001, 33.133 en 2003, 40.940 en el 2005. Esas cifras, dadas por el Ministerio del Interior, fueron difundidas por la OSDE, Observatorio del derecho a la salud de los extranjeros (ver *Un proyecto de ley peligroso para la salud de los extranjeros, art. Cit.*), y por el Comede, Comité médico para los exiliados (ver *Informe de actividades y de observación 2006*, www.comede.org/Rapports-du-comede-2008-2003, consultado en abril del 2010). La evolución indicada debe, mientras tanto, ser relativizada; el 31 de diciembre del 2005, según las estadísticas oficiales, considerábamos que 23.605 personas se presentaban en territorio francés por razones médicas, es decir solo el 0.72% del total de la población extranjera.

Esta deslegitimación no es, por otra parte, exclusiva de Francia. Cuando la razón humanitaria entró en el derecho francés para proteger a los extranjeros enfermos del riesgo de ser reenviados a las fronteras, podríamos haber pensado en efecto que, bajo la presión de organizaciones no gubernamentales (Médicos del mundo en particular había movilizado sus secciones europeas en ese sentido), y teniendo en cuenta el estado del derecho comunitario (particularmente en el marco de la Convención europea de los derechos del Hombre), ese dispositivo iba a extenderse al resto de Europa. Numerosos países adoptarían medidas en ese sentido, generalmente limitadas y discrecionales (por ejemplo, Gran Bretaña renunciaba a la expulsión de enfermos terminales como consecuencia de una enfermedad mortal), y una jurisprudencia europea se establecía poco a poco (sobre la base de una amplia interpretación del artículo 3 de la Convención que estipula la prohibición de las torturas y de las penas o de los tratos inhumanos o degradantes). Mientras ella permanecía modesta en sus reales efectos, esta extensión de la protección jurídica de los enfermos se reducía considerablemente por una decisión de la Corte europea de los derechos del hombre, el 27 de mayo del 2008. Un juicio realizado sobre un caso que oponía a una mujer ugandesa enferma de una forma grave de SIDA y el gobierno británico: considerando por una parte que ella podía teóricamente recibir un tratamiento en Uganda, cualquiera fuera el precio prohibitivo de los antirretrovirales, y por otra parte, que los países europeos no podían ser obligados a satisfacer las disparidades de cuidados entre las naciones, la Corte rechaza el pedido de la enferma y autoriza a devolverla a la frontera[17]. La lógica de la soberanía de los Estados en el control de la inmigración prevaleció claramente sobre la universalidad del principio del derecho a la vida. El protocolo compasional acaba de encontrar su límite.

[17] Ver Caso de N. v. The United Kingdom (Application 26565/05, Juzgado en Estrasburgo el 27 de mayo del 2008), Lawtel (www.isd.saldford.ac.uk, consultado en febrero del 2009) y el comentario de esta decisión por la jurista canadiense Carolina Lantero ("La Cour européenne des droits de l'homme y los extranjeros enfermos: el tono se endurece", www.cerium.ca/ La Cour-europeene-des-droits-de-l,7451, consultado en abril del 2010).

Capítulo 4
Una prueba de verdad.
El reconocimiento por el cuerpo de los demandantes de asilo

Desde el comienzo, la experiencia del refugiado pone a prueba la confianza. El refugiado desconfía y suscita desconfianza. En el sentido más profundo, uno se convierte en refugiado mucho antes de huir de su país y continúa siéndolo mucho después que han recibido el asilo en un nuevo lugar entre nuevas personas.
Valentine Daniel y John Knudsen, *Mistrusting Refugees*

En el año 2004, Francia se convierte en el primer país industrializado por el número de pedidos de asilo registrados, con 58.550 dosier depositados, delante de Estados Unidos, Inglaterra y Alemania que, hasta entonces, ocupaban los tres primeros lugares con efectivos del orden del doble de aquel de Francia. Ese mismo año, entre tanto, la tasa de acuerdos otorgada por la Oficina francesa de protección de los refugiados y de los apátridas (OFPRA), que no había cesado de disminuir en los últimos treinta años, alcanza su nivel más bajo con un 9.3%. De esa forma, cuando tenemos en cuenta no las demandas depositadas sino los estatutos efectivamente obtenidos, Francia, con un poco más de 100.000 refugiados sobre los 9 millones que tenía el mundo en el 2004, llega muy lejos detrás no solo de Pakistán, Irán, Tanzania y Tchad, entre otros (porque no debemos olvidar que son los países del Sur los que aseguran lo esencial de la toma a cargo de esos refugiados), sino también, igualmente Alemania, Estados Unidos e Inglaterra (que tenían entonces respectivamente 960.000, 450.000 y 280.000). Por lo tanto, contrariamente a las declaraciones alarmistas del gobierno francés, de las que se hicieron eco las imágenes mediáticas, de refugiados sobrepasando las posibilidades de acogida de una sociedad que no tenía más medios que su generosidad, la situación permaneció demográficamente controlada y políticamente soportable. Esta tensión entre el elevado nivel de demandas de asilo y una tasa baja de estatutos acordados, evidentemente problemática en el país que sigue presentándose como la "cuna de los derechos del hombre", ha sido ideológicamente resuelta después de un cuarto de siglo produciendo un descrédito creciente sobre la palabra de los demandantes de asilo, de forma de poder justificar la baja regular de decisiones favorables a su pedido. Es porque los "falsos refugiados" devienen cada vez más numerosos, que los oficiales del OFPRA deben mostrarse cada vez más exigentes en el examen de los expedientes. Esto no significa ser más severos, sino solamente más rigurosos para hacer frente al aflujo de demandas infundadas. En esas condiciones, el relato del demandante de asilo, que durante mucho tiempo era el único elemento que testimoniaba su historia y justificaba su demanda, ya no es más suficiente para certificar la verdad de las persecuciones sufridas: el cuerpo, que debería de haber conservado la huella, podía aportar la prueba tangible[1]. La medicina fue convocada para proveer su pericia sobre las cicatrices dejadas por las violencias pasadas y las organizaciones especializadas en el recibimiento de los extranjeros producen los certificados médico-psicológicos.

> M.V., de cuarenta años, tamil, declara haber sido perseguido por las autoridades sri-lankeses en razón de sus presuntas relaciones con el LTTE (*LiberationTigers of Tamil Eelam,* Tigres de liberación del Islam tamil). Él dice además haber sido herido de bala mientras huía para después ser arrestado el 5 de mayo de 1998, y luego dejado por muerto después de haber sido apuñalado en dos oportunidades por los oficiales sri-lankeses. El examen clínico encuentra, a la altura de su mano derecha, una cicatriz suturada sobre el lado dorsal y otra cicatriz puntiforme a la vista, más pequeña, compatible con los

[1] Bien entendido, la sospecha en vista de los refugiados no es ni una realidad específicamente francesa, no es una cosa totalmente nueva. El volumen colectivo *Mistrusting Refugees* dirigida por Valentina Daniel y John Knudsen (1995), aporta una serie de ilustraciones y de interpretaciones.

puntos del impacto y de salida de una bala, una cicatriz puntiforme en la mejilla izquierda y otra cicatriz bucal compatible igualmente con un traumatismo balístico, una cicatriz para esternal izquierda, redondeada de 3 cts. de diámetro; una cicatriz de 1 cmt. redondeada a nivel de la cara interna del brazo izquierdo; una cicatriz puntiforme a nivel de la cara anterior de la pierna izquierda; una cicatriz rectilínea vertical, torácica, mediana, de 6 cts. Compatible con una secuela de puñalada; una cicatriz rectilínea de 10 cts. A nivel de la cara externa de la espalda izquierda, compatible con una secuela de puñalada. Las constataciones del examen son compatibles con los traumatismos relatados por M.V. Certificado redactado a solicitud del interesado y llevado en mano propia.

De esta certificación precisa y demostrativa hecha por el médico del Comité médico para los exiliados (COMEDE), ignoramos –como sucede generalmente– lo que hizo el OFPRA. ¿Lo tuvo en cuenta o no? ¿Este hombre forma parte del 4.9% de los sri-lankeses a los que esta institución les otorgó el asilo en el 2005 o del 95,1% a los que ella rechazó? Solo lo sabemos para las 563 personas originarias de ese país que consultaron al COMEDE en el mismo año, de las que 84% declararon haber sido víctimas de violencia y 47% haber sufrido torturas[2]. En su informe anual el OFPRA señalaba:

> Sri Lanka. Las solicitudes, mayoritariamente de la etnia tamil, invocan siempre la violencia y los temores de persecución o los malos tratos por parte de las autoridades, como también de la organización LTTE. Ellos hacen referencia a arrestos, detenciones y torturas imputables especialmente a la ayuda logística, alimentaria y sanitaria que ellos mismos o sus familiares habrían o estarían sospechados a la fuerza de haber aportado ayuda a los combatientes de la organización separatista tamil.

[2] El *Informe de actividad y de observación 2005* del COMEDE (www.comede.org/ Rapports-du-Comede-2008-2003, consultado en abril del 2010) informa que los sri-lankeses ocupan el primer lugar entre los extranjeros que consultan en ese centro por la frecuencia de las torturas, y en segundo lugar por las violencias sufridas, detrás de los sudaneses. Las cifras y el extracto concerniente a OFPRA son sacados del *Rapport d'activité 2005* (www.ofpra.gouv.fr/documents/OFPRA_rapport_2005.pdf, consultado en abril del 2010).

Más que la forma de desinterés implícitamente sospechosa adoptada en esas circunstancias, sorprende el desfasaje entre el contenido del comentario que evoca hechos dramáticos, y la tasa de acuerdos, que permanece particularmente baja, lo que pone en evidencia el poco crédito otorgado a la palabra del solicitante de asilo. Ese año, un solicitante esrilanqués sobre veinte se verá beneficiado con un estatuto otorgado por el OFPRA. Entre los diecinueve que no pudieron convencer al oficial responsable de examinar su dosier, otro podrá obtener tal vez el estatuto de refugiado después de su pasaje frente a la Comisión de ayuda de los refugiados (devenida Corte Nacional de derecho de asilo en el 2008). Los dieciocho restantes que fracasaron en esta prueba, cuya mayor parte se perderá en medio de los extranjeros en situación irregular y algunos pocos se harán arrestar y reenviar de nuevo a su país, generalmente poniendo en peligro su vida, son desestimados. En esas condiciones, el certificado médico o psicológico, tal como el presentado por el demandante esrilanqués, se convierte en un elemento de prueba fundamental.

Es en este nuevo "régimen de verificación"[3] en el que nos interesamos en este capítulo, en esta búsqueda de verdad que la palabra del solicitante de asilo no podría llegar a hacer reconocer, pero en el que su cuerpo llevaría la marca bajo la forma de secuelas de torturas y que solo la pericia médica estaría en condiciones de reconocer. Trataré de profundizar en el hecho de cómo la certificación médica y psicológica de las persecuciones sufridas pone a prueba el mundo de las organizaciones que intervienen en los demandantes de asilo. Me atendré exclusivamente a comprender las condiciones de la emergencia resituándola en la historia contemporánea del asilo. Examinaré, finalmente, el desplazamiento de la palabra y el relato sobre el cuerpo y la pericia transformadora de la subjetividad. A través de esta exploración en el corazón de las políticas de asilo, se trata de aprehender las tensiones y las contradicciones en acción en las economías morales de las sociedades occidentales, cuando ellos sostienen principios ge-

---

[3] Para recurrir a una fórmula que Michel Foucault (1994, p. 20) utiliza de manera bastante fugaz, especialmente en una mesa redonda donde él comenta su obra con algunas historias, el 20 de mayo de 1978.

nerosos de protección de las víctimas de persecución, administrando su presencia en los términos restrictivos del control de la inmigración.

El lugar de la verificación

En los peores años de violencia en Colombia, Michael Taussing informa su visita a un joven militante de extrema izquierda quien, por haber intentado junto con otros miembros de su pequeño grupo denunciar las violaciones a los derechos humanos por parte de las fuerzas armadas, había sido detenido, secuestrado y torturado[4]. Todavía profundamente marcado por esa experiencia, de la que había escapado por milagro, después de haber sido dejado por muerto en un parque, el hombre cuenta:

> Él me cuenta que había sido torturado y me dice cómo había empeorado aquello cuando ellos cambiaron las esposas por la soga, cómo había tenido el sentimiento de que se ahogaba cuando lo habían hundido con la servilleta en la boca y lo que había sido tratar de no hacerse encima disparar mientras estaba encerrado en la bolsa. Él apoya su cabeza sobre sus rodillas y lleva mi dedo en sus cabellos justo hasta las cicatrices de las heridas en su carne irregularmente cicatrizada. "Como los fieles con las llagas del Cristo", murmuraba un amigo cuando yo le hablaba algunos días más tarde.

En el fondo es casi el mismo gesto que esbozan dos hombres argelinos, uno que muestra la gran cicatriz que corta su cuello, el otro que revela las cicatrices sobre sus espaldas, en las fotografías de Olivier Pasquiers expuestas por el COMEDE, subtituladas "Maux d'exil" (NdT: males del exilio), hace algunos años[5]. Todo sucede como si ellos tuvieran que probar algo de una historia que la administración del asilo les rechazaba. La tortura deja sobre el cuerpo la marca del

[4] El antropólogo recuerda esta escena en "Terror as Usual: Walter Benjamin's Theory of History and Stage of Siege", retomado en una recopilación de textos (Taussig, 1992, p. 33).

[5] El catálogo de la exposición *Maux d'exil* de Olivier Pasquiers y testimonios recogidos por Jean-Louis Lévy, publicado por El Bar Floréal y el COMEDE (París, 2000), yuxtapone las dos series de documentos: imágenes y relatos, evidentemente sin relación por razones de confidencialidad.

maltrato que esta señal al mismo tiempo, atestigua. Manifestación del poder, por un lado, expresión de la verdad por el otro. Eso es lo que él nos hace entender.

El cuerpo es, en efecto, en primer lugar, el lugar por excelencia donde se imprime la marca del poder. En las sociedades tradicionales, los rituales de iniciación tienen la doble función de inscribir sobre el cuerpo la ley del grupo, de permitir su aprendizaje, pero al mismo tiempo de imprimir en los cuerpos los códigos y las normas que organizan las relaciones de poder y autorizan su reproducción[6]. En las guerras contemporáneas, los imaginarios de la violencia tanto como las teorías del exterminio desarrollaron sus prácticas, yendo desde las violaciones colectivas a la marcación de los cuerpos de los prisioneros, procediendo de lógicas que exceden la pura brutalidad para indicar un proyecto de poder[7]. Ya sea que él se inscriba en el orden de la reproducción social o en el desorden de la violencia bárbara, el cuerpo es investido en tanto que es eso a través de lo que se muestra y se demuestra el poder. En su versión extrema que encarna la radicalidad de los regímenes dictatoriales o totalitarios a todo lo largo del Siglo XX, hasta su desaparición manifiesta, lo absoluto y lo arbitrario de la fuerza bruta, cuando borramos hasta la marca física de los individuos o de un pueblo entero. De esa forma, el cuerpo es político porque, en última instancia, es siempre lo que demuestra el poder.

Sin embargo, en las sociedades occidentales pacificadas, esta incorporación del orden político ha sido progresivamente borrada, o por lo menos atenuada, a medida que la violencia física fue perdiendo su legitimidad y que, hasta en el castigo a los culpables, el "fondo implorante" de la justicia criminal se encuentra "envuelto cada vez más ampliamente por una penalización de lo incorporal", para retomar la

[6] Como nos lo dicen Pierre Clastres (1974, p. 159), a propósito de los Indios Mandan y Guayaky cuyos tatuajes dolorosos representan "el texto escrito de la ley primitiva", y Maurice Godelier (1982,p.78), evocando las prescripciones de los Baruya de Nueva Guinea que constituyen "los *commandements* de la dominación de los hombres sobre las mujeres y de la sumisión de los menores a los mayores".

[7] Para Veronique Nahoaum-Grappe (1996, p. 283), las violaciones colectivas sirven al programa político de "eliminación de una comunidad", y para Jackie Assayag (2004, p. 283), es a través de "las prácticas bio-políticas sobre el material humano" que se pone en ejecución el mal hiperbólico.

fórmula de Michel Foucault[8]. La proscripción de la tortura y la abolición de la pena de muerte participan de este desprecio físico del poder. Lo político, sin embargo, no ha perdido toda relación con el cuerpo. Por un singular movimiento de retorno histórico, en las sociedades contemporáneas –al menos en aquellas donde el Estado asegura de manera más cercana su función monopólica en materia de violencia legítima–, el cuerpo, que no es ya el lugar donde se manifiesta la fuerza del poder, resulta el lugar donde es probada la veracidad de los individuos. Para el pobre que debe exhibir los estigmas de las miserias, a fin de beneficiarse de la ayuda pública o de la caridad privada, como el extranjero que debe dar prueba de su enfermedad o de su sufrimiento a fin de obtener un permiso de estadía, el cuerpo se ha convertido en aquello que certifica una verdad.

Es a la luz de este nuevo régimen de verificación que es necesario comprender el lugar ocupado, desde hace algunos años, por el certificado médico en las solicitudes de asilo en Francia[9]. Esperado por las instituciones que deben decidir lo bien fundado de esas demandas, reclamado por los abogados y las asociaciones a fin de defender mejor las causas individuales de sus clientes, ávidamente esperado por los mismos extranjeros que saben o imaginan la autoridad, el certificado establecido por un médico, a veces por un psicólogo, atestando las persecuciones sufridas, se ha convertido en una pieza esencial de los dosier administrativos que son sometidos a la evaluación de los representantes del Estado. El procedimiento francés de reconocimiento de los refugiados se basa, en efecto, en dos instituciones creadas por la Ley del 25 de julio de 1952: el OFPRA, que certifica en primera instancia, y la Comisión de ayuda a los refugiados (CRR), que examina las situaciones de los rechazados, haciendo las apelaciones. El candidato al asilo deposita su expediente en la OFPRA, que decidirá o no convocarlo y que emitirá o no una opinión favorable. En el caso de un rechazo, él puede presentarse frente al CRR, cuyo juicio será considerado definitivo. Una pericia médica puede, por lo tanto, ser

[8] Se trata, como lo sabemos, de la tesis de *Surveiller et punir* (1975).

[9] Para una historia de las políticas de asilo y una discusión detallada del rol de las asociaciones, podemos leer la tesis doctoral de Estelle d'Halluin (2006).

solicitada, en una u otra de estas etapas, por esos organismos del Estado, para los demandantes de asilo, o por los agentes que garantizan una mediación jurídica o social entre los dos, ya sean ellos abogados o miembros de asociaciones. Si bien ella no siempre recurre al relato autobiográfico, para el que el candidato al estatuto de refugiado político se esfuerza en probar que ellos cumplen los criterios que le permiten reclamar la protección de la Convención de Ginebra de 1951, esta pericia es cada vez demandada con mayor frecuencia para verificar la validez. Las cicatrices, físicas pero también a veces psíquicas, son el signo tangible de que la tortura ha tenido lugar, que la violencia ha sido perpetrada. Como Tomás, el apóstol escéptico del Evangelio después de la resurrección de Jesús, el Estado francés tiene necesidad de tocar las heridas para creer.

Para los refugiados, el cuerpo es, por lo tanto, el lugar de una inscripción cuya significación proviene de una doble temporalidad. Inscripción del poder, en principio, por las persecuciones sufridas en su país de origen. Inscripción de veracidad, además, en tanto que testimonia esas persecuciones para las instituciones de su país de acogida. Es decir, que el caso de los demandantes de asilo nos sitúa en la articulación de dos historias del cuerpo: aquella por la que se manifiesta el poder; aquella por la que se anuncia la verdad. No hay ninguna necesidad de recordar que la tortura encuentra, precisamente, su legitimidad en la supuesta búsqueda de la verdad cuando ella misma busca imponer por medio del terror un orden del poder. Que la persona que ha estado expuesta a las persecuciones en el país del que ha huido, se encuentre sometida a una nueva prueba para el poder (ciertamente democrático) en el país donde busca refugio, se esfuerce por producir una verdad –seguramente sin brutalidad física, pero no sin cierta violencia psicológica, de la que los testimonios recibidos muestran las consecuencias–, no es la menos de las paradojas de las políticas contemporáneas respecto del asilo.

La mejor prueba

Sirva como ejemplo la siguiente carta, extraída de un corpus de correos de abogados colegiados, para el COMEDE:

> Paris, el…- Señor, Yo sigo la audiencia del…último de la Comisión de ayuda de los refugiados. Es necesario, *absolutamente,* para que Ud. pueda obtener el estatuto de refugiado, que me envíe un certificado médico con las señales que han permanecido en vuestro cuerpo después de las torturas y malos tratos que le han sido infligidos, especialmente en lo que concierne a vuestro ojo. No dude en contactarme si es que tiene alguna dificultad. Es espera de lo solicitado, le ruego creer, Señor, etc.

Esta carta muestra cuánto el cuerpo ha devenido el lugar de producción de la verdad en el demandante de asilo. La COMEDE registra de esta forma una duplicación de presentaciones de certificados médicos en apoyo de los expedientes de los candidatos al estatuto de refugiado político entre fines de los años 1990 y el comienzo de los años 2000: se redactan más de un millar por año y algunos no dudan en hablar de una "epidemia de solicitudes de certificación médica"[10]. La evolución del número de certificaciones en esta institución es efectivamente sorprendente: en 1984, mientras que empieza a desarrollarse la pericia, se producen 151 certificados; en 1994, se presentan 584; en el 2001 se espera una cifra de 1171. Proporcionalmente al número de consultas de servicios, los médicos consagran hoy cinco veces más de su tiempo a las pericias que hace quince años atrás. Además, esta progresión no ha podido ser recientemente controlada por un proceso voluntarista orientado a limitar la cantidad de pericias realizadas. Aun cuando las políticas institucionales y las prácticas organizacionales varíen de una estructura a otra, todas las asociaciones hacen una constatación análoga, que ellas denuncian regularmente: "¿Es necesario un papel para probar la tortura?", se indigna un autor anónimo de un expediente sobre el certificado médico en la *Carta* de junio del 2002 de la asociación Primo Levi, especializada en la ayuda a las víctimas de violencia,

---

[10] Según la fórmula del director del COMEDE, Arnaud Veïsse (2003), quien agrega que: "para el reconocimiento del estatuto de refugiado, el certificado médico jamás debería ser decisivo".

hablando de "un crecimiento progresivo de las solicitudes, tanto con respecto a los médicos como a los psicoterapeutas". Esta evolución debe ser restablecida en el tiempo histórico del asilo.

Como otras naciones, Francia es tanto más generosa de lo que apenas soporta el costo de serlo. Cuando las solicitudes son reducidas en número, en un contexto económico donde los refugiados pueden fácilmente integrar una mano de obra buscada, ella da pruebas de solidaridad respecto de las víctimas de persecuciones en el mundo, fiel al espíritu de la Constitución del 24 de junio de 1793[11]. En ese sentido, podemos decir que a lo largo del siglo XIX, no ha habido un verdadero problema de asilo, aun cuando una cierta presión demográfica es sufrida luego de algunos conflictos más allá de las fronteras. Es recién en el siglo XX que podemos hablar de la "cuestión de los refugiados", en particular a continuación de la Primera y, especialmente, después de la Segunda guerra mundial, en el momento en que los extranjeros huyendo de las persecuciones o de las violencias se convirtieron en indeseables[12]. La primer respuesta internacional es la creación, en 1921, bajo los auspicios de la Sociedad de las Naciones, del Alto Comisionado para los derechos de los Refugiados; por otra parte, directamente relacionado con la revolución bolchevique y a esos cientos de miles de exiliados que tuvo el conflicto mundial propiamente dicho. Sin embargo, el incremento de los totalitarismos y de los nacionalismos en Europa entre las dos guerras desbordará rápidamente los modestos medios reglamentarios y financieros de esta Institución[13]. Es la firma de la Convención de Ginebra en 1951

[11] Quien "dé asilo a los extranjeros expulsados de su patria por causa de la libertad", como lo recuerda Sophie Wahnich (1997), quien señala, además, el contexto de sospecha en el que ese principio de hospitalidad se pone en ejecución en el período revolucionario.

[12] Como lo escribe en francés Hannah Arendt (2002/1951, p. 563), en su obra sobre el imperialismo: "Aquellos que la persecución había nombrado indeseables, devienen los indeseables de Europa".

[13] Podemos referirnos al libro que Michel Marrus (1985) consagró a la historia de los refugiados en la primera mitad del Siglo XX. En su conclusión, constata lo que parecería ser "el fin de un problema europeo de los refugiados porque su cantidad sería marginal". La historia jamás se escribe con anticipación y, teniendo en cuenta el aumento importante de las demandas de asilo desde el comienzo de los años 1990,

la que marca la entrada oficial del asilo en la política contemporánea. No obstante, lo olvidamos frecuentemente, la tensión es fuerte desde el comienzo entre, por un lado, una ideología humanista que promete el derecho al asilo y da un representación ennoblecida del refugiado y, por el otro, una política pragmática que desconfía de esas poblaciones apátridas y que las reduce a la condición económica de inmigrantes[14]. La utopía de la primera, todavía marcada por el "eso nunca más", después del descubrimiento de los crímenes nazis, reencuentra el realismo de la segunda, ya impregnada de la "razón liberal" de una globalización en marcha, en la medida en que la reconstrucción de una Europa destruida, rápidamente desplazada por la expansión económica internacional, tiene necesidad de mano de obra. Una vez absorbida la importante ola de refugiados de la pos-guerra inmediata, los Estados están relativamente poco preocupados por esos exiliados que serán menos reconocidos por un espíritu de justicia que tolerados por su contribución a la riqueza nacional.

A comienzo de los años 1970, la situación se modifica brutalmente en un contexto de "crisis petrolera" y de aumento de la desocupación, pero también con el descubrimiento de las condiciones de vida practicada por los extranjeros, bajo la presión de los movimientos de protesta social: se pone en funcionamiento una verdadera política de Estado, fundada en el control de los movimientos migratorios y la integración social de los extranjeros[15]. El control se hace en principio sobre el desplazamiento de los trabajadores, fuertemente restringidos desde 1974, luego, sobre el reagrupamiento familiar, especialmente después de 1984. E cuanto a la integración, ella concierne sobre todo a la vivienda, y busca reducir el importante parque de barriadas pobres de tránsito y de hábitat privados de salubridad. En ese nuevo contexto, el número de solicitantes de asilo crece bruscamente. Ellos eran 2071

la cuestión política cristalizada alrededor de los refugiados muestra que estamos muy lejos de haber terminado con ese "problema".

[14] Es lo que ha mostrado Gérard Noiriel (1991) en su investigación sobre los debates nacionales que precedieron y continuaron la firma de la Convención de Ginebra, especialmente en Francia.

[15] Encontraremos un análisis en los trabajos de Patrick Weil (1995), con respecto a lo que son las políticas, y de Vincent Viet, en lo concerniente a las instituciones.

en 1974, y 15.500 en 1976. Las cifras se elevaron progresivamente en los años siguientes para alcanzar un máximo de 61.422 en 1989. En quince años, los efectivos se multiplicaron por treinta.

La relación entre la detención de la inmigración por trabajo y el crecimiento de las demandas de asilo, por evidente que ella sea en vista de las estadísticas del OFPRA, no es menos compleja de interpretar. Tenemos tendencia generalmente a considerar que, viendo cerrarse las entradas al territorio francés, muchos de los candidatos a la inmigración son orientados al asilo, todavía muy abierto porque en 1974, el 90% de las demandas son evaluadas positivamente por la administración, esa tasa de aceptación alcanzaba incluso el 95% en 1976, en tanto será solo del 28% en 1989. La interpretación es parcialmente exacta y es real que los candidatos a la inmigración comienzan a tomar los caminos que les son disponibles. Esta explicación, que podemos ver que nutre el discurso del descrédito de los solicitantes de asilo, desconoce sin embargo, el hecho de que por el contrario, hasta el año 1970, y en ausencia de una política pública de gestión de los flujos migratorios, era la ley de la oferta y la demanda el único regulador, y la costumbre era que el contrato de trabajo oficiara *de facto* como permiso de estadía. En esas condiciones, para muchos solicitantes potenciales de asilo, no era necesario pasar por la evaluación administrativa de la OFPRA, en tanto que encontrar un empleo les permitía muy fácilmente garantizarse una seguridad tanto material como jurídica.

Como quiera que sea, en la nueva configuración de la inmigración, la política del asilo se ha redefinido profundamente. En mitad de los años 1970, diecinueve demandantes de asilo sobre veinte obtenían el estatuto de refugiados. A comienzo de los años 1990, solo eran tres sobre veinte los que se beneficiaban con una opinión favorable de la administración francesa. La tasa de acuerdos de la OFPRA continuó disminuyendo después de eso, pasando por debajo del 10% en el curso de los años 2000[16]. Hace un cuarto de siglo, el asilo era objeto de una

---

[16] En el 2006, a nivel de la OFPRA, la tasa era de 7.8% correspondiendo a 2929 adultos. Esa cifra representaba una nueva baja en relación al 2005, en la que ella era del 8.2%, es decir 4184 personas. Ese hecho es tanto más remarcable porque, entretanto, el número de solicitudes había disminuido el 26%, pasando de 51.391 a 37. 986. No obstante, lo sabemos, la disminución de las tasas de acuerdo es generalmente imputada

relación de confianza donde el demandante era considerado como diciendo la verdad, o, para ser exactos, no había entonces opinión en cuanto al número de refugiados y, por consecuencia, no había tampoco razones para saber si los refugiados decían la verdad o no. En contraste, vemos que el asilo se inscribe hoy en un clima de sospecha donde el solicitante es sospechado de ser un aprovechador que abusa de la hospitalidad nacional, o mucho menos un inmigrante económico que se hace pasar por víctima de persecuciones. En ese contexto de deslegitimación de la palabra del solicitante de asilo, el desarrollo de las pericias médicas adquiere todo su sentido.

"A medida que el número de demandas de certificados aumentó, la obtención del estatuto de asilo de los solicitantes disminuyó". Por esta fórmula, un médico que trabaja en una asociación de ayuda a los refugiados interpretaba la inutilidad de notificar los certificados médicos que le pedían hacer. Su ineficacia le parecía comprobada dado que él observaba un rendimiento decreciente en materia de asilo: por un lado, la proporción de los estatutos acordados no dejaba de disminuir mientras que, por el otro, cada vez más se apelaba a la pericia médica.

En realidad, la relación de inferencia es exactamente inversa: es porque el asilo devino ilegítimo, y por lo tanto cada vez más difícilmente atribuible a la sola creencia del relato, que los certificados ocupan un lugar cada vez mayor. Cuando la respuesta de lo bien fundado de la solicitud de asilo deviene sistemática, no solo cualquier prueba es buena, sino que si ella proviene de un agente – del que se descarta su neutralidad y su pericia–, tiene más fuerza todavía que la de la misma persona. Como lo dice un juez de la Comisión de ayuda a los refugiados durante una entrevista: "Todas las pruebas, índices y otras son

---

a un crecimiento de las solicitudes, lo que dejaría suponer una proporción mayor de dosier sin fundamentos. El movimiento inverso de disminución de las demandas, ligado especialmente a un control mucho más severo a la salida del país de origen y a la llegada al territorio francés antes de depositar el dosier, no ha tenido sin embargo un efecto simétrico de crecimiento en las tasas de acuerdo. Los refugiados reconocidos por la OFPRA, a los que debemos agregar las personas que obtuvieron su estatuto apelando frente a la Comisión de ayuda, son 4425 adultos en el 2006, cifra en baja del 54% en relación al 2005. En total, esos 7354 demandantes obtuvieron el asilo en el 2006 (ver *Rapport d'activité 2006*, www.pfpra.gouv.fr/documents/rapport_Ofpra_2006.pdf, consultado en abril del 2010).

admitidas. Después, el juez se forja una íntima convicción en principio sobre la base del relato, que es siempre el elemento fundamental, su coherencia, su credibilidad o sus contradicciones, y luego, un poco como en la materia penal, donde la declaración es percibida como la reina de las pruebas; el certificado médico, del lado de los abogados y de los demandantes de asilo es percibida como la reina de las pruebas".

Ese comentario sugiere dos fenómenos: en principio, el esfuerzo de imaginación del que el certificado médico es objeto; luego, la eficacia totalmente relativa del que él se encuentra realmente dotado[17]. Fetichización paradojal, dado que ella no está empíricamente fundada. Entre aquel que se somete al juicio y aquel que se presenta en la justicia, el certificado médico ve su valor simbólico y práctico, sino para invertir la situación, al menos para influir en ella. Para los abogados y los solicitantes, esto es un sésamo. Para los jueves y los administradores, es una pieza entre otras. Tanto para unos como para los otros, sin embargo, él es una innovación política: la validación de los relatos de los demandantes de asilo por la inscripción corporal de las persecuciones que sufrieron, produce una nueva forma de administración transnacional.

La ética de la pena

En el seno del mundo asociativo, la cuestión resulta entonces punzante: ¿es necesario continuar haciendo certificados médicos? Como lo señala Sibel Agrali, entonces directora del centro Primo Levi, especializada en el cuidado y sostén de las víctimas de la violencia política[18]:

[17] Es casi como lo podíamos observar para el permiso de estadía al que, por estar privados, los extranjeros en situación irregular le otorgaban una virtud casi mágica de integración social. Apenas ellos lo habían obtenido, se daban cuenta de sus limitaciones para la obtención de un trabajo, de una vivienda y, simplemente, de un lugar en la sociedad francesa (Fassin y Morice, 2001): los "sin papeles" descubrían que la falta de "papeles" no era nada, pero lo descubrían después de que los habían recibido.

[18] El artículo "Paroles de victimes et verité certifiée par l'expert" [NdT: "Palabras de las víctimas y verdad certificada por el experto"] (2004, *Mémoires, n°* 25 (octubre), pp.16-17) retoma en parte otro texto aparecido en la misma revista (2003, n° 22 (junio), p.8) bajo el título: "Le mythe de la preuve" (www.primolevi.org/index.php/torture-et-violence-politique, consultado en abril del 2010).

> El principio de precaución pretendería que cualquiera que diga haber sido violado o torturado sea admitido como siéndolo. ¿Cuál es el sentido de solicitar a un terapeuta para que certifique la verdad de lo que han soportado sus pacientes? [...] Cuando una solicitud de certificación médica hace irrupción en la relación terapéutica, ella raramente es "espontánea" por parte del paciente. Este, generalmente presionado por su abogado, por sus compatriotas o por uno de sus acompañantes asociativos, solicita ese documento como si se tratase de un imperativo del procedimiento de la demanda de asilo, tan pronto como él hace mención de las violencias sufridas. [...] Entre la lógica de la prueba y la lógica de la tortura –que, más allá del cuerpo al que ella hace sufrir, "constituye esencialmente una agresión contra las estructuras psicológicas y sociales fundamentales del individuo"– hay una incompatibilidad total. ¿Qué causa realmente sirve cuando uno participa de ese sistema tan disfuncional?

Al leer sus comentarios de las reuniones y sus informes de actividades después de quince años, al escuchar a los veteranos de las asociaciones contar su experiencia, todos aquellos y todas aquellas que toman a su cargo a los demandantes de asilo y las víctimas de la tortura no han dejado de estar confrontados a ese cuestionamiento sobre la eficacia y la significación de los certificados que se les piden. De esta forma, en un documento de 1991 del COMEDE, ya el informante de la "Comisión sobre los certificados" escribía tratando de dar cuenta de las discusiones a veces tumultuosas: "Es difícil transcribir la riqueza de los argumentos de cada uno que no aporte al final ninguna solución simple y evidente. Constatamos un malestar general en la fórmula actual donde nadie está satisfecho, entre un deseo de detener todo para algunos, un sentimiento de saturación para otros, una insatisfacción con el poco tiempo que tenemos ahora para la redacción". Un artículo redactado por la coordinadora médica del COMEDE da cuenta de ese malestar[19]:

[19] El artículo de Elisabeth Didier (1992) es citado generalmente por los actores del asilo (www.gisti.org/doc/plein-droit/18-19/torture.htlm, consultado en abril del 2010).

> Un número creciente de personas que han sido víctimas de maltrato y torturas en sus países de origen vienen a ver al médico para obtener un certificado médico a fin de sostener su demanda de asilo en los servicios correspondientes. Esta inflación de demandas constituye una alarma por dos razones esenciales. En primer lugar, la exigencia de la prueba deviene cada vez más embarazosa para el solicitante y desemboca en desviaciones mayores: ¿cómo podemos hacerles entender que él teme con razón de las represalias si vuelve a su país? En segundo lugar, los administradores y los magistrados otorgan casi instintivamente una mayor importancia a las secuelas físicas de la tortura, en tanto que ella se inscribe en un programa de desestructuración y de despersonalización del individuo: la agresión física, que es la imagen más popular de la tortura es también el testimonio más reductor.

Las recriminaciones asociativas en contra de los certificados no son por lo tanto novedosas. La crítica más fuerte en contra de la certificación médica está en el desvío que ella realiza a la vista de la Convención de Ginebra, según la que es considerado como refugiado toda persona que "sufre con razón de ser perseguida por su raza, su religión, su nacionalidad, su pertenencia a un cierto grupo social o sus opiniones políticas, se encuentra fuera de su país del cual es nacional y que no puede o, por el hecho de este temor, no quiere reclamar la protección de ese país". El temor de las persecuciones no implica que uno mismo haya sido efectivamente torturado: el mismo puede provenir de las amenazas proferidas de manera directa o indirecta, de relaciones reales o sospechadas con grupos religiosos, políticos o étnicos en peligro, de muertes o desapariciones sobrevenidas en su entorno cercano. Aun cuando las torturas hayan sido sufridas, ellas no dejan necesariamente trazas visibles: las descripciones que dan los solicitantes de asilo conciernen generalmente a violaciones, golpes de armas, descargas de electricidad, inmersiones prolongadas en el agua, de posiciones con los pies atados suspendidos cabeza abajo. Solicitar una certificación médica, verificando la existencia de cicatrices que sean compatibles con el relato, es hacer restringir considerablemente el campo de aplicación del estatuto convencional de refugiado y es reducir, igualmente, por contragolpe las oportunidades de aquellos y aquellas que no tienen cicatrices para mostrar[20]. Ciertamente, nadie dice que el estatuto no pueda ser otorgar en ausencia del certificado, pero la plusvalía otorgada a las señales corporales hace retroceder el principio del "miedo a ser perseguido" que, por definición, no tiene traducción física. Si bien, para la persona concernida, la certificación puede jugar un papel positivo, por el contrario, finalmente y para el conjunto de los refugiados, ella entraña una pérdida de oportunidades y un retroceso del derecho.

Sin embargo, el certificado no es solo un documento que rebate el espíritu de los fundadores del asilo sobre la violencia inscripta sobre y en el cuerpo: él participa, además, de la descalificación de la palabra de las víctimas haciendo intervenir a un experto obligado a decir la verdad en su lugar. La desconfianza en relación con los relatos que envían los solicitantes de asilo se ha desarrollado a medida que las políticas se hacen cada vez más restrictivas y que se ejercen presiones cada vez más fuertes sobre los oficiales de la OFPRA y los jueces de la CRR. Cuanto más aumentan los poderes públicos la presión sobre las instituciones y sus agentes para reducir la proporción y el numero de los estatutos de refugiados otorgados, más necesidad tienen esos agentes de convencerse de que los solicitantes exageran, simulan, inventan, y esto a fin de poder, al fin de cuentas, justificar las decisiones de rechazo frente a sus propios ojos para no sentir la pura negación del sentido de su actividad. Progresivamente, como lo explicaba un juez asesor del Alto Comisionado para el derecho de los refugiados residente en la CRR, ellos interiorizaban la tasa hacia la que ellos debían tender y usaban criterios de juicio que les permitieran, en los años 2000, mantener la madia de apenas un dosier sobre diez, cuando ellos validaban proporcionalmente nueve veces más en los años 1970. En esas condiciones,

[20] El antropólogo británico Anthony Good (2007), que ha sido testigo experto en los servicios de asilo de su país, da un análisis detallado de los elementos de interpretación de la Convención de Ginebra de 1951, en particular sobre el tema de la "well-founded fear" (miedo fundado) y de las condiciones de su puesta en acción en ayuda de la *Guide des procedures et critéres a aplliquer pour determiner le statut de réfugié* (NdT: Guía de procedimientos y criterios a aplicar para determinar el estatuto de refugiado), del Alto Comisionado de las naciones Unidas para los refugiados, en el que la dimensión subjetiva del miedo es discutida.

redactar los certificados justificando que, según la fórmula consagrada, las constataciones de los exámenes eran compatibles con los dichos del demandante de asilo, significaba sustituir su palabra por una pericia y contribuir a la deslegitimación de los relatos. Esta desvalorización de la palabra del demandante de asilo toma evidentemente una dimensión singular cuando se trata de hechos para los que el médico tiene poco que decir: tal es el caso de las violaciones sexuales para las que, generalmente, las secuelas psicológicas están felizmente ausentes a distancia del acto; la huella psíquica viene a veces a sustituir la marca corporal ausente, a título del traumatismo y de sus secuelas[21]. Al lado de los médicos son también los psicólogos quienes exploran la verdad de las narraciones en busca de pesadillas y otros síntomas que atesten el estado de estrés pos-traumático.

Frente a esas ambigüedades y esos peligros de la certificación medica, algunas asociaciones apenas tienen estado de ánimo para seguir. En el fondo, para ellas, lo esencial es dar su oportunidad al demandante que tienen frente a sí y que podrá utilizar la pericia para dar mayor credibilidad a su dosier. Por otra parte, no ha habido debate sobre esta cuestión en el seno de las mismas. Tales serían las posiciones del Centro Minkowshka, especializado en la salud mental de los refugiados y de los inmigrantes, y la del Centro del AVRE, Asociación para las víctimas de represión en el exilio, disuelta desde entonces, como también del Centro de derecho y ética de la salud de Lyon. Otras asociaciones son, por el contrario, tironeadas por esas contradicciones entre la concepción de lo que es su misión y el rol que se les pide desempeñar. En tanto que se supone que ellas deben tomar a cargo a las personas víctimas de persecuciones y, más allá del caso particular, defender su causa en el espacio público, especialmente contra una política de Estado cada vez más restrictiva en materia de derecho de asilo, se ven poco a poco cada vez más absorbidas por el trabajo de cooperación con las instituciones públicas a las que ayudan a realizar la selección entre los candidatos al estatuto de refugiado. Pasionales discusiones

---

[21] Nosotros desarrollamos antes la particular historia del traumatismo y su uso en la construcción de la prueba psicológica de las torturas y de las violencias (Fassin y Rechtman, 2007).

las animan de forma recurrente y a veces las dividen. Pero, no todas sacan las mismas conclusiones a pesar de hacer un análisis compartido. Para algunos, cualquiera sea su desacuerdo con los procedimientos tal como ellos se desarrollan y las solicitudes tal como les son dirigidas, no se pueden escapar a la actividad del experto. Según ellas, es el derecho de las personas hacer la demanda, es el deber de los médicos dar una respuesta y es tal vez, finalmente, un elemento que le permitirá al candidato obtener su estatuto. Es más, en la hipótesis en que las asociaciones no hagan más los certificados, podemos creer, dicen ellas, que sería puesto en su lugar un cuerpo de expertos acreditados que tendrían, en relación a los actuales expertos, que ser muy costosos para los demandantes de asilo y mostrarse menos sensible a su defensa. La COMEDE, asociación médica fundada en 1979 para dar servicios a los inmigrantes enfermos y que realiza hoy más de 10.000 consultas por año en un hospital del sur de París, ha hecho la elección de continuar con los certificados. Para otros, el rechazo de entrar en esas ambigüedades y contradicciones de los certificados supera el supuesto beneficio de los mismos. Es, por lo tanto, en relación a la administración y a los magistrados quienes piden a las asociaciones una posición de ruptura, destinada a evitar toda forma de colaboración con el procedimiento en curso, vivida como una complicidad. La asociación Primo Levy, creada en 1995 a continuación de una escisión con el AVRE, y cuya actividad es principalmente de sostén médico-psicológico de las víctimas de tortura, evalúa 3000 consultas por año y anuncia de manera regular su intención de no hacer mas certificados.

Podemos considerar que la primera postura muestra una ética de la responsabilidad y la segunda una ética de la convicción[22]. La primera juzga por anticipación de los efectos previsibles, la segunda se apoya sobre la adhesión a una doctrina superior. Ciertamente, los que son rechazados no descuidan los efectos de su decisión (o, a la

---

[22] Para retomar la clásica distinción de Max Weber (1959/1919, p. 172): "Toda actividad orientada sobre la ética puede ser subordinada a dos máximas totalmente diferentes e irreductiblemente opuestas. Ella puede ser orientada según la ética de la responsabilidad o según la ética de la convicción. Esto no quiere decir que la ética de la convicción es idéntica a la ausencia de responsabilidad y la ética de la responsabilidad a la ausencia de convicción".

inversa, del mantenimiento del *statu quo,* pero ellos hacen prevalecer el principio sobre las consecuencias inmediatas). Del mismo modo, los practicantes del certificado no carecen de alguna doctrina (y, además, participan con los otros en el combate político por el derecho de asilo), pero ellos ponen por delante las ventajas esperadas, por más limitadas que ellas sean. Mientras tanto, podemos hacer dos tipos de informes entre los medios y los fines. En la posición analizada aquí como mostrando ética de la responsabilidad, la detención del certificado es considerada ante todo bajo el ángulo de sus consecuencias para los demandantes: pérdida de oportunidad en el corto tiempo por falta de la pericia (sin ese documento un individuo ve su probabilidad de obtener un estatuto reducido), y a mediano término por remplazo de los expertos (los nuevos son conocidos como menos comprometidos y, por lo tanto, menos favorables a los refugiados). En la posición inversa, considerada como refiriéndose a una ética de la convicción, esta pérdida de oportunidad es vista como el precio a pagar a la vez por evitar el compromiso (colaborar con los poderes públicos en una política restrictiva para el asilo) y, por obligar al gobierno a asumir sus elecciones (sin hacerles llevar el peso a los expertos). Pragmática del diálogo, por un lado, estrategia de ruptura por el otro. Si bien todas las asociaciones participan de una reacción de "protesta[23]" similar, sus elecciones políticas descansan sobre presupuestos éticos diferentes.

Las opciones que acaban de ser descriptas corresponden a la posición oficial, más o menos estable, de las diferentes asociaciones. Ellas no rinden exactamente cuenta de sus prácticas. En el seno de cada asociación, las actitudes y las prácticas de los médicos y de los psicólogos permanecen heterogéneas, como lo evidencian las entrevistas realizadas con ellos, la observación de su consulta y el examen de los certificados establecidos, cuando ellos existen. Se trata aquí de una ilustración absolutamente simple de alejamientos de las normas en el funcionamiento de una institución. Sin embargo, aun en situaciones de toma de distancia, lo que resulta sorprendente es la imposición

---

[23] En el seno de la "voz", término que utiliza Albert Hirchmann (1970) para describir esta forma de respuesta de los individuos confrontados a una situación generadora de frustraciones.

de la reflexión y de la discusión ética en la política cotidiana de las asociaciones, las emociones y los desgarros que ellas suscitan en los debates, las dudas y las dificultades que ellas provocan en el ejercicio cotidiano de cada clínico[24]. Hacer o no hacer el certificado médico, alrededor de este dilema, cada uno, tanto en la conversación como en la acción, manifiesta una verdadera pasión ética que responde a esta lógica propia de la gestión del asilo[25]. Lo que sucede, en efecto, es que más allá de sus disensos los médicos y los psicólogos perciben bien la diferencia entre el sentido que las violencias pueden tener para las personas que las han sufrido y la reducción semántica que el examen clínico opera describiendo las cicatrices físicas, por un lado, y entre las razones profundas de su propio compromiso con la causa de los refugiados que los ha conducido en esas asociaciones y los actos administrativos de verificación que han tenido que hacer, por el otro. Defensores del derecho de asilo, ellos se encuentran comprometidos en una policía de los cuerpos.

Podemos, además, hacer la hipótesis de que las tensiones éticas entre las asociaciones y en el interior de cada una de ellas son tanto más fuertes cuanto más restringido es su margen de maniobra. Porque, en una cierta medida, la cuestión de hacer o no hacer los certificados y, si ellos tienen o no eficacia, es dirimida por fuera del espacio donde esta cuestión es debatida. Ella está fundamentalmente a nivel de la Unión Europea en los acuerdos de Dublin de 1990, que establecen las relaciones de solidaridad entre los Estados, en lo que concierne al asilo; en el tratado de Ámsterdam de 1997, que instituye la comunitarización de las políticas de inmigración y del asilo; en la cumbre de Tampere, en 1999 que, afirmando la especificidad de cada una de ellas, relaciona las políticas de inmigración y de asilo; y, finalmente, en la reunión de París del 2008 que consagró el Pacto europeo de la inmigración y el

---

[24] Es con Nikolas Rose (199b, p. 188) que podríamos calificar del campo de lo "ético-político" aquel en el que se desarrollan las técnicas necesarias para el ejercicio de un gobierno responsable y la técnica de las obligaciones frente a uno y los otros.

[25] En su estudio sobre las prácticas burocráticas del asilo en Suecia, Mark Graham (2002) da un ejemplo de esas implicancias emocionales de los agentes de la administración.

asilo[26]. Paralelamente, ella está en las consignas dadas por el gobierno y la administración a los agentes para reducir el número de personas que obtendrán el estatuto de refugiado, pero probablemente también en la interiorización por esos agentes de un conjunto de ideas comunes sobre la explosión de las solicitudes de asilo, sobre la ausencia de un fundamento en muchas de ellas, sobre la necesidad de terminar con las atribuciones muy liberales del estatuto, todos ellos elementos que no son específicos de la situación francesa[27]. En esas condiciones, es destacable que, desde 1995, independientemente de las variaciones de la situación internacional y de la fluctuación del número de solicitudes, la tasa acumulada de acuerdos del OFPRA y de la Comisión de ayuda de los refugiados haya permanecido relativamente estable, entre el 15% y el 20%, como si por medio de la aplicación de una norma, la generosidad relativa de la CRR viniera a compensar la severidad creciente de la OFPRA. Desde entonces, la influencia de los certificados solo es marginal, "salvando" algunos dosier sin modificar en nada la economía general de la obtención del asilo. Finalmente, las evoluciones de la política (por ejemplo, la invención de la noción administrativa de "país seguro" que permite un rechazo casi sistemático de los ciudadanos extranjeros que solicitan asilo), o las actitudes individuales de los decisores (oficiales del OFPRA o jueces de la CRR más o menos liberales en la interpretación del marco administrativo-jurídico que les es dado) tienen mayor peso que la certificación médica, a propósito de las que las asociaciones se vuelcan absolutamente. Mucho ruido para nada, estaríamos tentados de decir, si nos atenemos exclusivamente al criterio de eficacia. Sin embargo, es otra cosa la que está en cuestión en los debates que agitan el mundo asociativo: la defensa de los principios morales en política y, especialmente, el reconocimiento de la razón de las víctimas de persecuciones frente a la razón de Estado.

---

[26] Podemos referirnos a los análisis de Nathalie Berger (2000) sobre las convergencias de las políticas europeas del asilo y la inmigración.

[27] Podemos pensar en los trabajos de Josiah Heyman (1998) sobre los agentes de los servicios de inmigración en los Estados Unidos, en particular sobre la frontera con México.

Escribir para demostrar

Por más que aceptemos redactar los certificados atestando la existencia de trazas de la violencia sufrida por los demandantes de asilo, la cuestión se convierte en: ¿Cómo escribir sobre esta violencia? ¿Qué verdad podemos decir que no traicione la experiencia del sufrimiento y que no sustituya la palabra del refugiado?[28] Para el experto encargado de certificar la huella que deja la tortura sobre un cuerpo, el problema es ante todo técnico. Se trata de poner en juego una competencia al servicio de una causa. Debemos describir las secuelas para validar un relato. Citemos, a título de ejemplo, la conclusión de un extenso certificado médico redactado por un médico del COMEDE concerniente a un hombre de "nacionalidad congoleña":

> El relato que nos hace el Sr. B. de las circunstancias de su arresto y de las torturas que él ha recibido allí y de su estadía en la prisión de N., es particularmente detallado, coherente y a veces también empañado de emoción. Sin embargo, el examen clínico resulta bastante pobre. Los dolores torácicos están visiblemente relacionados a una artritis condro-esternal post traumática que no puede ser detectada radiológicamente. El hecho de que al Señor B. le falte un diente, en tanto el resto de la dentadura se encuentra en buen estado, habla a favor de la causa enunciada. La cicatriz abdominal no ha podido ser puesta en relación con un traumatismo preciso por el Sr. B., que dice haber perdido más o menos la conciencia. Sin embargo, el conjunto hace que podamos creer en la veracidad de los hechos declarados. Certificado entregado en propia mano al interesado, a fin de que pueda hacer valer su derecho.

El desarrollo de las certificaciones médicas está perfectamente estereotipado. Comienza con la fórmula "Yo, el abajo firmante...", se continúa con la "declaración" de la persona, luego vienen sus "dolencias", a continuación el "examen" y finalmente las conclusiones que terminan con esta fórmula: "Certificado entregado en mano propia...". En el presente caso, la declaración, de estilo directo y a

---

[28] Pregunta que vale seguramente para todos aquellos que escriben sobre la violencia, comenzando por los antropólogos, como lo observa Veena Das (1997), a propósito de las mujeres indias afectadas por la brutalidad extrema de la división de su país.

modo indicativo, está ampliamente desarrollada: aquí él hace treinta y seis líneas densas. Las circunstancias políticas son evocadas y luego el relato del arresto:

> El señor B. nos dice: "Yo trabajaba en la sociedad S., como almacenero cuando uno de los responsables de la administración me solicitó dejar pasar un material de propaganda transportado por la compañía aérea a nombre del Señor V., un socialista belga que sostenía al partido clandestino de la oposición, el UDPS. Yo acepto y dejo pasar varios […]. El 30 de julio de 1985, cinco agentes de la BCRS vinieron a arrestarme a mi casa. Yo fui molido a palos desde el momento del arresto y en el jeep que me transportaba. Golpeado a patadas a nivel de la mejilla izquierda, sentí que uno de mis dientes había sido tocado, eso me hacía muy mal, comencé a sangrar, luego me di cuenta de que el diente había caído".

Además, son informados los malos tratos físicos que se sufren después de la internación en el campo de detención:

> Después del mediodía me vienen a buscar y me llevan a una oficina para ser interrogado por uno de los comisarios. Yo dije la verdad sobre lo que había sucedido y es en ese momento que uno de los militares me da una cachetada y como yo no podía responder nada más a las preguntas, me dieron golpes de garrote de caucho a nivel de la cabeza y las espaldas. No podía más, yo estaba grogui, ellos me amenazaron de muerte. Luego me esposaron las manos a la espalda y me llevaron afuera: uno de ellos me tiró agua fría diciendo que debía permanecer acostado allí. Yo vi entonces que estaba herido en el vientre. Luego me pusieron de pie después de una hora, continuaron dándome golpes de puño diciéndome que hablara. Quisieron forzarme a llevar algo sobre la espalda y como yo no podía, recibí tres patadas en el pecho. A la tercera, perdí el conocimiento.

Las dolencias a las que hace mención el certificado son "los dolores torácicos", "la ausencia de un diente" y "una cicatriz a nivel del abdomen". El examen aporta, en contraste con el relato, una modesta contribución: "el dolor aparece cuando se presiona antero-posterior del tórax", pero la radiografía "no muestra lesión ósea"; obviamente, notamos "la ausencia del 2do. premolar superior izquierdo", pero hay numerosas razones para la pérdida de un diente; con seguridad existe a nivel abdominal una "cicatriz groseramente horizontal y rectilínea", pero es difícil afirmar el origen de la misma. Por lo tanto, la conclusión citada pone de manifiesto, más que una verdad clínica leída sobre el cuerpo, una íntima convicción atada a la historia contada. A falta de poder atribuir de forma vinculante los signos físicos a causas violentas, el autor del certificado evoca el detalle, la coherencia y la emoción del relato –"podemos creer en la veracidad de los hechos alegados–", que manifiesta la profesión de fe.

Este certificado médico es redactado en 1987. Pertenece a la primera época de la pericia clínica en materia de tortura. La demanda institucional recién emerge. Las asociaciones aún no han definido un marco doctrinario. Cada uno de los médicos solicitados por los candidatos al estatuto de refugiado o por la administración del asilo responde lo mejor que puede, mezclando los cánones de la certificación médica (fórmulas estandarizadas, atención descriptiva, prudencia interpretativa) y el deseo de la palabra justa (respecto del relato, puesta en valor de los detalles probatorios, compromiso personal en la conclusión). Las reglas generales no entorpecen la libertad de la escritura. El análisis de una serie de pericias redactadas en el curso de este período demuestra, en relación con el resto, qué podemos esperar desde entonces, que cuando el ejercicio es dejado en manos de cada uno, exista una gran variación estilística en los certificados.

Pero, ese tiempo es pasado. Desde el comienzo de los años 1990, bajo la presión de una demanda social y política, la COMEDE establece normas de redacción, de las que una primera síntesis es producida en un documento interno en noviembre de 1991. Además, es necesario "tratar de ser breve y justo". Esta reducción se hace principalmente sobre el relato. Mientras el texto del certificado precedente ocupaba una página y media, en el actual no son más que algunas líneas de estilo indirecto y en modo condicional, como en este certificado que data del 2002: "Este paciente de origen tamil habría sido arrestado en 1996, a continuación de su implicación en ayuda de los Tigres, y es encarcelado. Él declara haber sufrido torturas, haber sido golpeado con puntazos de bayoneta y quemado con cigarrillos"[29]. Tratándose de la parte clínica, por el contrario, la consigna es que él debe "aportar precisiones sobre las dolencias y las constataciones del examen". Todo esto muestra que la pericia médica es detallada, como en ese mismo certificado: "a nivel de la raíz del pulgar izquierdo, dos cicatrices, una longitudinal de 3 cts. de longitud y otra ovalada relativas a un golpe por arma blanca; a nivel del ante-brazo izquierdo, cinco lesiones re-dondeadas típicas de quemaduras por cigarrillo; a nivel de la pierna derecha, numerosas lesiones con pérdida de tejido por arma blanca". La conclusión, leída también en las recomendaciones, debe tratar de "relacionar mejor los hechos citados y las torturas constatadas", sin mencionar "los elementos negativos en las dolencias o el examen". No debemos más, como en el certificado establecido hasta hace poco tiempo, señalar "un examen clínico pobre" o constatar que "la cica-triz no puede ser puesta en relación con un traumatismo preciso". La honestidad, de la que podríamos pensar que es el objetivo en función de su objetividad, ya no es su misión. De hecho, la formulación final es secamente estandarizada: "El conjunto de las constataciones es compatible con las declaraciones del paciente". Si bien sigue una es-tructura retórica compatible, el certificado médico redefinido de esta forma tiene una significación social totalmente diferente.

La reducción de los relatos de violencia, llevado a su más simple expresión, tiene tres razones principales: en primer lugar, una voluntad de no mostrarse redundante en relación a la palabra de la persona, lo que contribuiría a su pérdida de legitimidad; en segundo lugar, un interés de instalar el principio del ejercicio según el cual el médico no puede hablar de lo que él no puede certificar; en tercer lugar, es nece-sario también reconocer un efecto de agotamiento ligado al número de demandas que conduce a una suerte de rutinización de la certifi-cación. Reducir de ese modo una parte de la historia de la persona en el documento que se debe remitir a las oficinas de la OFPRA o a los

[29] Nosotros imaginamos, en contraposición, los amplios desarrollos por los que Jo-nathan Spencer (2000), informa, a través de la historia de un joven de Sri-Lanka, las escenas de la violencia en esta guerra civil.

jueces de la CRR, es literalmente participar de las des-historizaciones de los refugiados[30]. Esta separación se inscribe en un movimiento más amplio que podemos describir como una diferenciación de funciones y un compartir de los roles en el mundo asociativo. En esta circunstancia, la defensa de los solicitantes de asilo se hace en tres frentes principales: el derecho, por el que los poderes públicos son interrogados; la ayuda del relato, que consiste en un acompañamiento de las personas en la elaboración de la historia que ellas deben presentar frente a la administración o a los jueces; y la pericia medica, que se basa en la certificación de las huellas de la violencia para esas mismas instituciones. De los tres frentes, el primero concierne al colectivo (los refugiados, con el asilo en principio), en tanto los otros dos se basan en el individuo (por una intervención personalizada). En la división de las tareas que se realiza entre especialistas de ayuda al relato y expertos de la certificación médica, se juega una forma de separación de lo narrativo y de lo corporal. Ciertamente, el médico debe relacionar lo que el cuerpo le revela con la narración que él ha escuchado. Sin embargo, él se aventura solo sobre su propio terreno, aquel de la clínica, dejando la reconstitución biográfica a los agentes especializados en esta actividad: seguramente abogados, pero también asociaciones, como el Servicio ecuménico de ayuda (CIMADE), y estructuras de albergue, como los Centros de acogida de demandantes de asilo (CADA). La condición de validez de la pericia del médico busca delimitar, en su acto, su campo de competencia. La renuncia al sentimiento moral que lo anima al comprometerse en esta actividad de cuidado y de sostén es el precio a pagar para que su certificado sea creíble y, por lo tanto, eficaz. Desde ese momento, no habla más de "emoción" en el relato y no dice más "creer" en la palabra del demandante. Él es aquel que describe las "cicatrices constatadas", esforzándose por afirmar la probabilidad de una relación entre estas con los "hechos relatados". Del militante que él había imaginado, se ve convertido en simple legista.

---

[30] El efecto supera ampliamente el cuadro analizado aquí, como lo observa Liisa Malkki (1996), para quien el estatuto jurídico-administrativo del refugiado suprime de alguna manera la historicidad de su singular condición.

Sin embargo, la pericia tiene otra función, además de la utilitaria abiertamente enunciada. Ella no está solo destinada al oficial del OFPRA o al juez del CRR que va a dictaminar sobre la demanda de asilo. Está investida también de una función que los médicos consideran como terapéutica, pero que también podemos considerar ética. Hacer un certificado es reconocer que la persona ha sido víctima de las violencias que sufrió. La persona es escuchada, pero especialmente ella sabe que ha sido entendida. Si aquellas y aquellos que han tenido una experiencia de horror extremos son confrontados a una dolorosa "gestión de lo indecible"[31], lo son también a una gestión de "lo inaudible", lo que no es menos agotador. Hoy, el *ethos* de la administración en materia de asilo está dominado por la sospecha. Las historias son puestas en duda, los hechos son discutidos, las pruebas son descalificadas. Haber convencido a un médico es haber realizado un primer paso, tal vez decisivo en su producción de veracidad. La marca no está, además, solo —o en— el cuerpo; ella está presente en un documento con valor legal. La traza de la escritura, ya sea que retome el relato y testimonie las secuelas, envuelve en legitimidad las frágiles palabras y las heridas invisibles del candidato al estatuto de refugiado. La escritura, entonces, no tiene solo una virtud práctica. Tiene, además, un valor simbólico y, por consiguiente, político, que los certificados médicos nos recuerdan. En un contexto de escepticismo generalizado, la certificación escrita es la forma superior de la veracidad.

* * *

Por más marginal que sea estadísticamente su presencia en Europa —especialmente en vista del número de refugiados que tienen los países del Sur—, los solicitantes de asilo representan una cuestión mayor para el mundo contemporáneo. Como las "personas desplazadas" al día siguiente de las dos guerras mundiales, las víctimas de violencias que hoy solicitan la protección de los Estados occidentales ponen a prueba, no solo su dispositivo reglamentario, sino también su sentido

[31] Tal como lo escribe Michael Pollak (1990) a propósito de las entrevistas que realizó a tres mujeres escapadas de los campos nazis de concentración y de exterminación.

moral y su responsabilidad política. En esta perspectiva, podemos decir que si los apátridas han sido, como lo sugiere Hannah Arendt, las figuras morales y políticas por excelencia del siglo XX europeo, los demandantes de asilo parecen ocupar hoy ese lugar. Deberíamos distinguir, analíticamente, los refugiados como fenómenos de masa sobre los continentes africanos y asiáticos, y los solicitantes de asilo, como realidad contraria a la hiper-individualizada en Europa y América del Norte. Gestión colectiva para los primeros, que las organizaciones internacionales reagrupan en los campos, y singularización en el tratamiento de los segundos, a propósito de quienes, los aparatos estatales realizan una verdadera casuística. A la "corporeidad anónima"[32] de unos, opondríamos también la exploración minuciosa del cuerpo de los otros, en busca de esas señales susceptibles de certificar la veracidad de su condición.

Esto nos hace detenernos aquí sobre una paradoja trágica. La práctica de la tortura es, lo sabemos, condenada por las convenciones internacionales, aquella de 1949 sobre el derecho humanitario y, más específicamente, aquella contra la tortura adoptada por las Naciones Unidas en 1984. Que la existencia de esos textos no garantiza la desaparición de las torturas físicas es suficiente para convencerse –refiriéndonos a las democracias occidentales–, al recordar los abusos regulares cometidos ayer por la Armada Francesa durante la Guerra de Argelia, o evocar los tratamientos degradantes empleados hoy por las fuerzas militares estadounidenses en las prisiones de Irak. En una perspectiva de historia moral y política, la cuestión no es por lo tanto preguntarse si la tortura ha disminuido su frecuencia en la época contemporánea, sino más bien constatar que ella es ilegal y ampliamente ilegítima (aun cuando ciertas tomas de posición de Francia, después de la revelación de la práctica generalizada de la tortura en Argelia y, sobre todo, en Estados Unidos después de los atentados del 11 de setiembre del 2001, muestran que existe una resistencia a esta evolución). La tortura no

---

[32] Según la fórmula de Allan Feldman (1994, p. 407) que se dedica a analizar cómo esta masificación es también una construcción hecha por las imágenes que nos transmiten los medios.

ha desaparecido, ella simplemente debe permanecer en secreto[33]. El contraste de esta mirada es destacable con la práctica pública de los castigos que se supone, además, tendría una virtud pedagógica. No solo es necesario disimularla, es necesario igualmente borrar la huella para no correr el riesgo de encontrarse un día frente a un tribunal internacional. Eso puede significar dos cosas: una es hacer desaparecer completamente los cuerpos (las fosas comunes dan testimonio de ello retrospectivamente); otra es utilizar técnicas que no dejen marcas detectables (ya sea que el sufrimiento haya sido físico o psicológico). Es, por lo tanto, en el momento donde la práctica de la tortura evoluciona sobre formas cada vez más invisibles que exigimos una visibilidad de las cicatrices sobre el cuerpo para demostrar que la persecución ha tenido lugar. Mientras que la palabra de las víctimas de la violencia política es sistemáticamente puesta en duda, es ahora su cuerpo el interrogado –un cuerpo que, generalmente, habla poco porque los torturadores tienen interés en que permanezca mudo–.

Además, cuando él habla, el cuerpo del perseguido no siempre es suficiente para fundamentar la verdad de su historia. A propósito de un inmigrante de Sri-Lanka cuyo certificado médico es presentado en el inicio de este capítulo, menciono que de manera frecuente es ignorada la eficacia de la certificación provista a las instancias que deciden otorgar o no el estatuto de refugiado. Eso sucede en tanto se sepa. Así es también para Elanchelvan Rajendram[34]. Según la reconstrucción de su biografía, es a los veintiséis años que él llega a Francia y deposita su solicitud de asilo. Sri-lankés de origen tamil, vivió en una zona controlada por los Tigres, movimiento al que pertenecía su hermano mayor, que fue asesinado por el ejército. Detenido junto a su padre en Sri-Lanka por los militares, poco después de la muerte de su hermano,

[33] Es lo que destaca Talal Asad (1997, p. 289), quien distingue claramente la idea (a la cual él no adhiere) según la cual la "civilización" debería hacer retroceder la tortura, y la idea (que él defiende) según la cual declaramos como "no civilizada" la tortura, lo que conduce a hacer secreta su práctica.

[34] Debemos la publicidad de esta historia trágica a Simone Fluhr, quien había acompañando al joven en las idas y vueltas de su demanda de asilo y que reunió después de su muerte todas las piezas de su expediente: "En memoria del Sr. Elanchelvan Rajendram", *Recueil Alexandries,* col. "Reflets", *Terra,* mayo del 2007 (www.reseau-terra-eu/article572,html, consultado en abril del 2010).

fue encarcelado y torturado durante veinte días, incluyendo el uso de cuchillo. A su salida de prisión, oculto en un local del partido que colaboraba con el gobierno nacional y para el que él trabajaba, fue amenazado esta vez por los Tigres que lo acusaban de colaborar con el enemigo. Un segundo hermano es asesinado en este momento. Sus padres deciden entonces que debe irse del país. Al término de un largo periplo organizado por los barqueros, llega a Estrasburgo. El OFPRA rechaza su demanda con el motivo de que su relato era demasiado "estereotipado" e insuficientemente "circunstanciado". Una solicitud de apelación es introducida frente al CRR con numerosas piezas entre las que se encontraba el certificado de defunción de su hermano por arma de fuego, y una certificación de cicatrices redactada por un practicante hospitalario. Los jueces no estaban muy convencidos de que fueran los oficiales y declaran que la relación entre las constataciones clínicas y las torturas recibidas no estaban establecidas. A continuación de la modificación de la legislación francesa en materia de asilo, el joven, ayudado por una asociación de Estrasburgo, presenta nuevamente su dosier frente al OFPRA y luego frente a la CRR, argumentando su "temor de regresar a un país donde su seguridad no estaba garantizada": las dos instancias confirman su decisión. Luego de una última tentativa frente al tribunal administrativo para tratar, en vano, de hacer levantar la decisión de ser conducido a la frontera, el joven es expulsado a Sri-Lanka. Algunos meses más tarde, el 28 de febrero del 2007, él es asesinado con seis disparos de bala por la armada srilankesa durante un patrullaje. "Yo no sé que más hacer para que me crean", había escrito a la Comisión de ayuda durante su última demanda de examen de su expediente. Es evidente que ni su relato ni sus documentos tuvieron éxito en hacer creíble su causa. Incluso, la carta del practicante hospitalario certificando la existencia de sus cicatrices compatibles con los hechos relatados había resultado inútil. Objeto modesto de la política de asilo, el certificado médico es de esa forma el fino hilo del que pende la existencia –física pero también psíquica– del candidato al estatuto de refugiado. En el caso de Elanchelvan Rajemdram, el hilo se cortó.

Fronteras

Capítulo 5
Una hospitalidad ambigua.
La administración de los indeseables

A diferencia del peregrinus, *que habitan fuera de los límites del* territorio, hostis *es el extranjero "en tanto se le reconocen los mismos derechos a aquellos de los ciudadanos romanos". Una relación de igualdad y de reciprocidad se establece entre este extranjero y el ciudadano de Roma, lo que puede conducir a la noción precisa de hospitalidad… Por un cambio del que nosotros desconocemos las condiciones precisas, la palabra* hostis *a tomado una acepción "hostil" y además, ella no se aplica más que al "enemigo".*
Emile Benveniste, *Vocabulario de las instituciones indo-europeas*

Apenas dos semanas después de su toma de funciones en el gobierno de Jean-Pierre Raffarin, el nuevo ministro del Interior, Nicolás Sarkozy, el 23 de mayo del 2002 hace una visita espectacular al centro de tránsito de Sangatte, en el norte de Francia. Desde el 24 de setiembre de 1999, fecha de su apertura, el gran hangar situado en una pequeña comuna balnearia del Pas-de-Calais había devenido el paso casi obligado para los extranjeros que partían para Gran Bretaña donde ellos pedirían asilo: en dos años y medio, 55.000 de ellos habían encontrado un refugio provisorio atravesando Calais en tren o en bote. Administrado por la Cruz Roja en el marco de un contrato firmado con el Estado, el lugar, que antes había servido como depósito para el material que servía para hacer el túnel bajo el canal de la Mancha, había sido múltiples veces denunciado por las organizaciones de defensa de los inmigrantes y las asociaciones de derechos humanos que, en vista de las condiciones materiales del albergue y del carácter jurídicamente indefinido del dispositivo, lo calificaban no como centro sino como "campo"[1]. Un campo bastante singular, porque no tiene cerca de alambre y, por lo tanto, uno puede entrar y salir de él a su gusto. Había sido abierto con doscientas plazas, dos años más tarde, las setecientas camas no eran suficientes y recordamos, en realidad, a mil trescientas personas ocupando los 25.000 m² con cuatrocientas llegadas cada semana y la misma cantidad de partidas. Dando a su visita una fuerte exposición mediáticas el ministro del Interior manifiesta simbólicamente la ruptura que esperaba realizar en relación a las políticas de sus predecesores de izquierda: sería estricto en materia de inmigración y severo frente a los extranjeros sin permiso de estadía, pero no toleraría las violaciones a la democracia[2]. Es en nombre de la República que cierra Sangatte. Estigmatizando la imagen de una estructura siniestra, da vuelta el argumento de sus adversarios asegurando rechazar las "condiciones indignas" en que viven los extranjeros. Él mismo, junto a sus colaboradores, especialmente Brice Hortefeux, que resultaría algunos años más tarde el primer ministro de la Inmigración, de la Integración, de la Identidad nacional y el Desarrollo solidario, llegarán hasta retomar a su cuenta y cargo la palabra "campo" para denunciar la política pasada y justificar el cierre. El término se había banalizado en el espacio público y la prensa lo retomaría de manera casi anodina en sus

[1] Ver "Un non-lieu pour des gens de non-droit. Entretien avec le directeur du camp de Sangatte" (octubre del 2002), *Enquête CCFD [Comité catholique contre la faim et pour le développement], CIMADE, [Service œcuménique d'entraide], Gisti [Groupe d'information et de soutien aux inmigrés], SAF [Sindicats des avocats de France], y SM [Syndicat de la magistrature] sur les «réfugiés» de Sangatte»*, 12 y 13 de Octubre del 2000: «podemos decir aquí mucho más «campo», que «centro» a causa de las condiciones de vida que prevalecen [...] y del improbable estatuto jurídico de esta «cosa» sin precedentes, salvo los campos de los Republicanos españoles a fines de los años '30» (www.gisti. org/spip.php?article655, consultado en abril del 2010).

[2] En los años siguientes no dejará de volver sobre esta decisión. De regreso, tres años más tarde, a Calais declara: "En mi vida de responsable político Sangatte tendrá un lugar muy importante". Candidato a la presidencia de la República dará muestra de su firmeza y de su coraje en materia de control de la inmigración luego de una conferencia de prensa el 11 de diciembre del 2006: "En el 2002, el siniestro hangar de Sangatte se había convertido, en toda Europa, el símbolo de la laxitud y la irresponsabilidad gubernamental del Sr. Jospin en materia de inmigración. 2000 a 3000 inmigrantes se apiñaban, en condiciones indignas para nuestro país, con la esperanza de pasar a Gran Bretaña".

reseñas. En los diarios, hablaban de "los campos de la Cruz Roja"[3]. La paradoja era que el centro, que había sido abierto invocando una razón humanitaria, era luego cerrado en nombre del mismo principio. No obstante, en los dos casos, la compasión anunciada no estaba lejos de ser una represión oculta.

La prehistoria de Sangatte es más larga de lo que habitualmente pensamos[4]. A mitad de los años 1980, son especialmente los pakistaníes y los vietnamitas los que encontramos en Calais, en espera de un pasaje para Inglaterra. A comienzo de los años 1990, los ciudadanos de Europa del Este, especialmente los polacos, liberados por la caída del régimen comunista y los nacionales de Sri Lanka, generalmente tamiles, huyendo de la guerra civil de su país, son los más numerosos. En el curso de este período, los británicos comienzan a negarse a instruir ciertas demandas de asilo y a expulsar a los indeseables hacia Francia. A mediados de los años 1990, se desarrollan iniciativas locales para tomar a cargo a las personas, cada vez más numerosas, errantes en el Calais y sus alrededores: asociación La Belle Étoile en 1994 y Colectivo de sostén en urgencia a los expulsados en 1997. La situación se hace preocupante en 1998 con la llegada de kosovares perseguidos por el gobierno Serbio. "Calais, reflejo del caos", titula el periódico local *Nord Littoral* el 6 de agosto de 1998: "Kosovares candidatos al exilio en Inglaterra en las peores condiciones, un rumano que viene de tentar suerte allende la Mancha, familias gitanas rechazadas por las autoridades británicas: con el transcurrir de los reencuentros, Calais resulta un embudo de la miseria". En la primavera siguiente, el prefecto, que hasta entonces había rechazado esta solución, se ve obligado, por el aflujo de kosovares, a abrir un depósito, pero solo como abrigo durante la noche. "¿Luego de haber anunciado el dispositivo de protección, aquel de la humanización?" se pregunta un periodista

[3] Por ejemplo: "Cerrar el campo no resolvería la cuestión de los refugiados". *Le Monde*, 3 de mayo del 2002, y "El campo de la Cruz Roja debe cerrar a fin de diciembre", *Liberation*, 3 de diciembre del 2002.

[4] Reconstituida después de entrevistas en el lugar y un análisis de la prensa local. Ver también «Des milliers de fontômes en camp. Synthése de la mission». *Enquête CCFD, Cimade, Gisti, SAF et SM sur les «refugiés» de Sangatte, 12 y 13 de octubre del 2000.* (www.gisti.org/spip.php?article654, consultado en abril del 2010).

local el 24 de abril de 1999, día de la apertura de este dispositivo. A pesar de esto, desde el 4 de junio el hangar es cerrado por los servicios prefectorales. Durante todo el verano, los candidatos al asilo, que no tienen más refugio, acampan en el parque Saint-Pierre en el centro de Calais, con el sostén de la asociación C´Sur. Progresivamente, los kosovares son reemplazados por los afganos y los kurdos, esencialmente de Irak, que huyen de los regímenes talibán y baasista. El 11 de agosto de 1999, bajo el título "El Estado busca la salida", *Nord Littoral* afirma: "Conciliar la ayuda humanitaria a los refugiados y el rechazo de la inmigración clandestina: tal es la voluntad del prefecto que reconoce no poder encontrar el punto de equilibrio".

La difícil concretización de una consigna que asemeje un oxímoron –una represión compasiva- se produce en los días siguientes. El 14 de agosto es anunciada la apertura de un centro de acogida de urgencia. El 19 de agosto, 210 personas son interrogadas. El 24 de agosto, 200 refugiados se instalan en el hangar. El periódico comenta: "Mientras que el parque Saint-Pierre retoma un rostro un poco más acorde con lo que es un parque, el sub-prefecto de Calais señalaba que el dispositivo pasaba de la fase humanitaria a aquella de protección". En suma, la inversa de lo que habríamos creído entrever cuatro meses antes cuando la "humanización" parecía suceder a la "protección".

Esta tensión entre humanidad y seguridad, entre compasión y represión –tal como ella se expresa en torno a la cuestión de los refugiados y más ampliamente de los inmigrantes– es una característica central de la gestión de los extranjeros en la Francia contemporánea, y, hasta un cierto punto, en Europa. En su lingüística comparada indo-europea, Émile Benveniste señala la curiosa ambigüedad de la palabra hospitalidad[5]. El término latino de donde viene esa palabra es *hospes,* compuesto a partir de *hostis.* Ahora bien, el primero significa el huésped y el segundo el enemigo. "Para explicar la relación entre

---

[5] En el primer volumen de su *Vocabulaire des institutions indo-européenes* (1969, pp. 87-95), él explora esta ambigüedad : «El vocabulario de las instituciones indo-europeas esconde importantes problemas cuyos términos aún no han sido expresados. Es necesario discernirlos a partir de palabras reveladoras de una institución de la cual sus señales no se dejan entrever, generalmente, más que de una manera fugitiva en tal o cual lengua.

"huésped" y "enemigo" –señala el lingüista– admitimos que uno y otro devienen del sentido de "extranjero" que es también acreditado en latín; de donde "extranjero favorable", huésped y "extranjero hostil", enemigo. Sin embargo, *hostis* no siempre ha tenido esta connotación negativa. Inicialmente, como lo recuerda el epígrafe de este capítulo, significaba una relación contractual de igualdad y de reciprocidad con el extranjero –aquel que vive en el barrio–. Del mismo modo en griego, *xénos*, que quiere decir extranjero, supone un pacto que implica obligaciones e intercambios. Sin embargo, hubo en la historia romana un momento donde las transformaciones sociales no fueron compatibles con esta noción de igualdad y reciprocidad que había sido instituida en vista de los extranjeros: "Cuando la antigua sociedad deviene nación, la relación de hombre a hombre, de clan a clan, se derogan; solo subsiste la distinción de lo que es interior o exterior de la *civitas*". Cuando *hostis* signifique enemigo, habrá entonces otra palabra, *hospes,* para decir huésped –cada uno de esos dos términos reenvían explícitamente al extranjero–. Esta confusión entre hospitalidad y hostilidad, que remonta por lo tanto a la fundación etimológica y política de la figura del extranjero, es central para pensar la extranjeridad en el mundo contemporáneo.

Continuando esta reflexión, Jacques Derrida hace una lectura casi psicológica:

> Uno puede devenir virtualmente xenófobo para proteger, o pretender proteger su propia hospitalidad, el propio estar con uno que hace posible su propia hospitalidad. Yo quiero ser mi propio amo para recibir a quien yo quiero. Comienzo por tener un extranjero indeseable y virtualmente por un enemigo a cualquiera que se apropie sobre mi espacio, sobre mi poder de hospitalidad, sobre mi soberanía de anfitrión. Este otro deviene un sujeto hostil del que tengo el riesgo de resultar el rehén.

Dialéctica de la hospitalidad y de la hostilidad, del huésped y del rehén: reconocemos la retórica de las políticas de inmigración, tal como ella se desarrolla después de decenios. No podremos tener éxito en la integración de los inmigrantes legales más que a condición de rechazar con mayor severidad a los extranjeros ilegales, decíamos en los años 1990. Fingíamos entonces olvidar que un número creciente de inmigrantes legales devendrían extranjeros ilegales si rechazábamos sus permisos de estadía, si rechazábamos su pedido de asilo o si ellos tenían una condena penal, dicho de otra forma, eludíamos el hecho de que la frontera entre las dos categorías era cada vez más porosa y que no podíamos garantizar a los "regulares" que se quedarían. Tenemos el derecho de promover una inmigración elegida, agregábamos en los años 2000, reduciendo la hospitalidad al solo juego de la utilidad y considerando, por lo tanto, como indeseables a aquellas y aquellos que no son "elegidos", a riesgo de reducir notablemente el asilo como piel de asno[6]. En suma, hemos pasado en un decenio de una lógica de distinción legal (separar los regulares de los irregulares en el territorio) a una lógica de discriminación legítima (separar los deseables de los indeseables antes de su entrada en el territorio). Entonces, Sangatte es el testigo de ese deslizamiento: no se trata verdaderamente de un centro de acogida donde se tratarían las demandas de asilo; se trataría de un centro de retención desde donde se expulsaría a los refugiados rechazados; es un lugar sin estatuto, con vocación humanitaria pero instalado por razones de protección, en el que los extranjeros deben estar de paso y no tienen jamás vocación de quedarse. Es un lugar de tránsito en el que no se detiene por irregularidades –presente, la policía es llamativamente tolerante– y donde los indeseables se hacen invisibles a medida que desaparecen mientras alcanzan las costas inglesas. Ni huéspedes ni enemigos, ellos se benefician de una hospitalidad furtiva, sin derechos –y en principio sin derecho de asilo–. A medida que las autoridades británicas endurecen su política de acogida en vista de esos refugiados y que el pasaje deviene difícil y riesgoso, las relaciones entre la razón humanitaria y la lógica de protección se hacen más tensas en el centro. Esos serán, finalmente, los mismos argumen-

---

[6] Memorizando, podemos recordar que la tasa de acuerdos de la OFPRA, pasó del 95% en 1976 al 7.8% en el 2006. Para un análisis del discurso de la distinción legal en los años 1990, podemos referirnos a la obra sobre *Les lois de l'hospitalité* que dirigí junto con Alain Morice y Catherine Quiminal (1997). Para una discusión política de discriminación legítima en los años 2000, podemos consultar la obra colectiva dirigida por Claire Rodier y Emmanuel Terray (2008).

tos –la humanidad y la seguridad– que, después de haber justificado la apertura del centro de Sangatte, permitieron legitimar su cierre.

Para tratar de dar cuenta de esta singular asociación de compasión y represión, de la que "momento Sangatte" es un revelador, comenzaré por volver sobre lo que se pone en juego en y alrededor del centro y, especialmente, sobre la suspensión del derecho provocada por la doble invocación humanitaria y seguritaria. Resituaré luego esas cuestiones en el contexto de las políticas contemporáneas de inmigración, en particular con lo que podemos llamar la humanización del asilo. Propongo, finalmente, releer los procesos de mundialización a la luz de la historia del último lugar concurrido por extranjeros, que Sangatte representa.

Una inversión de roles

El visitante que se presentaba en el centro de acogida de Sangate en ese inicio del año 2002 no dejaba de ser golpeado por la asociación de dos símbolos: en la entrada del inmenso galpón, de un lado la bandera de la Cruz Roja flotaba al viento, mientras que en el otro, un auto de la CRS estaba permanentemente estacionado. Penetrando en el recinto del centro de acogida, él estaba aún más impresionado por el espectáculo que descubría en esta parte del hangar que llamaban "plaza del pueblo" y que estaba en el corazón de las actividades: era una suerte de inmenso vestíbulo que se debía atravesar para alcanzar las carpas y las barracas de apariencia militar donde dormían los refugiados. Yo escribía en mi diario de terreno, el 22 de marzo del 2002:

> En la plaza del pueblo, la mayoría de los hombres están parados en pequeños grupos. En el centro, un pequeño dispositivo de juegos en madera para los niños; algunos grandes tienen bicicletas o patines, otros juegan a la rayuela. Hay también un rincón de TV con ocho filas de sillas en el que solo las tres primeras pueden ver la minúscula imagen y donde solo la primera fila tiene la oportunidad de escuchar el sonido. Más lejos, sobre un banco, cerca de la enfermería, una decena de hombres esperan su turno para la visita médica. Detrás de las barreras que separan a los refugiados del personal, los miembros de la Cruz Roja discuten o hacen su tarea. Cuando llegan nuevos, se los

> recibe pasando del otro lado de la barrera para interrogarlos y registrar-
> los, operación que dura en total menos de un minuto. Las situaciones
> personales son ventiladas en voz alta frente a todos los presentes. A
> cinco metros más atrás de la gente que circula por la plaza, un corredor
> metálico rodea un edificio prefabricado que domina los lugares como
> un mirador inofensivo. Policías ostensiblemente armados y manifies-
> tamente plácidos vigilan la agitación algunos metros más abajo. En
> numerosos momentos de la jornada, y especialmente después de la
> comida, las patrullas pasan en medio de los refugiados que no parecen
> inquietarse por esos paseos que ya les resultan familiares.

El especio del centro también está estructurado y ocupado por una doble presencia institucional: la Cruz Roja con sus oficinas, su enfermería, su personal; la policía nacional, con su compañía de CRS, sus lugares de observación dominante, su presencia discreta pero visible.

La cohabitación de las dos instituciones –humanitaria y policial–, sin embargo, no existió siempre. En efecto, la Cruz Roja es desde la apertura del centro la que gestiona los lugares: esta misión le ha sido confiada por el Estado y es la Dirección de la población y las migraciones la que asegura concretamente el financiamiento de la operación; la organización humanitaria había sido candidata a esta función y, además de sus relaciones políticas estrechas con el poder (en ese tiempo su presidente, Marc Gentilini, era cercano al presidente de la República Jacques Chirac), ella podía hacer prevalecer su experiencia, no solo en el campo de refugiados en otros continentes, sino también en espacios de excepción en territorio francés (como la zona de espera en el aeropuerto de Roissy cuyo responsable por la Cruz Roja, Michel Derr, se convirtió en el director del centro de Sangatte[7]). Por el contrario, los CRS estuvieron presentes en el lugar solo después de numerosos incidentes violentos que sobrevinieron entre los refugiados: en un contexto de competencia entre los diferentes grupos nacionales para

---

[7] La ZAPI 2 es la zona de espera para personas en instancia de Roissy donde son encerrados los extranjeros que llegan a territorio francés con documentos considerados como inválidos, en espera de un examen más exhaustivo de sus expedientes y una decisión que consiste, generalmente, en un regreso al avión para retornar al país de origen. Sobre la ZAPI 2, podemos leer la investigación de Chowra Makaremi (2009).

el control de la canasta de pasajes a Gran Bretaña, las intimidaciones y las peleas se multiplicaron, en particular entre kurdos y afganos (me explicaron que las tarifas solicitadas oscilaban entre 500 y 1000 dólares, los kurdos eran menos exigentes que los afganos). En el comienzo del 2002, se solicitó a la policía garantice la seguridad del lugar veinticuatro sobre veinticuatro horas, lo que no impidió que ocurrieran molestias diversas, a veces graves (una de las riñas provocó un muerto y dos heridos en abril del 2002, y en mayo un partido de futbol entre los dos grupos terminó en batalla campal). Deseo humanitario y preocupación seguritaria están de este modo inextricablemente ligados, ya que la concentración de población, en número creciente y en condiciones degradadas, pero también la presión cada vez más fuerte de las dificultades de la travesía y como consecuencia la competencia cada vez más intensa entre los barqueros, generan a la vez la necesidad de lo humanitario y la obligación de la seguridad.

Diariamente, los roles de las dos instituciones coinciden en parte. La Cruz Roja es frecuentemente llevada a ejercer una función de control, a veces de sanción. Asisto a la siguiente escena. Un refugiado busca entrar en el campo con tres bolsas de manzanas de cinco kilos. Los agentes de la asociación presentes en la entrada le prohíben el ingreso al hangar. Ellos explican, aseguran, que no se trata de un "tráfico de mercancías". La responsable de la recepción es llamada como refuerzo. El refugiado le explica que es para una fiesta que ellos van a celebrar con amigos. Ella responde que no quiere saber nada. Sin embargo, el asunto no termina aquí. Otros refugiados se mezclan, una mujer interviene como mediadora. Hartos de discutir, les dejan entrar las manzanas, asegurando que ningún otro alimento será autorizado a ingresar en adelante. Una hora más tarde, un empleado de la Cruz Roja declara haber sorprendido a los hombres en tren de revender las manzanas cerca de la "mezquita", espacio sin muros dedicado a la oración. El responsable exige que las manzanas sean distribuidas gratuitamente. La protesta crece entre los refugiados. Un poco después, es necesario intervenir para calmarlos. Este tipo de episodio es cotidiano: no solo los agentes humanitarios se encuentran "haciendo de policía" en el centro, sino que los hechos más anodinos toman proporciones sorprendentes y dan lugar a un intervencionismo permanente. Como lo señala un empleado de la Cruz Roja: "Él estaba decepcionado de ver cómo los trabajadores humanitarios podían resultar tan amargos. Para ellos, todas las ilusiones iniciales que les habían hecho creer que los refugiados recibirían con docilidad y gratitud la asistencia que ellos le daban, había dejado el lugar a una fatiga compasional"[8]. En realidad, el problema era que la tarea que el Estado había confiado a la organización comunitaria era totalmente de orden público, lo que no incluía que sus empleados se comprometieran. Por el contrario, la policía nacional se mostraba mucho más indiferente, a veces casi condescendiente. Los CRS no manifestaban ninguna agresividad en vista de los extranjeros, no verificaban jamás su permiso de estadía en tanto que prácticamente todos estaban sin sus papeles en regla, y que, por todo el resto del país, los controles de identidad se multiplicaban. Evidentemente, ellos no los llevaban jamás al centro vecino de retención en Coquelles, donde centenas de inmigrantes en situación irregular esperaban ser llevados a la frontera. Incluso, solían conducir generalmente al centro de refugiados a extranjeros encontrados errantes en el pueblo o cerca del puerto a fin de que sean albergados y cuidados. Sus patrullas, diarias y permanentes en el hangar, se desarrollaban sin fricciones, incluyendo cuando tenían lugar cacheos permanentes en busca de armas en el lugar. En cuanto a las redes de barqueros, ellos se desinteresaban, hasta tal punto que jamás surgía una reyerta. Su misión de seguridad pública era ampliamente disuasiva y diariamente eran los agentes de la Cruz Roja quienes aseguraban el mantenimiento del orden en el centro.

Este equilibrio fácil y esta ambigüedad institucional podía perdurar en tanto el centro mantuviera su función de tránsito: los refugiados no pasaban allí más que algunos días, a veces semanas, en el hangar antes de partir para Gran Bretaña; en consecuencia, las tensiones locales solo eran transitorias. Los responsables de la Cruz Roja apoyaban esta

[8] Entonces miembro de la asociación y doctorando en Antropología, Henri Courau cuenta su decepción en un artículo titulado "Facing Adversity Together: Stowaways and Helper in Sangatte". *Force Migration Revieu*, n° 14 (julio del 2002, pp. 21-22) (www.fmrwview.org/FMRpdfs/FMR14/fmr14.9.pdf, consultado en abril del 2010).

situación con sus discursos y sus prácticas. Un documento preparado por la Oficina de migraciones internacionales era enviado a los refugiados a su entrada en el centro[9]. Comenzaba con estas palabras: "Usted es actualmente un residente del centro de acogida de Sangatte, que es administrado por la Cruz Roja francesa. Este centro está instalado por el gobierno francés para dar asistencia humanitaria de corto tiempo a los inmigrantes irregulares como usted. Sin embargo, esta situación solo puede ser temporaria y precaria". No obstante, en vista de esta situación, la alternativa propuesta en el título del fascículo: "La dignidad o la explotación, la elección está en vuestras manos", parecía por lo menos sin salida. Por una parte, el documento insistía sobre los peligros corridos al tratar de alcanzar las costas inglesas: "las alambradas contienen miles de láminas de afeitar que pueden provocar heridas muy profundas; los rieles están electrificados con 25.000 voltios y pueden ocasionarle la muerte por electrocución, esconderse debajo de un camión lo expone al riesgo de ser aplastado o asfixiado; subirse a un tren en movimiento puede ocasionar amputaciones o la muerte, y las corrientes de aire en el túnel pueden alcanzar 300 kits. por hora y proyectarlo sobre la vía". Le recordaba también la muerte de cuatro inmigrantes tratando de cruzar en 2001 y de cincuenta y ocho clandestinos chinos, ocultos en un camión en el 2000. Más allá de esos peligros vitales, se le señalaba el riesgo de fracaso en la solicitud de asilo a Gran Bretaña y por lo tanto el regreso a su país. Por otra parte, el documento no señalaba nunca la posibilidad para los refugiados de solicitar el asilo en Francia, donde ellos ya se encontraban. Esta información jamás era provista por la Cruz Roja y era desconocida efectivamente por los residentes del centro. Todo eso sucedía como si el Reino Unido, entonces cada vez más inaccesible, fuera el único país de asilo que podía ser considerado. Esta estrategia de comunicación resultaba eficaz, porque, sobre 55.000 personas que pasaban por el centro de Sangatte en dos años y medio, fueron depositadas solo 350 demandas de asilo, es decir, menos del seis por ciento.

[9] Ver *Dignity or Exploitation, the Choise is in Your Hands*, Oficina de migraciones internacionales, 8 páginas (www.gisri.org/spip.php?article644, consultado en abril del 2010).

En los hechos, la única salida que se presentaba al final del documento era el regreso al país de origen, para lo que se les proponía una ayuda de la Oficina de migraciones internacionales. Sin embargo, podemos adivinar cuán poco realista era esta hipótesis en vista a los meses pasados en viaje, los considerables gastos comprometidos, los numerosos peligros afrontados para alcanzar, finalmente, lo que los periodistas llamaban "El dorado ingles". Entendemos también que, cuando el día de navidad del 2001, quinientos refugiados, principalmente afganos, se lanzaron en el túnel, antes de ser arrestados, luego soltados por la policía, la responsabilidad de la Cruz Roja había sido invocada en Gran Bretaña[10]. Este no era más que un nuevo episodio, ciertamente más espectacular, en una larga historia de cuestionamientos a Francia, acusada de favorecer su política de aflujo de los refugiados bajo el sol británico: una vez más, los ingleses demandaron el cierre de lo que ellos llamaban "el campo de refugiados de Sangatte". Empezando por el gobierno francés anterior, las negociaciones conducidas a partir de mayo del 2002 entre los dos ministros del Interior, Nicolás Sarkosy y David Blunkett, alcanzaron un acuerdo relacionando el cierre del centro con la aceptación, por parte de las autoridades británicas, de la regularización de personas que se encontraban allí en ese momento. "El adiós a Sangatte", titulaba el diario *Liberation* el 3 de diciembre del 2002, relatando la partida hacia Inglaterra de los últimos refugiados.

La subsidiarización del asilo

María es una joven mujer haitiana. Ella llega a Francia cuando tiene veintitrés años. Solicita el asilo. El relato que ella me hizo no es diferente del que hace en el OFPRA y más tarde en la CRR. Su padre, un disidente político, fue asesinado algunos años antes. Su madre desaparece algún tiempo después y todos pensaron que había sido secuestrada y asesinada. Un día, María estaba en su casa con su pareja, un grupo de hombres jóvenes irrumpen en la misma. Ella fue víctima

---

[10] A continuación de este incidente, la compañía Eurotunnel pide el cierre del centro de Sangatte (www.dailymail.co.uk/news/article-91930/500-immigrants-storm-Chunne. htlm, consultado en abril del 2010).

de una violación colectiva. Aterrorizada se oculta en lo de una tía. Al cabo de algunas semanas ella tiene éxito en salir del país y viene con su pareja a Francia para solicitar asilo. La OFPRA rechaza su demanda: probablemente considera que no estaba establecido que una violación colectiva fuera un acto político y que en el fondo se trataba de una práctica de violencia común no implicando la noción de pertenencia a un grupo social como lo prevé la Convención de Ginebra[11]. María apela esta decisión, pero la CRR no se muestra más indulgente y la demanda de la joven mujer es finalmente denegada. La cosa no es sorprendente: las decisiones son conformes a las prácticas de ese período. No solo en el año 2002 las tasas de acuerdo de la OFPRA no eran más que el 11.3% a los que debemos agregarle el 5.8% por el recurso a la CRR (es decir, comprendidas todas las administraciones se le otorgaba el asilo a solo un demandante sobre seis), sino que los ciudadanos haitianos eran aún peor loteados con apenas el 3.3% en primera instancia por el OFPRA, y 3.8% en segunda instancia frente a la CRR (es decir, una proporción global de un refugio obtenido sobre catorce presentados[12]). La guerra civil en Haití, el régimen de terror llevado por los militares, la inestabilidad política entre las dos presidencias de Jean-Bertrand Aristide no es suficiente evidencia para validar los criterios convencionales.

[11] En este sentido, leeremos con provecho la introducción de la obra de Erica Caple James (2010) sobre las condiciones de inseguridad en su investigación en Puerto Príncipe y sobre la indefinible frontera entre violencias civiles y violencias políticas en este mismo período.

[12] En el informe de actividad de la OFPRA del 2001, los autores señalan: "La demanda haitiana, con un aumento del 45% constituye el tercer flujo de la división. Sobre 2713 dosier registrados, 324 provienen de la prefectura de Guyana. La lejanía de ese departamento y el número constante e importante de solicitudes (ubicadas en procedimiento prioritario) han conducido a la OFPRA a realizar una misión de inspección de dos semanas en junio del 2001, apoyada por una serie de video-entrevistas, y luego una segunda serie de video-entrevistas en septiembre. Esas entrevistas mostraron que se trataba de una demanda ampliamente infundada en vista a la Convención de Ginebra, apoyándose esencialmente en la inseguridad general y las dificultades económicas". Es probable que el relato de María haya sido interpretado en términos de inseguridad general y de dificultades económicas. En cuanto a la violación, sabemos que es casi imposible probar ese acto a la distancia, la continuación de la historia corrige un poco ese lugar común, (ver *Rapport d'activité 2001*, www.ofpra.gouv.fr/documents/ OFPRA_Rapport_2001.pdf, consultado en abril del 2010).

De esa forma, María fue obligada, como el 80% de los demandantes rechazados, a pasar a la clandestinidad. Ella se oculta en lo de una amiga, de donde no sale por temor a un control de identidad. Al cabo de dos años, delgada y depresiva, ella se resigna, bajo la presión de sus familiares, a consultar un médico del pueblo que, preocupado por su estado, la deriva al hospital. Allí, ella ve un psiquiatra que redacta un informe inquietante mencionando un riesgo de suicidio, con la intención de hacer valer un dosier que sería presentado a la Prefectura solicitando la regularización de la joven. La existencia de una enfermedad grave que no puede ser tratada en el país de origen abre derecho a la obtención de un permiso de estadía por razones humanitarias. El asunto aún era riesgoso porque, como lo vimos, los casos psiquiátricos pueden, en función de los médicos llamados a dar estatuto, dar lugar a opiniones contradictorias: por un lado, los trastornos mentales encontrarían una mejor toma a cargo de ellos en sus países y por lo tanto no se impone la regularización; por otro, los signos depresivos podían tener su origen precisamente en la inestabilidad jurídica y, en consecuencia, la regularización puede tener virtudes terapéuticas. La duda del psiquiatra frente a la mejor estrategia fue de corta duración. Luego de la segunda visita al hospital, las pruebas serológicas que había solicitado la primera consulta se muestran positivas para el virus del SIDA. Un balance complementario confirma la presencia de una enfermedad evolutiva. Resulta evidente a cada uno, que la violación colectiva es la causa de la contaminación. El informe para la prefectura fue rápidamente constituido y el acuerdo fue obtenido sin demora. Sin embargo, aquí, las estadísticas podrían haber anticipado esta salida favorable. Por una parte, los ciudadanos haitianos llegaban en tercer lugar en cuanto al resto de las nacionalidades en lo que concierne a demandas de regularización por causa médica, y por otra parte, el SIDA es por lejos la primer patología invocada, la opinión de los médicos inspectores en este caso era casi sistemática[13]. De esa forma María, a

[13] Es lo que muestra la nota e Françoise Galabru, consejera técnica en la Dirección de la población y de las migraciones, concerniente a la evaluación del efecto del artículo 12bis 11 de la Ordenanza del 2 de noviembre de 1945, modificada por la ley de 1998, relativa a la entrada y estadía de extranjeros en Francia, un años después de su introducción (como lo mencionamos precedentemente, este artículo prevé un

quien en principio se le había rechazado el asilo, obtiene su permiso de estadía por razones humanitarias. Sobre las violencias sufridas, sus palabras fueron puestas en duda y es su cuerpo el que, finalmente, habla por ella.

La historia de María es ejemplar, pero banal. ¿Cuantos otros rechazados del estatuto de refugiados han debido su regularización a una enfermedad grave que les permitió reclamar la razón humanitaria? Generalmente, el descubrimiento de un SIDA viene a "reparar" la injusticia del asilo rechazado, como para esta mujer centroafricana cuyo marido había sido torturado y asesinado o para ese pastor del Congo que afirmaba haber sido perseguido a causa de sus prédicas e, incluso, para ese sindicalista camerunés que decía haber sido encerrado en prisión y golpeado y cuya casa había sido incendiada. Bien aconsejado por un abogado, una asociación o un familiar, la persona puede consultar con un médico a fin de hacer valer su estado de salud, siempre y cuando pueda demostrar que la falta de tratamiento tendría consecuencias "de gravedad excepcional". Frente a esta evolución, podríamos tener ciertamente un razonamiento pragmático y decir que lo importante es la obtención del permiso de estadía. Sin embargo, eso sería desconocer tres elementos. Primeramente, todos los rechazados no pueden hacer prevalecer una enfermedad grave y los médicos que ellos consultan viven como una prueba el momento en que deben explicar que la patología que sufren "no es demasiado seria" como para justificar un recurso por causa médica. En segundo lugar, a los rechazados que obtienen su regularización en nombre de su enfermedad, ese documento no les ofrece las mismas garantías que el asilo y por lo tanto es objeto de un examen general anual que puede conducir, en vista de una mejoría como consecuencia de un buen tratamiento, a la no renovación de su permiso de estadía. En tercer lugar, es cierto que el reconocimiento social y la experiencia subjetiva no son las mismas cuando uno obtiene un título de refugiado que cuando se es regularizado como enfermo.

---

derecho a la estadía para el extranjero gravemente enfermo que no puede asistirse en su país). Ver documento mimeografiado, DPM, 26 de junio del 2000, 10 páginas.

De esa forma, en poco más de veinte años, a medida que el asilo perdía su crédito, la enfermedad lo ganaba, operándose un desplazamiento en las regularizaciones, de la menos legítima a la más legítima. Recordemos la evolución de las estadísticas de la OFPRA: a comienzo de los años 1980, se realizaban poco menos de 20.000 demandas por año, y eran acordados casi cerca de 15.000 estatutos de refugiados, es decir, alrededor de un 75% de los casos analizados; a comienzo de los años 1990, en tanto que el número de solicitudes había aumentado considerablemente hasta sobrepasar las 80.000 por año, los efectivamente refugiados reconocidos habían mantenido el número absoluto, es decir, alrededor del los 13.000, correspondiendo a una sensible disminución en las tasas de acuerdos: alrededor del 15%; en el decenio siguiente, las solicitudes comienzan a bajar gracias a un importante trabajo de disuasión realizado al ingreso al territorio, pero mientras esto nos permitiría pensar que esta selección iba a permitir aumentar la tasa de acuerdos, estas permanecen bajas, retomando incluso una tendencia descendente a comienzo de los años 2000, hasta pasar por debajo de las 3000 personas protegidas, es decir, una proporción del 7.8%. En un cuarto de siglo, el asilo había sido dividido por cinco en valores absolutos y por diez en valores relativos. Con un rápido crecimiento del número de rechazos, es decir, de extranjeros en situación irregular en territorio francés, 171.000 más solo en el período entre 2003 y 2007. Una parte de esos rechazados se orientaba entonces a otras vías posibles de regularización, comenzando por la enfermedad que le permitía –si ella era juzgada lo suficientemente grave...– reclamar la clausula médica.

La sustitución por la razón humanitaria de la protección asalariada no es solo una fórmula matemática, de alguna manera existen vasos comunicantes, en los que algunos rechazados elegirían ser regularizados como enfermos. Ella corresponde también a una estrategia administrativa y, en último caso, a una decisión política. Es lo que muestra la operación de regularización de 1998[14]. Se trata de la ter-

[14] Ver el informe de la Comisión de investigación del Senado que retoma la integralidad de las entrevistas organizadas en el curso del año 1998 (www.sent.fr/rap/197-47021/197-47021_mono.htlm, consultado en abril del 2010).

cera ola de regularizaciones después del "cierre de las fronteras" de 1974. La primera, organizada en 1981, concierne esencialmente a trabajadores inmigrantes sin permiso de estadía, en su mayor parte provistos de contratos de trabajo: sobre 150.000 demandas, tuvieron lugar 130.000 regularizaciones. La segunda, lanzada en 1991, busca examinar las razones de los rechazados de asilo: sobre 48.000 dosier, 15.000 se beneficiaron con un permiso de estadía. La tercera, puesta en funciones después de la victoria de la izquierda en las elecciones legislativas de 1997, buscaba apurar el efecto de una serie de leyes de controles de inmigración cada vez más restrictivas, llamadas Ley Pascua y Debré, que habían tenido como resultado un número creciente de extranjeros en situación irregular, donde algunos eran considerados como "no regularizables y no expulsables": 180.000 demandas se habían depositado, de las que 150.000 habían sido recibidas, entre las que, finalmente, 80.000 obtuvieron una autorización de estadía; entre ellas. 3238 concernían a causas médicas. Me comenta esas cifras un alto funcionario de la Dirección de libertades públicas y de asuntos jurídicos del Ministerio del Interior, que había garantizado el seguimiento nacional de esta importante operación, explicando en particular cómo esos servicios habían actuado cuando ellos estaban confrontados a situaciones que asociaban "riesgos vitales", en caso de regreso al país, y una "enfermedad grave" imponiendo una toma a cargo que no estaba disponible en el país: "La razón humanitaria es una categoría nueva bastante bien tipificada. Nosotros hemos considerado sistemáticamente los riesgos vitales como subsidiarios y la enfermedad grave como principal".

En consecuencia, lo que podía aparecer como una decisión individual –de rechazados enfermos, de abogados defendiéndolos, de asociaciones que venían en su ayuda, de agentes prefectorales deseosos de volver a darles una oportunidad – era en realidad una elección hecha por la administración. El asilo político resulta secundario en relación a la razón humanitaria. Más consensual y menos discutible, la lógica de la compasión prevalece de aquí en adelante sobre el derecho a la protección.

El deslizamiento es significativo. Si retomamos la distinción hecha por Giorgio Agamben, entre *zoé*, la vida biológica, y *bios*, la vida cualificada, vemos que lo que se pone en acción en ese deslizamiento es la pérdida de reconocimiento de la segunda y, por el contrario, la legitimación inédita de la primera. Que una persona sea puesta en peligro en razón de su compromiso militante o de su pertenencia a un "grupo social", siendo este último definido por su etnia, la religión o el sexo, deviene "subsidiario" en relación a la amenaza que hace pesar sobre su cuerpo la existencia de una patología. Estamos menos listos a dar crédito al combatiente por una causa o la víctima de una persecución que padezca una enfermedad grave. "Esta enfermedad que me está matando hoy es la que me permite vivir", me decía, en una fórmula sorprendente, un hombre nigeriano que, después de una decena de años de errante situación irregular entre Francia y Alemania, de denuncias y arrestos, de trabajos precarios en refugios improvisados, había terminado por obtener un permiso de estadía por razones humanitarias cuando le descubrieron un SIDA, además, en un estadío avanzado: él sabía que el regreso a su país significaba la muerte por falta de tratamiento y que, a la inversa, el permiso que lo beneficiaba le permitía finalmente vivir casi normalmente[15]. Poco a poco, gracias a la cobertura universal de enfermedad y a las ayudas sociales, al sostén de los médicos y las asociaciones, había reinventado una vida enteramente nueva alrededor de su cuerpo enfermo. Es además el sentido que los profesionales de la salud y los miembros de las asociaciones de solidaridad que lo rodeaban daban a su acción: apoyarse sobre la patología física para reencontrar los derechos sociales. Más aún, las organizaciones humanitarias, empezando por Médicos del Mundo y Médicos sin Fronteras, pero también las asociaciones de enfermos, especialmente AIDES y Act Up, se habían servido del argumento de la vida desnuda (no se puede no cuidar de los enfermos y dejarlos morir) para conseguir una forma mínima de ciudadanía (en particular con el

---

[15] Esta historia es informada en un artículo que escribí sobre "la condición de los inmigrantes enfermos de SIDA" (2001): ella es una forma de tipo ideal de la figura del "cuerpo legítimo".

derecho a la estadía o la ayuda médica[16]). Haciendo esto, ellos reve-
laban y consolidaban una forma de gobierno por la cual el *zoé* prima
sobre el *bios* y se impone en la *polis*. La historia del *East Sea* aportará
un último elemento de prueba.

La humanización del derecho

El 17 de febrero del 2001 un barco carguero de bandera cambo-
yana se estrellaba en las costas varesas. A bordo viajaban novecientas
personas, hombres, mujeres y niños. Ciertamente, en esa época las
imágenes de barcos cruzando el Mediterráneo para alcanzar costas de
España, de Italia y de Grecia, aunque también las de la Isla de Malta,
resultaban familiares: la visión de decenas de personas, generalmente
africanos, muertos de frío sobre una playa bajo control militar era casi
una banalidad, tal como el anuncio de cadáveres recibidos en las costas
del mar. Sin embargo, el *East Sea* presentaba una situación inédita a
más de un título: a bordo había un número de pasajeros mucho mayor de lo que estábamos habituados a escuchar, venía proveniente de
Medio Oriente y no de África, los extranjeros afirmaban ser kurdos
en su mayoría que huían de las persecuciones de las que eran víctimas en Irak; ellos querían efectivamente realizar la solicitud de asilo
y esto habían previsto hacerlo en Alemania o Gran Bretaña; Francia
era para ellos solo una tierra de asilo por accidente, como lo observa
un agente de la policía aérea y de fronteras. Mientras que los "clandestinos", así se los llamó al comienzo, eran encerrados en un campo
militar de Frejús, donde los equipos de la Cruz Roja se atareaban para
arreglar un cuartel deshabitado, los medios afluían mostrando a los
niños llorando, las mujeres embarazadas y ancianos enfermos detrás
de las alambradas con rostros deshechos e implorantes. Esas imágenes
punzantes despertaron una enorme emoción en el país. Mientras que

---

[16] El concepto de ciudadanía biológica, introducido por Adriana Petryna (2002) a
propósito de las víctimas de Chernobyl a las que los derechos sociales les eran reconocidos, en tanto tuvieran la posibilidad de probar las consecuencias patológicas del
accidente, es útil para pensar la situación de los enfermos regularizados a condición
de no perder de vista que al fin de cuentas es, finalmente, una ciudadanía social la
que ellos adquieren de esta forma.

la reacción inicial del primer secretario del Partido Socialista, François Hollande, fue que él no faltaría a su palabra de no "incitar al tráfico de mano de obra y dar ilusión y esperanza de una integración en nuestro país", el portavoz del RPR, Patrick Devedjian, se mostraba más abierto, declarando que "nosotros no tenemos más elección, por el momento, que sostener la miseria y recibirlos naturalmente": de manera general, los representantes políticos parecen jugar a contra-empleo, la izquierda en el registro de severidad, insistiendo sobre el hecho de que "no todo el mundo puede permanecer en territorio francés", la derecha en el registro de la generosidad, hablando de esas "pobres gentes[17]". En el gobierno, el ministro socialista del Interior, Daniel Vaillant, reconocía que "eso era un drama humano", agregando que "mas allá de la emoción, hay reglas", y significando que él no podía prejuzgar sobre el estatuto de refugiados de esos náufragos. En cuanto al primer ministro, Lionel Jospin, afirmaba que la "primera elección sería aquella de lo humanitario", pero que era necesario "dar una suerte de prima a las empresas criminales de transporte". Mientras tanto, confrontado con la ola de simpatía en la opinión (menos de una semana después del evento, un sondeo mostraba que los franceses eran favorables a la recepción de los náufragos en un 78% y un 58% a otorgar el estatuto de refugiado analizando caso por caso) y, sobre todo, consientes del riesgo de invalidación judicial de la medida de encierro (la constitución del campo como "zona de espera" extraterritorial era ilegal porque los pasajeros habían pisado el suelo francés descendiendo de su barco), el gobierno decide liberar a los náufragos y darles un salvo conducto que les permita solicitar el asilo.

Algunos pocos sacan partido de esta oportunidad. Dos meses más tarde, solo 196 de ellos se encontraban en suelo francés, es decir, el 21% de los efectivos de partida, el resto había emigrado hacia países

[17] Citaciones correspondientes a Bertrand Delanoë y Philippe Seguin, entonces candidatos a la intendencia de París, el primero por el Partido Socialista, el segundo por el RPR. Voces disonantes –y sin embargo esperadas– se hacían escuchar muy bien, como el antiguo ministro del Interior, Charles Pascua, evocando "refugiados económicos" cuya acogida "abriría una gran brecha" y, a la inversa, Marie-Georges Buffet, secretaria general del Partido Comunista, pensando en "esas gentes empujadas por la miseria y el no-reconocimiento". Ver, por ejemplo, los artículos de *Monde* de los días 18-19-20-21 y 22 de febrero del 2001.

vecinos, especialmente Alemania. Examinando los expedientes de los 130 candidatos al asilo depositados en la OFPRA, se descubre que ellos no eran iraquíes, sino sirios, que no habían embarcado en una playa turca sino en la costa libanesa, finalmente, que si bien ellos eran kurdos, pero de la minoría yasidies. De esa forma, en las cartas que detallaban su itinerario que habían sido publicadas en los diarios, existían ficciones. "Si Ud. dice que es sirio, lo habían dicho los barqueros, ellos volverán a verlo". En esta época, vista después de las redes clandestinas de Medio-Oriente, el régimen de Saddam Hussein tenía peor prensa en el mundo occidental que el régimen vecino de Bachard-el-Assad: la apreciación era probablemente lúcida. Como quiera que sea, esta geopolítica de asilo constituye un elemento importante del imaginario de los refugiados y de los barqueros, es decir, de la idea de que ellos se hacen de elementos sobre los que será evaluada su demanda. El carácter, a veces estereotipado, de los relatos de los que se quejan los oficiales de la OFPRA y de la CRR testimonian: más que historias verdaderas, los refugiados tienen necesidad de narraciones eficaces.

Algunos días después de la encalladura del navío, un relator había tenido esta fórmula: "un barco llegó, una suerte de *Exodus* clandestino y fantasma, golpea en las costas del país. Sin otro destino que no partir y sin otra bandera que aquella de la demanda de asilo habiendo ellos económicamente incendiado su nave. El *East Sea* vino a poner a prueba los principios humanitarios de Francia, país de los derechos del Hombre"[18]. En ese sentido, la aventura del barco y de sus pasajeros sería una prueba de verdad para la sociedad francesa –y no solo para su gobierno–. ¿Pero, de cuál verdad? En un primer momento, como lo hemos visto, los náufragos fueron calificados de "clandestinos" por algunos y de "pobres gentes" por otros, nos empeñamos en denunciar las redes de tráfico de seres humanos, anunciamos que esos huéspedes imprevistos no tenían vocación de quedarse –y esto por mil razones–, porque se trataba de luchar contra empresas criminales. En un segundo momento, cuando la emoción ganó, que los sobrevivientes pudieron

[18] Ver Pierre Georges, "Épuration Clandestine?", *Le Monde*, 22 de febrero del 2001. Podemos igualmente leer la tribuna de Nathalie Ferré, entonces presidente del GISTI, "L'Europe et l'exil", *L'Humanité*, 23 de febrero del 2001.

ser presentados como víctimas a la vez de persecuciones iraquíes y de barqueros inescrupulosos, fue necesario componer, en nombre de la compasión: "El corazón tiene argumentos, a veces simplemente reflejos, que la razón debe poder entender", se entusiasmaba parafraseando a Pascal el editorialista de *Monde* , dando su aprobación al cambio de opinión del Primer Ministro dispuesta además a hacer la "elección humanitaria" en el tratamiento de las situaciones individuales[19]. En los hechos, allí donde habría sido suficiente reclamar la Convención de Ginebra de 1951, se invocaban sentimientos morales y aun "reflejos" emocionales para justificar el asilo.

Refiriéndose al contexto de la Segunda Guerra Mundial, Hannah Arendt escribía: "La Primer ofensa grave llevada a los Estados-Nación a continuación de la llegada de miles de apátridas ha sido que el derecho de asilo, el único derecho que jamás figuró como símbolo de los derechos del hombre en el campo de las relaciones internacionales, ha sido abolido. El segundo gran choque que el mundo europeo sufrió de contragolpe con la llegada de refugiados ha sido, tomar conciencia de que era imposible desembarazarse de ellos o de transformarlos en nacionales de los países de asilo"[20]. Poco después de la redacción de este texto, la Convención de Ginebra fue firmada. Podríamos pensar que el derecho al asilo había sido restaurado y los refugiados encontrarían además un lugar en el mundo. Medio siglo más tarde, el episodio del *East Sea* muestra –y evidentemente no es el único signo de ese fenómeno– que las cosas no son así de simples y que las dos tensiones invocadas en el texto mencionado están siempre en actualidad: por una parte, el derecho de asilo es, sino abolido, al menos

[19] Ver "Droit d'asile", Editorial de *Le Monde* , 22 de febrero del 2001: "en términos de responsabilidad gubernamental, la preocupación expresada por el Primer Ministro y por otros responsables socialistas es sin dudas legítima. Pero, ella no puede ocultar su incapacidad para encontrar las palabras de humanidad y de generosidad que hubiéramos esperado en similar situación. Una cosa es, en efecto, el discurso sobre el rechazo de aceptar toda la miseria del mundo. Otra es la reacción instintiva cuando dicha miseria se encarna en esta imagen terrible de un barco encallado con su carga humana". Los sentimientos se mezclan aquí con los instintos.

[20] En "Le déclin de L'État-nation y el fin de los derechos del hombre" (2002/1951, pp. 578-579), citando a John Hope Simpson, ella señala además que, a pesar de los esfuerzos por distinguir jurídicamente las dos categorías, "en la práctica, los refugiados son todos apátridas".

reducido considerablemente, no solo cuantitativamente (la proporción de acuerdos dados disminuye cinco a diez veces en veinticinco años), sino también cualitativamente (la degradación de la imagen del refugiado, cada vez más asimilado a un clandestino); por otra parte, los solicitantes de asilo han devenido indeseables de quienes uno no puede deshacerse (de donde el trabajo policial ejercido en la mayor parte de los Estados europeos para tratar de hacer llevar la carga de refugiados sobre sus vecinos, tema importante de las negociaciones que precedieron la conclusión del Pacto europeo sobre la inmigración y el asilo en el 2008). Para resolver esta tensión –el descrédito del asilo y la inevitabilidad de los refugiados–, los Estados disponen de dos medios: la represión que se quiere disuasiva (y lo es tanto que no se le cree); la compasión que hace aceptable a los indeseables (mostrándolos en sus días más emotivos)

Después de haber intentado con la primera, el gobierno francés ha optado por la segunda. En su momento, Hannah Arendt había observado una (la represión), pero no había conocido la otra (la compasión), a la que ella, sin embargo, había dedicado numerosas páginas esclarecedoras. Probablemente hay aquí un índice de innovación política contemporánea. Para recalificar el asilo, es necesario en adelante inscribirse en la razón humanitaria. Eso puede llegarse hasta a ocultar, como en Sangatte, o se escamotea la información sobre este derecho. La historia del centro de acogida de Calais tiene valor simbólico.

El último lugar concurrido por extranjeros

Es además en Sangatte, donde Ariane Mnouchkine es llevada a buscar la materia para su espectáculo *Le Dernier Caravansérail*, creado en la fábrica de cartuchos de Vincennes en el 2003 y producido en el festival de Aviñón durante el verano de ese mismo año. Presentación en una sesentena de cuadros en los que actúan treinta y seis actores del mundo entero y cuya versión completa, cuando ella la presenta, dura ocho horas. Es la cuestión de los refugiados diseminados por el mundo y de sus periplos para acercarse a esos países donde existiera el prometido derecho de asilo, pensaban ellos. Persecuciones en los países de origen, redes de inmigración clandestina, tráfico de mujeres jóvenes, travesía de mares y desiertos, encierro en campos y alambradas de púas: se trataba de reconstituir las "odiseas" contemporáneas como lo indicaba el subtítulo. El espectáculo jugaba directamente sobre los sentimientos morales, pero movilizaba la indignación del espectador mucho más que su compasión. La intención era política al mismo tiempo que poética. Quería que las situaciones vividas fueran reinventadas[21]. Porque la aventura creativa había comenzado dos años antes en el Centro de acogida del Paso de Calais donde la directora del Teatro del Sol había ido a recoger relatos de los refugiados, en compañía de un poeta y comediante kurdo. De allí, el agrado de las representaciones de la troupe, la directora y sus colaboradores habían visitado centros de detención en Australia, Nueva Zelanda, y Bali. El espectáculo había nacido, en resumen, de esas experiencias y de esas narraciones. Por lo tanto, la geografía de los refugiados que describe no hace ninguna diferencia entre el centro de acogida de Sangatte (abierto) y el centro de retención de Baxter (cerrado) en Australia, no más que entre el barco *East Sea* encallando en las costas varesas (y donde finalmente 908 pasajeros kurdos fueron autorizados a solicitar asilo) y el cargo *Tampa* que tenía prohibido acercarse a las costas australianas (llevando a bordo náufragos afganos de un barco de pesca[22]). En el fondo, la condición de refugiado deviene una condición humana

[21] Una comediante de la troupe de origen iraní explica: "Nosotros tenemos más compromiso con los refugiados al testimoniar por ellos. Yo tengo siempre el recuerdo en la cabeza en tanto improvisamos". Y otra que es risa: "Aquí, yo he visto surgir la historia viviente del mundo de hoy a través del cuerpo, la mirada, el alma. Los comediantes restituyen los relatos de los refugiados con amor. Por momentos no puedo actuar totalmente porque me emociono por esos testimonios. La frontera entre el mundo real y el teatro se perdió". Ver: "Le Thèâtre du soleil porte la voix des refugiés", *Le Monde*, 1 de abril del 2003.

[22] En Australia, por el contrario, el contraste señalado y el tratamiento hecho a los náufragos del *East Sea* ha sido opuesto al rechazo de los pasajeros del *Tampa*. El antiguo primer ministro Malcom Fraser declaraba esto en el 2001, luego de una conferencia en la Universidad de Perth: "recientemente cuando 1000 refugiados kurdos son encallados en las costas del sur de Francia, nosotros hemos visto un ministro francés hacerse presente en el lugar para asegurarse de que ellos estaban bien atendidos. Es un enfoque humanitario y compasional. En Australia, en vista de nuestra experiencia reciente, nuestra reacción hubiera sido muy diferente" (www.safecom.org.au/detention.htm, consultada en abril del 2010).

donde la particularidad de los contextos y las realidades nacionales importan relativamente poco. El vagabundeo, el peligro, la incertidumbre, la enfermedad, los derechos ultrajados, todos ellos son elementos constitutivos de esta situación. Con el objetivo del viaje Sangatte, es el último último lugar de refugio de inmigrantes cuyos confines, en la escena del teatro, se funden con las alambradas de púas que protegen las instalaciones el Euro túnel. Así, el hangar al que las autoridades francesas buscan dar un aspecto anodino, tiende a devenir un lugar amenazante de detención, un campo.

La referencia al campo es, en el caso de Sangatte, polémico. Y si le agregamos la calificación de tránsito, a quien reenvía el permiso de estadía de corta duración en vista de su partida hacia Inglaterra, sabemos que se perfila la sombra de Drancy, "campo de tránsito" que designábamos de manera eufemística como "centro de reagrupamiento". De Sangatte, los poderes públicos hablan como de un centro de acogida, mientras que las organizaciones no gubernamentales lo denuncian como campo de refugiados, fórmula que retoma a su cuenta el Ministro del Interior en el 2002 para estigmatizar la política de su predecesor. La prensa misma, tanto francesa como inglesa, parece vacilante, utilizando el efecto dramático en los títulos y utilizando la fórmula oficial del centro en el cuerpo de los artículos[23]. La cuestión es tanto más sensible en tanto reenvía en este caso a un conflicto de memoria local. Porque Sangatte fue el lugar de un campo nazi durante la Segunda Guerra Mundial. Como otras ciudades costeras, la comuna tuvo en su territorio a partir de 1942 un campo de trabajo donde los judíos servían de mano de obra forzada para la construcción del muro Atlántico antes de partir, esta vez, hacia Auschwitz[24]. Que toda

[23] Significativamente, Smaïn Laacher, autor de la única monografía sobre Sangatte (2002), habla de "centro" en su libro, que es producto de una investigación financiada por la Cruz Roja en el 2001, y de "campo" en el título de su conferencia en la École des hautes études en sciences sociales por la Liga de los Derechos del Hombre en el 2003.

[24] Debemos a Marc Bernardot e Isabelle Deguines la exploración esclarecedora de esta pista desconocida: "Es toda la memoria colectiva de la villa de Sangatte la que parece puesta en entredicho. Los archivos comunales fueron dejados en el abandono y son incompletos. ¿Los habitantes de Sangatte tienen algo que olvidar? Podemos preguntarles porque, aunque no se ha mencionado en la entrevistas con los habitantes ni en los muy numerosos artículos llevados sobre este centro ahora célebre, Sangatte

huella física haya desaparecido y que toda marca de la memoria esté ausente hoy, no significa que ese ocultamiento del pasado sea completo o definitivo.

Volvamos a la cuestión de la designación. ¿Es necesario zanjarla? Lo habremos comprendido, en ese texto tomé partido por utilizar el término "centro de acogida", que es, se puede decir, el término autóctono. El problema no se ha resuelto sin embargo. Efectivamente, en sentido estricto Sangatte no es un campo, porque es un lugar abierto y en el que los extranjeros son libres de entrar y salir cuando quieran bajo la mirada complaciente de los policías (lo que es también el caso de la mayoría de los centros de refugiados del tercer mundo). Pero, Sangatte presenta la mayor parte de los elementos estructurales y organizacionales de un campo (comenzando por la concentración de personas que viven en el lugar en total dependencia, la presencia de personal que si bien tiene roles de asistencia, también los tiene de control, la funcionalidad del espacio de tipo militar, etc.)[25]. En su historia sobre los campos franceses de la Segunda Guerra Mundial, Denis Peschanski muestra que, más allá del rol que se supone debe tener un campo (que puede ir desde la protección invocada a la persecución asumida), y de la población que él reagrupe (que varía en función de las necesidades políticas), algunos rasgos son comunes en todos: "Una constante: el peso de la coyuntura, la primacía del tiempo sobre el espacio. Siempre, la administración trata de desmontar el desafío de las presiones coyunturales y del voluntarismo de las autoridades de tutela. Siempre trata de gestionar lo indigerible[26]". La fuerza de la

---

ya recibió un campo, nazi en aquel entonces, 1942.[…] No podemos dejar de pensar que la implantación del centro de la Cruz Roja sobre el mismo frente del mar, frente a la granja que sirvió de campo nazi, ha hecho renacer fantasmas y heridas". (2003, "Cohabiter á Sangatte", *Plein Droit. La Revue du Gisti* nº 58 (diciembre), ver en línea: www.gisti.org/doc/plein-droit/58/cohabiter.htlm, consultado en abril del 2010. Observación que no puede hacerse sin recordar la desaparición de todas las huellas del campo de tránsito que evoca el film *Drancy Avenir* realizado en 1997 por Arnaud des Pallières a través de un estudiante de historia en busca de la memoria del lugar.

[25] Podemos pensar en los estudios pioneros de Liisa Malkki (1995) y de Jenifer Hyndman (2000) sobre los campos de refugiados en Tanzania y Kenya, respectivamente.

[26] Este análisis estructural no es exclusivo para él de lecturas diferenciadas porque distingue los campos republicanos, de Vichy, nazis y de la liberación (Peschanski, 2002).

contingencia ("la primacía del tiempo sobre el espacio") y la aporía del gobierno ("gerenciar lo indigerible") caracterizan con seguridad lo que podemos llamar la configuración del campo y, desde ese punto de vista, Sangatte obedece muy bien a esas lógicas y evidencia esa configuración. Pero, esta similitud es suficiente para considerar como comparable la "problematización"? La cuestión es menos saber si se trata de un campo que caracterizarlos. Para expresarlo de otra manera, ¿la forma nos habla sobre el fondo y la figura del campo puede pasar por el contexto? Afirmarlo o aun sugerirlo me parece que es faltar a la singularidad de la política contemporánea del asilo.

La tesis, fuerte y controversial, de Giorgio Agamben es conocida[27]: "En lugar de deducir, de los eventos que son producidos, la definición de los campos, nos deberíamos mucho más preguntar: ¿Qué es un campo?, ¿cuál es su estructura político-jurídica para que tales eventos hayan podido encontrar ese lugar? De esa forma seremos llevados a considerar el campo de concentración no como un hecho histórico, sino de cierta forma, como una matriz oculta, el *nomos* del espacio político en el cual vivimos todavía". Desde esta perspectiva, él viene a dar, a través de esta definición destacable, inspirada en la célebre fórmula de Walter Benjamin: "El campo es el espacio que se abre cuando el estado de excepción se convierte en regla". De allí, para él, la asimilación de todas las formas de encierro donde se manifiesta la excepción, aun cuando podemos notar la ausencia del campo nazi en el paralelismo siguiente:

> Llamaremos campo también al estadio de Bari, donde en 1991, la policía italiana encierra provisoriamente a los inmigrantes albaneses clandestinos antes de reenviarlos a su país, o el Velódromo de Invierno donde las autoridades de Vichy reunían a los judíos para enviarlos a los alemanes: lo mismo que el campo para extranjeros de Cottbus-Sielow, donde el gobierno de Weimar recibe a los refugiados judíos de países del Este, como las zonas de espera de los aeropuertos internacionales franceses, donde son retenidos los extranjeros deseosos de ver reco-

[27] Él la desarrolla en la última parte de *Homo sacer* (1997), retomando la genealogía de los campos desde aquellos de los españoles en Cuba en 1986 y de los británicos en África del Sur, en 1901.

nocer su estatuto de refugiado. En cada uno de esos casos, un lugar aparentemente anodino delimita en realidad un espacio donde el orden jurídico normal es suspendido de hecho y donde cometer o no atrocidades no depende del derecho, sino solo del grado de civilidad y de sentido moral de la policía que actúa provisoriamente como soberana.

La conclusión de esta demostración ahora se impone: "El paradigma bio-político de Occidente es hoy el campo y no la ciudad". En la prolongación de esta tesis, algunos asociaron precisamente Sangatte a las formas más extremas de excepción, incluyendo Guantánamo. Así escribe Michel Agier al respecto: "En diferentes escalas, los episodios recientes concernientes a la Cruz Roja en Sangatte, el aislamiento de los refugiados afganos en la isla de Nauru por parte del gobierno australiano o incluso la perennización de un vacío jurídico concerniente a los seis centros de concentración de Guantánamo, todos muestran la instauración de un plan mundial de un conjunto de espacios y de regímenes de excepción. La caza de los indeseables del sistema mundial parece muy abierta"[28]. En relación a la tesis de Giorgio Agamben, podemos notar un desplazamiento significativo de registro, porque pasamos del análisis ("el estado de excepción deviene la regla") a la denuncia ("la caza de los indeseables parece abierta"). El postulado de la indiferenciación de las formas de encierro sin embargo permanece inmutable, aun extendiéndolo fuera de Europa.

A esta tesis del campo como paradigma de la modernidad, de los argumentos de naturaleza moral e histórica generalmente han sido opuestos: los primeros constatan la visión alarmista del mundo contemporáneo (y es verdad que Giorgio Agamben concluye el *Homo Sacer* con el anuncio de una "catástrofe biopolítica sin precedentes"); los segundos reprochan la banalización del carácter único de la exterminación de los judíos (y, en efecto, en el *État d'exception*, Giorgio Agamben continúa su investigación comparando Guantánamo y Auschwitz desde el punto de vista de la desaparición de toda ciudadanía de los detenidos

---

[28] Si él asimila en este artículo (2004) las diferentes formas de internación, es a propósito de mostrar la permanencia de una vida política en los campos donde los refugiados parecen reducidos a la vida desnuda (*zoé*).

en los dos campos[29]). Pero, no es sin embargo en esos acercamiento, en suma exteriores a la demostración, que yo quiero situarme, sino por el contrario, en una perspectiva que diría interna, allí donde me parece encontrar el corazón de la tesis. Por una parte, si bien es real que el campo es el espacio que se abre cuando el Estado de excepción deviene la regla, es necesario identificar al Estado de excepción por lo que él es. En Sangatte, en este caso, el derecho común prevalece, un poco como prevalecería en un hogar de acogida para los sin domicilio fijo, es decir, con excepciones. La policía no está limitada por su grado de civilidad o su sentido moral, sino por el marco jurídico de su actividad profesional. Significativamente, la principal sustracción del derecho concierne, lo hemos visto, al asilo que no es presentado como una alternativa de la partida hacia Inglaterra. Por otra parte, si bien es verdad que el campo tiene una estructura jurídico-política, es importante tratar con el mismo rigor tanto lo jurídico como lo político. En Sangatte, esa política está condicionada por el doble imperativo seguritario y humanitario, y no perseguidor o erradicador, como bien lo fue históricamente en los otros campos. Para mantener el orden público, es necesario sustraer a los extranjeros de la vista de los habitantes; por el contrario, para asegurar la protección de los refugiados, es necesario darles abrigo y comida. Ciertamente, para que el centro pueda cumplir esta doble función, siempre es necesario mantenerlos en un estado de extrema precariedad que no es de ninguna manera un elemento accidental, por falta de medios, sino intencional, por razones políticas.

En el fondo, proponer, como trato de hacer aquí, gradaciones (en la excepción) y diferenciaciones (en la función), es resistir al *pathos*, que, de manera comprensible, la permanencia en los campos suscita[30].

---

[29] Al final del *Homo sacer* (1997, p. 202) afirma: "A partir de los campos, no hay regreso posible a la política clásica".Y al comienzo del libro *État d'exception* (2003, p. 13) escribe a propósito de los detenidos de Guantánamo: "La única comparación posible es la situación jurídica de los judíos en los *Lager* nazis, que habían perdido, junto con la ciudadanía, toda identidad jurídica".

[30] En su libro sobre los campos, Marc Bernardot (2008, p. 119) hace una distinción parecida diferenciando aquellos que tienen por misión reprimir, de aquellos tienen por principal función proteger.

Esto es, más precisamente, recusar los principios de equivalencia (todo vale) o las afirmaciones de indivisibilidad (hay una lógica única), y por lo tanto reiterar lo que Jacques Rancière llama el "escándalo democrático[31]". Y es simplemente recordando el concepto de complejidad y ambigüedad de las cosas, a fin de afirmar que jamás un paradigma puede abolir lo real. Es lo menos que pueden hacer las ciencias sociales, aportando al análisis filosófico la prueba de sus investigaciones. Por otra parte, para afinar un poco el análisis de los campos y poner a prueba su unicidad, una última distinción merecería ser hecha entre las poblaciones indeseables y aquellas que uno juzga expulsables, y que se desea expulsar tanto en Roissy o al menos no volver a verlos en Sangatte, y poblaciones que se consideran exterminables, cuya decidida desaparición es física como en Auschwitz o social como en Guantánamo. De esta diferencia se derivan formas de excepción diferentes y estructuras políticas distintas.

El último lugar de detención de refugiados, ¿será por lo tanto el último campo? A esta pregunta solo es posible responderle que el centro de Sangatte es tal vez el último campo de la Francia contemporánea, pero un campo donde la hospitalidad minimalista muestra más humanidad que el asilo –en suma, un campo de refugiados donde los residentes no fueron jamás considerados como refugiados–.

*   *   *

Cerrar el centro de Sangatte, además, no resolvió los problemas humanitarios ocasionados por los conflictos de seguridad ocasionados por la presencia de refugiados en camino a Gran Bretaña. En los días que siguieron al cierre, los extranjeros se instalaron en la playa y cerca del puerto, en abrigos de emergencia o en carpas, en el interior de galpones o trincheras abandonadas de la Segunda Guerra Mundial. La policía retomó su trabajo de antes del período del centro, pero con

---

[31] En *La Haine de la démocratie* (2005, pp. 35 y 58) afirma : "El escándalo democrático consiste simplemente en revelar esto: no habrá nunca, bajo el nombre de política, un solo principio de comunidad". Criticando igualmente "la equivalencia democrática de todas las cosas" que permite "poner todos los fenómenos en un solo y único plano, refiriéndolos a una única y misma causa".

nuevos métodos: fue acusada por los miembros de las asociaciones locales de "cazar" a los refugiados, de "gasearlos" (utilizando bombas lacrimógenas en los refugios) y de "llenarlos de humo" (metiendo fuego en las trincheras). Un colectivo After Sangatte se creó para testimoniar una situación que es bien diferente del período precedente en dos cuestiones: por una parte, está agravada desde el punto de vista de la precariedad de centenas de refugiados cotidianamente presentes en las playas, por otra parte, devino casi invisible en el espacio público[32]. De ese hecho, la historia del centro nos aporta, hasta en su desaparición y eso que le sigue, elementos precisos de inteligibilidad respecto del trato moral y político del asilo en el mundo contemporáneo. Visto después de Europa, ese mundo no ha cesado de polarizarse entre Norte y Sur y de incrementar la distancia entre ellos. La Unión Europea representa, aun en contextos de crisis económicas, un conjunto político privilegiado en lo concerniente a la paz civil, los derechos humanos, la protección social (y eso que uno piensa respecto de las evoluciones de las políticas comunitarias). La distinción lingüística y jurídica entre "comunitarismo" y "extranjeros" resulta cada vez más decisiva en el funcionamiento de la Unión, teniendo en cuenta que los únicos extranjeros que ponen problemas son aquellos venidos de los países no Occidentales: las exigencias tanto para el ingreso y la permanencia en territorio europeo no son las mismas para los inmigrantes de Estados Unidos que para los de los Estados africanos. La situación privilegiada de los europeos es, en efecto, percibida como una amenaza para tres tipos de cuestiones de seguridad: por una parte, es el peligro terrorista que los atentados de Madrid y Londres objetivaron y que resultan, comparado con lo sucedido en América del Norte, en un incremento en el control de las fronteras; por otra parte, está el peligro interno, representado por los hijos de inmigrantes devenidos generalmente ciudadanos nacionales, y los disturbios del otoño del 2005 en Francia,

---

[32] Ver especialmente: "La prefectura desmiente que los policías hayan rociado con nafta los refugios que servían de abrigo a los migrantes en Sangatte", *Le Monde*, 26 de noviembre del 2002; y los testimonios de los miembros del colectivo After Sangatte, especialmente "el diario de terreno" que, el 28 de abril del 2006 comienza por: "Nosotros no hemos sido gazeados esta noche" (after.sangatte.free.fr/article.php3?id_article=7 consultado en abril del 2010).

que pusieron en evidencia de qué manera la explicación por la inmigración servía de justificación a las políticas de acogida cada vez más restrictivas. La segunda cuestión es de seguridad social: las conquistas de protección en materia de empleo y de educación, de desocupación y de jubilación, de cobertura de enfermedad y de subsidios familiares se consideran fragilizados por la inmigración, y esto, independientemente de las demostraciones aportadas por los expertos sobre los efectos generalmente benéficos de las contribuciones demográficas y financieras de los extranjeros. La tercera cuestión es identitaria: relativamente poco usada hasta un período reciente; se cristaliza en desconfianza y hostilidad en vista del Islam como religión y de los musulmanes como grupo, y se pone de manifiesto por la voluntad de afirmar una Europa cristiana y blanca hasta en los textos constitucionales. El debate sobre el ingreso de Turquía en la Unión Europea es ampliamente sostenido por esta cuestión identitaria. Esta triple amenaza sobre la seguridad de Europa conduce a subordinar la política de asilo a la política de inmigración, ella misma concebida a partir de esas perspectivas inquietantes, y donde sabemos que son sostenidas constantemente por los partidos de extrema derecha, y también de derecha, desde hace al menos treinta años. Francia es en ese sentido ejemplar: tiene un rendimiento electoral alto con el tema del peligro del inmigrante y con la porosidad de las fronteras partidarias alrededor de esas cuestiones. La creación en el 2007 de un ministerio que asocia por primera vez en su nombre la inmigración y la identidad nacional, marca el resultado previsible de esta evolución.

En esas condiciones, la llegada de migrantes, así fueran ellos demandantes de asilo, debe ser restringida lo más posible. Porque si la mundialización permite a algunos escaparse de la presión territorial, y por lo tanto de sus fronteras, los otros se ven confinados a sus territorios donde se ven golpeados por la realidad cuando quieren escapar de la estrechez de sus fronteras. En el espacio europeo Shengen y, en menor grado en el resto de los países de la Unión, la circulación de personas ha sido siempre más sencilla por las sucesivas legislaciones[33]. Pero, a

[33] Sobre la construcción reciente de fronteras, externas e internas, mezclando xenofobia y racismo, podremos referirnos a la obra que dirigí (Fassin, 2010). Como lo escribe

las puertas de Europa, las dificultades para entrar en el territorio y la facilidad para ser expulsado de este no han dejado de acrecentarse. De ese modo, el control de las fronteras se ha reforzado notablemente en los aeropuertos con las tecnologías cada vez más exitosas de identificación biométricas, llegando hasta la exigencia de pruebas genéticas de filiación (los test ADN), y de coordinación informática, con la puesta en funcionamiento de la Agencia europea para la gestión operacional de las fronteras exteriores (conocida con el nombre de "Frontx"). Paralelamente, las medidas represivas buscando separar a los extranjeros más eficazmente se han reforzado, especialmente con el voto, en junio del 2008, de la directiva llamada "Retour", que autoriza el mantenimiento en centros de detención de hasta dieciocho meses (en lugar de treinta y dos días en Francia, lo que correspondía a una triplicación de lo considerado hasta recientemente como legal), e imponiendo una pena sistemática de cinco años de prohibición de estadía (que no existía en Francia, salvo en el caso de decisión judicial a continuación de un delito). Esta regulación es, paradojalmente, tanto más estricta en tanto el espacio europeo es también un espacio de derecho y, por lo tanto, de derechos, especialmente derechos del hombre. Lo olvidaron tanto que las instituciones europeas se lo hacen recordar por los organismos no gubernamentales que actúan en el campo del asilo, de la inmigración, de los derechos del hombre. Todo esfuerzo de los gobiernos europeos tiende en consecuencia a la reducción máxima de aquellos y aquellas que pueden precisamente pretender esos derechos. Para que pueda ser mantenido el ideal de una tierra de derechos del hombre, es necesario que los que pretendan beneficiarse con ello sean cada vez lo menos numerosos posible.

La multiplicación de los dispositivos de extra-legalidad corresponden a esta lógica de sustracción de la posibilidad de invocar el derecho. De esa forma, las zonas de espera juegan cada vez más el rol como filtros haciendo de freno al asilo: cerca de la salida del avión, un número creciente de extranjeros es mantenido en retención en los locales aeroportuarios para el examen de su situación y, en caso

---

Zigmunt Bauman (1998, p. 18): "Más que homogeneizar la condición humana, la anulación tecnológica de las distancias témporo-espaciales tiende a polarizarlas".

de que caiga en suerte, de su pedido de asilo; en esos lugares, ellos pueden pedir, en tanto hayan tenido acceso antes de ser reenviados, a la asistencia jurídica del Anafé (Asociación nacional de asistencia en las fronteras para los extranjeros), un grupo asociativo que es el único cuya presencia está autorizada; sesenta y seis de esas zonas de espera existen en territorio francés, con un estatuto de extra-territorialidad que les permite eventualmente quitar a los candidatos la posibilidad del asilo; solo la zona de espera de Roissy, que es de lejos la más importante, pasó de un promedio de 5000 en los años 1990 a un promedio superior a los 20.000 a partir del 2001; la tasa de admisión al título de asilo pasó en ese mismo tiempo de 60% en 1995 al 3% en el 2003 antes de subir[34]. Sin embargo, esos dispositivos no pueden ser más que un último recurso, desde el punto de vista de los Estados, en la medida en que son costosos y presentan una cierta visibilidad en razón de la presencia asociativa. De donde surge la importancia de iniciativas convergentes que buscan realizar el filtrado todavía más anticipadamente, por la puesta en acción de campos en las fronteras de Europa, ya sea en los márgenes más alejados, como Polonia, los más aislados, como algunas islas griegas, o como Ceuta y Melilla en territorios españoles, también al otro lado de esas fronteras, en el este, como Albania y Croacia, y al sur con Libia y Marruecos. Gran Bretaña también presentó, en la cumbre de Tesalónica en el 2003, un plan de externalización del control y de la detención, con la instalación de *transit processing centers,* de hecho concebidos sobre el modelo del campo[35]. La lógica del conjunto de estos dispositivos es por lo tanto doble. Se trata seguramente de impedir la llegada de migrantes y de disuadir a futuros candidatos, pero se trata también de hacer invisible esta ingrata tarea, de hacerla ejecutar por otros.

[34] Ver el artículo de Olivier Clochard, Antoine Decourcelle y Chloé Intrand sobre las zonas de espera (2003), y las estadísticas relativas a los extranjeros en las fronteras publicadas por la Anafé en noviembre del 2008 (www.anafe.org/download/generalites/stats-za-nov2008, pdf, consultado en abril del 2010).

[35] Ver el artículo de Olivier Clochard, Yvan Gastaut y Ralph Schor sobre los campos de extranjeros (2004), y el texto de Claire Rodier, "Les camps d'étrangers, nouveloutil de lapolitique migratoire en Europe" (www.migreurop.org/article205.htlm, consultado en abril del 2010).

Porque tal es, en efecto, el problema al que son confrontados los países europeos: en tanto existan los Sangatte, siempre está la posibilidad de que las organizaciones no gubernamentales protesten, incluso de comunidades nacionales sintiendo compasión a la vista de los indeseables convertidos en desdichados. Desde entonces, es esencial sustraer a la vista tanto como sea posible la actividad de reagrupamiento masivo y de elección selectiva, aunque sea de manera muy desprolija, en las zonas de espera, sea de forma más eficaz en los campos situados fuera del territorio europeo, donde se puede realizar el trabajo de seguridad. Ciertamente, existe siempre una parte de extranjeros que alcanzan a franquear todos los obstáculos. A esos sobrevivientes les valdrá la razón humanitaria más que el derecho al asilo. En esto, Sangatte es un testimonio invalorable sobre el tiempo en el que lo seguritario y lo humanitario aún estaban confundidos.

Testigo invalorable, esencialmente para nosotros, mientras tanto porque, en el recorrido de los migrantes en busca de asilo, el centro del norte de Francia no era más que un paréntesis. Es lo que muestra el film *In This World* de Michel Winterbottom[36]. Si bien el héroe afgano, que vive con su familia en un campo de refugiados en Pakistán, toma un día la ruta europea a instancias de sus padres, es por razones económicas, porque es necesario que los jóvenes salgan. Su larga travesía por Asia central y Medio-Oriente con su primo lo lleva de peligro en peligro y de barquero en barquero hasta Estambul, desde donde se embarca en un cargo disimulado en un conteiner en el fondo del que su amigo morirá asfixiado con muchos otros de sus compañeros. Luego de haber recorrido del sur al norte de Italia y después Francia, llega a Sangatte donde permanece poco tiempo antes de pasar a Inglaterra. En este caso, la cuestión nos habla de un tiempo donde esto era todavía realizable. Seis años más tarde, el film *Welcome*, de Philipe Lioret, presenta una realidad totalmente distinta: aquella de una travesía que resulta imposible. Pero, volvamos al joven afgano. En tanto que menor, él obtiene en Inglaterra un estatuto de protección subsidiaria, que

---

[36] En el Festival de Berlín donde fue presentado en el 2003, el film recibió el Oso de Oro, el Premio de la Paz y el Premio del Jurado Ecuménico. Su distribución permanece aún confidencial.

sabe que perderá a los dieciocho años, encuentra un trabajo en negro como lavaplatos en un restaurante de donde su próxima entrada en la clandestinidad hace difícil imaginar que pueda escapar durante mucho tiempo. Además de esto, él nos recuerda cuánto más numerosos son los refugiados en el Tercer Mundo que en los países occidentales y nos invita, en su preludio, a interrogarnos sobre las fronteras entre refugiados económicos y políticos. El film muestra que, a fin de cuentas, con o sin asilo, la hospitalidad que le ofrece el Dorado Inglés, como dicen los periodistas, es la integración en el sub-proletariado de los clandestinos. Sangatte era la última clave para acceder.

Segunda parte
Mundos

Capítulo 6
Una masacre de inocentes.
Las representaciones de la infancia en tiempos del SIDA

> *A los ojos de la naturaleza, un niño es mucho más importante que un viejo, y despierta una simpatía mucho más viva y mucho más universal. Y es bueno que así sea. Podemos esperar o al menos tener todo del niño, mientras que por lo general no podemos esperar o tenerlo todo de un anciano. La debilidad del niño despierta los mejores sentimientos del más bruto y del corazón más duro.*
>
> Adam Smith, *Thèorie des sentiments moraux.*

Cuando se inaugura en Durban, el 9 de julio del 2000, la Décimo tercera Conferencia Internacional sobre el SIDA, África del Sur era ya considerado como la nación más golpeada del mundo por la epidemia. Por un fenómeno sorprendente, pero hasta el presente mal comprendido, ese país, que a comienzos de los años 1990 parecía totalmente liberado del virus hasta el punto de ser objeto de estudios que explicaran esa aparente inmunidad (menos del 1% de la población estaba infectada en ese momento), había devenido una década después en el epicentro mundial de la pandemia (las estimaciones daban en ese momento una tasa del 24% de sero prevalencia[1]. A esta progresión inédita por su rapidez se agregaba una coincidencia trágica: la progresión fulminante de la enfermedad, que afectaba principalmente a la población negra del país, sobrevenía precisamente en el momento

---

[1] Datos extraídos de los siguientes informes: UNAIDS, *Aids Epidemic Update*, diciembre del 2000;Departament of Health, *National HIV and Syphilis Sero-Prevalence Survey in South Africa*; Medical Research Council, *The Impact of HIV/Aids on Adult mortality in South Africa*, septiembre del 2001.

en que la nación sudafricana salía de un largo período de opresión y segregación que había alcanzado principalmente a esta población y que había triunfado después de cuarenta y seis años de apartheid. Las felices perspectivas abiertas por esta liberación tan esperada se vieron profundamente ensombrecidas por la amenaza biológica de una afección que, en ese año 2000, alcanzaba a cuatro millones y medio de personas y se anunciaba que, en dos décadas, iba a reducir en veinte años la esperanza de vida de los sudafricanos negros. Héroe de la lucha contra el apartheid, Chris Hani, que sería asesinado poco tiempo después por un extremista blanco, había entrevisto el nuevo peligro al que la sociedad se debería enfrentar y desde 1990 afirmaba que, después de haberle ganado a la supremacía blanca, el próximo combate debería ser contra el SIDA[2]. Diez años más tarde, el compromiso de los dirigentes de la "nueva África del Sur" parece menos convincente. Se le habría reprochado a Nelson Mandela una cierta indiferencia en la materia. Acusaban también a Thabo Mbeki, su sucesor a la cabeza del Estado, de obstruir resueltamente la lucha contra la epidemia. El escándalo sería descubierto a partir de sus simpatías con el círculo de científicos californianos heterodoxos que negaban la etiología viral del SIDA e imputaban los fallecimientos a los tratamientos antirretrovirales. Dando fe a esas hipótesis, el presidente había solicitado reunir un panel de científicos para promover una suerte de estado actual de los conocimientos y, fingiendo creer que la verdad científica no estaba establecida, asociaba en partes iguales a investigadores renombrados y disidentes marginalizados. Para sumar a la provocación, organiza este encuentro pocos días antes de la conferencia mundial. No nos sorprende que, en esas condiciones, la mitad de los asistentes

[2] Para una historia de la epidemia de SIDA y sus controversias, podemos referirnos a mi obra (2006a) Yo utilizo, cuando es necesario, la designación "Negros"y "Blancos" para hablar de ellos y ellas que en el inglés de África del Sur, se llaman "*Africans*" y "*Whites*", siendo los otros dos grupos "raciales" los "*Coloured*" (mestizos) e "*Indués*" (asiáticos). La paradoja era que en el momento mismo en que se hacen caer las barreras raciales heredadas del apartheid continuamos registrando esas categorías, que solo serían para combatir los efectos en materia de segregación y de discriminación. Más allá del resto de las necesidades de evaluación de políticas, las identificaciones raciales evidentemente permanecen, solo algunos años después del apartheid, presentes en toda la vida social de África del Sur.

al evento, se haya levantado luego de su discurso inaugural, en señal de protesta. En efecto, aquel día, el héroe no fue al jefe del Estado anfitrión, sino un niño.

Sucediendo al presidente sudafricano delante de los miles de participantes a la conferencia, Nkosi Johnson había resultado un ícono de la enfermedad[3]. Él había nacido once años antes de padre desconocido en un área reservada para gente negra (*township* en el texto original) cerca de Johannesburgo. Cuando su madre, enferma de SIDA, decide abandonarlo, fue adoptado por una mujer blanca especializada en relaciones públicas y administradora de un centro de cuidados, Gail Johnson. A la edad de ocho años, hace frente a la prensa sudafricana, después de que una escuela de su barrio blanco rechaza su inscripción a causa de su infección. Las protestas presionan a la dirección de la escuela para volver atrás con su decisión y el pequeño niño deviene el símbolo de las luchas contra la discriminación ligadas a la enfermedad. Cuando su madre biológica muere, su presencia en los funerales fue objeto de una considerable mediatización. Un poco más tarde, Gail Johnson abre en su presencia el primero de los *"Nkosi's Haven"* (refugios de Nkosi), destinado a las madres seropositivas y a sus niños. Cuando la conferencia internacional sobre el SIDA tiene lugar, él fue el primer orador (*keynote speaker* en el texto original). Él comienza de esta forma: "Buenos días, mi nombre es Nkosi Johnson, vivo en Melville, Johannesburgo, África del Sur. Tengo once años y tengo SIDA en estadío de enfermedad. Yo nací seropositivo" Luego cuenta su vida, sus dos madres, la discriminación, el entierro, el refugio, y concluye:

---

[3] La emisión "100 Greatest South Africans", en la cadena SABC3, organiza un voto televisado nacional en setiembre del 2004. Detrás de Nelson Mandela, el cardiocirujano Christian Barnard, el último presidente del apartheid Frederick de Klerk y el Mahatma Ghandi, es Knosi Johnson quien llega en quinta posición, delante de Thabo Mbeki (signo de los tiempos, en esa clasificación, el arquitecto del apartheid, Hendrik Verwoerd, se sitúa un lugar por delante de Chris Hani, el héroe de la lucha contra el régimen de supremacía blanco: ver en wikipedia.org/wiki/SABC3%27s_Great_South_Africans, consultado en abril del 2010). Una obra sobre la vida de Knosi Johnson es publicada por Jim Wooten. Su título retomaba la última frase del discurso *We Are All the Same* (New York, The Penguin Press, 2004).

> Cuando yo sea grande, quiero dar conferencias sobre el SIDA para mucha gente y si Mami Gail me lo deja hacer, viajaré por todo el país. Quiero que la gente entienda qué es el SIDA, para que presten atención, pero también para que sean respetados. Ustedes no pueden tener SIDA tocando, apretando, abrazando, teniendo la mano de cualquiera que esté infectado. Cuídennos y acéptennos- nosotros somos seres humanos. Nosotros tenemos manos. Nosotros tenemos pies. Podemos caminar, hablar, tenemos necesidades como todo el mundo. No tengan miedo de nosotros. Somos todos parecidos.

Este era más o menos el discurso que Nkosi Johnson había preparado con su madre y que estaba decidió a leer esa noche allí[4]. Impresionado por la escena, las luces, el numeroso público, emocionado por la ovación de pie que lo recibió, molesto puede ser también por problemas técnicos, él tiene dificultades con las palabras y no alcanza a hacer audible su texto. Quedaron para la posteridad su presencia sonriente en una vestimenta demasiado grande y la versión escrita de su discurso. Algunos meses después su estado de salud se agrava. Él lanza un llamado al presidente Thabo Mbeki, demandándole hacer accesibles los antirretrovirales a todos los enfermos, y especialmente a comprometerse en la prevención de la transmisión de madre al niño, de la que él mismo era víctima. Una mórbida crónica mediática comienza y casi cada día, mientras su estado empeoraba, los periodistas publicaban mensajes de su parte, invitando al jefe de estado a visitarlo y pidiendo por el acceso a los antirretrovirales. Cuando muere, el 1 de junio del 2001 sin haber recibido la visita de Thabo Mbeki (su esposa en cambio vino a verlo a título personal), muchos se indignaron por la insensibilidad del presidente al sufrimiento de un niño. Supimos, algunos días después de su deceso, que el pequeño niño estaba en coma desde hacía varias semanas y que los mensajes patéticos que se le atribuían en realidad estaban redactados por su madre adoptiva, militante de la causa de los tratamientos.

[4] Ver, para el texto completo de su discurso: "An Arrow Straght fron the Heart", *The Star*, 11 de julio del 2000.

Un ícono de la enfermedad

El triste fin mediático de Nkosi Johnson marca un giro en la epidemia. Se rubrica la entrada del niño en el espacio público. Hasta aquí los menores habían estado prácticamente ausentes de las discusiones y de los desafíos respecto del SIDA. Cuando, en los años 1980, habían sido diagnosticados los primeros casos, era, pensábamos entonces, una enfermedad circunscripta al medio homosexual. En esa época, los adolescentes estaban en la calle, manifestando por el fin del apartheid y provocando a las fuerzas de policía blancas. Cuando en el curso del decenio, la situación deviene más preocupante en los sitios reservados para los negros y en ciertos antiguos países de origen, era, se afirmaba, una infección que alcanzaba a los adultos sexualmente activos. En este período, y a pesar de las tasas de seroprevalencia cada vez más preocupantes provenientes de las consultas prenatales y que hubieran podido permitir evitar la infección en los recién nacidos, la infancia parecía fuera de la epidemia: es verdad que en el contexto de reconstrucción de la sociedad, ella simbolizaba el futuro de la Nación. Con Nkosi Johnson, no solo los sudafricanos fueron consientes de la realidad epidemiológica de una infección que alcanzaba decenas de miles de niños, además les permitía concebir una nueva representación moral del SIDA. Mientras los homosexuales principalmente blancos y, más tarde los hombres y las mujeres negras eran tenidos en cuenta, en razón de sus supuestas prácticas sexuales, como responsables de su infección (y los mensajes de educación y prevención insistían siempre sobre la promiscuidad y sobre la responsabilidad), los niños llevaban la marca de la inocencia: ellos nacían infectados. Su culpabilidad no podía estar comprometida en el malestar que les tocaba. Por el contrario, ellos eran víctimas, por un lado, de la conducta irresponsable de sus padres –lo que el personal de salud les recordaba voluntariamente a las madres embarazadas cuando veían a dar a luz a la maternidad – y, por otra parte, de las decisiones inapropiadas del gobierno que tardaba en poner en acción los programas de reducción de la transmisión de la madre al niño.

Pero con Nkosi Johnson, el niño no era solo una víctima, se había convertido en héroe[5]. Él había estado –gracias a su madre adoptiva– cuando la cuestión de la discriminación en el encuentro de niños enfermos en las escuelas, se había levantado públicamente y había logrado –siempre por la mediación materna– aparecer como el campeón del acceso a los tratamientos. Ese nuevo estatuto fue consagrado por el cartel que realiza en el 2001 la organización no gubernamental Treatment Action Campaign, punta de lanza del activismo del SIDA, en colaboración con la COSATU, federación sindical unitaria. Se festejaban en ese momento, los veinticinco años del levantamiento de Soweto que comenzó el 16 de junio de 1976 con la muerte de un joven manifestante, Hector Petersen, la imagen de su cuerpo llevado por un compañero en lágrimas devino en el símbolo mundial de la lucha contra el apartheid. Bajo el cartel negro y rojo exigiendo el acceso a los antirretrovirales, dos fotografías en blanco y negro con sus dos simples títulos: "16 de junio de 1976. Hector Petersen. 13 años" y "1 de junio de 2001 Nkosi Johnson. 12 años". Para las personas que descubrían esas imágenes pegadas en los muros, la yuxtaposición de dos héroes tenía algo de familiar. En ese entonces en África del Sur estaban habituados a pensar la lucha contra el SIDA como el equivalente actual del combate contra el apartheid de ayer: esa aproximación entre los dos casos había resultado un lugar común sobre el que nadie consideraba interrogarse. Sin embargo, los dos muertos no significan la misma cosa. Hector Petersen fue asesinado por un tiro de la policía encargada de reprimir una manifestación contra la imposición del africano como lengua en las escuelas de los lugares destinados a los negros. Nkosi Johnson murió por una enfermedad para la que no

[5] Una gloria que excede rápidamente a la sociedad sudafricana, porque Nkosi Johnson entra en el panteón del proyecto educativo *My Hero*, cuya sede se encuentra en California y que busca "celebrar lo mejor de la humanidad". Él es citado como *Angel hero*, un estatuto que corresponde a "los extranjeros que pueden exaltar nuestra alma o darnos esperanza a través de actos de gentileza". La noticia evoca su discurso en la conferencia internacional sobre SIDA: " Pequeña figura en un traje brillante y en zapatillas, sosteniendo nervioso el micrófono, él tiene en vilo a un auditorio de 10.000 personas, que no podían retener sus lágrimas silenciosas, cuando cuenta la historia de su nacimiento y de su vida". Ver "Angel hero: Nkosi Johnson" (www.myhero.com/ myhero/hero.asp?hero=nkosi, consultado en abril del 2010).

existía ningún tratamiento preventivo, dado que la contrajo durante su nacimiento. Aún cuando los dos acontecimientos trágicos hayan, cada uno en su momento, provocado una ola nacional de compasión, la muerte política de uno no es idéntica a la muerte por causas biológicas del otro. Más ampliamente, la lucha contra la enfermedad no puede ser asimilada al combate contra el régimen racista más que al costo de un borramiento del sentido de cada una de esas movilizaciones. Es por otra parte, el límite del activismo por el SIDA porque establecer un paralelismo entre los dos es poner espalda con espalda al enemigo de ayer –el gobierno de supremacía blanco– y el adversario de hoy –el gobierno democrático multirracial–. Mucho le reprocharon, especialmente cuando se lanzó un movimiento de desobediencia civil contra Thabo Mbeki y sus ministros, porque era precisamente el arma con la que los habitantes de los sitios para negros habían combatido el régimen del apartheid algunas décadas antes.

Sea como sea, la infancia hace su entrada sobre la escena sudafricana del SIDA de la mano de Nkosi Johnson – y más precisamente sobre su escena moral. Probablemente él es menos el iniciador que el revelador de un fenómeno que se va amplificando en los meses y años siguientes: la presencia de los niños como asunto central de la epidemia. Esta presencia recupera sin embargo diferentes realidades. En efectos, se dibujan tres figuras de manera progresiva. La primera es aquella del niño sufriente: ella se cristaliza alrededor del riesgo de transmisión de la madre al niño. La segunda es aquella del niño violado: ella concierne especialmente a las niñas de corta edad. La tercera es la del niño huérfano: ella pone en juego el futuro de la sociedad sudafricana. El punto común de las tres figuras es asociar una representación moral y una representación social: la inocencia y la vulnerabilidad. La inversión de esas imágenes sin embargo es siempre posible, las víctimas pueden, en ciertas condiciones, ser vistas a su turno, como peligrosas. Lo que quiero tratar de introducir en este texto, retomando sucesivamente estas tres figuras, son las "políticas culturales de la infancia[6]", y es-

[6] Como lo escriben Nancy Scheper-Huges y Carolyn Sargent (1998): "Las políticas culturales de la infancia conciernen a los usos políticos, ideológicos y sociales de la infancia"

pecialmente su dimensión moral. Lo analizaré, por lo tanto, desde la forma en que las cuestiones han sido puestas en el espacio público con las observaciones que he podido hacer luego de mis investigaciones en los *townships* de Soweto y Alexandra, en Johannesburgo y los antiguos *homelands* del Norte, en la provincia de Limpopo.

La economía del sufrimiento

"*Suffer, the Little children*", sufran niños pequeños, titulaba el editorial del *Saturday Star* el 30 de enero de 1999. "El costo necesario para salvar la vida del ser humano más patético y vulnerable, un bebé, de la siniestra empresa de la muerte es sorprendentemente bajo: 400 rands (alrededor de 60 U$). Y sin embargo, el ministro de salud Nkosazana Zuma no parece estar listo a pagar esta suma", escribía el periodista. Habiendo comparado la suma mencionada con los gastos militares en negociación y demostrado los beneficios económicos de la prevención en vista de los gastos previsibles en el tratamiento de los pequeños niños enfermos, él concluía:

> Mucho más allá de las implicancias financieras hay cuestiones morales: ¿tenemos el derecho de condenar a esos niños a morir cuando estamos en posibilidades de salvarlos? Y, ¿tenemos el derecho de privar a las generaciones futuras de potenciales líderes, artistas, artesanos de la paz? En tanto que Nación, seremos juzgados en función de lo que está en nuestro corazón y de eso que hacemos los unos por los otros, y no por lo que tenemos en nuestros arsenales o de eso que es nuestro déficit presupuestario.

Durante muchos años, la prensa multiplica los artículos y las plataformas con títulos igualmente dramáticos: "*Babies too por to live*", "*The high cost of living babies*", "*Babies'lives in balance*" o incluso "*How many more babies must die*". Algunos días antes de la conferencia de Durban, tres distinguidos investigadores sudafricanos habían exhortado al presidente Thabo Mbeki a "dejar la ciencia a los científicos", en un texto ilustrado con una fotografía de un lactante dormido, titulada así: "Una pequeña niña de ocho meses enferma de SIDA abandonada en un orfanato: las consecuencias involuntarias de las dudas expresadas por el presidente sobre las causas del SIDA podrían ser sufrimientos inimaginables y numerosas muertes evitables". El día de la inauguración del encuentro internacional, la misma imagen fue utilizada por otro diario, con este título: "Una víctima inocente: esta niña tiene SIDA y, cuando ella sea lo suficientemente grande como para entender, deberá prepararse para aceptar esta terrible verdad sobre su futuro". Finalmente, mientras la manifestación científica terminaba, el mismo periódico borraba espectacularmente eso con unas cincuenta y cuatro fotos del rostro de un bebé con este título: "Cada día nosotros podemos salvar todos estos niños del virus del SIDA[7]". En el transcurso de este período, la acusación de "genocida" y la referencia a un "holocausto" se convertirán casi banales en el debate público, enunciadas por los más grandes autoridades científicas y morales del país y retomadas a veces en los comentarios escuchados en los barrios.

Esas interpelaciones al poder conciernen a la cuestión de la transmisión de la madre al niño. Estamos en el comienzo de los nuevos protocolos terapéuticos, en principio puestos en ejecución en los países occidentales, luego experimentados en el Tercer mundo, consistentes en dar antirretrovirales a la madre al final del embarazo y al niño al nacer. Los ensayos clínicos conducidos en Tailandia y en Uganda habían mostrado ser eficaces, respectiva y sucesivamente, del AZT y más aun de la Nevirapine: por un bajo costo, se había conseguido una significativa reducción de la transmisión del virus al recién nacido. Esas prometedoras investigaciones fueron seguidas de nuevos ensayos esta vez en varios lugares, entre ellos, hospitales africanos. Sin embargo, dieron lugar a controversias. Por un lado, una parte de la comunidad médica se entusiasmaba por este método simple, eficaz,

[7] Los títulos citados son sacados respectivamente de *Weekly Mail and Guardian*, 16 de octubre de 1998 y 14 de mayo de 1999, *Cape Times*, 22 de febrero de 1999, *Sowetan*, 5 de abril del 2002, *The Sunday Independent*, 25 de junio del 2000, *The Saturday Star*, 8 de julio del 2000, *The Star*, 12 de julio del 2000. Las acusaciones de genocidio y de holocausto pueden ser encontradas en: "Probe Manto and Mbeki for Genocide", Sapa, 23 de febrero del 2003, entrevista de Malegapuru William Makgoba, *Weekly Mail and Guardian*, 6 de octubre del 2000; "Aisd Denial and Holocaust Denial", Justice Edwin Cameron, Edward Smith Annual Lecture, Harvard Law School, 8 de abril del 2003; intervención de Zachie Achmat en el coloquio "Aids in Context" de abril del 2001.

sin peligro y poco costoso, pudiendo apenas convencer a los medios de la buena nueva: habíamos encontrado el *magic bullet*[8], dicho de otra forma, el medicamento milagroso, y él permitía inmediatamente poner ese tratamiento en mano de todos. Por otro lado, los poderes públicos ganaban tiempo, emitían reservas, ralentizaban los ensayos terapéuticos y retardaban la puesta en acción del tratamiento en el plan nacional: oficialmente, invocaban un principio de precaución, pero algunos miembros del gobierno, comenzando por el mismo presidente, se mostraban sensibles a la "herejía[9]" de los disidentes californianos según la cual los antirretrovirales mataban a los pacientes. La acusación pasa rápidamente de la prensa a la justicia. Una demanda fue presentada contra las autoridades provinciales de Mpumalanga por la organización no gubernamental AIDS Law Project, simbólicamente en nombre del "*baby Tinashe*". La pequeña niña, de seis meses de edad, había sido contaminada al nacimiento y su abogado reprochaba al gobierno provincial no haber informado a la madre de la existencia de un tratamiento que reducía el riesgo de transmisión[10]. A continuación de ese proceso, tuvieron lugar muchos otros que llegaron, en abril del 2002 después de varios procedimientos de apelación, a la condena del gobierno sudafricano y a la obligación de poner en ejecución los programas de prevención. Faltaban sin embargo algunos años para hacer efectivo el acceso a los tratamientos en los hospitales, en razón, especialmente de grandes problemas organizacionales heredados del apartheid pero también de la indiferencia de muchos profesionales de salud en vista de las mujeres enfermas.

[8] Para retomar la famosa expresión intraducible utilizada por el biólogo alemán Paul Ehrlich, Premio Nobel de Medicina en 1908, para calificar su descubrimiento de un tratamiento a base de arsénico para la sífilis. La fórmula fue generalizada a todos los tratamientos que parecen asociar las cualidades de simplicidad, eficacia, inocuidad y bajo costo. Ver la obra de Allan Brandt (1985) que cuenta esta historia.

[9] Según la fórmula del redactor en jefe de la revista *The Lancet*, Richard Horton (1996) invocando las tesis de Peter Duesberg, el jefe de filas de la disidencia.

[10] El rostro pepón de la niña ocupaba toda la primera página del semanario *Mail and Guardian,* en su edición del 19 de Octubre del 2001, con el título: "hacer entrar el silencio al tribunal. Treinta rands hubieran podido evitar al bebé Tinashe contraer el virus del SIDA". La referencia con el título de la conferencia de Durban era explícita: "Romper el silencio" significaba al mismo tiempo el combate contra la estigmatización y por los tratamientos.

La representación de los niños como víctimas, a la vez, de la enfermedad y del poder, aparece retrospectivamente como un elemento central de la movilización social y de la producción mediática, durante el período de crisis profunda que atraviesa la sociedad sudafricana alrededor de la cuestión del SIDA. Ella provee un poderoso argumento a los activistas y un recurso eficaz a los periodistas. ¿Quién podría oponerse a la perspectiva de salvar vidas de recién nacidos? ¿Cómo no condenar a un gobierno que pone en peligro la parte más frágil de su población? Esta imagen tuvo, sin embargo, dos consecuencias que nunca han sido discutidas: por una parte señala el hueco que hay en la responsabilidad de los adultos. Una suerte de escala de inocencia y de vulnerabilidad se establece entre tres tipos de personas infectadas. Los hombres aparecen generalmente como los principales culpables: no hablamos solo de la infidelidad conyugal y de su irresponsabilidad paterna, sino que se los acusa de ser violentos; el estereotipo del "violador" se banaliza, en parte sostenida por investigaciones sociológicas y epidemiológicas que muestran la frecuencia de las violencias sexuales. Las mujeres parecen ocupar una posición intermedia y ambigua: por una parte, ellas participan, pensamos, de la "promiscuidad sexual" que es un hecho cultural de la población negra, por otra, son vistas como "vulnerables" a la brutalidad de los hombres y en particular a la imposición de una sexualidad no protegida. Finalmente los niños, son inocentes y vulnerables: si ellos son contaminados solo puede ser por la falta de sus padres, pensamos.

Ahora bien, las investigaciones sobre las condiciones de vida de las familias en los *townships* y los antiguos *homelands*, sin poner en cuestión la realidad de la inestabilidad matrimonial y la dominación masculina, muestran que esta realidad se inscribe en un pasado y un presente de extrema precariedad y de violencia permanente[11]. Una economía política del SIDA es, en esta mirada, mucho más esclarecedora que una teoría moral de elección racional: es necesario comprender

[11] La historia de Magda A., una mujer víctima de violencias sexuales desde su infancia y hoy enferma de SIDA, de la que se ha reconstruido el recorrido con Frederc Le Marcis y Todd Lethata (2008), muestra cuánto las condiciones de producción y reproducción de esas violencias están ligadas a un contexto social, económico y político, mucho más que a la expresión de una naturaleza o una cultura africana.

esas determinaciones más amplias, estamos generalmente reducidos a interpretaciones psicológicas que escencializan los comportamientos y, finalmente transforman a las víctimas en culpables. Por otra parte, si la puesta en relieve de la infancia como víctima permite justificar la ejecución de programas de prevención de la transmisión materno-fetal del virus, ello conduce a pasar al silencio el tratamiento de las madres. Los protocolos, al menos en el comienzo, solo conciernen a la reducción de la contaminación del niño: los antirretrovirales que recibe la mujer no tienen por objetivo tratarla, sino solo disminuir el riesgo del recién nacido. Más aún, es fácil prever que esos tratamientos muy cortos tienen el riesgo de entrañar resistencias posteriores a esos medicamentos, sin embargo, esenciales por su amplia disponibilidad y su bajo costo: es efectivamente lo que muestran las encuestas realizadas en los años siguientes; cuando se las trata después, las mujeres sometidas al protocolo durante su embarazo presentan elevados niveles de ineficacia a toda una serie de tratamientos llamados de primera elección. Salvar niños produce a fin de cuentas, poner en peligro a las mujeres. La prioridad acordada a los niños y la indiferencia manifestada en vista de las mujeres son comunes, además, en los dispositivos de salud, a pesar de todo llamados materno-infantiles, desarrollados después de varios decenios en el tercer mundo[12]. De esa manera, destacando las víctimas infantiles, es decir inocentes y vulnerables, tiene un precio que es a la vez simbólico –la representación estigmatizante, en contraste, de otras categorías de enfermos- y práctico –la justificación del abandono relativo de las madres, a riesgo de comprometer la evolución futura de su afección.

No se trata, sin embargo, aquí de cuestionar los bien fundamentados programas de reducción de la transmisión de la madre al niño, ni tampoco de discutir el compromiso de los activistas del SIDA en

[12] Los casos de los programas de reducción de la mortalidad materno-infantil que estudié en América latina con Anne-Claire Defossez (1992) son otra ilustración del caso: por una parte, durante mucho tiempo, solo la mortalidad infantil ha sido tomada en cuenta mientras las causas de la mortalidad materna eran muy profundas, por otra parte, cuando ésta última es objeto de medidas específicas, el argumento para justificarlas era generalmente, al menos en parte, los beneficios que tendrían los niños al ser cuidados por sus madres.

ese frente, sino mucho más mostrar las consecuencias imprevistas provocadas por la construcción moral de la infancia. La moralización de una causa tiende a generar discriminaciones morales entre aquellos que es más o menos legítimo defender, o generalmente confrontar los juicios morales que ya están presentes en el mundo social. De los testimonios recibidos, cerca de las mujeres enfermas de SIDA o luego de las observaciones hechas en los servicios hospitalarios, pareciera que la compasión en vista de los niños tiene como contrapartida el desinterés, a veces una cierta crueldad en vista de las madres. Una de ellas me contaba como la partera de la maternidad rural donde habían descubierto su infección, la denigraba públicamente, acusándola de haber importando el virus desde Johannesburgo. Otra, también sintiéndose mal por lo mismo, rechaza la hospitalización en el servicio donde yo la había llevado evocando la discriminación que ella había sufrido a causa de su enfermedad. El momento del parto puede resultar particularmente agotador para esas mujeres a veces brutalizadas, insultadas y acusadas de ser las responsables de la desgracia de sus hijos[13]. Naturalmente, la representación de la inocencia de los recién nacidos en el espacio público no era la causa de ese maltrato; ella fortalecía, sin embargo, los prejuicios que hacían culpables a las madres, del mismo modo que la representación de la vulnerabilidad de las mujeres confirmaba la acusación de violencia en contra de los hombres, excepto que estos no debían rendir cuentas en los hospitales, sino –a veces– en la policía o en la justicia.

El escándalo de la violación

"*Things fall apart*", un mundo desamparado: el dosier publicado bajo el título extraído de la novela de Chinua Achebe por el *Mail and Guardian* de Johannesburgo, el 9 de noviembre del 2001, es abrumador. El artículo comenzaba con una tonalidad literal apocalíptica:

> "La llegada del Señor está próxima, se los digo", afirma Jan Petersen,
> la mirada fija en dirección a la puesta del sol. "Ellos han rechazado

[13] La investigación conducida por Rachel Jewkes, Naeemah Abrhams y Zodumo Mvo (1998) en las maternidades sudafricanas es demostrativa en ese sentido.

el nombre del señor". Él se calla. Parado frente a su modesto hogar permanece en Louisvale, un *township* en la periferia polvorienta del barrio de Upington, en la provincia de Northern Cape. Sus sombríos ojos brillan a la luz de los últimos reflejos de fuego del crepúsculo, Petersen sonríe tristemente, sacudiendo la cabeza. "Es aterrador, más allá de mi imaginación."

El evento que suscita este comentario es un drama cuyo relato ha sacudido a la sociedad sudafricana. Una pequeña niña de 9 meses ha sido violada en ese *township* habitado por la población mestiza que vive en la región de Cap. La penetración ha causado importantes lesiones. Los sospechosos son seis hombres del vecindario, incluyendo el abuelo de la pequeña. Ellos estaban en estado de ebriedad en el momento de los hechos. El padre de veinticuatro años, la madre dieciséis, habían dejado sola a la niña, estaban ellos mismos borrachos cuando ocurrió la violación. El artículo describe con lujo de detalles la escena, vuelve sobre los elementos clínicos recibidos por el médico, informa los propósitos consternados o vengativos de los vecinos, retoman el discurso de los habitantes sobre el traumatismo para la población y la maldición para el *township*. El autor ha tenido un cuidado especial con la escritura, mezclando el realismo y el lirismo. La fotografía a página entera, en la primera del periódico, muestra a la abuela y una vecina: las dos mujeres tienen el rostro entre las manos, para llorar nos sugiere, probablemente sea para disimular; una hermana de la víctima se tiende a su costado y mira el objetivo. La frase no le ahorra nada al lector: "En la débil luz del salón, las mujeres descubrieron, abriendo las piernas de la niña, una herida enorme, ensangrentada". Lo intolerable se hace aquí sensacional. El semanario tiene, sin embargo, la reputación de una publicación seria, incluso intelectual.

Si ese terrible hecho distinto, ha ocupado un lugar particular en la historia moral reciente de África del Sur, él se inscribe en un contexto más amplio de relato de crónicas del horror. Cada día la prensa enumera su lote de brutalidad y de crímenes, no solo en los periódicos especializados en este tipo de temas, sino también en los grandes periódicos nacionales. Hay algo singular en esta complacencia de los medios a producir una imagen impactante, a veces repugnante, de la sociedad sudafricana. Sin subestimar la realidad de los hechos de violencia, es difícil no interrogarse sobre la significación de esta representación nacional del yo en el registro de lo abyecto. El imaginario de África del Sur es menos aquel del temor a la violencia –sin embargo real en la experiencia de los individuos –que aquel de la obscenidad. Los hechos concernientes a los niños son en este sentido los que más hacen sufrir. En particular las historias de violaciones de niñas pequeñas, aquella del bebé de Louisvale es evidentemente un caso extremo. Aún cuando ellos son, felizmente, poco numerosos, esos hechos son particularmente visibles en razón seguramente de su ignominia, pero especialmente del tratamiento sensacionalista que le dieron los periodistas. "La imagen de la violación de un niño es demasiado terrible para ser publicada", titula un periódico. A pesar de este aparente cuidado, el autor del artículo no deja ningún detalle anatómico y sustituye sin pena a la imagen por esta descripción que comienza con estas palabras: "La fotografía de las heridas de la niña de seis años, víctima de una violación cuenta la historia de un dolor inconcebible y de un salvajismo inimaginable". Los artículos se multiplican sobre "un caso que golpea aún al tribunal", sobre los "miles de niños violados cada día" e incluso sobre "la bestialidad en aumento en África del Sur[14]". La prensa da a ver una mediateca galería de monstruos, en la que los crímenes sobre los niños aparecen como los más intolerables y tanto más si ellos son cometidos por sus familiares. Ciertamente, tal exhibición se inscribe en un fenómeno mundial que ha hecho visibles los abusos sexuales en relación a los niños, especialmente las prácticas incestuosas, que desconocíamos hasta un período reciente. De todos modos, su radicalización y su espectacularización en el horror llaman a una reflexión sobre su significación: ¿por qué la sociedad sudafricana se presenta de tal manera al mundo, y, especialmente, por qué se presenta de este modo frente a sí misma? Podemos avanzar dos hipótesis que no son mutuamente excluyentes: una pro-

---

[14] Los artículos citados precedentemente provienen de: *The Star*, 9 de setiembre del 2002, *Pretoria News*, 19 de abril del 2005; *The Saturday Star*, 3 de setiembre del 2005; *Sapa*, 4 de setiembre del 2000; *The Independent*, 25 de noviembre del 2005.

pone una lectura de alguna manera funcionalista, la otra muestra una lógica generalmente culturalista. En primer lugar, el tratamiento de la violación de un niño como un hecho diferente extremo, a la vez en relación de la edad de las víctimas y de los daños físicos provocados, tiende a ocultar la banalidad de la violencia sexual, tanto en términos de frecuencia como en términos de prácticas. La focalización sobre los eventos más atroces tiene paradojalmente un efecto tranquilizador. En el fondo, esos hombres que tienen prácticas pedófilas salvajes son enfermos mentales peligrosos, de los que es necesario prevenir a la sociedad. Habría una suerte de exterioridad del mal. Sin embargo, los abusos sexuales alcanzan niveles muy altos en África del Sur. Con todas las reservas usuales sobre los problemas metodológicos concernientes a las investigaciones sobre las violencias sexuales, estimamos que el 7% de las mujeres han tenido prácticas sexuales sin consentimiento, siendo esa cifra –hecho inesperado– y tanto más agravados cuando las mujeres son jóvenes –dato todavía más destacado– dos veces más entre las mujeres negras que entre las mujeres blancas. Por su lado, cuando son consultados los hombres, el 15% reconoce haber violado o tratado de violar a su mujer o a su compañera en el curso de los últimos diez años. Tratándose más particularmente de los niños y de los adolescentes, los dos principales estudios en población general muestran que, entre las mujeres interrogadas, 1.2% en una y el 1.6% en el otro declara haber tenido relaciones sexuales no consentidas antes de la edad de quince años y casi siempre después de los 10 años[15]. Los provocadores de esas violencias eran generalmente educadores que utilizaban su poder amenazando por ejemplo, con poner malas notas.

Por el contrario, las violaciones de niños de corta edad son felizmente totalmente excepcionales, dando lugar cada año a algunos hechos diversos, generalmente trágicos que es necesario sin embargo buscar entre los 221.000 abusos sexuales comunicados a la policía por

---

[15] En comparación, en los Estados Unidos, 1.9% de las mujeres debe de haber sufrido tales abusos sexuales antes de la edad de 12 años. Una revista de estadísticas sobre las violencias sexuales, de donde extrajimos las cifras citadas, y fueron publicadas por Rachel Jewkes y Naeemah Abrahams (2002). Ver igualmente, en *The Lancet*, el artículo de Rachel Jewkes y otros, "Rape of Girls in South Africa", y el editorial "Infant Rape in South Africa" (2002, vol. 359,nº 9303 (enero), pp. 319-320 y 274-275).

niñas de menos de 17 años en 1999. De manera general, si bien los medios hacen de la violación de niños el "flagelo de la nueva África del Sur[16]", todos los estudios confirman que se trata de un fenómeno marginal, y que el problema real concierne en principio a las violencias sexuales cotidianas cometidas sobre mujeres jóvenes o en mujeres de edad madura, en general en el marco de relaciones con la pareja habitual o con un pariente. Tal es el caso en mis propias investigaciones, esas jóvenes mujeres del barrio de Alejandría, enfermas de SIDA las dos: Sofía, que vivía desde la edad de catorce años con un varón poco mayor que ella y que la violaba por celos; Astrid, cuyo padre, suave y atento hasta ese momento, la viola un día en que vuelve borracho a la salida de una fiesta, mientras ella tenía dieciséis años. Dicho de otra forma, el sensacionalismo, alrededor de las violaciones de niños eclipsa comúnmente las violencias sexuales contra niñas y mujeres. Él anticipa la monstruosidad de las prácticas sexuales en detrimento de una reflexión sobre la dominación masculina, la brutalidad conyugal, las prácticas incestuosas y el acoso sexual, del medio escolar al mundo del trabajo, del medio familiar al espacio de la calle.

En segundo lugar, el tratamiento hiperbólico de las violaciones de niños participa de una forma de exotización racial común en la sociedad sudafricana. Ese procedimiento consiste en representar los hechos sociales como singularidades culturales. Dar el espectáculo de los horrores cometidos, tiende a hacer de África del Sur, un "mundo aparte" para retomar el célebre nombre del film de Chris Menges sobre el apartheid. Ahora bien, esta singularización concierne implícitamente –pero de manera transparente para los sudafricanos– a la población negra, o más aún, a los hombres negros. Esto está bien en el corazón de la controversia suscitada por una serie de intervenciones públicas de Charlene Smith a continuación de la violación que ella había sufrido. Esta periodista había publicado en principio el relato

[16] Según la fórmula del título de un artículo del *Pretoria News* del 17 de junio del 2005 que da cifras particularmente altas: "Al menos cincuenta niños son violados cada día en África del Sur". En realidad "niños" no significa aquí menos de dieciocho años, lo esencial de las violaciones corresponde a niñas menores de quince años, dicho de otra forma, en un país donde las primeras experiencias sexuales son generalmente muy precoces, hay una violencia sexual desgraciadamente muy común.

de esta experiencia traumática, dispuesta a denunciar una "sociedad de violadores", incluyendo la prensa internacional: sin calificar jamás racialmente el problema, ella da a sus lectores todas las llaves que les permiten comprender que su propósito se dirigía a los hombres negros; ella se refería particularmente a la "tradición, la "cultura", a la "promiscuidad sexual" a los *"sugar daddies"* (protectores ancianos y ricos) y a las *"virgin cleasing myth"* (supuesta creencia en la purificación de las vírgenes por medio de la violación), todos ellos elementos asociados a la población africana[17]. Reconociendo de manera explícita el coraje de su testimonio, el presidente Thabo Mbeki la acusa de "racismo", desencadenando las protestas de la oposición liberal blanca que da vuelta la crítica y denuncia a su turno una instrumentalización de la cuestión racial. Algunos meses más tarde, la joven periodista reincide bajo el provocador título de: "¿Deberíamos poner cinturones de castidad a nuestros niños?". Esta vez se trata de recordar diversas prácticas sexuales observadas en el continente africano y supuestamente exóticas.

La presentación de la peligrosidad sexual de los hombres negros no es nueva. El imaginario occidental de la sexualidad de los africanos tiene una larga historia pre-colonial y colonial que se nutre de una representación fantástica del otro que los zoológicos humanos han llevado al extremo. En África del Sur, la proximidad de blancos y negros en las ciudades y en los centros industriales, a partir del fines del siglo XIX, ha dado lugar a un discurso común sobre la "sexualidad africana" que estigmatiza las "pulsiones sexuales" describiendo a las mujeres como libertinas y a los hombres como peligrosos; el tema del "peligro negro" se banaliza; él de hecho jamás ha salido del universo mental de la sociedad blanca. Con el SIDA, renace de forma caricatural en tiempos del apartheid y toma una forma eufemística en los años que siguen a su desaparición[18]. Se trata por lo tanto más de una construcción social inscripta en la duración que tiende a culturizar la violencia, es decir,

[17] El testimonio fue publicado en el *Mail and Guardian* el 7 de abril del 2000:"How Lucky I An to Be Heard" y "A Society of Rapists". Contrariamente a las denuncias habituales de laxismo por parte de la justicia, su joven violador negro había sido condenado a treinta y dos años de prisión por un juez africano.

[18] En la literatura sobre el imaginario de la sexualidad africana, podemos citar los trabajos pioneros de Sander Gilman (1985) y de Elsa Dorlin (2006). *Sobre África del*

de escencializarla en términos culturales, para dar un trazo específico de las sociedades africanas, en particular y dicho de otra forma, de las poblaciones negras. Sin embargo, otras investigaciones muestran que las violencias sexuales, incluidas las incestuosas y conyugales, son casi tan frecuentes entre la población blanca, por lo tanto lo importante es comprender que la violencia sexual está inscripta en una realidad histórica y social de la violencia. No podemos aislar la brutalidad de las relaciones entre hombres y mujeres o entre niños y niñas de la brutalización de las relaciones sociales en el curso de estas últimas décadas, ya sea ella del apartheid o de su lucha contra ese régimen. Muchos de los hombres negros de hoy fueron adolescentes en los años de casi-guerra civil, donde el uso de la fuerza estaba generalizado no solo en las expresiones políticas sino también en sus manifestaciones cotidianas, en el seno de los barrios o de sus familias. La escencialización culturalista de la violencia ignora esta herencia de un pasado cercano y las condiciones de la reproducción social de la violencia.

Esta verdad elemental se manifiesta, por otra parte, en un desplazamiento reciente del debate sobre las violencias sexuales en África del Sur. Cuando la cuestión emergió en el espacio público a fines de los años 1990, los niños eran siempre las víctimas. En adelante, y cada vez más seguido, ellos aparecen como autores de esas violencias. Una serie de estudio expresa una inquietud nueva sobre las violaciones cometidas sobre las niñas y los niños por adolescentes apenas más grandes que ellos, ya sea de manera individual o en grupo, en la escuela o en el barrio, pero también en las prisiones para menores. Los trabajadores sociales y los jueces de menores afirman que los autores de violencia sexual son cada vez más jóvenes. Para explicar el fenómeno, ellos ponen como causa la circulación de películas pornográficas o, de forma más anodina, el ver culebrones televisados[19]. De esa forma, el pánico moral alrededor de las violencias sexuales infantiles, que se desarrolló en el curso de la última década, se reconfigura hoy en día de una

Sur, la obra de Alexander Bouchart (1998) es esclarecedora. La actualización de este imaginario en tiempos del SIDA es estudiado por Gilles Bibeau (1991).

[19] Ver especialmente: "Why Children are Raping Other Childrens", *Pretoria News*, 23 de octubre del 2006, y " Now Even Children are Commiting Acts of Rape", *Caps Times*, 2 de abril del 2007.

forma que confunde en parte los fundamentos de la sociología moral de la infancia. De inocentes, los niños se convierten en culpables: por lo tanto los adultos no son los únicos autores de abusos sexuales, los adolescentes mismos pueden convertirse en sus propios predadores. De esa forma, es también su propia vulnerabilidad la que es cuestionada en ese caso, apelando a la protección de los adultos. Por el contrario, las realidades económicas y sociales en las cuales se inscriben esas prácticas, la desestructuración de las familias ligadas a las migraciones por trabajo de los padres, el abandono de niños a su suerte a punto tal de devenir ellos de *facto* jefes de hogar, permanecen siendo poco exploradas. El descubrimiento de las violaciones de niños por niños viene a reforzar la representación común de una sociedad en la cual la barbarie, rasgo cultural inmemorial, se extiende gradualmente a todas las categorías y todas las edades.

El drama de los huérfanos

"¿Porqué los huérfanos de SIDA deberían recibir un tratamiento particular en relación a los otros niños sin padres que tienen hambre?", preguntaba el presidente Thabo Mbeki durante una conferencia dirigida a jefes tradicionales pronunciada el 2 de abril del 2007. Respondiendo a uno de ellos que se quejaba de la discriminación positiva a favor de esta categoría de huérfanos en algunos programas y criticando las buenas obras de los donantes internacionales destinadas solo a las consecuencias del SIDA, y continúa:

> Un huérfano es un huérfano. No podemos decir que estos huérfanos son más importantes porque sus padres murieron de SIDA y que ellos en consecuencia necesitan un tratamiento especial. Un niño cuyos padres murieron en un accidente de auto, también es un huérfano. No podemos tener una situación en la cual haya cinco niños que tienen hambre: tomamos dos para alimentarlos y dejamos los otros tres sin asistencia[20].

[20] Ver "Mbeki: No Special Treatement for AIDS Orfhans", *Daily News*, 4 de abril de 2007.

La polémica puede sorprender: Sin embargo es instructiva. En efecto, en el curso de los años 2000, la cuestión de los "huérfanos del SIDA" devino una preocupación de las políticas internacionales de asistencia sobre el continente africano. Cuadros alarmistas y proyecciones catastrofistas tomaron estado público: según los cálculos realizados por Unicef y Onusida, el número de huérfanos a causa del SIDA alcanzaba a 25 millones en el mundo en el 2010, de los cuales el 82% estaban en el continente africano; esas cifras corresponden a los niños que perdieron uno u otro de los padres, pero muchos autores consideran esta estimación muy por debajo, teniendo en cuenta la realidad social[21]. Medios considerables son destinados específicamente para las acciones a favor de los niños: significativamente, mientras que el USAID reducía sus programas a favor de la prevención por el preservativo a fin de promover el cuidado a través de la abstinencia y la fidelidad, importantes recursos eran ejecutados para los huérfanos; el conservadurismo compasional reivindicado por el gobierno estadounidense encontraba aquí una expresión ideal de la aplicación de esas elecciones morales diferenciadas[22]. En África del Sur, la situación era evidentemente preocupante, pero tardía: por una parte, las tasas de sero-prevalencia de la población adulta joven dejaba entrever un aumento rápido del número de huérfanos; por otra parte, la explosión reciente de la epidemia sugería un desajuste en el tiempo, porque el pico de mortalidad aún no había sobrevenido. La tonalidad general de los discursos era de inquietud. El ministro de Desarrollo Social

[21] Ver el documento *A Framework for the Protection, Care and Support of Orphans and Vulnerable Childern Living in a World witch HIV and AIDS*, Unicef, febrero del 2004. La misma cifra es dada a fin de esa década (www.worldaidsorphans.org/section/the... orphans_crisis consultado en abril del 2010). Alan Whiteside y Clem Sunter (2000) proponen multiplicar por tres esa cifra, desde el momento en que los padres cuando contraen el SIDA no tienen posibilidades de cuidar de sus hijos, y que los niños se encuentran huérfanos por segunda vez a la muerte de sus abuelos que generalmente los tienen cuando mueren sus padres.

[22] Ver el documento *Orfhans and Vulnerable Children, Meeting Report*, USAID, noviembre del 2003. El programa PEPFAR, para President's Emergency Programme for AIDS Relief, lanzado por George W. Bush preconiza focalizarse sobre la A y la B de las famosas palabras de orden ABC (*Abstinence, Be Faithful, Condomize*) en detrimento de la C (uso de preservativo) (www.amfar.org.treatement/T1/FR0704.pdf, consultado en noviembre del 2008).

evocaba una de las peores consecuencias de la epidemia con un millón de huérfanos en poco tiempo, las organizaciones no gubernamentales insistían para dar estadísticas aún más preocupantes. En su edición del 20 de octubre del 2000, el *Mail and Guardian* publicaba una "Guía de supervivencia para los huérfanos del SIDA". El *phatos* estaba en su colmo. La dramatización de la cuestión de los huérfanos de SIDA se basa en dos elementos: la estadística y la compasión. La primera establece la gravedad del problema, la segunda apela al sentimiento del público. Una u otra son presentadas como consabidas. Sin embargo es necesario interrogarse sobre sus evidencias.

Comencemos por las cifras. Las proyecciones demográficas para África del Sur dan dos millones de niños huérfanos de madre, para el huérfano de uno u otro padre, entre 3.6 y 4.8 millones, o también entre el 9 y el 12% de la población total del país, en el 2015. Los mismos datos son retomados e incluso aumentados invocando factores de subestimación. Sin embargo, las investigaciones llevadas a cabo en la población sugieren mayor prudencia en las constataciones y sus interpretaciones[23]. Antes del comienzo de la epidemia, teníamos 2% de los niños cuyas madres estaban muertas, 7.6% cuyos padres habían fallecido, 0.6% de los niños habían perdido ambos padres. Por el contrario, 12.9% vivían sin sus madres, 35.3% sin su padre y 9.7% sin ninguno de sus padres. Solo el 31% de los niños sudafricanos eran criados por sus dos padres. Diez años más tarde, estimamos en 3.2 % los huérfanos de madre, 8.9% los sin padre y en 1.1% sin padre ni madre. En cuanto a los niños criados sin padres, de ellos el 12.8% concierne a la ausencia de la madre, 39% por ausencia del padre y el 7.2% que viven sin ninguno de los dos. Finalmente, 27.8% de los niños sudafricanos están en una familia en la cual o la madre o el padre están presentes.

---

[23] Ver los documentos de trabajo realizados por Rachel Bray, *Predicting thes Social Consequences of Orphanhood in South Africa*, Centre for Social Science Research, cape Town, Work Paper n° 9. Las investigaciones a las cuales se hace referencia aquí son del Project for Statistics on Living Standards and Developement (1993) y el Cape Area Panel Study (2002). La investigación nacional Nelson Mandela HRSC Study of HIV/AIDS da prácticamente los mismos resultados que estas últimas: 3% de huérfanos de madre, 8.4% de huérfanos de padre, 1.6% de ambos.

Estas investigaciones conducen a una serie de observaciones. En principio, el número de niños que vive al menos sin uno de sus padres es seis veces más elevado que el número de niños huérfanos de uno de sus padres, razón que solo disminuye ligeramente cuando sobreviene la epidemia; si consideramos los niños que viven sin ninguno de sus dos padres, su número es quince veces superior en la primera investigación y siete veces en la segunda. Esta constatación significa, por una parte, que la cuestión de los niños separados de sus padres es una cuestión mucho más grave, demográficamente hablando, que la cuestión de los niños huérfanos, y que, por otra parte, tanto una como la otra existían antes de la epidemia de SIDA, que no ha hecho más que amplificar una realidad pre-existente. Además, los padres fallecidos son mucho más numerosos que las madres, es decir cuatro veces antes de la epidemia, tres veces más diez años después, lo que puede sorprender a la vista de la epidemiología del SIDA que afecta más duramente a las mujeres jóvenes que a los hombres e implicaría de esa forma una mortalidad más elevada. Al mismo tiempo, es la ausencia de los padres la que se constata tres veces como más frecuente que la ausencia de la madre. Esta observación implica, por un lado, que el SIDA no interviene más que en una proporción limitada de los huérfanos de madre y, más baja en lo que se refiere a los huérfanos de padre y, por otro, que el número de niños huérfanos de padre o que viven sin su padre es muy superior al que corresponde para la madre, aún cuando podamos pensar que en los años venideros el peso del SIDA será mayor en la mortalidad femenina.

Para resumir las observaciones, podemos decir en principio que el problema de los niños criados en ausencia de uno u otro de sus padres, a veces de los dos, no data de la epidemia de SIDA, sino que no nos había interesado antes aún cuando ello concierne al tercio de los niños; luego, observamos que la focalización en el SIDA, aún hoy, ignora a la mayoría de los huérfanos, que los son por una u otra causa, y a la totalidad de los niños que viven sin sus padres, que se fueron del domicilio familiar. Estas dos conclusiones están relacionadas: son las condiciones de la vida familiar, la desestructuración de los hogares comprometidos desde hace un siglo por las migraciones laborales y la mortalidad masculina asociada a los homicidios y más generalmente a las muertes violentas lo que hay que tomar en consideración y no simplemente el fenómeno epidemiológico del SIDA. Los hombres y las mujeres que me contaron su historia en Soweto o en Alexandra, y más aún en los antiguos *homelands* del norte del país en su mayor parte, habían sido llevados por sus abuelos, porque sus padres trabajaban a cientos de kilómetros y a veces, reconstruyendo lejos de ellos un segundo hogar. Igualmente hoy, muchos de los niños que veía en esas familias, vivían con una abuela o una tía, a veces a partir de la muerte de sus padres, pero generalmente como consecuencia de un exilio forzado en búsqueda de trabajo. De esa forma, contrariamente a lo que dejan creer los programas de ayuda internacional, la cuestión de los huérfanos y, más generalmente de los niños separados de sus padres, no es en principio la triste consecuencia de una fatalidad biológica, es especialmente consecuencia de desigualdades estructurales históricamente constituidas[24]. Más que en la economía moral de los huérfanos, es en su economía política es en la que debemos interesarnos. De esa forma, el consenso compasional tiene el riesgo de disminuirse bajo el efecto de la crítica social.

Volvamos precisamente a la movilización de los sentimientos alrededor de los huérfanos. La mayor parte de esos documentos producidos por las agencias internacionales de desarrollo y las organizaciones no gubernamentales ponen por delante la tragedia de los niños sin madre (raramente son evocados los padres), las consecuencias psicológicas y afectivas (y no los precedentes históricos y las causas sociales), la vulnerabilidad y el sufrimiento de los huérfanos. Progresivamente a veces, aparecen otras temáticas en ciertos artículos o documentos oficiales. No tratan más el drama de los niños sino las cuestiones de seguridad. Pintan una situación catastrófica en la cual los huérfanos abandonados devienen niños de la calle que amenazan el orden público, a veces niños soldados reclutados para las rebeliones africanas. En el caso de África del Sur, el aumento de la criminalidad, ya preocupante,

---

[24] En la investigación llevada a cabo por Pamela Reynolds (2000) sobre hombres jóvenes víctimas de la represión del poder blanco, ella evoca los efectos deletéreos del apartheid sobre las familias.

está siendo anticipada y resulta una "bomba de tiempo", como en esa nota publicada por un investigador del Institute for Security Studies y citada en la mayoría de los informes internacionales posteriores[25]:

La edad y el SIDA aportarían una contribución substancial al aumento de la criminalidad en los diez o veinte próximos años. De aquí a una década, un sudafricano sobre cuatro tendrá entre quince y veinticuatro años. Es en esta categoría de edad que la propensión al crimen es la más alta. En este mismo lapso de tiempo aproximadamente, habrá una explosión en la población de huérfanos a causa del SIDA. Criados sin sus padres y mal controlados por los miembros de la familia o de las organizaciones de ayuda social, esta masa creciente de huérfanos está más en riesgo de comprometerse en una actividad criminal.

El autor retoma un poco más tarde su análisis, introduciendo esta vez una dimensión psicológica:

La pérdida de los padres a causa del SIDA, incrementa la vulnerabilidad emocional de los niños. Privados de sus padres a causa del SIDA, ellos sufren el duelo como todos los huérfanos, pero esa pérdida puede ser exacerbada por los prejuicios y la exclusión. La vergüenza, el miedo y el rechazo que rodean a las personas afectadas por el SIDA pueden crear un estrés y un aislamiento muy grande. Además del estigma, esos niños pueden sufrir un traumatismo particular. Todos esos factores tienen implicancias sobre los niveles del crimen y de la victimización.

Aquí, la preocupación humanitaria a la vista de esos niños desafortunados reúne la preocupación de seguridad frente a niños peligrosos. Es la misma frontera entre ambas cuestiones la que es delgada y porosa: la víctima puede fácilmente transformarse en criminal. Si bien no se basa en ningún estudio sociológico y aunque sean al mismo tiempo desmentidas por estudios etnográficos realizados en países tocados ya hace mucho tiempo por la epidemia, tales análisis se apoyan en una

---

[25] Ver los textos escritos por Martin Schönteich en 1999: "Age and AIDS: South Africa's Crime Time Bomb?", www.iss.co.za/PUBS/ARS/8No4/SchOnteich.htlm, consultado en abril del 2010) y en el 2003: "AIDS, Security and Governance en Shouthern Africa. Exploring et Impact", con Robyn Pharaon (www.iss.co.za/Pubs/Papers/65/papers65.pdf, consultado en abril del 2010.

mezcla de prejuicios, de intuiciones y de estadísticas no discutidas que proveen una suerte de vulgata para las instituciones internacionales y las organizaciones no gubernamentales, que son menos sensibles a criticarlas en tanto aportan justificaciones a las demandas de recursos financieros para los programas de asistencia a los huérfanos. Sin embargo, nada prueba que esos niños que no tienen padres no encuentren en su medio familiar cercano, parientes que puedan criarlos. El *fostering* es decir, la adopción informal realizada generalmente por parte de una abuela o una tía, es una práctica probada por la sociedad sudafricana que está, como lo hemos visto, expuesta desde hace generaciones a la separación de los hijos de sus padres, a causa de las migraciones en busca de trabajo en lugares donde las familias no pueden estar reunidas: ni en los galpones de las minas o de las granjas en lo que concierne a los hombres, ni en las habitaciones para el arreglo de las vajillas que está en las casas en lo que atañe a las mujeres que buscan trabajo como domésticas está previsto hacer lugar a los niños.

En las observaciones realizadas personalmente, los niños huérfanos están siempre tomados a cargo por miembros de la familia, en general por una abuela, a veces una tía, con el resto de conflictos frecuentes entre los linajes materno y paterno. Porque la presencia de esos huérfanos no deja de ocasionar inconvenientes, aún cuando eso no sea siempre en el sentido esperado. Ellos se disputan frecuentemente por tener la guarda de esos niños. En efecto, el gobierno había puesto en ejecución un programa para los padres adoptivos, los *foster child grant*[26], cuyo monto sobrepasaba el salario mínimo de un obrero; los recursos anticipados suscitaban por lo mismo, vocación de ocuparse de los huérfanos, conduciendo incluso a conflictos entre miembros de las familias para obtener el derecho de guarda y los subsidios correspondientes.

Las reservas expresadas por el presidente sudafricano, siempre muy sensible a las cuestiones nacionales (los niños en tanto que generación futura están en el corazón de las cuestiones de soberanía en todo el

---

[26] Ver el informe de Helen Meintjes, Debbie Budlender, Sonia Giese y Leigt Johnson. *Children in Need of care or in Need of Cash?* Centre for Actuarial Research, Cape Town, diciembre del 2003.

tercer mundo) y desconfiado frente al mundo occidental (el SIDA es desde el comienzo de la epidemia una cuestión conducida a partir de países europeos y norteamericanos) aparecen probablemente más inteligibles aún.

El despliegue de la generosidad internacional alrededor de los huérfanos del SIDA y su justificación por medio de un discurso catastrofista muestran tanto un desconocimiento del pasado (y por lo tanto de la antigüedad del problema de los huérfanos) como del presente (y especialmente de los recursos familiares e institucionales movilizados en el país). La exacerbación conjunta de la compasión sobre los sufrimientos actuales y de la inquietud por los desórdenes anunciados agrega a la confusión de las emociones alrededor de una tragedia de la que no se tiene medida histórica ni política. Sin embargo esta confusión no solo es perceptible a nivel internacional, lo es igualmente en el plano local. Las clases medias y superiores parecen mejor preparadas para ayudar a los huérfanos a distancia que a aceptar su presencia en el entorno. Así, los habitantes de los barrios residenciales de Durban se movilizaron para el cierre de un orfanato construido en las cercanías: "Nosotros pensamos que ese centro debería estar situado en la comunidad de la que provienen los niños", escribían los vecinos en una carta dirigida a la municipalidad, de los cuales uno de ellos se quejaba de que "la sola vista de un niño negro en este barrio devalúa nuestras propiedades" y de otros insultando a los niños "diciéndoles que vuelvan a su *township*"[27]. La compasión tiene sus límites, que son ciertamente territoriales, pero ante todo, en África del Sur, como en otros lugares, son sociales y raciales.

*   *   *

La infancia, en tanto categoría social, pertenece a la historia moderna, como Philippe Ariès antes que nosotros nos lo ha enseñado. En tanto que categoría moral y política o más exactamente como categoría moral en política, es no obstante, muy reciente. Aparece en Europa del

---

[27] Ver "Residents Demand That AIDS Orphans Leave The Area", *Daily News*, 23 de agosto del 2001.

Oeste y en América del Norte a fines del siglo XIX con la leyes sobre malos tratos en los niños, con la institución del trabajo social, esencialmente orientado hacia los medios populares, más ampliamente con la generalización progresiva de las políticas de protección de la infancia. Ella se mundializa progresivamente, después de la Segunda Guerra Mundial, especialmente con la creación de fondos de las Naciones Unidas para la infancia en 1946, el voto de la Asamblea general de la ONU de una Declaración de Derechos del Niño en 1959 y el voto por esta misma instancia de por una Convención de Derechos del Niño en 1989. Esta evolución se realiza paralelamente a una movilización creciente de las organizaciones no gubernamentales alrededor del maltrato infantil a partir de 1970, luego del trabajo infantil en el curso de la década de 1980 y finalmente de los abusos sexuales en los años 1990. La representación de la infancia que sustenta esta política pone en su base la inocencia como cualidad moral y la vulnerabilidad como cualidad social. La primera reenvía a la pureza original, la segunda desemboca sobre la necesidad de protección. Los adultos son, de alguna manera, testigos de una y responsables de la otra.

El SIDA, con las connotaciones morales de falta y desviación que le han sido atribuidos desde el comienzo de la epidemia y con las dimensiones sociales de desigualdad y de violencia que lo caracterizan en el contexto sudafricano en particular, es un revelador de asuntos que cristaliza la infancia. Inicialmente ausentes e invisibles, los niños se han vuelto omnipresentes a comienzos de los años 2000, en el momento mismo donde las controversias científicas y políticas alrededor de la enfermedad se multiplicarían. En un espacio público radicalizado donde las partes en conflicto se dirigen mutuamente las acusaciones más graves –incluyendo el genocidio– donde la diabolización del adversario toma una expresión racializada, donde la memoria del pasado trágico del apartheid era reactivada sin cesar, la cuestión de los niños devenía a su turno un desafío. Su inocencia contrastaba con las conductas de los adultos que calificábamos de irresponsables. Su vulnerabilidad suscitaba una empatía que era posible movilizar. Tres figuras son perfiladas entonces. El niño enfermo, sin ninguna responsabilidad en su malestar de haber nacido, aparece como la pura víctima de la dejadez de los adultos y de la impericia del poder. El niño violado, casi siempre por alguien cercano, ofrece la imagen más obscena y la más intolerable de ese estatuto de víctima expiatoria de la locura de los hombres. El niño huérfano, sufriente tanto por el duelo como por su soledad, es una víctima no solo del presente, sino también del futuro.

Evidentemente, esas figuras corresponden a situaciones concretas y los niños concernidos merecen la atención que les corresponde. La manera en que las figuras son expuestas públicamente no merece menos el ejercicio de una mirada crítica. Es necesario, de esa forma, tomar la medida de esa situación del malestar, de la exageración de las cifras, de la exhibición de los horrores, de la puesta en escena del sufrimiento, de la catastrofización del mundo social. El fin justifica los medios, podríamos pensar, y la compasión empuja a la acción. Mostrando niños enfermos, los poderes públicos ponen en ejecución tratamientos preventivos. Contando los niños violados, sensibilizamos la sociedad a los abusos sexuales de los menores. Hablando de los niños huérfanos, se suscita la ayuda nacional e internacional. Esta movilización emocional es, sin embargo, frágil y ambigua. El niño enfermo resulta un peso para la sociedad, el niño violado resultará a su turno autor de violencia, el niño huérfano se transforma en un potencial criminal. Especialmente, este énfasis afectivo escencializa a los niños víctima bien lejos de la realidad social que ellos viven. El peso de la pobreza y el rol de explotación en la progresión de la enfermedad en los medios populares, la banalidad y la génesis de la violencia en las relaciones sociales, la permanencia de formas tradicionales de solidaridad familiar: todo eso que constituye el contexto de la vida familiar de los niños, desaparece. Eludiendo esta compleja realidad en la cual los juicios morales se hacen más inciertos y las soluciones menos unívocas, la compasión puede parecer paradojalmente un sentimiento que permite hacer economía de una acción más exigente.

Capítulo 7
Un deseo de excepción.
La gestión de los siniestrados en catástrofes

> *La tradición de los oprimidos nos enseña que el estado de excepción en el cual vivimos es la regla. Debemos llegar a una concepción de la historia que dé cuenta de esta situación.*
>
> Walter Benjamin, *Sur le concept d'histoire*

El tsunami que golpeó Asia del Sur el 26 de diciembre del 2004, causando la muerte de 285.000 personas y ocasionando una campaña de donaciones estimada en 5 millones de euros, recordó dramáticamente este dato de la historia: las catástrofes naturales, en tanto que ellas representan al mismo tiempo la manifestación más masiva (por el número de víctimas) y la más pura (por su carácter supuestamente fuera del poder de los hombres), del malestar colectivo perteneciente al universo moral moderno. Conocemos la fórmula de Adorno según la cual "el terremoto de Lisboa fue suficiente para curar a Voltaire de la teodicea leibzeniana[1]". Para las sociedades europeas, y especialmente para las elites intelectuales de las luces, la puesta a prueba se operaba en dos registros: por una parte la teoría moral, y especialmente el principio del mejor de los mundos posibles que la tragedia recusaba totalmente; y por otra, los sentimientos morales, comenzando por la compasión despertada en todo el continente por este infortunio, tan repentino y tan cercano. Ciertamente hoy, la interpretación del evento no se busca

---

[1] Para el autor de la *Dialectique negative* (2003/1966, p. 438) el terremoto de Lisboa de 1755 constituye el primer temblor de la metafísica europea, siendo el segundo una catástrofe devastadora aún y esta vez no natural sino social.

más del lado de la cólera divina como lo era antes - las sociodiceas tienden a reemplazar a las teodiceas aunque estas no han desaparecido totalmente-, sino su capacidad de movilizar las simpatías en vista de los siniestrados no ha perdido nada de su fuerza - y al mismo tiempo lo contrario, porque los medios nos hacen vivir su angustia a la vez en la inmediatez y la proximidad de las imágenes y de las emociones. A través de descripciones conmovedoras o de relatos emotivos. En ese sentido, los sismos de Turquía y de Haití, los huracanes Mitch y Katrina, la erupción del nevado del Ruiz y las inundaciones de Bangladesh forman parte de nuestro paisaje afectivo común con el *pathos* de esos hechos terribles diversos, y suponen nuestro compromiso empático incondicional, hecho a la distancia bajo la forma de un cheque enviado a una asociación humanitaria. En suma, las catástrofes naturales[2] representan paréntesis consensuales en el flujo de la historia, momentos privilegiados de manifestación de solidaridades, de ignorancia de las desigualdades y de suspensión de conflictos: así el tsunami ha hecho olvidar las disparidades de condición entre los turistas occidentales y poblaciones locales en Phuket así como las violencias de la guerra civil en Banda Aceh; no cuentan más que las víctimas y los siniestrados todos objetos, aparentemente de una misma solicitud[3]. Por más que esos momentos sean fugaces y que la realidad de las desigualdades y de los conflictos retome rápidamente la superficie, no hacen más que señalar el carácter de excepción moral pero también político de esos eventos. Es lo que el evento conocido en Venezuela bajo el nombre de «*Tragedia*» muestra con una particular evidencia porque la excepción ha sido formalmente decretada por razones humanitarias.

[2] Los especialistas (Hoffman y Oliver-Smith, 2002) nos enseñaron que ellas raramente son naturales, ya sea que su ocurrencia resulta directamente de la acción humana (por vía de transformaciones climáticas especialmente), sea que su amplitud y su gravedad resulten de la imprevisión y la impericia de las sociedades concernidas y de sus gobernantes (en particular porque las víctimas sufrieron las consecuencias de las construcciones en las zonas de riesgo).

[3] En contrapunto, podríamos escuchar mencionar el efecto de develamiento de desigualdades sociales y raciales que el huracán en Luisiana en el 2005 y las consecuencias de esta revelación ha tenido sobre la producción de conflictos políticos en los Estados Unidos (Masquelier, 2006).

El 15 de diciembre de 1999, a continuación de las lluvias diluvianas que se abatieron sobre la capital Caracas y sobre la región vecina de Vargas, torrentes de barro y deslizamientos de tierra entrañaron una catástrofe sin precedentes en la historia reciente del país: en los días que siguieron, lamentamos varios miles de muertos y contamos decenas de miles de desplazados[4]. Frente a esta prueba excepcional, la Asamblea nacional constituyente declara el estado de urgencia y da al presidente Hugo Chávez plenos poderes:

> Considerando que prevalece sobre todo el territorio nacional una situación meteorológica extraordinaria, el poder ejecutivo está autorizado a tomar todas las decisiones necesarias para prevenir otros daños, para tomar cuidado de las personas afectadas y para coordinar la acción conjunta de los cuerpos constituidos a nivel nacional, regional y municipal. El pueblo es llamado a movilizarse en solidaridad y a colaborar en las operaciones de socorro y debe por consecuencia obedecer las instrucciones de las autoridades.

El hecho destacable es, en este caso, el consenso nacional, –más allá de una Asamblea Constituyente ampliamente anuente al Jefe de Estado y siguiendo por lo tanto sus consignas– alrededor del principio de este estado de urgencia: el drama justifica la excepción. Por otra parte, los representantes del pueblo actuaron con una cierta moderación en su proclama y no suspendieron las libertades fundamentales. También el Presidente, un coronel que cuenta ya en su activo con una tentativa de Golpe de Estado, evita una demostración de fuerza demasiado espectacular. La militarización se limita a la zona más siniestrada donde es total, oficialmente justificada como ayuda a las víctimas. En efecto, más que la dialéctica del derecho y la anomia, la tensión entre la compasión y el orden caracteriza este momento histórico. Lo que hace de la *Tragedia* un evento singular –en las dos acepciones del término– es que ella produce un estado de excepción humanitario, si nos atrevemos a esa paradoja. Esto no se hace, efectivamente, en nombre de la amenaza a la seguridad pública que provocaría, clásicamente, una declaración de

---

[4] Para una detallada descripción de la catástrofe y un análisis de su contexto político, podemos referirnos a la tesis doctoral de Paula Vásquez Lezama (2007).

guerra, u hoy la amenaza de un ataque terrorista, sino en nombre de la emoción suscitada por el cataclismo y sus repercusiones humanas que el estado de urgencia se impone a todos para hacer los salvatajes más eficaces. No es por el temor de un peligro que se autorizan medidas excepcionales, sino la simpatía por los siniestrados las convoca y las avala. Por tal, es la originalidad de la situación: lejos de ser la decisión de un soberano, el Estado de excepción es deseado por amplios segmentos de la sociedad, transportados de alguna manera por una ola de generosidad en vista de las víctimas y por un sentimiento de confianza en la persona del Presidente. Habitualmente temido y denunciado, el estado de excepción es aquí deseado.

Situación claramente extraordinaria, estaríamos tentados de pensar, a la vista de las circunstancias de la proclama del estado de urgencia y de los sentimientos que lo legitiman. Venezuela sería un caso único, sin alcance más allá de sus fronteras– y tan es así que la imagen nacional se construye, en el espacio público venezolano, sobre el modelo precisamente de la excepción. Sin embargo, si analizamos el lugar que ocupa lo humanitario en el gobierno del mundo y particularmente en los países en guerra, la manera en que las intervenciones militares se justifican en el registro moral de lo humanitario, como en Somalia o en Kosovo, y donde, las organizaciones humanitarias acompañan el despliegue de las operaciones militares, por ejemplo en Afganistán o en Irak, el caso venezolano merece ser tal vez considerado por su ejemplaridad mucho más que por su excepcionalidad[5]. Que en nombre de lo humanitario, la excepción pueda ser mencionada no es en el fondo más que la manifestación de una profunda verdad del mundo contemporáneo: por una parte la banalización de la excepción y por otra, su justificación por razones humanitarias.

[5] Para un análisis de las diferentes situaciones, podemos referirnos especialmente a los trabajos de Michel Pugh (1998), Neil MacFarlane (1999), Susan Woodward (2001).

La rutinización de la urgencia

La iluminación de Walter Benjamín[6], según la que el estado de excepción habría devenido la regla, está situada históricamente: aparece, como un fulgor, en un texto escrito en el curso de los primeros meses de 1940, algunas semanas antes de su suicidio, y publicada de manera póstuma en 1942, por el instituto de investigaciones californiano. El filósofo está, entonces, profunda y personalmente golpeado por la violencia de sus tiempos trágicos, las condiciones que precipitaron su exilio, su vagabundeo a través de esa Europa apática frente al aumento de los fascismos, su detención en un campo francés después de la declaración de la guerra con Alemania, su huida de París a la llegada del Ejército del Reich, la confiscación de su departamento y de su biblioteca por la Gestapo[7]. Mas allá de su drama personal, su obra hace enteramente eco de una realidad más colectiva[8], a la irremediable pérdida de un mundo en el que él ha sido el testigo y la víctima, al anuncio de una nueva era que ha visto comenzar con la Primera Guerra Mundial y en la que la suspensión de la Constitución de Weimar marca el advenimiento y la entrada en un ciclo de la humanidad en el cual, escribe, "el arte de contar historias toca a su fin". Desde ese momento, la excepción hecha regla es una realidad biográfica tanto como histórica, marcada por el resultado de un proceso de redefinición del sentido de la política en la primera mitad del Siglo XX. En cierta medida, toda la reconstrucción del mundo después de finalizada la Segunda Guerra Mundial procede, según su leitmotiv de "nunca más eso", de una tentativa global –en el plano retórico, pero también jurídico e institucional– de terminar con la posibilidad misma de un estado de excepción, porque a través de él sería posible regresar sobre lo conocido y que no quiere conocerse más. Cada uno sabe con seguridad que, en los hechos, numerosos han sido los contraejemplos

[6] Para retomar el título dado a la publicación póstuma de una selección de las obras de Walter Benjamin (1968) en los Estados Unidos.

[7] Es lo que recuerda Hanna Arendt (1968) en su homenaje necrológico que introduce el volumen de las obras de Walter Benjamin.

[8] Es la tesis defendida por Shoshana Felman (1999) que ve en él "un pensador y un narrador de las guerras y las revoluciones del siglo XX".

de ese esfuerzo– desde los totalitarismos del Este a las dictaduras del
Sur, de la colonia a la pos colonia– pero hasta recientemente, podía
aún prevalecer, bajo la fórmula de "fin de la historia[9]", la utopía de
una democracia planetaria por venir a construirse sobre un modelo
occidental recuperado.

Sin embargo, después de algunos años, esta supuesta "ley de la historia" se encuentra en discusión, a punto tal que se banaliza la idea de
que la época contemporánea sería aquella de una excepción devenida
en regla. Con esta nueva toma de conciencia, le continuación de los
sucesos del 11 de setiembre del 2001 y las condiciones extralegales
de la lucha contra el terrorismo rápidamente transformada en la lucha
contra el "eje del mal", constituyen para muchos observadores una
ruptura histórica[10]. En esas condiciones, el sorprendente nuevo auge de
la obra de Carl Schmitt, teórico del estado de excepción ampliamente
descalificado por su justificación filosófica del estado nazi y sus compromisos personales con sus representantes, parece particularmente
significativo[11]. En su forma más radical, la tesis de la excepción como
regla supera, no obstante, las circunstancias coyunturales de la caída
de las torres de Nueva York y de la política imperial de América. Para
Giorgio Agamben especialmente, "la creación voluntaria de un estado
de urgencia permanente (aún cuando no ha sido declarado en sentido
técnico) se ha convertido en una práctica esencial de los estados contemporáneos, incluso de aquellos que se llaman democráticos"[12]. De
ese modo, el movimiento no sería nuevo, sería ininterrumpido a todo

[9] Reconocemos aquí la expresión utilizada por Francis Fukuyama (1993) quien la
extrae, para cambiarle totalmente el sentido, a Hegel.

[10] Abriendo el camino de lo que John Armitage (2002, p. 27) ve como la fundación de
un estado de urgencia y que George Steinmetz (2003) describe como la instauración
de una soberanía mundial.

[11] Como lo señala Bryan Turner (2002, p. 103): "Si bien Jürgen Habermas expresó
la esperanza de que el mundo anglosajón escape al contagio del renacimiento sch-
mittiano, su optimismo es por lo menos, prematuro". El suceso editorial del teórico
alemán de la excepción se duplica en una producción de comentarios científicos y
una influencia renovada en algunos círculos políticos.

[12] Los trabajos de Giorgio Agamben (2003, pp. 11-12) son una referencia en la materia.
Él señala (2003, p. 67), que, "desde un punto de vista técnico, el aporte específico del
estado de excepción no es tanto la confusión de los poderes, sobre la cual no vamos a
insistir mucho, como el aislamiento de la "fuerza de ley" en relación a la ley".

lo largo del siglo que acaba de finalizar: "Frente a la irresistible progresión de eso que ha sido definido como "una guerra civil mundial", el estado de excepción tiende siempre a presentarse como el paradigma de gobierno dominante en la política contemporánea". Desde el momento en que Hitler promulgaba un decreto en 1933 "para la protección del pueblo y del Estado", que suspendía las libertades instituidas por la constitución de Weimar a Geoge W. Bush tomando en el 2001 un "orden militar" que permitiera la detención indefinida de sospechosos de terrorismo en la prolongación del *Patriot Act*, se trataría de pensar en una continuidad, sino histórica, al menos genealógica.

Las ciencias sociales, sin embargo, no pueden tomar como efectivos los términos de la discusión formulada de esta manera. Es necesario problematizarla interrogándose a la vez sobre la supuesta normalización del estado de excepción y sobre la generalización del discurso sobre la excepción. Hoy, uno no va sin el otro y los hechos son indisociables de su expresión en palabras. En ese sentido podemos hablar-paradojalmente- de banalización de la excepción: banalización del uso práctico y del referencial teórico. A la inflación política corresponde la inflación retórica– y recíprocamente[13]. Para superar eso que era un riesgo de convertirse en un juego de espejos entre la realidad y su construcción, es necesario inscribir la reflexión en una suerte de prueba empírica. Más allá de la afirmación de una generalización de la situación de excepción, ¿qué es concretamente el estado de urgencia en las sociedades contemporáneas? ¿A qué realidades observables responde hoy la concepción decisionista del derecho? ¿Cómo comprender en la complejidad de sus significaciones y de sus consecuencias la cuestión de la soberanía? Tales son los interrogantes que sustentan la investigación realizada sobre la gestión política de una catástrofe natural en Venezuela. Se trata, por un lado, de dar cuenta desde la

---

[13] En ese sentido, es llamativo que, después de los disturbios urbanos del 2005,el gobierno de Dominique Villepin, en el que Nicolas Sarkosy era Ministro del Interior, haya elegido recurrir a una ley de estado de emergencia, aún cuando nos encontrábamos frente a un cuadro de violencias materiales, claramente circunscriptas y en franco retroceso. El uso de esta ley utilizada en tres ocasiones durante la guerra de Argelia entre 1955 y 1963 (Thénault, 2007) buscaba dramatizar el evento, pero volvía al mismo momento a banalizar la excepción.

filosofía política, de un momento histórico particular –el "momento" neo bolivariano- que es pensado generalmente desde el lenguaje de la pura emoción, ya sea ella compasional o policial, como lo veremos, y, por otra parte, y de alguna manera de forma simétrica de lo singular a lo general y tal vez desde lo etnográfico a lo antropológico, de desarticular la unicidad de la palabra excepción[14]. Una antropología política de la excepción descansa, en efecto, sobre esta doble exigencia de dar sentido histórica y etnográficamente a situaciones particulares.

Para Carl Schmitt, lo sabemos, "Es soberano aquel que decide la situación excepcional[15]" la excepción es, por lo tanto, aquello que define la soberanía y procede de la decisión: los tres términos están en parte ligados. Más que una simple noción jurídica, se trata de un concepto teórico sobre el cual el autor de la *Théologie Politique* duda lexicalmente, utilizando casi de manera indiferente *Ausnahmezunstand, Ausnahmefall, Notstand y Notfall,* que podemos traducir respectivamente como situación de excepción, caso de excepción, situación de urgencia y caso de urgencia. Esta indeterminación señala el hecho de que la cuestión no es una delimitación por el derecho, donde él constituye una negación, sino, de forma más pragmática, de la "situación que hace actual la cuestión del sujeto de soberanía", es decir de aquel "que decide tanto sobre la existencia de un caso de necesidad extrema tanto como las medidas a tomar para ponerles fin". De esta forma más manifiesta, el estado de excepción se caracteriza, en presencia de un peligro para el orden público nacional y especialmente de guerra, por una suspensión de las garantías constitucionales y la entrega de plenos poderes al soberano, generalmente un militar. En relación a ese esquema tradicional, el estado de urgencia contemporáneo, en sus formas habituales de presentación, presenta una doble variante: en primer lugar, no supone necesariamente una verdadera guerra, sino

[14] Y es, a través de lo que Walter Mignolo (2000) llama las "historias locales", en ruptura con la tradicional representación en términos de centro y periferia. La Venezuela de Hugo Chávez, generalmente tratada de manera irónica en la prensa internacional, como una curiosidad exótica y anacrónica, llama especialmente a ese desplazamiento de la mirada, para evitar tanto el culturalismo como la abstracción.

[15] Él elabora su teoría de la excepción en *La Dictature* en 1921, luego en 1922 en su *Théologie politique* (1988, 15), dedonde son extraídas las citaciones.

la presencia de una amenaza, de lo que el después del 11 de setiembre puede constituir un caso paradigmático; en segundo lugar, no implica una abolición de derechos, sino mucho más el cuestionamiento de ciertas libertades, como es el caso de Guantánamo. Dicho de otra forma, es necesario pensar el estado de excepción como una condición modulada, y por lo mismo eufemizada, tanto en sus causas como en sus efectos- lo que poco de los que lo muestran comentan.

Es en ese marco de las renovaciones de las modalidades prácticas del estado de sitio tradicional que toma sentido la respuesta del presidente Hugo Chávez a la *Tragedia*.

La comunidad de los afectos

"Y el Ávila bajo al mar". Por esta representación imaginaria, el diario *El Nacional* se esfuerza, en un dosier especial, da dar cuenta de la violencia inédita de los deslizamientos de tierra y de los torrentes de lodo bajo el efecto de las lluvias torrenciales que cayeron sobre la región costera de Venezuela. En diez días, 1200 centímetros de agua, es decir cuatro veces el nivel considerado como potencialmente peligroso, cayeron sobre la cordillera que bordea el litoral y especialmente sobre los flancos del Ávila, montaña que, por un costado, domina la ciudad de Caracas y por el otro, desciende sobre el estado de Vargas. Dos tipos de fenómenos se conjugan en esas circunstancias. Por una parte, el abultamiento del suelo que provoca inestabilidades y deslizamientos de terreno (*derrumbes*), enterrando con ellos barrios enteros: construidas sobre pendientes consideradas como inadecuadas para la construcción, los barrios más populares, que están generalmente compuestos de construcciones ilegales (*ranchos*) constituyen las principales zonas afectadas por este tipo de riesgo. Por otra parte, la acumulación del agua engrosa las costas que bajan rápidamente torrentes cargados de blocs de piedra y aluviones de barro (deslaves) desbordando el cauce habitual y dibujando nuevos trazados en las calles y entre las casas: en las ciudades balnearias, hoteles de lujo y barrios residenciales (*urbanizaciones*) tampoco se salvan, pero allí todavía, las casas de las zonas marginales e irregulares resultan particularmente frágiles frente al cataclismo. Como en numerosas aglomeraciones de América Latina, las políticas inmobiliarias y medioambientales producen las condiciones objetivas de la catástrofe que, si bien revisten un carácter de avatar, no son menos altamente previsibles, en vista de la exposición al riesgo, especialmente en las zonas de auto-construcción en la periferia de las grandes aglomeraciones. Por otra parte, cada año, en el período de las fuertes lluvias, sobrevienen pequeñas catástrofes, donde los siniestrados, poco numerosos y muy ilegítimos, permanecen invisibles: las víctimas de las casas arrastradas por los deslizamientos de barro o los ríos de lodo no suscitan la solidaridad o la compasión de la Nación.

En ese mes de diciembre de 1999, dos diferencias –una cuantitativa y otra cualitativa– hacen esta vez del desastre una tragedia nacional: la espectacular brutalidad del cataclismo y el número de muertos, de heridos y de siniestrados (inicialmente sobreestimado de tamaño), por una parte; el carácter aparentemente no discriminante de esta violencia natural que afecta tanto a los pobres como a los ricos (la región afectada al borde del mar es una zona balnearia), por otra parte. La intensidad de la experiencia del drama es informado por una religiosa que trabaja como enfermera en un hospital confesional del estado de Vargas:

> En el seno de la comunidad, nosotros sentíamos miedo e incluso una forma de terror, al punto tal que algunas hermanas nos decían que no debíamos dormirnos. A las diez de la noche, salimos a la terraza del hospital y sobre las once treinta, comenzamos a percibir un rugido con un ruido terrible que era difícil de localizar. Sabíamos que algo horrible estaba por suceder. Hubo un tremendo estruendo y en ese momento se apaga la luz. A partir de ese momento comenzamos a escuchar gritos de personas que corrían por las calles para escapar de la furia de la costa y que trataban de socorrer a sus seres queridos sumergidos en el oleaje. Era un torrente donde se mezclaban agua, tierra, arena, piedras, árboles, casas, personas, animales, vehículos, todo tipo de material de desprendimiento con una altura de quince metros y una velocidad de alrededor del 100 km por hora. Sentíamos la muerte y la destrucción muy cerca de nosotros. Hablábamos con la madre superiora que nos

estimulaba a ponernos en manos de la Providencia, a rogar con todo nuestro corazón y seguir las recomendaciones de las autoridades.

Paralelamente, prevalece la idea de que todos son tocados indistintamente, lo que describe esta misma religiosa hablando de siniestrados recibidos en su hospital al día siguiente de la catástrofe: "Entre ellos, encontrábamos dos tipos de personas: los ricos y los pobres, los eruditos y los ignorantes, los buenos y los odiosos, los blancos y los negros, los curas y los malandrines". La potencia del desastre y el compartir el infortunio se conjugan en un sentimiento de comunión nacional en el malestar que nutre, al menos los primeros días, la solidaridad y la compasión. Somos todos siniestrados del Vargas: así podríamos resumir el sentimiento de la sociedad venezolana frente a la *Tragedia*. El 15 de diciembre de 1999: es esta fecha la que la crónica de la catástrofe retiene como el momento fatídico. Si bien los signos precursores existieron en los días precedentes, con desmoronamiento localizado de casas y algunas muertes accidentales declaradas, es incontrastable que la recrudescencia de las lluvias a partir del 14 y el aumento de la marejada en la noche del 15 han hecho de esta jornada el verdadero hito histórico del drama. Pero lo que ha hecho de esta fecha un símbolo político particularmente fuerte, es su coincidencia perfecta con otro evento mayor, totalmente previsible allí: las elecciones nacionales que permitirían al pueblo decidir sobre el proyecto de constitución destinada a echar las bases de la nueva "República Bolivariana", llamada de esa forma por el presidente Hugo Chávez. El jefe de Estado, golpista fallido del 4 de febrero de 1992, había sido democráticamente electo el 6 de diciembre de 1998 al término de una campaña durante la que él había propuesto una refundación de la Nación, inspirada en la epopeya de la figura tutelar del *Libertador* Simón Bolívar, muerto en 1830 en Colombia y cuyas cenizas fueron repatriadas en 1842 a Venezuela[16].El trabajo de la Asamblea Nacional constituyente que el Presidente de la

---

[16] El "Padre de la Patria" servía de guía para la definición de un nuevo orden social que debía rechazar a la "oligarquía corrupta" gobernando después de décadas y restaurar la autoridad del "pueblo soberano" desposcído de sus prerrogativas por el régimen precedente (Porras Ponceleón, 2000).Resultaba de esa forma, depositario de un "poder moral" que encontraba lugar a los lados de poder ejecutivo, legislativo y judicial.

República había convocado algunos meses después de su puesta en funciones, había puesto en acción ese programa en un texto de trescientos cincuenta artículos que serían sometidos a las urnas. Los resultados del voto –por medio del cual el 88% de los sufragios fueron favorables al proyecto de constitución– hablan perfectamente del amplio consenso con que se beneficiaba entonces Hugo Chávez (aún cuando la tasa de abstención fuera del 63%). Él encarnaba literalmente la regeneración de una Venezuela que los observadores, hombres políticos y simples ciudadanos veían como un país en total desamparo.

El dinero de la renta petrolera corría a raudales, una elite clientelística sacaba beneficios, mientras la mayoría de la población se hundía en la pobreza[17]. En ese contexto, Hugo Chávez, jefe carismático con reputación de persona íntegra, es el que pretende a la vez revivir un pasado glorioso e instaurar una nueva ética. Usando voluntariamente un lenguaje místico y simbólico crístico, nutriendo sus interminables discursos de elementos religiosos, él ofrece a la Nación moribunda y dividida la perspectiva de un renacimiento. El estado de urgencia es el precio.

La *Tragedia* reunió en un mismo evento y en el transcurso de un mismo día, por un lado la comunión entre el malestar que, como golpeaba indistintamente a todas las categorías sociales, congrega al país entero, y, por otra parte, la redención en las urnas que, gracias a una refundación constitucional, significa una promesa de regeneración nacional. Para hacer frente a la aflicción, se invoca a la "sagrada unión" de los partidos. La retórica utilizada reenvía a una teología política, en el sentido schmitiano. La figura del jefe que decide tomar plenos poderes, en el momento del peligro, para salvar a la patria en peligro, encuentra toda su legitimidad en ese marco. Es como una reminiscencia de un tiempo donde existen los "dos cuerpos del rey"[18]

[17] Retomando la fórmula de Juan Pablo Pérez Alfonzo,un analista de la vida política de los años 1970 que calificaba así al petróleo, a la vez fuente de riqueza natural y de corrupción, Fernando Coronil (1997) habla de "excremento del demonio", para calificar el sentimiento de decadencia moral de este fin de régimen.

[18] "Ficción mística" que estudia Ernst Kantorowicz (1989/1857) en su célebre estudio de historia teológico-política. Y es en ese registro que se sitúa Hugo Chávez cuando él se adueña de plenos poderes: por un lado, él es el representante del pueblo demo-

manifestando a la vez la inmanencia y la trascendencia del poder. Pero en ese día dramático, es necesario también que el soberano manifieste a la vista de los siniestrados, toda su simpatía. Él debe mostrarse en esas circunstancia, autoritario y compasional a la vez.

La ilusión de la igualdad

En el transcurso de las dos últimas décadas, la intervención humanitaria ha tomado un espacio creciente en la gestión de los asuntos del mundo. Lejos del modelo tradicional de la Cruz Roja, a la vez íntimamente ligado a la escena militar y supuestamente neutra en relación a sus protagonistas, las formas contemporáneas de la acción comunitaria, por más diferentes que sean, tienen en común una cierta dificultad de situarse en relación a los actores militares. En efecto, desde Bosnia a Afganistán, de Rwanda a Irak, la noción misma de intervención "militaro-humanitaria", resulta un lugar común en la retórica política de justificación de lo que podríamos llamar antaño "las guerras justas". Dos tipos de instituciones se distinguieron especialmente en el desarrollo planetario del "nuevo orden humanitario"[19]: las organizaciones no gubernamentales, comenzando por Médicos sin Fronteras y Médicos del Mundo; las agencias de la ONU, especialmente con el Alto Comisionado de las Naciones Unidas para los Refugiados. Al lado de estos actores clásicos, que son igualmente los más legítimos, nos interesamos poco hasta un período más reciente, en los estados nacionales que pueden, ellos también, ser portadores de una política humanitaria, generalmente además, estrechamente ligadas a las prácticas militares. La historia venezolana provee una foto.

¿A qué llamamos humanitario? Empíricamente se trata, lo hemos visto, de una noción de geometría variable, suerte de objeto ético con fuerte valor agregado, de las que muchos agentes reclaman para justificar o definir lo que ellos hacen. Podemos además, proponer tres rasgos esenciales. El primero concierne a la temporalidad de la intervención

---

cráticamente elegido, por el otro, él es la encarnación de la nación en la tradición bolivariana: esta doble corporeidad le impone actuar para salvar a la sociedad.

[19] La fórmula es de Larry Minear y Thomas Weiss (1992). Ella concernía al mundo de la pos-primera Guerra del Golfo, pero con una validez más general.

humanitaria, que es la de la urgencia: la brutalidad del evento supone actuar inmediatamente, a diferencia de otras modalidades inscriptas en la duración, como lo muestran aquellas que llamamos desarrollo. El segundo se refiere al objeto de la movilización humanitaria, que consiste prioritariamente en salvar vidas: la fuerte legitimidad de la que se encuentra investida tiende a que pueda reivindicar un número de existencias arrancadas a la muerte por hambre, epidemias, heridas. La tercera manifiesta el móvil de la acción humanitaria, que procede de un sentimiento moral en el sentido de los filósofos ingleses clásicos: juega a la vez en el registro de la emoción y de los valores, de lo que sentimos y en lo que creemos. Esos tres criterios se encuentran en la "gestión de la crisis", para retomar la expresión empleada por el Ministro venezolano de Defensa, el 24 de diciembre. Es verdad que, diciendo esto, él pretende justificar – "con todo el dolor de mi alma", se excusa – el pasaje de la fase, todavía plena de esperanza, del socorro de los helicópteros, a la fase, lúgubre, de la limpieza con los buldócer: él ya no es más humanitario, comienza la fase de reconstrucción. Retomemos esos tres componentes y veámoslos en acción.

"Emergencia Nacional" titulan los diarios en los días que siguen. La urgencia es, en tal catástrofe, una evidencia factual que se impone a todos. Es también un gesto político que deciden los poderes públicos. Hecho destacable, el estado de urgencia fue decretado en Vargas desde el 6 de diciembre frente al desastre anunciado y un primer batallón de las fuerzas armadas fue enviado al lugar desde el 11 de diciembre para socorrer a quinientos siniestrados. Pero, al día siguiente del 15 de diciembre, la víctimas se cuentan por cientos de miles sin que sea posible determinar con más precisión la cantidad el costo humano de las inclemencias del tiempo, ya que las comunicaciones eran prácticamente inexistentes. El 16, mientras que el Presidente apela a la unidad nacional y que el consejo de ministros declara cinco Estados en situación de urgencia, los primeros socorros intervienen de manera desordenada. Un socorrista cuenta: "Luego de la evacuación masiva de la población, la desorganización era total y las familias de los siniestrados estaban perdidas. El aeropuerto era caótico, porque en lugar de cerrar sus puertas, como lo pide el protocolo de urgencia, dejaron entrar a los siniestrados de los barrios vecinos. Él debería de haber permanecido funcional y devenir de esa forma el centro de comando. En lugar de que el *barrio* sea puesto en el aeropuerto". De manera similar, la célula de crisis del Ministerio del Interior, compuesto de civiles, que supuestamente debe intervenir y que en consecuencia coordina las operaciones desde el aeropuerto donde los helicópteros y los aviones hacen rotaciones sin parar para evacuar a los siniestrados. Sin embargo, la falta de medios y la falla en la organización hacen difíciles los salvatajes, como lo confesaba el jefe de esta célula en una entrevista: "la gestión del desastre ha sido un desastre". El 17, tomando conciencia de la incapacidad de Defensa Civil de hacer frente a la situación, la Asamblea Nacional Constituyente se reúne y, "ejerciendo su poder constituyente originario, decreta el estado de urgencia sobre todo el territorio de la República mientras dure la catástrofe". Sin poner en cuestión las garantías constitucionales, que prevén los textos siempre en vigor dado que la nueva Constitución aún no ha entrado en vigencia, ella "autoriza al Presidente a adoptar las medidas que considere necesarias para evitar daños más importantes", según el diario *El Nacional* del 22 de diciembre. Esa noche, la zona es enteramente militarizada. La primera fase, llamada de urgencia, que dura hasta el 27 de diciembre, moviliza trece mil doscientos militares de las tres armas (marina, aeronáutica y ejército) y de la gendarmería, con aviones, helicópteros y barcos. Su misión es transferir a los siniestrados a los refugios, responder a las primeras necesidades, recibir y distribuir ayuda humanitaria, administrar los servicios médicos y recuperar los cadáveres, limpiar los canales y despejar las calles. La urgencia como condición temporal y como procedimiento jurídico resulta una justificación en sí misma de todas las acciones realizadas en nombre del salvataje: "Nosotros estamos en estado de urgencia y podemos hacer todo lo que queremos", declara un funcionario de seguridad. Veremos las consecuencias, a veces dramáticas, de esta arbitrariedad asumida. Sin embargo, de entrada aparece la convergencia del sentimiento de urgencia y del estado de urgencia, dicho de otro modo del gesto humanitario y del acto jurídico, en nombre de una necesidad superior de salvataje de los siniestrados.

"La desesperación por salvar vidas es muy grande", cuenta Enrique Alberto Martín Cuervo, "experto en desastres" en el informe que redacta para la organización de socorros Humboldt[20]. En los primeros días, se trata de asegurar la evacuación de personas que han tenido la suerte de subirse a los techos, las terrazas, los balcones y que son recogidas por los aviones y especialmente por los helicópteros, o que han podido alcanzar las playas cubiertas de aluviones donde canoas de salvataje son enviadas por mar. Una mujer joven cuenta como pensó morir hasta que vienen finalmente a socorrerla: "Yo tenía agua hasta la cintura, corría muy fuerte. Mi piel estaba casi podrida" Los testimonios dramáticos que ponen en escena las condiciones de supervivencia en la catástrofe se multiplican. Un adolescente de doce años, descubierto por azar en un barrio pobre, es salvado por los bomberos: "Él estaba encerrado entre muros en el talud de la vieja ruta Caracas-La Guaira", explica una enfermera en el diario *El Nacional* del 18 de diciembre. El relato, como tantos otros recibidos por los periodistas, muestra hasta qué punto los rescatados han estado cerca de la muerte. La precariedad de la existencia y la desnudez de la vida son la materia misma de la intervención humanitaria, como también en esos salvatajes individuales que dan los cómputos ulteriores del número de recatados. Las víctimas, son ante todo cuerpos físicos en la naturalidad de sus necesidades y de su vulnerabilidad.

En esta situación, la ilusión de igualdad entre los seres humanos frente a la desgracia, pero también frente a la compasión, es un poderoso motor de la acción colectiva. Un médico lo explica de esta forma: "Todos los niveles sociales estaban mezclados, ricos y pobres, y nosotros curábamos a todo el mundo de la misma forma". La realidad sin embargo es más compleja. Si bien en el momento del socorro, los socorristas no parecen hacer diferencias entre los siniestrados y si, hasta los hombres acaudalados no dudan en poner su helicóptero personal para participar en la evacuación de los sobrevivientes sin distinción de clase, en revancha, desde los primeros momentos de pasada la urgencia, el sentido de sus valores jerárquicos retoma sus

[20] En el documento "El desastre nos destrozó la vida", en el sitio de la organización Humboldt (www.rescate.com/desastre.htlm, consultado en marzo del 2005).

derechos, de manera casi natural. Desbordados por el número de víctimas albergadas en los refugios de la capital, los militares organizan rápidamente transferencias masivas al interior del país, a cientos de kilómetros del lugar de la catástrofe.

Dos mujeres evacuadas por las fuerzas armadas a Barquesimeto contaron su llegada al aeropuerto de esta ciudad, en la cordillera, al este de Caracas. La primera, salida del medio popular y originaria de los barrios pobres de Vargas, fue recibida en la guarnición donde puede inmediatamente lavarse y calentarse. No teniendo ningún lugar donde ir, fue luego vestida y alimentada con sus hijos durante varios meses, haciendo a cambio un trabajo de limpieza. La segunda, miembro de las clases medias y habitante de las zonas residenciales del litoral, encuentra en el fuerte militar a un ingeniero que participó en los socorros y que le propone venir a tomar una ducha con su hija en su oficina. Ella llama a sus amigos, que le prestan una casa, y a su hija, regresa rápidamente a los de Estados Unidos donde vivía, la hace llevar rápidamente a la capital en dos autos que su empresa había alquilado para ella. Es decir, cuando la vida físicamente amenazada de las víctimas y pasado el tiempo de la emergencia del salvataje, tempranamente en el momento de "resocializarce", todo se hace según las líneas habituales de las desigualdades.

"Nosotros hemos sufrido como los pobres, les hemos dado todo lo que teníamos sin esperar ningún tipo de recompensa...Nosotros estábamos con los pobres y, como ellos, nosotros padecimos todo el dolor y la necesidad". De esa forma, las Pequeñas Hermanas experimentan su experiencia en la catástrofe[21]. El sentimiento moral más compartido, en tiempos de tragedia, es la compasión, entendido como una comunicación en el sufrimiento, una simpatía en la proximidad. Para los socorristas, en el terreno, la cuestión no tienen ninguna duda: todos cuentan cómo ellos se ven afectados personalmente por lo que les sucede a sus conciudadanos y cómo no miden sus esfuerzos para salvar a todos los que puedan serlo. Pero, para que "esta bella lección

---

[21] Ver "Todo por Jesús. Bitácora de las olas del Ávila" Comunidad de hermanitas de los Pobres del Hospital San José de Maiqueiteía, La Guaira. (www.gumilla.org.ve/SIC, consultado en marzo del 2005)

de solidaridad que los venezolanos están en vías de darles a sus autoridades" según un editorial de *El nacional*, de fecha 21 de diciembre, tome cuerpo, es necesario que toda la Nación pueda participar de esta empatía. Aquí, los medios juegan un rol esencial, transformando la realidad abstracta de las cifras de muerte o de siniestrados en relatos individuales y dramáticos. El más sorprendente para la sociedad venezolana será sin ninguna duda el caso de la pequeña María Eugenia, cuyo salvataje, transmitido minuto a minuto en directo por la televisión venezolana corresponde a una forma convencional de mediación del drama, desde Armero, en Colombia. El 16 de diciembre a la mañana, un camarógrafo que filma los ríos de barro en el estacionamiento de un inmueble residencial, descubre con su zoom el brazo de un niño que se agita bajo una acumulación de deshechos. Él llama a los socorristas y los habitantes se empeñan en liberar al niño, prisionero de los deshechos y los escombros, siempre bajo el ojo atento de la cámara. Difundido en cadena por la televisión en los días siguientes, la secuencia termina en una pequeña niña acurrucándose en los brazos de su salvador. Los episodios siguientes no son menos patéticos, porque el hermano de María Eugenia es encontrado vivo en un árbol, en tanto su madre no reaparecerá jamás, y que su pequeña perra, vista en la televisión en una foto de la familia, le es devuelta unas semanas más tarde por un hombre que la había recogido.

La cuestión de la mirada y del soporte material que le aportan los medios, comenzando por la televisión, es esencial para aprovechar el movimiento emocional que muestra al país y transfigura a la nación: es la mirada la que aproxima y por la que nos compadecemos; es ese movimiento el que suscita la ayuda humanitaria. A lado de más de siete millones de bolívares, las contribuciones internacionales son vistas como otros tantos "gestos amigos". Los gobiernos de Estados Unidos y de Francia son los primeros en aportar su sostén, seguidos rápidamente por el programa de las Naciones Unidas para el desarrollo, el Banco Interamericano de Desarrollo y las organizaciones no gubernamentales, en primer lugar la asociación Cáritas. Esta hermosa solidaridad mundial alrededor de los siniestrados de Vargas apenas será sacudida por la decisión del presidente Hugo Chávez de impedir a las naves americanas atracar a fin de preservar la soberanía nacional. El mismo Presidente no perderá la ocasión de mostrarse en el terreno, en medio de los socorristas acompañados de las víctimas, aportando el sostén de su presencia carismática y manifestando la compasión del Jefe de Estado a la vista de su pueblo.

Lo humanitario, tal como venimos de describirlo en el funcionamiento de la excepción, construye una relación desigual entre aquel que ayuda y aquel que es ayudado. El hecho es certificado en algunos lugares donde la urgencia de una catástrofe reduce la condición de los siniestrados a su pura existencia física y suscita movimientos ambiguos de piedad y de solidaridad. Las víctimas no se engañan con el trato que les dan, especialmente si ellas son de medios modestos, los estigmas de la pobreza redoblan los estigmas de la desgracia[22]. Sin dudas, es necesario darle crédito al Presidente venezolano por haber tomado la medida de la injusticia social del gesto humanitario que se agrega al infortunio habitual de la catástrofe natural, precisamente él que ha propuesto dar vuelta esos estigmas rebautizando a los siniestrados. La lengua española los nombra *damnificados*, término que, aún banalizado en su uso, no es menos una etimología connotada religiosamente en referencia a la condena, siendo de esta forma asociada a la idea de falta. Para romper con esta ambigüedad lexical, Hugo Chávez sugerirá, en su emisión radiofónica semanal "Alló Presidente", reemplazar ese término por aquel de *dignificados*, aquellos a los que se les reconoce su dignidad. Dicho de otro modo, la desgracia no disminuye, ella crece. De damnificados de la tierra, los sobrevivientes se convierten en redimidos. Ciertamente, la recalificación de los siniestrados en esta terminología religiosa tuvo muy poco efecto en las condiciones concretas de su confinamiento en los campos militares. Él hizo más por transformar los reflejos de la sociedad a la vista de esos pobres y del

[22] De la misma forma, Alice Fothergill (2003) informa cómo las mujeres víctimas de las inundaciones en Grand Forks, Dakota del Norte, en 1997, la mayoría de aquellas salidas de las clases medias, se sintieron rápidamente golpeadas una segunda vez, cuando resultaron dependientes de otros, declarando que habían podido entrever lo que sentían las familias pobres viviendo de un régimen de asistencia: no podríamos recordar mejor cuánto la exposición a la caridad está desigualmente repartida en el mundo social, como lo vimos en esas dos mujeres evacuadas de Barquisimeto.

ejército en el estado de urgencia. La inversión del término muestra sin embargo la fuerza simbólica cristiana en la gestión política de la crisis. Ella relaciona poder y redención. Ella asocia la gracia del infortunio y la justificación de la excepción.

Daños colaterales

La violencia está en el corazón del contrato social moderno, de Thomas Hobbes a John Rawls. El intercambio se juega en una sociedad que acepta delegar su poder y el Estado que lo recibe, garantizando de ese modo el mayor bienestar de los ciudadanos[23]. Así es la cuestión del contrato que se anuda implícitamente en el estado de excepción, en general y en particular, en aquel cualificado aquí de humanitario. Decretando el estado de urgencia, la Asamblea Nacional Constituyente, que encarna en ese momento trágico la soberanía popular, da al presidente de la República no plenos poderes, sino una capacidad absoluta para decidir lo que debe hacerse por el bien común. El sentimiento moral que une a la Nación detrás de su jefe y la exigencia superior que representa el deber de salvar vidas justifican el estado de urgencia. Sin embargo, la experiencia muestra que, aún en situaciones que explotan el mayor argumento humanitario para legitimar la intervención militar, la violencia está en el corazón de la excepción, ocultado bajo las justificaciones éticas, pidiendo expresarse según las circunstancias[24]. La intervención de las fuerzas armadas en el Estado de Vargas no escapa a esta regla.

Ciertamente, la violencia instituida en el orden político por el repliegue del derecho es, digamos, el precio a pagar para evitar una

---

[23] Para Candace Vogler y Pachten Markell (2003), el contrato social realiza una versión secular de la "redención de la violencia" en la medida en que el Estado al cual son delegados el poder y la autoridad, asegura "la paz y la seguridad en un mundo de desorden", pero al mismo tiempo ese contrato no puede evitar que la "violencia persista, aún cuando ella esté generalmente reconfigurada, renombrada o reprimida".

[24] En su investigación sobre la misión canadiense de mantenimiento de la paz en Somalia, Sherene Razack (2004) da cuenta de las exacciones racistas y criminales cometidas por aquellos mismos que venían como benefactores de una región desgarrada de África. Los "caballeros blancos" pueden de esa forma convertirse en "fuerzas oscuras" para las poblaciones que pretendían socorrer.

violencia mayor, que no es solo la producida por el desencadenamiento de la naturaleza, sino también aquella del desorden de la sociedad. En efecto, desde el segundo día de la catástrofe, los primeros signos de anomia aparecen: los pillajes y los robos en los barrios residenciales comienzan el 17 de diciembre. "Durante esa noche, el diablo entró en el cuerpo de los delincuentes que, en lugar de darle gracias a Dios por haberles permitido vivir, toman la vida de venezolanos inocentes", comenta el representante de la asociación Humboldt. El sentimiento de inseguridad es creciente entre los sobrevivientes que tratan de refugiarse en los lugares públicos para tratar de escapar a las agresiones. La Pequeña Hermana de los Pobres recuerda:

> Los actos de vandalismo y enfrentamientos entre bandas rivales que se mataban entre ellos, las violencias y las destrucciones de todo tipo se multiplicaron. Esa fue otra tragedia, tal vez más grave aún que aquella que habíamos vivido… Por todos los medios, nosotros buscamos la protección de los militares, hasta que, finalmente el martes recibimos una respuesta, con la llegada de un batallón de *Inteligencia Militar*.

Es tanto para mantener el orden público amenazado por la anomia de la post-catástrofe como para organizar la ayuda a las víctimas aún susceptibles de ser salvadas del desastre que se solicitó la ayuda de las fuerzas armadas. Para muchos venezolanos, los militares representan una doble garantía de eficacia en el socorro y de seguridad frente a los desórdenes. Sin embargo en los hechos, los roles están repartidos entre, por un lado, las tres armas que tienen una función de organización de los salvatajes y de las evacuaciones y por el otro, la Guardia Nacional, la Policía Militar, la Dirección de reclutamiento militar y finalmente, los miembros de la tan renombrada DISIP, *Dirección del servicio de inteligencia y prevención*, del Ministerio del Interior, que garantizan el trabajo de represión.

La proclamación del estado de urgencia aparece en esas condiciones como una medida casi técnica, una manera práctica de gestionar la crisis, una necesidad de buen sentido para evitar lo peor. Además, se toma buen cuidado de conservar todo el revestimiento democrático. La Asamblea Nacional Constituyente emite un decreto que habla más de "estado de alerta", dando al Presidente todas las prerrogativas que él juzgará útiles para hacer frente a la gravedad de la situación. Las garantías constitucionales son mantenidas, aún cuando no está previsto ningún control de la acción de los "comandos especiales" en las zonas siniestradas. El gobierno se cuida de todo acto autoritario, pero deja al ejército emitir un texto que pide a los habitantes de la región no salir de sus casas desde las nueve de la noche a las siete de la mañana, estableciendo de esa forma un "toque de queda" que se traduce por la orden dada a los soldados de "abrir fuego" sobre toda persona que circule de noche y no obedezca la orden de presentar sus documentos. Dicho de otra forma, el estado de urgencia, jamás pronunciado oficialmente, está prácticamente en vigor. El Ministro del Interior, además, parece reconocerlo utilizando la expresión "declaración de urgencia". De esa forma, durante numerosas semanas, sobre el territorio devastado de un Estado venezolano, las fuerzas del orden, civiles y militares, tienen amplios poderes. La sociedad no solo no tiene nada que decir, sino que además encuentra deseable y necesaria esta demostración de autoridad. La seguridad y lo humanitario parecen aquí ligados.

Más allá de esta justificación pragmática, la decisión de la instauración del estado de urgencia se inscribe en la historia política del país. Como lo dirá el Ministro de Relaciones Exteriores José Vicente Rangel a propósito de los excesos cometidos por los militares: "En Venezuela, nosotros vivimos en una cultura de lo arbitrario del poder, que no se detiene de un día para el otro por un cambio de gobierno o un cambio de Constitución[25]. Desde su Independencia, Venezuela ha sido gobernada de manera casi permanente, al menos hasta 1959, por generales y juntas militares. La construcción misma de la Nación está ligada a esta experiencia particular del poder de las Fuerzas Armadas. Esta continuidad evidente a lo largo del tiempo no debe conducir a subestimar la profunda ruptura introducida por Hugo Chávez. Por una lado, él toma el poder democráticamente, después de haber fracasado en su golpe de estado de 1992, y la menos de las paradojas no es que el golpista fracasado aparezca frente a una gran mayoría de los venezolanos, que lo eligieron en 1998, y luego reelecto en el 2000, como

[25] Palabras recogidas en *El Nacional*, el 11 de enero del 2000.

el redentor de la democracia. Por otra parte, él concilia menos con el caudillismo tradicional de sus predecesores que con un bolivarianismo revolucionario, producto de una reconstrucción ideológica que, por un salto cronológico da más de un siglo y medio, retoma el origen mítico de Venezuela[26]. Estamos entonces en el registro de la fe, que se encuentra en las fuentes intemporales de la religión y de la Nación.

La prueba de los hechos será sin embargo temible por esta mística del poder. Llegados como salvadores, militares y policías van a transformarse rápidamente, a los ojos de una amplia franja de la opinión pública, en criminales. Bajo el título *"Emergencia en la emergencia"*, el programa venezolano de educación y de acción en materia de derechos del hombre (*Provea*) denuncia los abusos cometidos por las fuerzas del orden en la provincia de Vargas[27]: ejecuciones sumarias, secuestros, violencias, son expuestos en un informe sin indulgencia. Un testigo informa haber escuchado a miembros de las fuerzas del orden presentes en el lugar, comentar cómo ejecutaban a aquellos que identificaban como "saqueadores, violadores o ladrones" utilizando bastones o bates de beisbol a fin de producir en el cuerpo señales parecidas a aquellas que "podrían causar una muerte ocasionada por la catástrofe" y, dos precauciones valen más que una, los enterraban en "fosas comunes". Esta justicia sumaria, con la conveniente supresión de pruebas organizada, es certificada por numerosos relatos. En ese contexto de arbitrariedad, de errores, si podemos llamarlo así, pueden producirse sucesos como el caso de ese joven que vuelve a su departamento a buscar sus cosas y, siendo tomado por un ladrón es asesinado sin más. Por otra parte, esto no concierne solo a los delincuentes tomados con las manos en la masa, por ejemplo aquellos en tren de saquear un supermercado o un departamento, sino también a los que tienen antecedentes con la policía o la justicia, a los que vienen a buscar a su domicilio para llevarlos y hacerlos desaparecer. Además, las fuerzas armadas y las fuerzas especiales no se conforman

[26] Es lo que hace decir a Ángela Zago (1998), a propósito de Hugo Chávez y de sus compañeros de armas, que ellos son "ángeles rebeldes".

[27] En "El derecho a la vida no está suspendido" (derechos.org.ve/actualidad/comunicados, consultado en marzo del 2005).

con esta represión violenta, ellas participan también en los pillajes y los asaltos. Varios testigos dan fe de su pasaje en los barrios residenciales de donde ellos venían a buscar una suerte de botín de guerra. Uno de los testigos sugiere además juegos complejos entre los diferentes grupos de intervención: funcionarios de la policía política (DISIP) llamados al lugar por el robo de la casa de un capitán de la armada, descubren en el lugar un grupo de una veintena de paracaidistas en tren de desvalijarla, con el pretexto de buscar armas. Como lo declara uno de los socorristas civiles que estaba en el lugar:

> Durante la noche, los tiros de las armas de fuego eran constantes. Eran horas de tiroteos. La DISIP contra los *malandras*. El ejército contra los *malandras*. Y todos robaban…Yo tomé fotos de soldados en tren de robar. Fui el primero en informar sobre las violaciones a los derechos del hombre, pero no fui a declarar. Temía que los militares me busquen para matarme, porque nosotros éramos solo tres, y solo yo tenía un aparato de fotos y los militares lo sabían. Una mañana escuchamos un ruido, golpes para abrir las puertas. Eran los militares con un mayor. Ellos trataban de forzar un cofre. Mi colega estaba armado, él les gritó que se fueran y yo vi avanzar una fila de pequeños soldados con sus boinas rojas. Yo les tomé fotos mientras mi amigo los distraía.

El jefe de operaciones de la aduana marítima, el coronel Manuel Carpio, reconocerá oficialmente que entre las sesenta y cuatro personas detenidas luego del saqueo de la zona portuaria, la mayoría estaban "vestidos de uniforme de policías y de bomberos, e incluso de la Guardia nacional"[28]. Por falta de lugar en las prisiones locales, los ladrones serán reenviados a sus respectivas fuerzas. A partir de ese momento, el margen de maniobra del gobierno era muy estrecho entre el deseo de mantener el orden en la zona devastada y el reconocimiento de las exacciones cometidas por las fuerzas de seguridad, entre el sostén a las poderosas fuerzas de policía y de las fuerzas armadas y la respuesta a dar a las acusaciones formuladas por las asociaciones de derechos del hombre, entre la aplicación del estado de emergencia y el estado de derecho. En la cresta de la ola, la situación del presidente y de sus

---

[28] Palabras citadas en *El Nacional*, el 23 de diciembre de 1999.

funcionarios es muy delicada ya que, por una parte esas situaciones sobrevienen en el mismo momento en que la nueva Constitución es considerada la mejor garantía para el funcionamiento de la democracia respecto del pasado y, por otra parte, la catástrofe es objeto de una mediatización importante en el espacio público internacional donde el Jefe de Estado espera hacer jugar a su país el papel de modelo. Hugo Chávez mismo interviene el 16 de enero, durante su diálogo radiofónico semanal con los oyentes: "No hay la menor prueba de violaciones a los derechos humanos, son solo especulaciones". Poniéndose él mismo en la escena, en muestra tanto de su escepticismo como de su buena fe, agrega: "Llévenme con las manos atadas y los ojos vendados para hablar con los testigos". De hecho, si bien son nombradas comisiones de investigación, las autoridades prefieren poner en escena los éxitos militares, especialmente los homenajes que les son hechos públicamente. Así, el general Gerardo Briceño García condecora a un grupo de gendarmes de la guardia nacional por su coraje en la acción de socorro a los siniestrados, invitando a todos los ciudadanos a declarar los abusos de los que ellos hubieran podido ser víctimas, "de forma de preservar la imagen de la institución". Paralelamente, al lado de los testimonios de depredaciones y de violencias de las fuerzas de seguridad, la prensa publica documentos certificando la solidaridad, generalmente calificada en términos religiosos, que había prevalecido en la gestión de la catástrofe. Un jesuita, miembro del servicio a los refugiados enviado al lugar por su congregación, Alfredo Infante, cuenta la movilización general en la parroquia Jesús Obrero: "Los miembros de la casa militar, bajo la coordinación del sargento Pacheco, que formaba parte de la comunidad cristiana, estuvieron a la altura, aportando su valiosa colaboración y demostrando sus cualidades humanas[29]"

Dejando la palabra final a ese meritorio soldado, el hombre de iglesia de se recuerda: "El sargento Pacheco, resume de esta forma entre la misa y la cena de navidad, su experiencia: 'Qué grandes cosas podemos hacer cuando trabajamos palmo a palmo con aquellos que están en necesidad. Esto me da un sentimiento de paz'." La redención

---

[29] En la revista jesuita del Centro Gumilla, "Entre el dolor y la solidaridad", *Revista SIC*, enero-febrero (gumilla.org.ve, consultada en marzo del 2005).

colectiva supone ese doble movimiento consistente en, por un lado, producir un gran día los signos de la gracia que ha tocado a toda la Nación en esta dolorosa prueba y, por otro, construir al margen las fechorías realizadas bajo el manto de la urgencia como una realidad inevitable y merecedora de castigo. La excepción era necesaria y los crímenes cometidos eran una excepción en la excepción.

* * *

La excepción es siempre introducida a través de las categorías del derecho donde ella marca menos la negación que la frontera, porque es generalmente incluida, e incluso prescripta, en los textos constitucionales[30]. Sin embargo, en el caso venezolano, la excepción es pensada en una perspectiva totalmente diferente: ni acto jurídico, en la coyuntura de la Asamblea Nacional Constituyente, ni estado de hecho, instituido por las fuerzas armadas, ella es aquí un gesto político que implica y atraviesa toda la sociedad. La excepción no es solo el estado de excepción proclamado (y vimos que no lo era completamente en este caso), es también la situación excepcional (vivida colectivamente como tal). Desde entonces, la *Tragedia*, toma su plena justificación. Frente al mayor infortunio y el más inevitable –al menos lo afirmamos anteponiendo el desencadenamiento de la naturaleza contra los hombres–, la población se une y la Nación se redime. Nada lo indica mejor que el leimotiv de los artículos de prensa y de las entrevistas realizadas en las cuales se hace referencia sin cesar a él y a la indiferenciación del malestar y de la asistencia: sin distinción de origen social

---

[30] En esta mirada, el caso venezolano es interesante ya que la Constitución de 1961, todavía en vigor durante la catástrofe de 1999, presenta cinco artículos (240 a 244), que subtitulados bajo el nombre "De la emergencia" solo mencionan el estado de urgencia y de manera absolutamente sumaria, mientras que la constitución de 1999, votada el día de la catástrofe, detalla, en el capítulo 2, "de los estados de excepción", una serie de disposiciones para las situaciones siguientes: "estado de alerta", "estado de urgencia económica", "estado de conmoción interna y externa", precisando para cada una las circunstancias y las consecuencias. Durante los sucesos de Vargas, si bien la referencia oficial solo podía ser el documento de 1961, el referencial intelectual de los poderes públicos ya era aquel de 1999, como lo muestra la elección del término "estado de alerta", que no existía en el primero, pero que encontramos en los "estados de excepción" en los segundos.

ni racial, respetamos el deseo, ni en la ayuda de las víctimas ni en la ayuda de los socorristas. Los habitantes de los barrios residenciales dicen que ellos compartieron la miseria con los más pobres, los médicos de las clínicas privadas se encontraron atendiendo a pacientes de los medios populares que ellos jamás habían tenido la posibilidad de encontrar en el ejercicio de su profesión hasta este momento, en los restaurantes de lujo se improvisaron cantinas para los desposeídos. ¿Ilusión igualitaria que compensa el peso de la desigualdad de la sociedad venezolana, beneficio de la generosidad que contrabalancea la banalidad de la corrupción? Ciertamente. Pero también comunión en un mismo impulso humanitario: la excepción es tal vez menos en el decreto que la instituye que en el sentimiento que la justifica. Analizar uno sin la comprensión del otro sería escapar a la dimensión propiamente teológica del problema.

"Dios existe", escribe Yelitzia Linares, universitaria y periodista, que publica el relato de su conversación cristiana, en el momento donde, refugiada sobre el techo de su casa destrozada por los mares de barro y de deshechos, persuadida de que ella va a morir, se junta con sus vecinos para rogar en voz alta, implorando en lágrimas la ayuda divina hasta que el descenso de las aguas hace posible su salvataje. La significación de lo que ella percibe como un milagro no es solo una verdad individual. Es comprensible solo en el marco más amplio de la historia nacional donde la *Tragedia* es presentada tanto por el clérigo como por el gobierno, como una prueba de la que la Nación debe salir reforzada. En el proceso de regeneración del Estado, anunciado según una retórica en el fondo menos revolucionaria que mística y potente en un simbolismo también más religioso que político, la catástrofe es vivida como una prueba que permite reconstruir la unidad nacional y la excepción aparece como la modalidad concreta de la redención colectiva adquirida al precio de una violencia simbólica, a veces física. Ciertamente, el impulso humanitario unánime suscitado por la catástrofe hubiera sido de corta duración, paradojalmente, ese tiempo de unidad reencontrada en la desgracia habrá constituido el punto de partida de divisiones por venir, que tomaron la forma de rupturas profundas y dejado al país en numerosas oportunidades al borde de la guerra civil, haciendo pesar la amenaza de un nuevo estado de urgencia, esta vez por razones de estricta seguridad interior. Cuando el estado de gracia desaparece, lo social aparece porque él es jerarquizado, dividido y conflictual.

El drama venezolano puede ser leído como una suerte de parábola que enunciaba la realidad paradojal de las sociedades contemporáneas frente a las catástrofes naturales. Porque a diferencia de los terremotos, las guerras, los huracanes, las inundaciones, las erupciones volcánicas o incluso los deslizamientos de tierra que parecen no poner en causa la responsabilidad de los hombres y, en consecuencia, parecen representar una forma depurada del malestar, ellos dan lugar, al menos en un primer momento, a formas de comunión entre todos aquellos que están, directamente en sus vidas o indirectamente a través de las imágenes, afectados por la destrucción, los duelos y los sufrimientos: un imaginario de humanidad compartida se despliega entonces, dando a cada uno la ilusión de que las fronteras étnicas y raciales, económicas y políticas se borran frente a la ola unánime de solidaridad. Pero, porque esta ilusión no sabe resistir a la prueba de la realidad, la duración de las reglas del juego social común retoma rápidamente la altura: pillajes para los sobrevivientes, desvío de donaciones, abusos de las fuerzas armadas, abusos de poder, ajuste de cuentas resultan de este modo la regla de la excepción, mientras que, subrepticiamente, evidencian las desigualdades preexistentes de condiciones frente a la tragedia y se muestra la indiferencia satisfecha de las clases sociales privilegiadas en vista de los siniestrados. La lengua española dice mejor que ninguna otra esta ambigüedad en las escenas de catástrofe: los damnificados no son solamente las víctimas de las desgracias, sino también los damnificados de la tierra; al infortunio se suman los estigmas. Que el presidente venezolano los rebautice *dignificados*, procede de una loable intención y tal vez portadora de efectos preformativos. Una vez pasada la emoción y agotada la generosidad, ese gesto simbólico no les ahorrará ni las injusticias ni las violencias.

Capítulo 8
Una subjetividad sin sujeto.
La metamorfosis de la figura del testigo

> *Si testis designa el testigo en tanto que él interviene como tercero en el litigio entre dos sujetos, y* supertes *a aquel que ha vivido hasta el final una experiencia, él sobrevivió y puede, por lo tanto informar a los otros,* autor *designa al testigo en tanto que su testimonio exige siempre alguna cosa –hecho, ser, palabra– él preexiste, mientras la realidad y la fuerza deben ser confirmadas o certificadas. El testimonio es siempre, por lo tanto, un acto de "autor".*
>
> Giorgio Agamben. *Ce qui reste d'Auschwitz.*
> *L'archive et le témoin*

La historia oficial de Médicos sin Fronteras retiene ese momento –la guerra de Biafra en 1968– y la urgencia de un nuevo imperativo –llevar testimonio y no solo prestar asistencia– como el acta de nacimiento de la organización y más ampliamente, de una nueva era humanitaria[1]. Mientras que el silencio había parecido durante largo tiempo ser la condición necesaria para beneficiar la autorización de todas las partes involucradas en conflicto en las intervenciones de socorro cerca de las poblaciones militares y civiles, al punto tal que casi había devenido sinónimo de neutralidad, las organizaciones no gubernamentales reivindican, además, lo contrario: no solo el derecho sino también la obligación de hablar públicamente de los abusos, los crímenes y más allá, de la falta de derechos que ellas ponen en evidencia. Con el nacimiento de Médicos sin Fronteras en 1971, el testimonio se convierte en parte integrante de la intervención humanitaria al mismo

---

[1] Una versión heroica, a falta de ser fiel, fue contada por Olivier Weber (1995). La versión revisionista, en el sentido inglés del adjetivo, escrita por Anne Vallaeys (2004), relativiza la cuestión del testimonio público como elemento de ruptura biafrana.

nivel que la asistencia[2]. No se trata ya exclusivamente de salvar a las víctimas de la guerra, o de defender su causa. Ahora, ¿cómo hacer para no ser confundidos con las instituciones o grupos políticos que, ellos también, afirman defenderlos? ¿Y cómo preservar una imparcialidad en el momento mismo en que se elige hablar en nombre de algunos protagonistas y en contra de otros? Esas dos cuestiones son evidentemente punzantes porque ellas ponen en juego la legitimidad misma de las organizaciones humanitarias y el crédito que se les puede otorgar de acuerdo a su testimonio. A la primera, ellos responden afirmando corresponderse a su exclusivo dominio de competencia, a saber, la acción médica y el derecho humanitario. A la segunda, retrucan que el campo en el que ellos se mueven es siempre del lado de las víctimas[3]. Sin embargo, la delimitación de perímetro de su dominio de competencia, por una parte y la delimitación del espacio del terreno de las víctimas, resultan estar en el uso de operaciones bien complejas que ellas no habían anticipado: cada situación concreta de intervención humanitaria deviene, de esta forma, una prueba en el curso de las que las organizaciones se encuentran confrontadas a otros actores, otras lógicas, otras estrategias y descubren las dificultades propias de su rol de testigo moral.

Un cambio importante se produce a comienzo de los años 1990 con el despliegue de psiquiatras y psicólogos en las misiones humanitarias. Anteriormente, solo los médicos, los cirujanos, las enfermeras y ma-

---

[2] La asociación publicó una serie de documentos destacable titulados "Toma de palabras de MSF", que muestran los testimonios de sus miembros, pero también las reacciones que ellas han suscitado, alrededor de esos casos ejemplares de transferencias de población durante el hambre en Etiopía a partir de 1984, de los campos de refugiados salvadoreños en Honduras en 1988, finalmente del genocidio de los tutsis en Rwanda en 1994 y de sus continuidades a las cuales se han consagrado cuatro tomos. Laurence Binet, que constituyó esta colección, habla en su introducción del "testimonio, esa forma de acción que caracteriza la identidad de los MSF entre el resto de las otras organizaciones humanitarias". En realidad, si la toma de la palabra pública forma parte del credo fundador de los Médicos sin Fronteras, muchas otras organizaciones piden el mismo tratamiento e incluso una acepción más amplia, incluyendo los derechos del hombre, como lo hace Médicos del Mundo.

[3] Un análisis detallado de esas cuestiones es presentado en el artículo (2004ª) que consagré a la construcción de la "causa de las víctimas" por las organizaciones humanitarias.

temáticos tenían su lugar. En poco más de diez años los especialistas en salud mental, hasta entonces improbables actores en urgencias, se impusieron con intervinientes indiscutibles. Tratando las "heridas del alma" que hasta entonces habían pasado desapercibidas, ellos pueden también utilizarlas para hacer escuchar los "dolores silenciosos" en el espacio público internacional. Lo comprueba este extracto de un artículo justificando su acción en los territorios palestinos[4]:

> Los voluntarios cuidan y testimonian, utilizando el relevamiento de los medios para hacer conocer al mundo los sufrimientos de las poblaciones que ellos ayudan. La conmoción que esos relatos producen en aquellos que los reciben lleva a desear construir una respuesta que no es solo material y médica, sino que se sitúa en el plano psíquico. El pedido de las personas para que escuchemos el relato de sus experiencias traumáticas es enorme. Para que el trauma no se repita más de generación en generación y que el ciclo infernal de la repetición sea roto, nos es necesario reparar los sufrimientos, incluso aquellos que no se dicen, aquellos que no se ven sobre el cuerpo, y en consecuencia comenzar por decirlos.

"¿De qué da cuenta el psicólogo? ¿Qué observa él?". Se pregunta Ludwing Wittgestein[5]. Dicho de otra forma: ¿a qué tienen realmente acceso los expertos de la psiquis? ¿Es al comportamiento de las personas o simplemente a su comportamiento y a su palabra? Esta cuestión es esencial desde lo que el psicólogo –o el psiquiatra– entienden por testimoniar lo que viven las víctimas de violencia en su lugar y en su nombre. Y es a ellas que parecen responder Veena Das y Arthur Klienman cuando escriben[6]: "Los psicólogos y los psiquiatras documentan, describen y diagnostican el estado de stress pos-traumático y

---

[4] Salido de "Remédes á la mélancolie", publicado en 2002 por Christian Lachal y Maríe-Rose Moro, los dos responsables de los programas de salud mental de Médicos sin Fronteras, en apertura de la *Chroniques palestinniennes* destinadas a dar un testimonio público a la cuestión de las violencias constatadas en el terreno.

[5] En las *Reflexions philosophiques* (2004/1953: p. 255) donde él responde de manera interrogo-negativa: "No se trata del comportamiento de los hombres, es particularmente lo que ellos expresan con la palabra"

[6] Ver la introducción al tercer volumen (2001) de la trilogía consagrada al estudio del sufrimiento, de la violencia, del traumatismo.

las otras consecuencias traumatizantes de la muerte, de la violación, de la tortura, del maltrato y de otras formas de brutalidad". Sin embargo, desde una perspectiva antropológica o histórica, las cosas son más complejas. Los especialistas de salud mental no hacen más que identificar los cuadros clínicos y establecer los cuadros gnoseológicos que permitan descubrir y atestar una realidad hasta ahora ignorada, aquella del sufrimiento de las víctimas de la violencia. Ellos proponen, a través de sus categorías y de sus testimonios, nuevas grillas de lectura de la conflictividad contemporánea. Ellos dicen: la violencia en el leguaje de la subjetividad. Desde ese punto de vista, el traumatismo no es solamente la descripción clínica de un estado psíquico, es también la preformación política de un estado del mundo. En otras palabras, produce un nuevo léxico de la guerra y hace existir el sufrimiento, nombrándolo.

La subjetivación de lo político

¿Qué nos dice el testimonio de los especialistas de salud mental de las subjetividades y qué nos hace escuchar de esos temas? Es a esta pregunta a la que trato de dar respuesta ahora. Para decirlo de otro modo: ¿Qué trabajo de subjetivación política produce el testimonio humanitario? ¿Que es lo que malinterpretamos sin embargo: la subjetivación? De lo que hablo no presupone en principio sujetos que serían actores racionales y autónomos en los que no se reflejen sus subjetividades escondidas en los subconscientes que exploran los psicoanalistas. Me intereso en las figuras a través de las cuales son cualificados los individuos y según las cuales nosotros los identificamos, ya sea que ellos mismos las reconozcan o no. En Palestina, el temerario tirador de piedras y la desdichada víctima de traumatismo –que representan potencialmente a la misma persona– son dos de esas figuras posibles. Hablar de subjetivación política no prejuzga de ninguna manera un "yo" cartesiano o un "ego" freudiano, una conciencia y un inconsciente, a los cuales las ciencias sociales se forzarían por acceder como si se tratara de una verdad en última instancia, sino la producción de sujetos y subjetividades dotadas de significación política en el marco de interacciones sociales. No nos preguntaremos si el adolescente palestino es un combatiente o un neurótico, por el contrario observaremos que es presentado y se presenta a sí mismo alternativamente como uno o el otro. No buscaremos saber cuál es la verdadera experiencia de la violencia, sino a qué corresponden esas diversas pruebas de verdad a las cuales él está sometido por las instancias políticas o las organizaciones humanitarias, por los religiosos o los psiquiatras: ¿qué verdad queremos hacerle decir o qué decir a través de él? Definida de esa forma, la subjetivación política corresponde a la figura de la interpelación sugerida por Louis Althusser dando el ejemplo de la persona llamada anónimamente por el policía y que, dándose vuelta, muestra que ella se reconoce en ese llamado aún cuando su nombre no haya sido pronunciado[7]. Podemos generalizar el tema. Toda designación socialmente pertinente (y por lo tanto culturalmente construida) constituye a la vez un sujeto que es mandado a identificarse, a veces a pesar de él, en la manera en que es calificado, y una subjetividad que se conforma, al menos en parte, con este mandato: en la escena política del mundo, el traumatismo produce al traumatizado, como lo humanitario produce a la víctima. Es decir que en Palestina la presencia de psiquiatras y de psicólogos hace posible y necesaria una forma particular de subjetivación.

En consecuencia, esta forma de considerar la subjetivación se opone a la vez a la concepción esencialista que reduce la experiencia del traumatismo a una "condición de traumatizado"(es en lo que la caracterización psicológica corre el riesgo de desembocar) y a la crítica moralista que denuncia "la victimización de las víctimas" (según el lugar común de éxito en algunos círculos intelectuales). En efecto, por un lado, rechazando toda lectura cosificante, reconocemos que hay otras formas de interpretar la violencia (no solo a través del traumatismo, sino, por ejemplo, en términos de dominación y resistencia) y, por el otro, rechazando toda interpretación unívoca, afirmamos que los individuos tienen múltiples lugares de identificación (no solo como

[7] En su texto sobre los "appareils idéologiques de l'Etat" (1976/1970, p.13), él escribe que "toda ideología interpela a los individuos concretos en asuntos concretos", dicho de otra forma produce una suerte de subjetivación política.

víctimas sino también como combatientes o como mártires). El asunto es simultáneamente teórico y ético, porque se trata de comprender una realidad en su complejidad y restituir a los individuos su parte de libertad. La producción de sujetos políticos se inscribe entonces en una tensión irreductible entre la subjetivación y el sometimiento, como lo muestra Judith Butler para quien la subjetivación "consiste precisamente en esa dependencia fundamental a la luz de un discurso que nosotros no elegimos nunca pero que, paradojalmente, inicia y sostiene nuestra capacidad de actuar" y "significa el proceso por el cual estamos subordinados por el poder y el proceso por el cual uno deviene sujeto"[8]. Desde ese punto de vista, la psiquiatría humanitaria es, ella también, un poder que, en los lugares de guerra en particular, prescribe una cierta forma de discurso legítimo: la compasión a la vista del sufrimiento psíquico produce de ese modo una forma particular de subjetivación que se impone a los individuos mientras que, al mismo tiempo, ofrece el medio para hacer entender la causa.

No es necesario, entonces, engañarse cuando se habla de afectos: con los instrumentos de las ciencias sociales, nosotros solo accedemos a expresiones culturalmente significantes de esos afectos y la misma psiquiatría forma parte de esa cultura que permite interpretarlos en el terreno de la violencia. Podemos además mostrar que, en ese campo, la psicología está atravesada por las causas de la violencia, porque la victimología criminológica, nacida en los años 1950 se dedicaba a comprender los factores criminógenos en las víctimas –desde que es sospechoso– en sus consecuencias, con una victimología psiquiátrica que, desde los años 1990 reconoce por el contrario plenamente a la víctima- definitivamente inocente además del crimen que se le imputa. Esta inversión de la cadena de hechos (de las causas a las consecuencias), pero también de la evaluación del sujeto (sospechoso devenido inocente), certifica, si él tiene necesidad, la dimensión profundamente moral de esta subjetivación política. En el terreno de los conflictos,

---

[8] En su estudio sobre la vida psíquica del poder (1997, p. 2) ella señala esta "ambivalencia en el lugar mismo donde emerge el sujeto" como sujeto sometido y sujeto que se subjetiva.

psiquiatras y psicólogos no solo enuncian los diagnósticos: ellos producen juicios de valor sobre los protagonistas.

¿Qué significa entonces testimoniar la violencia en el lenguaje del traumatismo? ¿Cómo la introducción de la psicología humanitaria, con sus actores y sus conceptos, transforma de tal manera la experiencia de la opresión y de la guerra? ¿Cómo los afectos de los protagonistas del conflicto resultan ellos objetos políticos? ¿Qué ganamos y qué perdemos en términos de sentido en esta operación discursiva? ¿Qué significa que una política del testimonio que sustituye su verdad a la verdad de aquellos en nombre de quienes se desarrolla? Tales son las preguntas que deseo plantear en este capítulo, apoyándome en un doble trabajo de investigación: por una parte, una serie de entrevistas realizadas con los miembros de Médicos sin Fronteras y Médicos del Mundo y, por otra parte, una observación conducida durante cuatro años en el seno del Consejo de Administración de Médicos sin Fronteras. Para comprender mejor las cuestiones de la escena humanitaria, deberemos en principio volver sobre la polisemia de la noción de testigo y sobre la metamorfosis de la figura que lo representa para luego entender como el testimonio humanitario puede producir subjetividad sin sujeto.

De un testigo a otro

El latín tiene dos palabras para designar al "testigo"[9]. *Testis* es la persona que asiste en tanto "tercero" a una cuestión que opone dos partes y que puede ayudar a zanjar el litigio, porque ella ha visto lo sucedido. *Superstes* es aquel que "subsiste más allá" de lo que ha pasado y que es, en consecuencia, aquel que ha vivido el evento y lo ha sobrevivido. En el primer caso, el testigo es exterior a la escena, pero la observa: más exactamente, no es juez ni parte y es en nombre de esa supuesta neutralidad que puede ser creíble, incluso delante de un juez. En el segundo caso, el testigo atravesó la prueba, y él mismo la probó: por lo tanto es porque estaba presente, en tanto que víctima él mismo del hecho, y más tarde, en tanto que sobreviviente que escuchamos

---

[9] Según Émile Benveniste (1969, p. 277) que muestra, además, que esta distinción semántica existe en el conjunto de las lenguas indo-europeas.

su palabra. Dicho de otra forma, uno certifica por su constatación, otro por su experiencia. La verdad del *testis*, en tercera persona, es reputadamente objetiva. La verdad del *superstes,* en primera persona, se afirma como subjetiva. La segunda vale por los afectos que moviliza, la primera por los afectos de los que se distancia. En los usos contemporáneos esta frontera entre las dos figuras tiende a enturbiarse.

El testigo, en el sentido del *superstes,* se convirtió en una figura del período contemporáneo[10]. Por sus escritos, Primo Levi es el arquetipo, uno de los primeros también. Sobreviviente, es aquel que puede certificar todo lo que ha vivido Si él tiene la experiencia de los campos, puede decir la verdad. El trabajo intelectual que realiza sobre su propia subjetividad es la más alta garantía de la objetividad de su testimonio. De este último, sin embargo él marca el límite absolutamente precisamente a eso, no puede contar la verdad de aquellos que murieron: nosotros, los sobrevivientes, no somos los verdaderos testigos. Llegada a término la destrucción, cumplida la obra, nadie puede contarla, como persona jamás nadie ha podido contar su propia muerte. Los sepultados, aún cuando ellos tuvieran pluma y papel, no habrían testimoniado jamás, porque su muerte había comenzado mucho antes de su muerte corporal. Nosotros, nosotros hablamos en su lugar por delegación[11]. El sobreviviente, aún cuando haya pasado por los lugares y las mismas pruebas, no puede hablar por aquellos que no sobrevivieron. Él testimonia lo intestimoniable. En esta situación extrema, el *superstes* borra doblemente la frontera que lo separa del *testis,* porque es el único que puede hablar y no tiene interés en callarse, se apoya sobre su experiencia para producir una constatación; porque

---

[10] Es lo que la historiadora Annette Weiviorka (1998) llama la "era del testigo", es decir, para ella, un tiempo donde se multiplican los testimonios escritos, registrados, filmados, mostrados desde la eliminación de los Judíos corresponde por lo tanto al advenimiento de la segunda figura, aquella del "sobreviviente", que puede –e incluso debe- testimoniar precisamente porque él atravesó un drama en el curso del cual muchos otros fueron muertos.

[11] Esta límite absoluto, él lo analiza en *Si c'est un homme* (1987, p. 83). El único testigo verdadero es el "musulmán", figura extrema de la deshumanización que, precisamente, no puede testimoniar. El sobreviviente no puede expresarse más que en su nombre. En esto, como lo observa Giorgio Agamben(199, p. 41), "el testimonio vale esencialmente para ese que le falta".

sobrevivió, no puede decir eso que él no ha vivido: la muerte. En tanto sobreviviente de los campos, no está autorizado a hablar como un tercero. Sublimando sus afectos en una descripción fríamente clínica de la máquina de exterminación, resulta testigo privilegiado por medio del que la verdad de lo inhumano puede ocurrir.

Paralelamente, la noción de testigo en el sentido de *testis* tiende a sufrir, en el espacio humanitario contemporáneo, una torsión casi simétrica. La creación del Comité internacional de la Cruz Roja (CICR) en los años 1980 se basa en el principio de neutralidad y su autorización a intervenir en el campo de batalla tiene como corolario una cláusula implícita de silencio. Para poder cuidar, es necesario aceptar callarse. El testigo se prohíbe por lo tanto, testimoniar. Presente, en tanto que "tercero", la organización no certifica nada. La contradicción de esta situación deviene evidente después de la Segunda Guerra Mundial cuando se comprueba que los actores humanitarios estuvieron presentes trabajando en los campos sin denunciar su existencia. Fue necesario entonces esperar el inicio de los años 1970 para que ello entrañara una escisión y diera nacimiento a Médicos sin Fronteras y luego a Médicos del Mundo. En principio, es el rechazo de permanecer silencioso en el transcurso de la guerra de Biafra que la primera organización es creada en 1971. Y luego, para decir las condiciones de opresión del régimen comunista en Vietnam, que la segunda ve el día en 1980[12]. La segunda edad de lo humanitario corresponde al advenimiento del testigo: no de aquel que atravesó la tragedia, sino aquel que ha socorrido a las víctimas. En esta tensión permanente entre el imperativo de asistencia y el imperativo de denuncia, los arreglos necesarios dejan a veces el lugar a la ruptura brutal, como después del hambre en 1985 en Etiopía, en el curso de la cual Médicos sin Fronteras fue expulsado del país por haber acusado al gobierno de ser responsable de la crisis alimentaria. El testimonio, que se inscribe en un espacio mediático mundializado, es también una dimensión esencial de la acción humanitaria que es el socorro. Los agentes no declaran por lo que vivieron, sino por lo que

---

[12] Desde entonces "actuar y hablar, cuidar y testimoniar van a ser sus palabras clave", como lo escribe el antiguo presidente de Médicos sin fronteras, Rony Brauman (2000, p. 60).

vieron. Ellos no atravesaron la prueba, porque su intervención supone el establecimiento de espacios de refugio calificados de "corredores humanitarios" donde ellos están al abrigo de las hostilidades, y se convierten por eso mismo, en los portavoz de aquellos que sí han tenido la experiencia. Aún cuando se esfuercen en analizar las cuestiones políticas de las situaciones a las que ellos están confrontados, el registro en el que inscriben su testimonio público corresponde lógicamente a la forma en que su legitimidad se construye en el espacio público: es la compasión. Ellos hablan de los cuerpos, de las heridas, de los sufrimientos. De esa manera, por una forma de inversión de los roles tradicionales, ellos ocupan estructuralmente el lugar del *testis* desplegando lo argumentario del *superstes*. Ponen por delante la experiencia más que la constatación, pero esta experiencia es aquella de los otros en lugar de los que ellos hablan al mundo.

Es necesario tomar la dimensión de esta configuración contemporánea del testimonio. Por un lado, el sobreviviente, por una forma de radicalidad ética, afirma que no se puede testimoniar por aquellos que ya no están aquí; a pesar de que él mismo lo haya vivido, no está autorizado a tomar la palabra, salvo poner en cuestión el estatuto de representante que se expresaría por los desaparecidos. Por otro lado, el actor humanitario, en nombre de un imperativo moral se convierte en testigo de aquel a quien él socorre: si bien muy raramente enviado explícitamente, él se instituye en portavoz de los oprimidos para anunciar públicamente su sufrimiento. En el período contemporáneo, la prolijidad de los agentes humanitarios está a la medida del silencio de los sobrevivientes. La voz de los primeros sustituye a la de los segundos. Más precisamente: por todos lados donde las víctimas de violencia y de desigualdad se supone están privadas del poder de expresarse, las organizaciones internacionales que las defienden hablan en su lugar. De ese modo, las organizaciones humanitarias se han impuesto a sí mismas ser el portavoz de los sin voz.

Pero hay más. En esta nueva configuración del testimonio, donde no es el sobreviviente el que testimonia aquello que ha vivido, sino el tercero interviniente el que testimonia lo que él ha escuchado, la naturaleza específica del discurso humanitario tiende a hacerse tratar cada vez con más afecto. Por el contrario, el actor humanitario, porque quiere ante todo emocionar y porque sabe que está beneficiado por un capital de credibilidad, moviliza los afectos. Podríamos multiplicar las ilustraciones bajo la forma de paralelismos entre testimonios escritos, grabados, filmados, mostrando unos y otros. Por ejemplo, al esfuerzo de sobriedad extrema de los muros cubiertos de nombres de los muertos en el memorial de la Shoah, podríamos oponer la tentativa de sensibilizar al público a las injusticias del mundo en las exposiciones itinerantes de Médicos sin Fronteras: el atravesar un *check point* o la visita de un campo de refugiados a los que los visitantes son invitados a entrar se consideran como momentos que les permiten hacer la experiencia a través "de un momento de emoción y de toma de conciencia". Es decir que las dos figuras arquetípicas del *testis* y del *superstes* operan a partir de ahora en frentes inversos: mientras que la segunda se hace absolutamente objetivante, la primera se afirma en el registro de la subjetividad. El *superstes* que vivió la tragedia se atiene parsimoniosamente a los hechos. El *testis* que no vio más que las consecuencias, se esfuerza en contar lo vivido.

Este trabajo de subjetivación humanitaria encontró seguramente en la psiquiatría un instrumento privilegiado para poner al día las experiencias de las víctimas de las guerras, de las catástrofes, de las hambrunas. La invención de este nuevo campo de acción es, sin embargo, reciente. Si bien la psiquiatría militar está confrontada a las neurosis traumáticas, al menos desde la Primera Guerra Mundial y se dio nuevos instrumentos con el estado de estrés postraumático alrededor de la guerra de Vietnam[13], la psiquiatría humanitaria recién nace en 1989, sobre las ruinas del sismo de Armenia, donde iniciativas simultáneas de Médicos del Mundo y de Médicos sin Fronteras descubrirán las secuelas psíquicas de la catástrofe a distancia[14]. Hasta este evento, psiquiatras

---

[13] De esta historia del traumatismo, Allan Young (1995) investigó los nuevos caminos complejos y exentos de ambigüedades por los cuales la institución psiquiátrica estadounidense hizo alianza con grupos de presión, especialmente de antiguos combatientes, para hacer reconocer, en 1980, el "*post-traumatic stress disorder*", estado de stress postraumático, como entidad nosológica que abre el camino para el derecho a las reparaciones.

[14] Esta epopeya de la psiquiatría humanitaria, la relaté junto con Richard Rechtman y

y psicólogos no habían tenido su lugar en las misiones de urgencia. A partir de esta fecha, ellos van a conquistar un espacio creciente, de la Rumania al Cáucaso, desde Bosnia a Kosovo. Luego del terremoto de Bam, en 2004, ellos serán más numerosos al partir al lugar, que los médicos y los cirujanos, actores tradicionales de las urgencias. Contrariamente a lo que permitiría pensar la cronología de los hechos, el auge de la psiquiatría humanitaria no es el resultado de la difusión internacional de las nuevas categorías nosográficas producidas en los Estados Unidos, comenzando por el estado de stress post traumático. Todas las entrevistas realizadas con los actores que intervienen en las escenas internacionales, donde ha sido inventada la psiquiatría humanitaria, muestran que ellos no habían recibido ninguna información y que no tenían ningún conocimiento sobre el traumatismo. Es solo después de haber sido confrontados a situaciones y sintomatologías en relación con los eventos dramáticos que ellos descubrieron, de forma casi fortuita, que los cuadros clínicos que ellos constataban podían encontrar su lugar en la nueva nosología. Esta cronología es importante porque muestra que la solicitud humanitaria precedió a la mirada médica. Nos interesamos en el sufrimiento de las víctimas de las catástrofes o de los conflictos antes de reconocerles un traumatismo. Aún hoy, más que el establecimiento del diagnóstico, raramente investigado, y casi antes de la realización de cuidados, difícilmente posibles, la producción de testimonios a partir de experiencias de las víctimas de violencia justifica, con mucho, la presencia en el terreno de los psicólogos y los psiquiatras de Médicos sin Fronteras y del Médicos del Mundo.

Sin embargo, ese testimonio no se construyó a partir de lo que ellos vieron, sino de lo han escuchado. Tal vez eso tenga hoy mayor repercusión sobre la construcción de las causas políticas que el testimonio de los sobrevivientes que vivieron los eventos o los observadores que constataron. Indica bien la naturaleza del cambio de lo que se transmite. Lo que cuenta no es que el hecho haya sido comprobado, sino

---

nosotros mostramos el papel, luego del terremoto de Leninakan, de los psicoterapeutas armenios que trabajaron juntos con los equipos de socorro humanitarios. (Fassin y Rechtman, 2007)

que haya sido padecido. No es el evento en sí mismo el que vale como prueba, sino la huella que deja en el psiquismo o la marca que imprime en el relato. El afecto juega, en el testimonio que lleva al conocimiento del mundo, a la vez como lo que se certifica (el sufrimiento de las poblaciones) y en lo que producimos certificando (la compasión del público). La verdad que buscamos, no es aquella objetiva de lo que pasó, sino aquella subjetiva de la experiencia que uno tiene. Psicólogos y psiquiatras, porque ellos acceden a esta subjetividad, devienen desde ese momento, en testigos legítimos que hablan en nombre de aquellos que atravesaron situaciones dramáticas. Al lado de su condición de *testis* y en nombre de aquellos que tienen la condición de *superstes*, ellos fundamentan su testimonio en una tercera figura, la del *auctor,* aquel cuya palabra es autoridad[15]. En ninguna parte esta subjetivación del testimonio ha sido tan manifiesta como en Palestina. Especialmente después de la segunda Intifada, que dio lugar a un despliegue sin precedentes de equipos de salud mental de Médicos sin Fronteras y Médicos del Mundo.

Presentes en los territorios palestinos desde 1988, Médicos sin Fronteras abrió su primer programa de cuidados psicológicos en 1994 con un consultorio en el campo de refugiados de Jénine. Paralelamente, Médicos del Mundo, cuya misión había comenzado en 1995, desarrolló una modesta acción de sostén psicológico a los toxicómanos en Jerusalén, a partir de 1998. Sin embargo, para ambas organizaciones, es solo luego de la segunda Intifada, a fin de los años 2000, que la psiquiatría ocupa el frente de la escena. Hay una razón simple para esta movilización de especialistas en salud mental en este momento: por un lado, como lo muestran las visitas exploratorias realizadas durante las primeras semanas de la insurrección, la sociedad palestina no tenía necesidad de los recursos habituales de las organizaciones humanitarias, teniendo ya en terreno médicos bien formados y estructuras sanitarias bien equipadas, por otra parte, la fuerte exposición mediá-

---

[15] Como lo escribiera entonces Émile Benveniste (1969, p.150), "calificamos de *auctor* en todos sus campos, a aquel que promueve, que toma una iniciativa, aquel que funda, aquel que garantiza y finalmente el autor". Es especialmente de aquí que procede la autoridad, en tanto que "validez de un testimonio".

tica de la reanudación del conflicto con su costado emocional hacía imprescindible la presencia de esos actores necesarios a sus ojos para denunciar las consecuencias de una crisis calificada de humanitaria. Dicho de otra forma, les faltaba menos "ser", como escuchamos seguido decir, pero tal vez menos por hacer de la medicina que por manifestar una presencia y, a través de ella, estar en forma para testimoniar. La psiquiatría ofrece aquí una alternativa: era legítimo suponer que las violencias, las destrucciones, las humillaciones infringidas por la armada israelí a la población palestina tenían consecuencias psíquicas importantes. Sin embargo, era evidente que los cuidados psicológicos no se pueden prestar en condiciones satisfactorias: los equipos palestinos estaban en el lugar desde hacía tiempo en los servicios de salud; en cuanto a intervenir en los barrios, especialmente los más expuestos, la precariedad y el peligro hacían muy difícil el trabajo de los psicoterapeutas. Desde entonces, más aún en esos servicios cuya posibilidad y eficacia permanecían hipotéticas, es el testimonio donde las misiones humanitarias podían encontrar un sentido. Asignándose una función inédita, los psiquiatras y los psicólogos se ponen a recopilar notas personales y viñetas clínicas para denunciar lo que ellos veían. De esa forma se multiplicaron los sitios web y en los periódicos destinados a los donantes, cerca de los medios y en dirección de las organizaciones internacionales, fragmentos de relatos poniendo en escena a los actores humanitarios en los territorios palestinos. Por una reconfiguración del rol de testigo, el *testis* hablaba ahora en primera persona –en lugar del *superstes* y en tanto que *auctor*.

Regreso al mártir

Existe otra etimología del testigo, porque en griego, utilizamos la palabra *martus* que toma el sentido más preciso, con los primeros Padres de la Iglesia de mártir[16]: aquél que testimonia la existencia de Dios, aceptando morir para no traicionar su fe. El sacrificio de su vida da testimonio. Del mismo modo, en árabe, shahid, que significa

---

[16] Como lo recuerda Giorgio Agamben (1999, p.31) que agrega que de esa palabra deriva aquella de *martirium* para designar a los cristianos muertos perseguidos.

testigo, quiere decir igualmente mártir. El término designa a aquel que muerte cumpliendo su deber de musulmán o participando en una guerra santa. El testigo es por lo tanto el sacrificado, aquel que voluntariamente eligió dar su vida para afirmar su verdad religiosa y por extensión, política. A diferencia del sobreviviente, o del tercero que se expresan en primera o tercera persona, el mártir testimonia sin palabras: él certifica, por el sacrificio de su vida y, más allá de esa muerte, por su imagen, cuya reproducción pictórica o fotográfica se multiplica como ícono venerado por aquellos que pueden certificar lo que fue.

En los Territorios palestinos, aquel que muere en un atentado suicida o bajo las balas enemigas es indiferentemente calificado de *shahid*. El martirologio palestino mezcla de esa forma dos figuras diferentes: aquella del que se da voluntariamente a la muerte matando a su vez militares o civiles israelíes y aquel que cae bajo las balas del ejército israelí. Si bien la figura del "kamikaze" (en inglés "*suicide-bomber*") domina de forma a la vez dramática y polémica las representaciones en el espacio público internacional, ella concierne numéricamente solo a una parte reducida de aquellos y aquellas que son considerados como mártires. En el curso de los cuatro primeros años de la segunda Intifada, 112 atentados suicidas fueron cometidos, en tanto 3271 palestinos fueron asesinados por los israelíes, entre ellos 173 mujeres y 139 niños de menos de 12 años[17]. Una muerte palestina sobre treinta está, por lo tanto, ligada a los atentados, las otras veintinueve resultan de tiros de armas israelíes. Es decir que si reunimos a aquel que se sacrifica y aquel que es asesinado, la calificación de mártir sacado de la retórica militante busca producir una condición única de víctimas heroicas del conflicto que testimonian con su muerte, voluntaria o no, su resistencia a la opresión. Además, tal es el desplazamiento que se ha operado en el curso de los recientes años. La sobre-representación masiva de hombres jóvenes entre los muertos palestinos desde el año 2000 está directamente ligada a la emergencia y a la generalización

---

[17] Según las estadísticas publicadas por el sitio de la Cruz Roja palestina (www.palestinersc.org) y de la organización israelí de los derechos del hombre B'Tselem (www.btselem,org) consultadas en febrero del 2007.

del tirador de piedras, a la vez víctimas y héroes, aquel que se sacrifica y aquel que es asesinado: él expone su cuerpo a las balas israelíes[18]. A través de esta figura, se opera una transmisión de la subjetividad política: aquí donde la relación de fuerzas es radicalmente desigual, aquí donde la negociación se vuelve imposible, aquí donde el futuro de la Nación parece bloqueado, jugarse la vida aparece como la última instancia de subjetivación en el especio político. El hombre joven –cada vez más joven- que expone su cuerpo a las balas enemigas pone dramáticamente en escena la impotencia de la sociedad palestina. Figura impuesta de la adolescencia masculina, él es un sujeto político que certifica una resistencia.

Sin embargo, es una imagen totalmente distinta la que produce el testimonio de la psiquiatría humanitaria. Algunos meses después del comienzo de la segunda Intifada, mientras que ya se contaban 102 muertos entre los menores de 18 años, de los cuales 101 eran palestinos, un diario francés comienza de esta forma la descripción del conflicto en Hebrón[19]

> En lenguaje médico, llamamos enuresis, cotidianamente, al hacerse pis en la cama. Es uno de los principales males que afectan a los jóvenes palestinos desde el comienzo de la Intifada. Esos *shebab* que tiran piedras sobre los soldados israelíes durante el día, más agresivos aún que los hombres, mojan sus ropas durante la noche, expresando de esa forma el miedo reprimido algunas horas antes. El síntoma fue descubierto por las madres, que lo confiaron a los psicólogos enviados por las organizaciones humanitarias.

Fenómeno que confirma uno de esos psicólogos: "Ellos no tienen otra forma de expresar su miedo. Frente a los soldados, delante de los amigos e incluso de la familia, deben mostrarse fuertes, casi adultos.

[18] Para Laetitia Bucaille (2004/2002, p. 39), esta evolución manifiesta una islamización de la sociedad-o deberíamos decir: "una inscripción del lenguaje religioso en el discurso político –que consagra el nuevo martirologio": jamás ha tenido éxito al difundir su ideología haciendo de la figura del mártir el modelo de la lucha palestina. De víctima, el mártir puede así convertirse en héroe.

[19] Ver el artículo de Alexandra Schwatzbrod, "Les maux de la peur á Hébron. Avec une psychologue de MSF dans la ville palestinienne sous couvre-feu", *Liberation*, 9 de marzo del 2001.

Hacerse pis en la cama es una forma de mostrar que aún son niños". La enuresis es efectivamente un lugar común del discurso sobre las consecuencias de la violencia. Al lado de la ansiedad, el stress y las pesadillas, los psiquiatras y los psicólogos lo impusieron como la expresión más banal del régimen de terror al cual son sometidos los niños, y como la manifestación más evidente de la regresión que ella entraña. La yuxtaposición de la figura del lanzador de piedras y de la clínica del adolescente enurético pone en evidencia la fragilidad de los jóvenes combatientes: héroes trágicos en el día, son enfermos patéticos en la noche. Cuando sabemos la importancia del referencial de virilidad en la cultura de los jóvenes palestinos esta revelación al mundo de las heridas íntimas que provocan odiosos relajamientos esfinterianos altera la imagen que tratan de dar de ellos mismos, los adolescentes[20]. Ciertamente, el discurso de la salud mental –que se apoya aquí sobre una experiencia común- devela una realidad que parece mucho más cercana al lector occidental de los testimonios humanitarios: vulnerable, el adolescente suscita una empatía más consensual que cuando se muestra provocador o violento. Al mismo tiempo, él reemplaza el sujeto mártir por el sujeto sufriente: en la política de la justicia en la cual se reclama primero, él sustituye una política de la compasión que tiene por objeto lo segundo: al gesto de uno, él prefiere el afecto del otro. Un afecto que relaciona a la víctima y a su público cuando el gesto, generalmente los separa. La subjetivación humanitaria desdibuja la violencia- o más aún, gracias a los psiquiatras y a los psicólogos, la recalifica como traumatismo.

Esta no es más que una de las múltiples figuras producida alrededor de los adolescentes. La situación palestina es objeto de discursos no solo políticamente contradictorios sino también profundamente heterogéneos. Es en ese "campo discursivo" en el cual se entrecruzan interpretaciones recurrentes, particularmente en lo concerniente a los niños, que es más conveniente de lo que pretende en "destilar un relato

---

[20] De esa forma Julie Peteet (1994) muestra como las violencias sufridas por los jóvenes hombres palestinos por parte de las fuerzas de ocupación israelíes, en ocasión de golpizas o encarcelamientos, son además ritos del pasaje que constatan la construcción de virilidad y más ampliamente, las relaciones de género.

auténticamente palestino"[21]. En esta confrontación de verdades –aquella del policía israelí que denuncia la tarea de los grupos terroristas sobre los adolescentes y aquella del poeta palestino que exalta la resistencia de los jóvenes combatientes, aquella del informático que pone en el epígrafe su capacidad de actuar por un futuro mejor, y aquella del jurista que señala las violaciones a los derechos del hombre cuando las ve– es necesario agregar una nueva voz: aquella de los actores de la psiquiatría humanitaria que las describen como víctimas de traumatismos. Estas voces no son nuevas en Palestina. Desde 1979, la Gaza Community Mental Health Programme, fundada por un psiquiatra palestino formado en la Universidad de Oxford, pone en el lugar los consultorios y, paralelamente, investigaciones en las cuales el estado de stress postraumático ocupa un lugar creciente. Una serie de artículos, publicados en las revistas internacionales y de estudios en línea en el sitio web de la asociación transmitidos como comunicados de prensa, hacían públicas las estadísticas concernientes a las consecuencias psíquicas del conflicto en la población. Nos enterábamos entonces que, de un grupo de adolescentes de diez a diecinueve años sacados al azar, 83% eran testigos de balaceras y 62% habían visto a un vecino o un familiar herido o muerto, 33% sufrían de stress postraumático grave necesitando atención y 65% presentaban disturbios psicológicos moderados o menores[22]. Desde ese momento MSF da una orientación totalmente distinta a su testimonio: más que las cifras, ofrece fragmentos narrativos, más que el estado de stress postraumático como categoría gnoseográfica, es la experiencia del traumatismo reportado en un lenguaje cotidiano; se trata de llegar al público con las historias en las que los agentes humanitarios se ponen en escena como testigos privilegiados del sufrimiento de una población oprimida. Recibidas durante varios meses, las observaciones de terreno de los psiquiatras y de los psicólogos serán reunidas en *Chroniques Palestiniennes*, docu-

[21] Según la fórmula de John Collins (2004, p. 36) que establece un tipo de topografía de ese campo discursivo donde se cruzan las interpretaciones políticas, religiosas, literarias y además, psiquiátricas.

[22] El informe anual 2003 Gaza Community mental Health Programme, de donde son extraídas estas cifras, provienen del sitio: www.gcmhp.net, consultado el diciembre del 2007.

mento traducido en numerosas lenguas y difundido en varios países, incluyendo Israel y Palestina[23]. Testimonio de estatuto incierto por otra parte: entre diagnóstico y denuncia, entre patología y experiencia, esas crónicas hablan a la vez de la clínica y de la política. Realmente es cuestión de ansiedad, de depresión, de stress, de traumatismo, - y de enuresis tratándose de niños. Muy rápido entretanto, la situación local, la historia familiar, el relato biográfico, la vida cotidiana parecen tomar altura, como si los disturbios psicológicos fueran insuficientes para expresar lo que viven los palestinos. A propósito Ibrhaim, detenido, golpeado y humillado por los soldados israelíes hace algún tiempo, él dice que "sufre un stress postraumático", para agregar inmediatamente:

> Él no hace más nada durante el día. Permanece en la cama, fuma y machaca ideas de venganza. Él sufre de los golpes que recibió, pero también presenta síntomas relacionados a traumatismo psíquico. Se siente débil, tienen dolores de cabeza. Dice que no olvidará jamás a aquellos que lo golpearon. Cuenta cómo rechazó ser policía, lo que lo obligó a trabajar en las colonias, por lo tanto para los israelíes. Cree que sus amigos lo consideran un traidor. Su sentimiento de injusticia se nutre también de una historia de amor que ha terminado mal. En la noche, discute con su grupo de amigos del cual se siente excluido.

La clasificación gnoseológica no es más que un pretexto para decir que los sufrimientos mezclan las condiciones socio-históricas y los eventos personales, la desocupación y el trabajo, los amores y los amigos. Leyendo bien estas crónicas, nos damos cuenta además que, generalmente, el traumatismo no certifica lo que pretende certificar, es decir, las violencias de la guerra. De un niño pequeño que sufre, decimos "trastornos relacionados a stress postraumático", y escuchamos que ellos son debidos a una caída grave de su terraza. De otro que presenta tartamudez, nos explican que es "a causa de un evento traumático", precisando que es la secuela de un susto causado por un perro cuando él iba a la escuela. Para muchos adultos, los estados

---

[23] Publicadas en julio del 2002, las *Chroniques palestinnienes*, fueron publicadas con otro título provocador: *Dans les nerfs de la guerre* y constituyen un suplemento de la revista de la asociación, *Messages*.

postraumáticos observados son informados como resultado de hechos ocurridos hace mucho tiempo, en general sin relación con el conflicto y por eso menos probatorios de lo que quisieran los autores que los reconstruyen sobre conjeturas, como en ocasión de una visita a una familia encerrada en una casa bajo el fuego cruzado del ejército israelí: "A pesar de la tranquilidad, parece que muchas personas se equivocaron al detenerse y retomar una vida normal. Tal vez estén aquí las premisas de instalación del trauma. Si tal es el caso, deberíamos observar mucho más una sintomatología de ese tipo". Asimismo, después de una operación de destrucción de una cuarentena de viviendas, de las cuales sus habitantes no fueron autorizados a recuperar sus cosas, ellos anotan: y nosotros deslizándonos por las calles estrechas imaginando todas esas heridas del alma que acaban de producirnos. ¿Cuántos de nosotros saldremos sin daño psicológico? ¿Y si mañana hace frío? ¿Y si llueve?" Paisaje psíquico y condiciones climáticas son asociadas en una suerte de correspondencia baudeleriana.

Mucho más que de sostener diagnósticos, se trata por lo tanto de impresiones y afectos los que se esfuerzan por transmitir o de suscitar, más allá de las situaciones dramáticas que se informan. Los habitantes también aprueban que los intervinientes transmitan esos afectos. Un adolescente evoca un ataque a su escuela en Hebrón: "Él no está repuesto aún del shock que le provocó ver a siete de sus compañeros siendo quemados por una bomba lanzada por un soldado en el patio de recreo. Apenas habla, los ojos en la nada, perdidos en la colina de Abousina que ve bombardear". Un psicólogo expresa sus sentimientos frente a un bulldozer ocupado en arrasar los invernaderos, las plantaciones, los pozos de agua, las casas en gaza:

> Él es enorme: avanza y retrocede arrancando árboles. Tengo miedo. Todo el mundo tiene miedo. Un avión pasa la barrera del sonido y es el terror. Todos aquellos que trabajan estas tierras después de décadas ven aniquilar su trabajo. Un padre nos explica que cuando esa noche vuelva a su casa y les diga a sus hijos que no hay mas nada, ellos llorarán. Partimos con el corazón apretado. Cuando volvamos, el paisaje será bien diferente.

La emoción puede pasar también por la sobriedad de la descripción. Llegando después del bombardeo de una casa en Rafah: "En esta destrucción, un hombre que no había tenido el tiempo para escaparse fue proyectado al interior de la casa del vecino. La visión de ese cuerpo es traumatizante para éste, que fue el primero en descubrirlo. Solo sus vestimentas permiten reconocer al hombre con certeza, hasta tal punto estaba irreconocible su cuerpo". Nosotros entendemos: el adjetivo "traumatizante" califica aquí un efecto mucho más que lo que invoca un diagnóstico. El testimonio de la psiquiatría humanitaria quiere ante todo sugerir la experiencia de la brutalidad del Estado, con palabras cotidianas. De ese modo, más que el traumatismo clínico, es la violencia en sentido político que, por un rodeo remarcable, vuelve sin cesar a sus agendas de psicólogos y de psiquiatras. Del sufrimiento, se pasa a la indignación. La desesperación invierte la ansiedad: aquella se expresa en la imposibilidad de actuar, esta se traduce en el gesto de rebeldía. Signo de ese desplazamiento, numerosas fragmentos de vida reportados en sus crónicas, terminan por la misma evocación: no hay futuro más que en la muerte –una muerte elegida. Una adolescente de catorce años, que aloja en su vientre una bala perdida mientras ella estaba en su domicilio, dice de sus proyectos: "Ella desearía mucho ser mártir, pero tal vez llegaría ella a ser doctor". Niñas de una decena de años se entretienen con un integrante del equipo humanitario: "Nosotros hablamos de lo que ellas quieren hacer cuando sean grandes: matarme, dice una". En las crónicas, todos los dibujos de los niños representan mártires que evocan también la mayoría de los relatos adolescentes. "La doctrina del mártir nació para justificar el escándalo de una muerte insensata, de una carnicería que solo puede parecer absurda", escribe Giorgio Agamben a propósito de los primeros cristianos[24]. Más allá de los desórdenes psíquicos que ellos habían venido a buscar para dar cuenta de los efectos del conflicto, los psiquiatras y los psicólogos redescubren esta verdad en territorio Palestino, pero ellos cambian la significación: para los niños privados de escuelas, los

---

[24] Es, explica él (1999, p. 32) para responder a los herejes que criticaban la necesidad de los sacrificios que los Padres de la Iglesia construyeron esta doctrina que dará lugar a la construcción del término "holocausto".

padres privados de empleo, las familias privadas de techo, es la vida la que es insensata y la muerte la que le devuelve un sentido. Con esta lectura, seguramente trágica, el testimonio encuentra el martirologio, en la confusión etimológica del *martus*, testigo deviene mártir.

Ese regreso, casi inconsciente, a las fuentes de la violencia, probablemente explique la virulencia de las reacciones suscitadas en los medios israelíes y entre los donantes pro-israelíes de la asociación, por esas crónicas[25]. Testimoniar en nombre de los palestinos, es decir esta verdad por la cual la muerte devuelve un sentido a la vida inviable. Estamos lejos del traumatismo, y, tratándose de subjetivación, esta se sitúa del lado de la violencia. Totalmente distinto es el uso del testimonio dado por Médicos del Mundo, sin embargo en el mismo territorio, con los mismos instrumentos y movilizando los mismos especialistas.

El fin de la historia

Esta es una última figura de testigo que nos entrega la investigación filológica: aquella del *histor* griego[26]. Este testigo no asistió necesariamente a eso por lo que lo han convocado (él certifica por lo que escucha y no por lo que ve), tampoco es aquel que debe zanjar entre dos situaciones conflictivas (es un garante de lo que se ha convenido entre las partes). Es en la prolongación de esta primera significación que Herodoto sitúa el trabajo del historiador, a la vez investigación a partir de lo que se recibe oralmente a distancia a través del relato de los otros y tentativa de mantenerse a igual distancia de los dos lados del evento que él relata. Este testigo debe por lo tanto indicar las fuentes, tanto como busca la imparcialidad.

[25] Ellas comienzan por un texto sin equívocos del presidente de MSF, Jean-Hervé Bradol, sobre la significación de la asistencia humanitaria: "la ayuda a las personas afectadas por los conflictos armados no puede reducirse a alimentarlos, abrigarlos o reparar los cuerpos. Solo los principales interesados pueden decir dónde se sitúa el límite de lo aceptable en materia de alcance de la dignidad humana. Sobre este punto, la respuesta de los Palestinos es clara: ellos no aceptan la suerte que les espera y muchos se dicen dispuestos a morir por esto".

[26] Es François Hartog (2005, p. 200) quien señala el alcance: "el *histor*, que interviene en una situación de diferendo, es requerido por las dos partes, él escucha a una y a otra, mientras que el *martus* solo tiene que preocuparse por un solo lado, más exactamente, no hay más que uno".

La dramatización y radicalización de la escena israelo-palestina hacen particularmente difícil esta situación. Los historiadores –y más ampliamente todos los analistas– se colocan voluntariamente de un lado o del otro. Tratándose de organizaciones humanitarias no es el caso hacer historia: ellas no tiene como principio pronunciarse sobre el pasado, sino intervenir en el presente. Sin embargo, desde el momento en que ellas deben testimoniar para el mundo lo que saben, los asuntos en los cuales están confrontadas no se alejan mucho de aquellos de los historiadores. No asisten a lo que informan, pero transmiten los que otros les cuentan (no sin haber formulado las necesidades de la causa que pretenden defender). No deben elegir un campo, pero hacen profesión de neutralidad (condición misma de su intervención en los lugares de conflicto como sus estatutos proclaman). Sin embargo se distinguen de los historiadores en dos cuestiones: por un lado, si ellas testimonian, es sirviéndose del registro de la emoción más que el de la razón: buscan convencer más que explicar; a la interpretación de los hechos prefieren la movilización de los actores. Por otra parte, si bien se esfuerzan por ser imparciales, es para sumar que quieren estar cerca de las víctimas, estén en ambos lados del conflicto: a su manera, ellas hacen una historia de los vencidos. Los dos elementos que hacen a la singularidad –relativa– de las organizaciones humanitarias están ligados: es porque hablamos de las víctimas (y en su nombre) que podemos (y que se piensa autorizado a) recurrir al resorte de la emoción. Su sufrimiento justifica la solicitud de afecto.

En la historia contemporánea de la acción humanitaria, la elección de las víctimas se hace implícitamente de un solo lado del conflicto: los biafranos y no los nigerianos; los miskitos y no los nicaragüenses, los afganos y no los rusos; los kosovares y no los serbios, los chechenos y no los rusos, los iraquíes y no los estadounidenses. La génesis del conflicto, la relación de fuerzas entre las partes presentes y especialmente la representación de la situación en el espacio público occidental, conducen generalmente a una forma de evidencia respecto de quién es la víctima. Sin embargo no siempre ese es el caso. Sabemos claramente que hubo batallas ideológicas al interior del movimiento humanitario para que en 1979 los vietnamitas que huyeron del régimen comunista en barcos improvisados sean reconocidos por los Médicos sin Fronteras, en su totalidad, es decir concretamente, dignos de ser ayudados. Es desde ese momento crucial y de la consigna allí elaborada, con la que se identifica hoy Médicos del Mundo en Palestina: "No hay buenas y malas víctimas", leemos en un informe titulado *Les civils israelíens et palestiniens victimes du conflit sans fin*[27]. El propósito introductorio del volumen retoma esta fórmula y recuerda su invención durante la tragedia del mar de China, luego enumera los conflictos en los cuales la asociación no elige un campo y concluye: "No hay buenas y malas víctimas. Esas palabras se aplican también para las poblaciones civiles del conflicto israelo-palestino". La afirmación parece ir de suyo: como el *histor* griego, el testigo humanitario debe hacer justicia en las dos partes. Sin embargo, la afirmación implica una verdadera ruptura en la intervención de esas organizaciones internacionales que, hasta ahora se había hechos exclusivamente en los territorios palestinos y cerca de sus habitantes, teniendo en cuenta la situación de ocupación y de opresión que ellos sufrían. En el seno mismo de Médicos del Mundo, la reorientación no se hace sin fricciones y la publicación del informe no es evidente para todos.

En efecto, un año más tarde, aparece un primer documento. Resultado de una investigación conjunta de Médicos del Mundo y de la Federación Internacional de derechos humanos, trata sobre las violaciones del derecho internacional humanitario y de los derechos humanos por el ejército israelí en Palestina. Describen "las trabas para el socorro de los enfermos y de los heridos", "los malos tratos infligidos a los heridos", "los muertos y heridos como consecuencia del uso indiscriminado y desproporcionado de la fuerza", los "daños a la dignidad de las personas por los tratos humillantes y degradantes", "la utilización de escudos humanos", los "arrestos masivos y arbitrarios", las "condiciones de detención y trato de los detenidos", la "destrucción de bienes muebles e inmuebles, privados y públicos", entre otros abusos. Numerosos testigos documentan este análisis.

[27] Aparecido en el 2003, ese documento reúne de hecho dos informes: *Operation "Mur de protection", Naplouse* y *Les civils israéliens víctimes des ataques des groupes armés palestiniens*, redactados con un año de intervalo.

Extremadamente precisos, ellos buscan certificar la veracidad de los hechos: son convocados testigos visuales, se producen documentos escritos, se buscan elementos de certeza como balas o radiografías. De esa forma, con el apoyo de la calificación de "amenazas deliberadas a la vida y a la integridad corporal", se informa esta historia que se desarrolla en el campo de refugiados de Askar:

> Este relato fue objeto de un artículo periodístico. Estos tres testigos han sido escuchados por la misión y sus heridas fueron constatadas. El 8 de abril, a las 11 de la mañana, Shaninaz, embarazada de seis meses, limpia las escaleras. Samer, su esposo, escucha los tiros. Él corre al salón y ve entrar a su mujer y sus cuatro hijos entrar corriendo. Alha (4 años) es alcanzada. La sangre brota de su boca. La madre toma a su hija en brazos y busca una salida para alertar a los soldados israelíes apostados a 50 metros de la casa. Un soldado le dispara. Una bala la alcanza en la ingle izquierda. Ella cae con la pequeña. Samer se encuentra justo detrás de ella.

En este caso disponemos también de los documentos del hospital donde las dos heridas fueron operadas y donde la madre tiene una cesárea. El informe concluye estableciendo la responsabilidad del Estado Israelí y de su ejército y llamando "a una paz justa e inmediata en Oriente Próximo" agregando que esta no podrá ser obtenida sin el retiro de las tropas israelíes y sin la garantía, por parte de Israel y los israelíes, de su seguridad". En ese informe, los hechos fueron preferidos a los afectos, la calificación jurídica la lleva sobre el resorte emocional. El testimonio produce un sujeto de derecho.

Mientras tanto, en el seno de Médicos del Mundo, se manifiestan algunas tensiones luego de la publicación del documento, que algunos juzgan demasiado severo con respecto a Israel. En el Consejo de administración es expresada la necesidad de un reequilibrio, especialmente por numerosos presidentes actuales o pasados, que se sospecha que toman posición demasiado rápido en ese sentido por razones de afinidad confesional. Por primera vez en su historia, la organización humanitaria, de vocación universal, se encuentra dividida por supuestas lealtades comunitarias. En esto, no escapa además a la polarización del debate en la sociedad francesa y a la sospecha que pesa sobre toda toma de posición alrededor del conflicto israelo-palestino, especialmente después de la segunda Intifada.

El volumen publicado al año siguiente consta de dos partes: la primera retoma el informe sobre las violaciones de derechos por parte de los israelíes; la segunda presenta un nuevo documento sobre los atentados provocados por los palestinos como la "continuidad de nuestra investigación". Si bien la Federación Internacional por los Derechos Humanos se negó a participar en esta misión, Médicos del Mundo propone un neologismo de estilo jurídico en busca de calificar los ataques palestinos: a fin de evitar hablar de atentados suicidas, que ponen el acento sobre los atacantes y no sobre las víctimas, o de operaciones kamikazes que dejan suponer que los objetivos son militares, la organización habla de atentados "democidas" (NdT: no tiene traducción al castellano) para indicar que los atentados son de civiles, ampliando incluso el uso de este adjetivo como gestos "democidas" para designar diversas violencias sobre civiles. Lo esencial de este segundo informe no concierne a los actos, como sí lo hace el primero, sino a las víctimas. En este sentido, más que a las consecuencias físicas del atentado, son las consecuencias psíquicas las que atraen la atención y especialmente el estado de stress postraumático que da lugar a descripciones generalmente detalladas. Así podemos leer el cuadro clínico de David, un enfermero que ha curado heridos después de atentados:

> Él presenta una reestructuración total y profunda de su personalidad polarizada sobre el evento traumático y enquistada en una neurosis traumática crónica; en el curso de la entrevista, manifiesta síntomas neurovegetativos y de hiperemotividad y reacciones psico-motrices. Consagró gran parte de su relato a reivindicar un estatuto de víctima de atentado que considera como insuficientemente reconocido por la comisión médica en la tasa de invalidez.

El recurso a la noción de traumatismo permite extender considerablemente la noción de víctima: mas allá de las heridas y de los testigos directos de los atentados, son las personas "implicadas" es decir los familiares, los amigos, los vecinos, los compañeros de clase, los colegas de trabajo y más ampliamente, la "sociedad en general" comenzando por los profesionales de salud y los trabajadores sociales, pero también los choferes de micros y los miembros de la policía. Potencialmente toda la población israelí es susceptible de sufrir síntomas postraumáticos. A medida que nos alejamos del lugar del atentado, las descripciones se hacen menos clínicas: se trata de dar cuenta de una experiencia más que de certificar un diagnóstico. Una mujer que vive en Jerusalén evoca de esta forma las consecuencias del atentado que ella vio en televisión: "Mi corazón sangraba. Yo fui despellejada viva: traté de protegerme, de no mirar las imágenes y no quise ver los detalles con precisión" la narración se hace aquí en primera persona: es la víctima la que se expresa y son los efectos, mucho más que los hechos, los que se buscan. En lugar del sujeto de derecho defendido en el informe inicial, el testimonio produce además un sujeto de sufrimiento.

Entre los dos documentos, reunidos en un único volumen se ha operado una inversión. La subjetivación política pasó de una demanda de justicia a la exposición de un dolor, el traumatismo se inmiscuye a la vez como categoría psiquiátrica y como experiencia cotidiana. Ausente del primer informe, está omnipresente en el segundo. Desde entonces, la doble reivindicación de coherencia y de equilibrio afirmada por los responsables de Médicos del Mundo no convence ni aún dentro de la propia organización. En efecto, por un lado, la segunda parte fue imaginada solo a *posteriori,* para corregir la impresión de la fuerte crítica contra Israel de la primera, y, por otra parte, el trabajo jurídico operado en esta no es equivalente al análisis médico-psicológico de aquella. Ciertamente, la evaluación final de los crímenes parece corresponderse: crímenes de guerra para los israelíes culpables de violaciones de los derechos humanos y del hombre sobre las poblaciones palestinas: crímenes de guerra y crímenes contra la humanidad para los Palestinos, acerca de los atentados. Pero para muchos, los atentados cometidos por individuos que salen muertos del mismo no pueden tener la misma significación jurídica que la calificación de los excesos perpetrados por el ejército de una potencia invasora, salvo suspendiendo toda perspectiva política, lo que sugiere precisamente, la representación cartográfica del conflicto en los dos informes. En el documento del 2002, sobre los abusos israelíes, el mapa hace ver, con contraste de tintas, las parcelas fraccionadas de los territorios administrados por la Autoridad palestina y sus fronteras, en referencia a los acuerdos de 1994 y 1995. En el texto del 2003 sobre los atentados palestinos, por el contrario, el mapa, enteramente virgen, solo muestra los numerosos lugares con los ataques cometidos, bajo la forma de pequeños destellos. La geografía política de la primera, deja lugar a la violencia desnuda de la segunda. Paradojalmente, el esfuerzo de los autores por tratar simétricamente a todas las víctimas aparece más como un partido tomado a la vista de la asimetría de los hechos de las situaciones y genera críticas virulentas especialmente por parte de los equipos que se encuentran en el lugar. Aquí donde queremos reparar la neutralidad del *histor*, vemos reaparecer la polémica figura del *martus*. El testigo, *auctor*, pierde un poco de su autoridad.

Para que la operación de simetrización sea posible, es necesario poner una equivalencia a las víctimas: por un lado, los Palestinos víctimas de la armada israelí; por el otro, los Israelíes víctimas de las bombas palestinas. Ese principio de equivalencia no vale hasta tanto no contemos los muertos y los heridos, por una reducción de la persona a su cuerpo expuesto, o, a la inversa por tanto como se digan los desgracias y los sufrimientos, por medio de una extensión infinita de la persona a la historia contada. La madre palestina que llora su hijo muerto bajo las balas israelíes puede ahora compartir su dolor con la madre israelí que llora a su hijo muerto en un atentado palestino. Sabemos que las movilizaciones por la paz son precisamente construidas, al margen del conflicto israelo-palestino, sobre la base de aproximación de esas dos experiencias dramáticas: es decir, que la equivalencia de las víctimas no es un artificio de los intervinientes humanitarios, sino más bien un principio que los actores locales se esfuerzan en hacer operatorio. Mientras tanto, desde el punto de vista del testimonio dado al mundo sobre el conflicto, la atención llevada exclusivamente sobre lo que suscita la expresión no solo determina y confina las subjetividades políticas, sino que también borra tanto las historias individuales como colectivas: el relato biográfico como el relato nacional tienden entonces a cerrarse alrededor del traumatismo extendido más allá de su perímetro psiquiátrico. La singularidad de las trayectorias y de las situaciones individuales como la especificidad de los procesos y de los asuntos colectivos se difuminan: el campo y el kibutz, el refugiado y el ciudadano, el ocupado y el ocupante se indiferencian en un supuesto "vivido" común.

Ciertamente, no podemos subestimar el efecto preformativo de esta forma de decir la violencia, incluyendo el contexto israelo-palestino[28]. Las imágenes tienen implicancias efectivas: en esta la subjetivación es política. Sin embargo, es necesario también considerar la restricción que opera un testimonio que lleva de la violencia al traumatismo y del sujeto a la víctima[29]. Debemos entender eso que no se dice de situaciones históricas en las cuales se inscriben los muertos y los sufrimientos cuando no se considera el simple hecho de morir o de sufrir. Es necesario analizar eso que borramos de la inteligibilidad del conflicto en el momento mismo en que decimos el traumatismo y la víctima. En esta operación de traducción, se pierde el testimonio humanitario – aquel que sin embargo creíamos *histor* – es precisamente la historia.

*   *   *

El testigo se ha convertido en la figura política mayor de nuestro tiempo. Desde los sobrevivientes de los campos que nos hablaron de la máquina de exterminar a los invitados en un set de televisión que informan experiencias íntimas, frecuentemente han señalado la extensión tomada por el testimonio en la exposición de la violencia en el espacio público contemporáneo. Ese testigo corresponde gene-

[28] En ese sentido Avram Bornstein (2001) mostró cómo la representación pública del prisionero palestino en las cárceles israelíes había cambiado en medio de los años 1990, pasando de combatientes que conducían la lucha por la liberación a víctimas a las que debía dársele reinserción laboral.

[29] Es lo que expresa a su manera una psiquiatra infantil de MSF que ha hecho público su diario en Gaza: "Estas son las lecciones que yo aprendí de las gentes de aquí: sobre todo no considerarlas jamás como pobres víctimas, aún cuando ellas son víctimas históricas de malentendidos históricos que las exceden". Ver *Journal de bord de Maryvonne*, documento mimeografiado, 14 p. junio del 2004.

ralmente bastante menos de lo que se cree a una figura homogénea. Demasiado pronto, sacamos conclusiones sobre la subjetivación de la víctima que se supone él debe producir de manera inequívoca. El rodeo etimológico se vuelve heurístico encontrando genealogías del testigo: del *testis* al *superstes*, del *martus* al *histor*, una configuración testimonial se constituye a través de la multiplicación de las figuras del testigo, tanto observador como sobreviviente, aquí parte absorbente, allí el garante de la verdad. Pero por otra parte, el trabajo etnográfico sobre la producción de testimonios humanitarios en un contexto particular, el conflicto israelo-palestino, ha permitido comprender las relaciones y los pasajes entre las diferentes figuras del testigo tanto como la polisemia y la inestabilidad de la configuración testimonial: el tirador de piedras deviene víctima de traumatismo o el ser sufriente se vuelve candidato a mártir; la certificación en tercera persona hace lugar en la narración a la primera y el *auctor* impone su autoridad a las otras categorías de testigo.

El testimonio humanitario ocupa en el espacio así descripto, una posición original. El testigo es un portavoz de la víctima. A diferencia de la situación clásica donde el testigo habla por sí mismo o los suyos, frente a un tribunal, un micrófono o una cámara, el actor humanitario se expresa en nombre de aquellas y aquellos que son considerados como sin tener la posibilidad de acceder al especio público: él lleva literalmente su palabra. Haciendo eso, la aclara, la transforma, la simplifica, la dramatiza en función de su objetivo, que no es precisamente restituir una experiencia sino construir una causa. Esta construcción se apoya sobre los resortes conocidos de la intervención humanitaria, a saber, la defensa de las víctimas y el llamado a la emoción. Seguramente, las organizaciones humanitarias no son los únicos actores en expresarse en nombre de los humillados y los ofendidos; sin embargo, se han convertido, en el plano internacional, como las más legítimas para hacerlo, al lado de las instituciones jurídicas. Podemos, en comparación, pensar lo que en otros tiempos fueron los movimientos religiosos o revolucionarios, expresándose en nombre de los vencidos de la historia.

Con lo humanitario, la defensa de las víctimas junto al llamado a la emoción condujo durante mucho tiempo a utilizar el cuerpo como el lugar por excelencia donde se manifiesta la violencia y como el mejor objeto en el que mostrar el sufrimiento. En el curso del período reciente, la introducción de la psiquiatría y de la psicología, como lenguajes y como trabajos, ha dado lugar a otras formas de considerar a las víctimas y de defender sus causas. Podemos pensar que el traumatismo, dado que él es la traza física de la violencia, y el estado de estrés postraumático, porque él es la traducción gnoseológica, darían una nueva dimensión al testimonio humanitario. La investigación conducida por MSF y Médicos del Mundo, relativiza esta evidencia. Ciertamente, debemos hacer referencia a esas categorías, pero las condiciones generalmente precarias del relato de las observaciones, la diversidad de experiencias encontradas en el terreno de intervención, la resistencia a un modelo importando, considerado como demasiado rígido, y especialmente el *ethos* de los actores más comprometidos en las causas de las víctimas que en el establecimiento de diagnósticos tuvieron por consecuencia que el testimonio de los psiquiatras y los psicólogos humanitarios proceda menos de la evaluación clínica que del juicio moral. Es porque creemos que las poblaciones son víctimas de una situación de violencia que queremos testimoniar las consecuencias de esta situación sobre su psiquismo; cuando hablamos de traumatismo, es generalmente de manera genérica. El discurso que se produce entonces, enuncia los afectos más que los síntomas y, por un mecanismo de proyección que suscita siempre la defensa de una causa y dice tanto sobre el locutor como sobre la víctima en nombre de la cual se expresa. Doble paradoja, por lo tanto, de ese testimonio de la psiquiatría humanitaria. Por una parte, se refiere menos a la *expertise* clínica del traumatismo que al sentido común del sufrimiento. Por otra parte, expresa más el sentimiento moral del testigo que la experiencia vivida por la víctima.

La subjetivación política, tal como la propuse en su perfil, es tributaria de esta presentación de las víctimas y de su causa. Tanto del lado Palestino como del lado Israelí, los agentes sociales tienden a construir su presencia en el espacio público en términos de afectos.

El traumatismo, que reivindicamos cada vez más en ambos lados, escapa ampliamente a la empresa de su definición psiquiátrica por decir una condición psicológica de contornos bien netos. Desde ese punto de vista, la víctima no es una simple figura retórica, ella resulta también un sujeto político. Afirmarlo no significa de ninguna manera que presumamos que las personas se consideren ellas mismas como víctimas. Tal generalización, ampliamente expandida, no tiene sentido a nivel empírico, porque no solo son diferentes las experiencias en la materia, sino que especialmente ellas permanecen ampliamente inaccesibles a la investigación etnográfica: ¿qué sabemos nosotros que piensan y que sienten las personas enfrentadas a esas situaciones de violencia? Por el contrario, podemos decir que el testimonio humanitario contribuye a formar subjetividades victimarias a las cuales deben referirse los agentes sociales, incluso haciendo entender una demanda jurídica, dicho de otra forma, precisamente para salir de la lógica de la compasión. La subjetivación política pasa por lo tanto, por una doble operación para la cual están impuestas las reglas de juego (la psiquiatría humanitaria participa de ese juego de poder) y a través de la cual esas reglas pueden ser apropiadas, a veces modificadas (los actores locales encuentran de esa forma nuevos espacios de libertad). Lo humanitario tiende a producir una subjetividad sin sujeto histórico. Los palestinos se apropian para reivindicar precisamente eso que les es negado: un estatuto de sujetos políticos.

Capítulo 9

Una humanidad desigual.
La asistencia a las víctimas de conflictos

> *Desde que desapareció la creencia según la cual un Dios dirigiría*
> *en su mayor parte los destinos del mundo y, a pesar de todas las si-*
> *nuosidades aparentes en el camino de la humanidad, la conduciría*
> *de manera magistral hasta su final, los hombres deben proponerse*
> *ellos mismos fines ecuménicos, que abarquen toda la tierra.*
>
> Friedrich Nietzsche, *Humain, trop humain*

Cuando los bombardeos de Kosovo por la OTAN, en la primavera de 1999, fueron calificados de humanitarios, muchos analistas consideraron que se había franqueado una etapa en la definición de las guerras justas[1]. Las intervenciones de las potencias occidentales en Afganistán en el 2001, luego en Irak en el 2003 confirman esta impresión mostrando que los instrumentos mismos de la acción humanitaria podían ser movilizados en el curso de las operaciones militares. Esta evolución traducía un fenómeno iniciado en el curso de los últimos veinte años. La acción humanitaria devino, efectivamente, en una modalidad superadora y un referencial dominante de la intervención política del mundo occidental sobre las escenas mundiales del malestar, ya sea que se trate de conflictos armados, de catástrofes naturales

---

[1] Según el presidente de Médicos del mundo: "jamás, antes la intervención aérea de la OTAN sobre la República Federal de Yugoslavia, el grado de confusión entre guerra y humanitario había sido tan evidente. Que un hombre tan respetable como Vaclav Havel pueda afirmar que "los raids, las bombas no son provocadas por un interés material, su carácter es exclusivamente humanitario", (*Le Monde*, 29 de abril de 1999) muestra la amplitud de esta confusión. Ver Jackie Mamou: "En nombre de lo humanitario", *Le Monde Diplomatique*, junio de 1999. Otros jefes de Estado, especialmente Tony Blair, utilizan el mismo argumento. En ese sentido, podemos observar la evolución de la concepción de la guerra en Bosnia (Pugh, 1998) y la visión prevalente luego de la intervención en Kosovo (Woodward, 2001).

o de sus consecuencias más o menos directas como las epidemias, hambrunas, discapacidades o traumatismos[2]. Antiguamente privilegio de las organizaciones no gubernamentales –Cruz Roja, luego OXFAM o MSF y luego de otras– e intergubernamentales –Alto Comisionado para el derecho de los refugiados (UNHCR), más recientemente la Oficina de coordinación de los asuntos humanitarios de las naciones unidas (OCHA) y el Servicio de ayuda humanitaria de la Comisión Europea (ECHO)–, lo humanitario entra en la política de los Estados. En adelante, muchos de ellos ponen en acción su propia actividad en ese campo –en Francia, con el secretariado de Estado de la Acción Humanitaria, o en Gran Bretaña, en el marco de la Overseas Development Administration–. Una forma de gobierno, que sus promotores definen como una introducción de la moral en el corazón de la política y que habría sucedido a la calma de la guerra fría y de su *Realpolitik,* parece desplegarse de esa forma a escala planetaria. Desde entonces, un nuevo leguaje se impone a todos, produce una nueva forma de inteligencia del mundo y configura una forma particular de experiencia colectiva. La forma en que se justifican las intervenciones armadas, como en Somalía y en cómo se han calificado las crisis internacionales, como en Darfour, donde nuestras investigaciones sobre las responsabilidades de los militares de paz en la ocurrencia de las masacres, como en Srebrenica, o cuando nos interrogamos sobre los problemas puestos por la administración de los campos de refugiados en la región de los Grandes Lagos, la manera en que, finalmente, pensamos la misma política internacional se encuentran profundamente afectadas por el repertorio de imágenes y de acciones que utiliza y nutre al mundo humanitario.

Una interpretación frecuente de esta situación inédita tiende además a distinguir y oponer la política y lo humanitario, anunciando la sustitución progresiva de lo primero por lo segundo, es decir, el advenimiento de lo humanitario y el fin de lo político. "Lo humanitario no

[2] Para un análisis de la historia y de las razones de esta expansión humanitaria, podremos consultar la obra colectiva sobre los estados de urgencia contemporáneos (Fassin y Pandolfi).

es una política y debe mantenerse alejado de las maniobras políticas",
afirma Rony Brauman, antiguo presidente de MSF[3].

Más radicalmente, Giorgio Agamben declara que: "la separación
entre lo político y lo humanitario a la que asistimos hoy en día,
representa la fase extrema de la separación entre los derechos del
hombre y los derechos del ciudadano"[4]. Si bien esta interpretación
no está exenta de fuerza, no es totalmente cierto que el mundo contemporáneo gane en ininteligibilidad cuando es descripto en esos
términos y que podemos dudar de que haya, en nuestra sociedad
como en el resto de las sociedades, un lugar vacío de política o incluso
un lugar fuera de lo político. Todo afirma lo contrario, que, lejos de
separarse, lo humanitario y lo político tienden a confundirse, dicho
de otra forma, que lo humanitario es también una política. Más precisamente, observamos a la vez una humanización de las políticas
públicas y una politización de las organizaciones humanitarias. En
Francia particularmente, por lo menos tres antiguos presidentes o
vice-presidentes de MSF devinieron ministros, alguno de ellos ha
tenido mandato electivo y otros entraron en la alta función pública,
y no solo en el sector tradicional de la acción humanitaria, sino
también de la salud y de lo social. A la inversa, antiguos ministros
de Asuntos sociales o de Salud resultaron presidentes de grandes
asociaciones como Acción contra el hambre y la Cruz Roja francesa[5]. A nivel internacional, el proceso es más marcado aún y sabemos

[3] Evocando el renacimiento de lo humanitario no gubernamental, en los años 1970
y 1980, mientras declina la estrella del comunismo, él ve en la nueva configuración
la expresión de una suerte de mecánica de los fluidos históricos: "Todo sucede como
si, en esos períodos de marea descendente de las ideologías, la acción humanitaria
ocupara el espacio vacante dejado por lo político" (Brauman, 2001).

[4] Considerando que lo humanitario, en tanto se aleja de la figura del Estado-nación,
es una forma de reconocimiento de la política, agrega que la imagen del refugiado
deviene el "signo más embarazoso de la vida desnuda de nuestra época" y el campo
el "paradigma bio-político" (Agamben, 1997).

[5] El caso más ejemplar es evidentemente el de Bernard Kouchner, co-fundador de MSF
y luego de Médicos del mundo, devenido secretario de Estado de Acción Humanitaria en el ministerio de Salud y ministro de Asuntos Extranjeros en los gobiernos de
Michel Rocard, Edith Crsson y Pierre Bérégovoy, respectivamente, bajo la presidencia
de François Mitterrand, luego de Lionel Jospin, bajo la presidencia de Jacques Chirac,
finalmente de François Fillon, en la presidencia de Nicolás Sarkozy, con un interludio
de dos años como jefe de la Misión de administración interina de Kosovo por cuenta

que, después del genocidio tutsi en Rwanda y la operación Turquesa conducida tardíamente por el ejército francés, las acciones militares occidentales sobre el lugar de las catástrofes y de los conflictos se hacen bajo la bandera humanitaria, y las tentativas de enrolar a las organizaciones no gubernamentales devienen cada vez más apremiantes. Para intervenir en Kosovo y en Irak, los gobiernos aliados, respectivamente en el seno de la OTAN y alrededor de EE.UU., son reclamados de urgencia humanitaria, consagrando de esa forma el desplazamiento de las intervenciones del registro legal –porque ellos no tenían el aval de las naciones Unidas–, al registro moral –de la defensa de los derechos humanos y, aun, de forma más restrictiva y específica, del derecho humanitario–. Podemos, desde ese momento, hablar de la humanización de la gestión de las crisis internacionales, paralelamente con una politización del campo humanitario no gubernamental. Esta evolución es condenada por el movimiento humanitario que ve en esto una pérdida de su pureza moral o simplemente de su independencia con los riesgos que esta pérdida ocasiona a sus agentes, pero con la implicancia última desde el punto de vista de las políticas de la vida son claramente menos percibidas: ellas están, como lo veremos, en el corazón de las tensiones que atraviesan las organizaciones no gubernamentales.

El 28 de marzo del 2003, el consejo de administración de MSF se reunía como todos los últimos viernes de cada mes, de 17 a 23 horas, en los locales de la "sede", en el 1er. piso del barrio 11 de parís. Reinaba, aquella noche, una extraña atmósfera de espera y excitación. Ellos comienzan, como de costumbre, por un recorrido a vuelo de pájaro por la situación de algunas de las "misiones" donde la organización no gubernamental interviene, seguido de un examen más profundo

---

de las naciones Unidas. Pero, Claude Malhuret y Xavier Emmanuelli fueron también secretarios de estado, respectivamente en los gobiernos de Jacques Chirac y Alain Jupé, mientras que a la inversa, Geogina Dufoix y Jean-François Mattéi, respectivos ministros de los gobiernos de Pierre Mauroy y de Jean-Pierre Raffarin, se sucedieron con algunos años de intervalo, en la presidencia de la Cruz Roja francesa. Se trata de algunos ejemplos de la circulación entre los mundos humanitarios y políticos característicos de la escena francesa (Fassin, 2007).

acompañado de discusiones alrededor de ciertos temas específicos concernientes a la vida asociativa o a las acciones humanitarias. Fue también cuestión de la construcción del "movimiento internacional", esa red que refleja las secciones en veinte países, de las que seis están de hecho en medida de desplegar operaciones, y que se esfuerza por conservar una cierta coherencia identitaria y política a los compromisos de cada identidad nacional, más allá de las historias y las culturas locales. Se aborda también el programa designado con el acrónimo de "DNDI", por *Drugs for Neglected Diseases Initiative,* un proyecto original comprometido dos años antes para poner en acción, en el marco de una colaboración internacional con fundaciones privadas y socios públicos, una actividad de investigación y desarrollo para los medicamentos cuya explotación es juzgada como no rentable, habida cuenta de la insolvencia de los enfermos, que en el Tercer Mundo, tenían necesidad de ellas.

El consejo de administración es una reunión pública. Todos los miembros de la asociación que lo deseen pueden participar, lo mismo que los empleados que aseguran diariamente el funcionamiento de la actividad tanto administrativa como operacional. Generalmente, la asistencia disminuye a medida que la hora avanza. Esa noche, sin embargo, muchos se quedaron, esperando que se abordara el último tema anunciado. Se trataba del estado de las operaciones en Irak. Ocho días antes, en efecto, tropas americanas y británicas habían comenzado a bombardear ese país, poniendo fin a una larga crónica de guerra anunciada en un clima de tensiones y de divisiones internacionales crecientes. Es necesario precisar que MSF tiene una historia conflictiva con el estado de Irak, habiendo rechazado intervenir en ese país en épocas del embargo –en tanto que UNICEF hacía públicas las estadísticas que hablaban de miles y miles de niños muriendo como consecuencia de esta política internacional– a fin de no ceder por lo que era considerado como manipulaciones del sentimiento humanitario internacional por el régimen baasista criminal. Luego de largas y difíciles reflexiones de su comisión directiva, la organización había decidido mantener en Bagdad un equipo de seis personas en vísperas del desencadenamiento de la guerra. Según el responsable parisino de los programas[6]:

> Intervenir en el campo de batalla no es fácil. Seis voluntarios expatriados trabajan en uno de los treinta y dos hospitales de la ciudad. La base de vida está asegurada (stock de agua, de víveres, de medicamentos, bolsas de arena), los desplazamientos son limitados, los contactos de identificación cerca de dos adversarios son frecuentes. Pero el riesgo tomado está presente en la cabeza de cada uno. Después de la evaluación en el lugar, un equipo reducido ha decidió quedarse. Nosotros hemos estimado pertinente nuestra presencia analizando el balance riesgo-acción.

Era necesario dejar en el lugar miembros de la asociación, habida cuenta de, por un lado, el peligro que ellos corrían, tanto en relación con el poder baasista y con sus militares a los gritos, como en relación al ataque americano y su lluvia de bombas; y, por el otro, la débil eficacia previsible de su presencia, porque eran muy poco numerosos en vista del importante dispositivo de cuidados iraquí en Bagdad. ¿Podemos tomar el riesgo de poner en peligro la vida de los agentes humanitarios para salvar otras vidas entre las poblaciones locales? La discusión que ocasiona la evocación de esta presencia parece ser la más viva que haya tenido la organización en los últimos años. Ella, sin embargo, elude lo que era más doloroso: la desigualdad ontológica que sustentaba esta transacción entre vidas humanas, entre aquellas que expone y aquellas que salva.

Es de esta escena que desearía partir para preguntarme sobre la acción humanitaria desde el punto de vista de las políticas de la vida y, también, más específicamente, desde el punto de vista de las diferencias que las atraviesan. Llamo "políticas de la vida" a aquellas políticas que ponen en juego significaciones y valores diferenciales de la vida humana. Ellas se distinguen de la bio-política tal como las definía Michel Foucault, quien analiza las tecnologías puestas en juego y no las significaciones o los valores y, especialmente, se interesa en las po-

---

[6] Ver "Guerre en Irak, MFS soigne les civils sur les bombes á Bagdad", entrevista del Dr. Pierre Salignon por el Dr. Michel Janssens, *Impact Médicine*, 4 de abril del 2003.

blaciones más que en las vidas[7]. La acción humanitaria es ciertamente una bio política en el sentido de que ella despliega técnicas de administración de poblaciones instalando campos de refugiados, poniendo en el lugar corredores protegidos de acceso a la ayuda, recurriendo a modos de comunicación sobre el testimonio público de los atropellos cometidos, haciendo epidemiología de las enfermedades infecciosas, de la malnutrición, de los traumatismos y aun de las violaciones del derecho en la guerra. Sin embargo, la acción humanitaria es también una política de la vida en tanto que ella tiene como objetivo el salvar vidas, lo que supone, como lo veremos, no solo arriesgarse en nombre de otros, sino también seleccionar aquellos que debemos preservar prioritariamente, por ejemplo, cuando los recursos en medicamentos son insuficientes; la acción humanitaria es, finalmente, una política de la vida en la medida en que ella defiende las causas públicamente, lo que implica desentenderse de otras y, especialmente, construir esas causas eligiendo la mejor manera de representar las vidas de las personas asistidas, por ejemplo como víctimas más que como resistentes.

Bio-política y política de la vida, por lo tanto, no se superponen de la misma forma en que no se oponen. Es en estas últimas en las que me intereso aquí. Con ellas, las cuestiones morales devienen esenciales. ¿Qué tipo de vida está en juego, explícita o implícitamente, en la intervención humanitaria? Lejos de tener una mirada de superioridad, de juzgar en suma la acción humanitaria[8], deseo entrar en una suerte de corazón de la actividad humanitaria, analizar las consecuencias de las elecciones y las prácticas operadas y, por consiguiente, llegar hasta el final de la lógica humanitaria[9]. Es una triple línea de vida la que

[7] Según Michel Foucault (1976), el bio-poder, o poder sobre la vida, se compone de dos tipos de procesos de normalización: el "anátomo-político", o disciplina del cuerpo, y el "bio-político", o regularización de la población. Yo analicé cómo, de manera remarcable, si nos referimos a la etimología de la palabra, lo bio-político no es una política de la vida (Fassin, 2006b, y 2009a).

[8] En este sentido, podemos suscribir la fórmula de Peter Riedfeld (2005), para quien el trabajo del antropólogo no es el "denunciar y develar mentiras y violaciones".

[9] Trataré, finalmente, a partir de un dispositivo metodológico singular que asocie observación participante, porque, se trata de hacer una vuelta sobre una experiencia en el seno del consejo de administración de MSF, y entrevistas clásicas con miembros de esta organización, completada con análisis de esos documentos. Como vemos,

trataré de explorar aquí: aquella que pasa entre la vida, pasivamente sacrificable de los civiles locales, de las poblaciones y la vida, libremente sacrificada, de los intervinientes; aquella que separa la vida sagrada de los soldados occidentales y la vida sacrificable de los civiles locales; y, finalmente, la que distingue la vida de los voluntarios expatriados y la vida del personal nacional. Todas pueden tener consecuencias trágicas. De esa forma, trataré de desgajar los trazos de una desigualdad ontológica que atraviesa y recusa el principio común de humanidad. Lo haré recorriendo una forma dramatúrgica clásica con sus unidades de lugar, de tiempo y de acción, volviendo a la escena que acabo de recordar, en el comienzo de la guerra de Irak.

Una moral en actos

Durante los meses que precedieron la invasión de las tropas americanas, MSF, como tantas otras organizaciones humanitarias, condujo misiones llamadas exploratorias en Irak, pero también en los países vecinos, a fin de anticipar las consecuencias, en número a la vez de heridos o enfermos en el lugar y de fugitivos o refugiados al otro lado de las fronteras[10]. Delicadas negociaciones fueron comprometidas especialmente con el Ministerio de Salud y la Cruz Roja iraquíes para darle un marco formal a la misión, como también para obtener la autorización de estadía que garantizara la independencia en el trabajo. El memorándum que tiene fecha del 11 de marzo del 2003 indica dos proposiciones que fueron aceptadas por las dos partes, y dan, de alguna manera, un mandato a la asociación: una asistencia en un hospital al sur de Bagdad y la toma a cargo de veinte millas de eventuales desplazados. Pero, en los días siguientes a la firma de este acuerdo, las autoridades iraquíes comienzan a mostrar su mala voluntad de respetarlo, prohi-

---

la visión delimita un espacio restringido del mundo humanitario, inscripto en una historia específicamente francesa (Dauvin y Siméant, 2002), en tanto que los debates se llevarán en términos a veces muy diferentes en el seno de las organizaciones no gubernamentales, de otros países, en Europa y en otros lugares.

[10] Ver, por ejemplo, el documento titulado *Reflections on the US Military's Provision of Assistance During and Inmediately After Conflict with Irak,* MSF, 18 de febrero del 2003, 7 páginas.

biendo, por ejemplo, entrar a los voluntarios al hospital para evaluar la situación sanitaria bajo amenaza de expulsión.

El 18 de marzo, mientras George W. Bush lanza un solemne llamado a Sadam Hussein invitándolo a "salir de Irak en cuarenta y ocho horas", y mientras que los últimos vuelos de evacuación del personal expatriado de las organizaciones internacionales y no gubernamentales parten de Bagdad, seis miembros de MSF –entre ellos un cirujano, un anestesista y un médico– deciden quedarse a pesar del evidente peligro que se avecinaba. Uno de ellos está lejos de ser desconocido: es el presidente del movimiento internacional. Otras organizaciones hicieron la misma elección: entre ellas el Comité internacional de la Cruz Roja (CICR), hay una pequeña representación de las asociaciones Primera Urgencia y Cáritas. Del mismo modo, hay trescientos periodistas en el lugar para hacer su trabajo. El 20 de marzo las armadas estadounidense y británica lanzan su ataque y bombardean la capital iraquí. Intenso e intermitente, va a durar varios días en los que el equipo tiene muy pocas posibilidades de salir del hotel donde se encuentra y cerca del que han caído varios misiles, poniendo de manifiesto brutalmente la realidad y la proximidad del peligro. Sabemos, sin embargo, que el hospital donde se comienza a intervenir solo recibe algunos heridos ligeros para quienes provee un poco de material quirúrgico. "El equipo tiene por el momento el sentimiento de ser poco útil, pero prepara la continuidad", comenta sobriamente el coordinador de la misión en Paris.

Es en ese contexto amenazante pero también de duda, se desarrolla aquello que el proceso verbal del consejo de administración del 28 de marzo llama "un debate sobre la decisión controversial de instalar un equipo en Bagdad[11]". La cuestión de las condiciones de seguridad del equipo está en efecto en el centro de una viva discusión, como aquella realizada algunos días antes, luego de la reunión del comité director en el curso de la que ha sido ratificada la decisión de permanecer a pesar de la proximidad del inicio de la intervención americana. Opiniones

---

[11] Ver el *Procés – verbal de la reunión du conseil d'administration du vendredi 28 mars 2003.* Las reuniones mensuales son registradas sistemáticamente y transcriptas en una fórmula sintética.

contradictorias se expresan y profundas divisiones son manifestadas sobre lo bien fundado de una presencia humanitaria en ese contexto: ellas llevan tanto sobre una evaluación del peligro cuanto sobre la anticipación de la eficacia. Así lo señala el presidente, favorable al mantenimiento del equipo, la cuestión es la misma sobre las escenas de toda la acción humanitaria: para aquellos que están en el lugar, una vez que se está implicado en el conflicto "no hay ninguna salida de socorristas garantizada", se trata aquí de "las tensiones propias de nuestro trabajo". Permanecer en un país en guerra siempre tiene un costo, sino en pérdidas humanas, al menos desde el punto de vista de la eventualidad de que eso pueda suceder. Por lo tanto, concluye que "el nivel de riesgo que nosotros tomamos en Bagdad no parece diferente del que tomamos en otras partes", y que "nosotros tenemos muchos equipos en zonas de peligro". Algunos, en el seno del equipo de dirección, tienen una visión más pesimista del peligro que se corre y de la capacidad del equipo local en hacerle frente psicológicamente. Pero, esta cuestión de la seguridad, que es puesta por delante en el debate, permanece subordinada a otra: ¿Por qué quedarse? Si los riesgos son importantes, ¿cómo justificamos el tomarlos? ¿A quién le sirve un equipo en el lugar confinado y amenazado donde se encuentra? Es a propósito de la utilidad de la misión que los protagonistas manifiestan la mayor vehemencia.

Para algunos, en efecto, en las escenas mundiales donde los voluntarios de MSF se exponen a peligros objetivos, lo hacen siempre para aportar "socorros reales concretos", según la expresión de un coordinador. Ahora, en el caso iraquí, la contribución de tres profesionales de salud resulta evidentemente modesto habida cuenta de los cientos de médicos, cirujanos y anestesistas presentes en los treinta y cinco hospitales de Bagdad e, incluso, para limitarse al caso concreto de la intervención del equipo, de los sesenta médicos cirujanos y anestesistas disponiendo de diecisiete *blocks* operatorios en el hospital donde los agentes humanitarios se esfuerzan en prestar su ayuda. Sin embargo, la eficacia es el argumento retenido oficialmente para tomar en cuenta la decisión de quedarse. Según el presidente, por ejemplo, "Si tenemos representantes en Bagdad, es porque ellos van a prestar ayuda. Es el criterio sobre el cual nosotros hemos arbitrado. Enviamos equipos cuando pensamos que hay una ayuda concreta a prestar, ¡no solo en nombre de un ideal! Esto debe estar claro y sin ambigüedad". Muchos, sin embargo, no están muy convencidos de esa respuesta, especialmente teniendo en cuenta la debilidad de los recursos humanos desplegados en vista de los daños que cada uno puede anticipar. Uno de los miembros históricos de la asociación tiene su interpretación sobre este punto: "Está en el reglamento de MSF permanecer en zonas de guerra. Pero la cirugía de guerra es ineficaz porque ella representa solo el diez por ciento de las personas salvadas en relación a una situación sin intervención. De pronto la cuestión es: ¿estar o no estar? Si MSF no estuviera, yo me haría preguntas". Pesando los argumentos de unos y de otros, una administradora concluye: "Es el meollo de la cuestión. El movimiento perpetuo entre el reglamento y la eficacia real. Hay personas que se centran en los principios, otras en la eficacia, esto se encuentra generalmente en los equipos". Finalmente, mientras el clima de la discusión se torna muy tenso, un miembro joven de la asociación trata de poner una moción de síntesis entre las dos lógicas –entre los principios (morales) y la eficacia (en actos)–: "En mi opinión, lo que representa MSF es una moral en actos. Es imposible disociar ambos, y nosotros siempre hemos tenido conciencia de los límites de nuestra acción. Eso que forma parte de nuestros principios es que cada vida salvada cuenta y que hay actos que salvan vidas. Yo creo que en Bagdad este espacio debe existir dentro". Su diagnóstico era probablemente justo, pero su pronóstico ciertamente no. La desmentida de los hechos será cruel.

Cuatro días después de esta reunión en los locales parisinos de MSF, dos de los miembros del equipo que permanece en Bagdad y su chofer son llevados por agentes de los servicios de inteligencia iraquíes a un lugar que permanece desconocido. Durante más de una semana estamos sin novedades de aquellos que se duda en calificar públicamente de rehenes, y de quienes se evita difundir los nombres a la prensa, a fin de no hacerles correr riesgos suplementarios. La inquietud se instala en el seno de la asociación mientras que las tropas occidentales se aproximan, que las condiciones de seguridad en la capital no dejan de degradarse y que, finalmente, el hospital donde el equipo pensaba prestar servicios es saqueado, llevando a los cuatro voluntarios todavía libres a la inacción. "Es toda la absurdidad de la situación", deplora el coordinador de la misión iraquí en Francia en una nota con fecha 10 de abril: "MSF ha debido suspender su actividad en el momento preciso en que los hospitales de Bagdad están desbordados por los heridos". Al término de nueve días de detención, los dos miembros de la asociación son finalmente liberados. Setenta y dos horas más tarde las tropas británicas y estadounidenses ocupan el centro de Bagdad. Para el equipo en el lugar, que poco después encuentra un pequeño centro hospitalario para desarrollarse, parece finalmente llegado el momento de ser eficaz cerca de las víctimas de la guerra cuyo número crece rápidamente. Por otra parte, los socorristas afluyen, especialmente aquellas organizaciones que habían pasado a sus agentes y sus materiales del otro lado de la frontera, en espera de refugiados que nunca llegaron.

Dos semanas más tarde, o sea el 28 de abril, es tomada la decisión de dejar Irak. MSF se va, por lo tanto, antes de haber comenzado su labor humanitaria. Llegados para ayudar a las "poblaciones en peligro", en el momento donde muchos habían decidido irse de un país que juzgaban demasiado peligroso, los miembros de la sección francesa se iban, sin haber podido actuar, en tanto que la mayoría de los otros eligen por el contrario, ir o permanecer en él, incluyendo la sección belga y holandesa de MSF. Ese retiro no es comprendido por aquellos que habían tomado riesgos importantes quedándose, y se les ordena retirarse cuando se hacen sentir necesidades importantes. De ese hecho, los franceses parten desilusionados, no sin haber denunciado, desde la sede parisina, a sus colegas de otras organizaciones humanitarias que, según ellos, no dudaron en exagerar la situación a fin de sensibilizar a sus donantes. "Se busca crisis humanitaria, desesperadamente", ironiza un antiguo presidente de la asociación y el coordinador de la oficina en un texto aparecido algunos meses más tarde. "No hay crisis humanitaria en Irak", afirma por su parte el presidente en ejercicio de un diario francés[12]. El jefe de la misión, Bernard Calas, que es uno

[12] Los comentarios de Rony Brauman y Pierre Salignon (2003), tanto como la en-

de los rehenes liberados, no comparte para nada esta visión, como lo dice en el documento interno publicado luego de la asamblea general del 2003:

> La decisión de la sección francesa de dejar Bagdad me pareció muy precipitada y se apoya, en mi opinión, sobre argumentos discutibles construidos para justificar una decisión. Como si el fin de la guerra dejara lugar de manera automática al tiempo de la reconstrucción. En incapacidad de poder calificarla, nosotros hemos descalificado esta crisis, sin explorar más las necesidades de la población y las alternativas de negociación y de toma de la palabra. Irónicamente, podríamos decir que el anillo está cerrado y que a falta de anticipación, la precipitación habría prevalecido de una punta a otra de nuestra intervención.

El análisis es severo, pero es verdad que al término de esta operación, de todas maneras y conforme al espíritu y la letra del reglamento de la asociación según la que sus miembros "aportan su socorro a las poblaciones en peligro", y "miden los riesgos y peligros de las misiones que ellos cumplen", parece que MSF no tuvo la eficacia por la que sus responsables habían justificado el mantenimiento de un equipo y, especialmente, no "salvaron vidas" como ellos lo esperaban. Sin embargo, más allá de este "fracaso", finalmente admitido[13], es en la pasión suscitada por esta misión en el seno del comité director y del consejo de administración donde debemos poner la atención.

---

trevista realizada por Jean-Hervé Bradol en *Le Figaro* del 24 de marzo del 2003, contrastan con el análisis muy dramático que hacen las Naciones Unidas o incluso Médicos del mundo en ese momento. Ver por ejemplo: "L'Irak en plein chaos" en la revista destinada a los donantes de esta organización, en septiembre del 2003, sobre la cuestión de "situación alarmante". Todos los diarios franceses están en la misma línea, *Le Monde* hablando de "crisis humanitaria" (19 de abril del 2003), y *L'Humanité* de "desastre humanitario" (6 de mayo del 2003).

[13] Responsable del programa en París, Pierre Salignon, afirma, en una entrevista al *Monde* del 9 de mayo del 2003: "para aquellos que trataron de llevar una acción humanitaria independiente, las dificultades han sido muy grandes y, finalmente, nosotros hemos fracasado".

Didier Fassin

El sentido del sacrificio

Si tenemos la hipótesis de que lo que provoca una crisis en una institución es aquello que atañe a sus fundamentos, entonces es necesario preguntarse que es lo que sustenta la controversia de permanecer en Irak. A través de la confrontación entre la ética de la convicción, representada por la adhesión a los principios cualquiera sea el precio pagado, y la ética de la responsabilidad, que corresponde a la justa medida para responder con la eficacia esperada, para retomar la definición weberiana, es el sentido mismo de la medicina humanitaria la que está aquí en juego. En efecto, en el choque de argumentos que refuerza paradojalmente la fórmula final de una "moral en actos", dos figuras de la vida se oponen: la vida que uno salva, aquella de las víctimas, y la vida que se expone, la de los intervinientes. Físicamente nada las diferencia. Filosóficamente un mundo las separa. Ellas ponen en evidencia el dualismo conceptualizado por Giorgio Agamben[14], entre la vida desnuda a la que se trata de socorrer y la vida calificada que se pone en juego libremente, entre el *zoé* de las "poblaciones locales" que solo pueden esperar a la vez las bombas y a los humanitarios temiendo a las primeras y desconfiando de las segundas, y el *bios* de los "ciudadanos del mundo" que son esos intervinientes que vienen a asistirla con coraje y entrega. Reconocer esta desigualdad de las vidas en su misma significación –más aun que en las amenazas que pesan objetivamente sobre ellas– es no conocer ni lo bien fundado de la acción humanitaria concreta que se conduce en nombre del derecho de las víctimas, ni la buena fe de los actores humanitarios individuales que defienden ese derecho, sino esforzarse en aprehender la configuración antropológica en la que unos y otros encuentran lugar. En esta configuración, lo sagrado no está más en el hombre dueño de su existencia, sino en el único hecho de permanecer con vida. Para algunos, la libertad de sacrificarse por una causa justa. Para otros, la condición de ser sacrificable en una sucia guerra. Esta desigualdad es, en las sociedades contemporáneas, tal vez la más intolerable éticamente, porque ella nos lleva sobre el sentido mismo de la vida, y la mejor

[14] Especialmente en *Hommo sacer* (1997).

tolerada moralmente, porque se funda en el sentido del altruismo[15]. Y es esta verdad lo que lo humanitario muestra en tierra iraquí.

La política humanitaria se presenta, en efecto, como un partido resuelto tomado a favor de las "víctimas". En el orden del mundo, tal como él se deja ver, hay fuertes y débiles. Los trabajadores humanitarios se despliegan en este espacio que se encuentra entre los dos, obrando cerca de los segundos mientras denuncian a los primeros. Ellos intervienen allí "donde la vida no vale una guinea"[16]. Ellos se dirigen a aquellos y aquellas que son considerados como sometidos a un riesgo de desaparición física e incapaces de asegurarse a sí mismos una supervivencia. Ciertamente, todas las condiciones de "supervivencia", como la califican voluntariamente los actores, no son tan dramáticas y no implican los mismos riesgos vitales, pero el horizonte visto por la acción humanitaria es aquel de la existencia amenazada. "Salvar extranjeros"[17], dicho de otra forma, personas que no conocemos: el único motivo de su humanidad común, tal es la más alta misión que se dan las organizaciones humanitarias. Tal objetivo supone que sean definidas las víctimas. La cosa puede parecer simple en función de cómo percibimos los conflictos y de cómo ellos se nos han presentado. Eso supone un doble procedimiento. Por una parte, en una guerra, puede haber víctimas en ambos campos, y también por fuera de ellos: las dicotomías morales habituales, en parte fundamentadas sobre hechos políticos, implican por el contrario una simplificación del mundo, en la que las víctimas deben ser identificables y nombrables, biafranos, tamiles, chechenos, kosovares, tanto como los agresores, nigerianos, sri lankeses, rusos, serbios; entonces, la realidad a veces se escapa de los marcos porque, por ejemplo, los tamiles cometen una masacre de paisanos sri lankeses, los chechenos rapten un miembro de una misión humanitaria o los kosovares albano fonos resulten los perseguidores

---

[15] La doble paradoja de los intolerables contiene eso que, por una parte, ellos aparecen como valores eternos mientras que son construcciones históricas y, por otra parte, ellos se dan como absolutos morales en tanto que la tolerancia de lo intolerable es, finalmente, banal (Fassin, 2005).

[16] Retomando la fórmula de Laurence Hugues en el diario interno de la asociación: "Liberia, allí donde la vida no vale una guinea", *Messages* , 2003, n° 124, pp. 3-4.

[17] Según la feliz fórmula de Nicholas Wheeler (2000).

de familias serbias que permanecieron en Kosovo. Por otra parte, presentar a una población o a un pueblo como víctima, es imponerles un estatuto en el que ellos no necesariamente se reconocen: el individuo representado como víctima puede verse a sí mismo como combatiente o resistente, o bien como políticamente dominado y territorialmente expoliado. Sin embargo, suele suceder frecuentemente que se pliegue a la categoría que le es asignada incluyendo sus lógicas y anticipando sus beneficios. Cualquiera que sea, esta construcción es necesaria a la justificación de humanitario, porque ella determina el objetivo de su intervención y eso le alcanza ya que no tienen ninguna necesidad del punto de vista de las personas concernidas respecto de la significación que ellas dan a la situación. Las organizaciones no gubernamentales se encuentran además conducidas a reflexionar sobre estas cuestiones cuando las divergencias de interpretación aparecen entre ellas, como en el caso de Darfour, cuando algunas apelan a una intervención militar para evitar un "genocidio", en tanto otras considerarían que se trata de un conflicto en el que es ilegítimo intervenir.

Es fácil, evidentemente, inscribirse en esta concepción del mundo y del rol que deben jugar los trabajadores humanitarios en la genealogía del "poder pastoral", tal como Michel Foucault lo caracteriza, en referencia al pastor judío y al pastor cristiano[18]. Según él, lo que caracteriza ese poder, es en principio que no se ejerce sobre un territorio, sino "sobre un rebaño", además de darse por "fundamentalmente beneficioso", finalmente de ser "individualizante"- "al punto de aceptar sacrificarse uno mismo por su rebaño"–. Posiblemente, el poder de las organizaciones humanitarias se ejerza sobre una población a la que debemos asistir, esencialmente por el bien de sus miembros, y especialmente por el bien de cada uno de ellos. Aquí lo que importa ver es que la acción sobre el colectivo que constituye la población (en un campo de refugiados, por ejemplo) no se opone de ninguna manera a la acción individual que es en sí misma la substancia (cada vida salvada cuenta, diríamos). Comprendemos entonces, que estar

---

[18] El poder pastoral está presente en numerosos textos y conferencias del final de su vida, y especialmente en sus cursos del College de France de 1977-1978 titulado: *Segurité, territoire, population* (2004, pp. 130-132).

en Bagdad es sentirse responsable abstractamente de un pueblo bajo las bombas, pero concretamente también de los individuos que nosotros podemos salvar, tan pocos como ellos sean. Eso puede llevarnos, quizás, no hasta el sacrificio, pero sí a tomar el riesgo. De esa forma, la desigualdad fundadora del gesto humanitario reside en esta simetría de las vidas entre aquellos cuyas vidas solo es pasivamente sacrificable, porque ellos son tomados por las bombas, y aquellos cuya vida puede ser libremente sacrificada, porque ellos deciden libremente permanecer. Para los primeros, el don es posible sin contra-don, porque suponemos que ellos solo pueden recibir. Ellos son los obligados del mundo. Para los segundos, el don puede llegar hasta el darse a sí mismo. Al menos en teoría.

Sobre esta escena de la guerra, falta hasta ahora un protagonista. Mostré a los humanitarios frente a las víctimas que ellos asisten. Es necesario situarlos ahora en relación a las potencias militares que ellos enfrentan.

El precio a pagar

El antiguo presidente de MSF, Jean-Hervé Bradol, es probablemente aquel que da la visión más sombría. "Lo humanitario puede hacer de la resistencia a la eliminación de una parte de la humanidad un arte de vivir en el fundado sobre la satisfacción de ofrecer incondicionalmente a una persona en peligro de muerte la ayuda que le permita sobrevivir"[19]. Su geografía moral del mundo opone dos continentes: aquel de los "poderes públicos instituidos", que tienen como "función decidir el sacrificio humano, compartir los gobiernos entre ellos que deben vivir y aquellos que pueden morir" que ha "tomado el partido arbitrario y radical de socorrer a aquellos que la sociedad sacrifica". El primero relevó de "la idea caníbal" porque "la edificación del orden internacional requiere siempre su cuota de víctimas". El segundo procede de una "dimensión subversiva", porque "la ayuda humanitaria" se dirige prioritariamente a aquellos que en la exigencia de vivir se choca

---

[19] Y de agregar: "En esta condición, las victorias sobre esta política del peligro, siempre provisorias y parciales por definición, son posibles" (Bradol, 2003).

con la indiferencia o la hostilidad de los otros. Ese mundo binario confronta una política de la muerte –aquella de los estados criminales- y una política de la vida –aquella de los actores humanitarios[20]–. Definida enteramente en términos morales, la política deviene una nueva guerra de un eje del mal contra un eje del bien. Por una sorprendente paradoja, en ese comienzo de los años 2000, en el momento mismo en que algunos países, comenzando por Estados Unidos, se lanzan en una cruzada moral contra sus enemigos diabolizados, algunos, en el seno de las organizaciones no gubernamentales, adoptan un discurso igualmente maniqueo. El hecho es menos sorprendente de lo que parece y, si la formulación toma aquí una vuelta radical, ella enuncia, sin embargo, una visión del mundo ampliamente compartida en el seno del mundo humanitario, al menos en las organizaciones no gubernamentales francesas. Además, el lenguaje del sacrificio reenvía explícitamente al fondo religioso del poder pastoral: denunciar el "sacrificio humano" y salvar "aquellos que la sociedad sacrifica", incluyendo el pago de esa persona, es renovar la doble tradición de Abraham (de aquel que sacrifica) y de Cristo (de aquel que se sacrifica). Más allá de la retórica hay en esta representación del lugar de lo humanitario una suerte de verdad genealógica.

Sin estar obligado a aceptar la división moral del mundo propuesto por el presidente de MSF, debemos comprender la decisión de permanecer en Bagdad y los riesgos que ello implica para el equipo que permanece en el lugar, como una resistencia a la manera en que los estados en guerra tratan a sus soldados, a sus enemigos y aun a las poblaciones civiles. Desde este punto de vista, las economías morales de los Estados mayores occidentales, evidentemente influenciados por la evolución más amplia del valor otorgado a la vida humana, sufrieron en el curso del siglo XX un profundo cambio: de las carnicerías en el campo de batalla de la Primera Guerra Mundial, pasaron a una maximización de las pérdidas militares, después a los traumatismos colectivos que representó la Guerra de Argelia para Francia y espe-

---

[20] Tal dicotomía es por otra parte singularmente minada cuando lo militar mata en nombre de lo humanitario, como en Somalía (Razack, 2004).

cialmente Vietnam para los Estados Unidos[21]. La doctrina de "muerte cero", tal como ella es desarrollada después de dos décadas en el seno de las fuerzas armadas occidentales y tal como ella ha sido teorizada por los expertos militares estadounidenses, tiene sin embargo por corolario la retórica de los "daños colaterales", que le da un contrapunto necesario. Reducir los riesgos en su campo implica acrecentarlos en el campo adversario, e incluye –tratándose de conflictos oficialmente declarados para "liberar" o "proteger" a las poblaciones civiles– entre ellos a los civiles. Esta lógica alcanza su paroxismo durante la intervención de la OTAN en Kosovo en 1999. En efecto, no solo la elección estratégica de una operación aérea permitiría limitar las pérdidas entre las fuerzas aliadas –al precio de los daños humanos que entraña siempre un bombardeo–, sino la decisión táctica de hacer volar aviones a una altitud elevada a fin de hacerlos inaccesibles a las fuerzas antiaéreas serbias, implicaba necesariamente una imprecisión balística obvia: a continuación de los errores de tiros de la aviación estadounidense, hubo más de quinientos muertos civiles entre la población kosovar que queríamos proteger, en tanto no hubo un solo piloto abatido[22]. Seguramente, para las fuerzas de intervención se tratarían de pérdidas humanas indeseables, sin embargo convertidas en inevitables por las opciones militares tomadas.

Aunque bastante diferentes, porque las operaciones en el suelo son desarrolladas y una imponente presencia permanente se ha des-

---

[21] El realidad, deberíamos introducir probablemente también otra perspectiva comparativa introduciendo las guerras coloniales (Le Cour Grandmaison, 2005). Si en dos conflictos mundiales, el precio en vidas humanas es excesivamente elevado, lo fue en los dos campos. Es en las guerras coloniales donde la desvalorización de las vidas humanas se instituye como en política de masacre, tal como Hanna Arendt (2000/1951) lo recuerda apoyándose en ejemplos de la Guerra de los Boxers en China, las masacres de árabes en Oriente Próximo, la exterminación de los Hereros en el sudoeste africano, entre otras. La diferencia esencial con el período contemporáneo es que no se trata de justificar las matanzas por una inferioridad o una inhumanidad del enemigo, sino por el precio necesario a pagar para obtener el objetivo deseado.

[22] Un análisis de esta doctrina militar fue propuesto por Michael Ignatieff (2000), quien ha realizado un "nuevo arte de la guerra a la americana". En realidad, este modelo está siendo operado ampliamente en todas las intervenciones militares conducidas por las potencias extranjeras occidentales que no "pueden permitirse, a riesgo de perder el sostén de sus "opiniones públicas", más muertos de su sangre".

plegado, entrañan forzosamente pérdidas militares entre las tropas de intervención, la guerra de Irak desencadenada en el 2003 ha dado un nuevo giro y, especialmente, una amplitud diferente a esta doctrina. Además de que los bombardeos masivos que lo habían precedido y preparado se cobraron numerosas víctimas, muchas de ellas civiles, las ulteriores condiciones de seguridad que las tropas americanas y británicas realizaron, aquí también a fin de reducir el riesgo de muerte en sus filas, condujo a un uso ampliamente preventivo de las armas de fuego. Solo se denunciaron algunos pocos episodios particularmente sangrientos o trágicos. Sin embargo, un año después del comienzo de las operaciones militares, en octubre del 2004, el ejército de ocupación deploraba un millón de muertos contra cerca de cien mil estimados por una encuesta epidemiológica inglesa en el seno de la población iraquí. Y, dos años más tarde, en octubre del 2006, las tropas aliadas contaban 2925 muertes mientras que los mismos epidemiólogos británicos establecían el número de pérdidas de vidas humanas en el lado iraquí en 655.000, 601.000 directamente ligadas a las violencias, siendo el tercio causadas por las fuerzas de la coalición[23]. La distancia considerable entre el número de muertos en ambos campos, casi exclusivamente militares del lado de las fuerzas de intervención, esencialmente civiles del lado de la población iraquí, mide a *posteriori* una política implícita de valorización diferencial de seres humanos que es establecida a *priori* en las elecciones estratégicas hechas por los estados mayores, buscando limitar el costo en vidas humanas de las fuerzas de coalición, aunque esto fuera a costa de un muy alto número de muertos entre las poblaciones locales. Aritméticamente, la vida de los militares occidentales vale doscientas veces la vida de los habitantes del país en los que ellos intervienen para "liberarlos" o "protegerlos";

[23] La contabilidad oficial de las pérdidas en las fuerzas de la coalición está indicada en: icasualtis.or/ (consultado en abril del 2010). Las investigaciones epidemiológicas británicas fueron publicadas en una de las revistas médicas más reconocidas en el ámbito internacional, *The Lancet:* le Roberts et all, "Mortality Before and After the 2003 Invasion of Irak: Cluster Sample Survey" (2004, vol. 364, n° 9448 [noviembre], pp. 1857-1864); Gilbert Burnham et al., "Mortality Before and After the 2003 Invasion of IRAK: A Cross-Sectional Cluster Sample Survey" (2006, vol. 368, n° 9545 [octubre], pp.1421-1428). Un informe detallado es dado en: www.mt.edu/CIC/pdf/Human_cost_of_war.pdf, (consultado en abril del 2010).

el sacrificio de la vida de algunas centenas es la condición de la preservación de la vida sagrada de uno solo. Ese cálculo podría parecer cínico o impropio sino hubiera sido efectivamente producido para la estimación de las indemnizaciones realizadas en cada caso de muerte: las "tarifas" son establecidas por las compañías de seguro en 400.000 dólares para un militar estadounidense muerto en el frente, mientras que el gobierno de los Estados Unidos envía 2.500 dólares por cada civil iraquí asesinado por error[24]. De esa forma, la valorización es de seiscientas veces superior para los soldados extranjeros en relación a las poblaciones locales: estamos en el mismo orden de diferencias que los valores relativos al número de vidas.

Que ese razonamiento en términos de precios a pagar esté realmente presente en el espíritu de los gobernantes, estamos muy seguros de que raramente habrá demostración pública de ello. Es esto lo que hace particularmente sorprendente la respuesta de la secretaria de Estado Madeleine Albright, a quien, durante una entrevista televisada, un periodista le preguntaba en el año 2000, si ella no pensaba que el medio millón de niños iraquíes muertos como consecuencia del bloqueo económico de los Estados Unidos, según estimaciones de la UNICEF, no era un costo dramáticamente alto para ejercer presiones sobre el régimen baasista: "Es una decisión difícil, pero nosotros pensamos que es el precio a pagar"[25]. Tratándose de la intervención del 2003, podríamos además considerar como una suerte de progreso moral, para utilizar una fórmula heredada de Las Luces, el hecho de que las cuentas en pérdidas de vidas humanas de ambos lados y, por lo tanto, el cálculo de cuántas muertes sobrevienen de una y otra parte, sea posible. Recordamos que después de la primera Guerra de Irak, las estimaciones de los muertos iraquíes variaban de algunos miles a algunas centenas de miles, no habiendo nadie que buscara contarlos, ni del lado de las tropas aliadas ni del lado del régimen vencido. Cuando los

[24] El análisis es realizado por el historiador Andrew Bacevich de la Universidad de Boston en una tribuna (www.wsahingtonpost.com/wp-dyn/content/article/2006/07/07/AR2006070701155_pf.htlm, consultado en abril del 202).

[25] La versión en inglés es más cínica aún: "This is a very hard choice, but we think the price is worth it." (www.guardian.co.uk/theguardian/2000/mar/04/weekend7.weekend9, consultado en abril del 2010).

muertos no se cuentan, es que las vidas tampoco cuentan. La famosa frase del general en jefe del estado mayor de las fuerzas de coalición, Tommy Franks, en el 2003: "We don't do body counts" ("nosotros no contamos los cuerpos"), dicho probablemente de manera más amplia, sobre la realidad de esos conflictos lejanos, era más cierto de lo que él pensaba en el momento en que hacía esa declaración. Pero, aun cuando, como ya lo dijimos, disponemos de datos de mortalidad gracias a las encuestas epidemiológicas, siempre criticadas precisamente porque ellas corresponden a datos de las estimaciones realizadas sobre muestras de población, no tenemos datos del estado civil confiables que permitirían no solo tener una cifra sino también darles un nombre a los individuos muertos.

El gesto de MSF decidiendo permanecer en Bagdad en el momento en que los bombardeos iban a comenzar lanza un desafío a estas políticas de "las vidas no cuentan". Exponiéndose así al peligro, ellos ponen de alguna manera en juego la igualdad de las existencias de manera concreta e inmediata: todas las vidas resultan aparentemente iguales, es decir, tan vulnerables para las poblaciones iraquíes como para los agentes humanitarios que las asisten. El sacrificio al que ellos dan su consentimiento (a riesgo de ser asesinados) desplaza la desigualdad radical entre la vida sagrada de algunos (los soldados occidentales) y la vida sacrificada de los otros (los civiles locales). Con este acto heroico, la política humanitaria de la vida ofrece un sorprendente contrapunto a la política militar de la vida. Al menos es la intención.

El valor de las vidas

Esta igualdad no resiste largo tiempo la prueba de los hechos. La toma de rehenes que sobreviene desde los primeros días de la intervención de la coalición conduce al ideal humanitario a la dura realidad del valor de las vidas. El rapto de tres de los miembros del equipo paraliza la acción de los otros colegas, así como el de toda la organización que en principio cesa temporalmente toda actividad, y luego decide retirar su misión. Del lado iraquí, no es salvada ninguna persona, ningún herido es curado. Sobre todo, parecía que en el seno de la organización la exposición de las vidas era soportable: cuando el peligro se muda de virtual a real, la intervención se interrumpe a fin de no hacer correr riesgo al personal secuestrado y, cuando los tres miembros son liberados por sus secuestradores, mientras que las otras organizaciones ponen manos a la obra sobre la vasta tarea de la pacificación muy lejos de estar adquirida, la sección francesa de MSF se va del país, arguyendo de hecho que la situación sanitaria no era tan preocupante y que las condiciones de trabajo no eran satisfactorias[26]. En realidad, el traumatismo del secuestro actualizó las contradicciones de una política de exposición de las vidas que había sido afirmada, pero que no alcanzaba para hacer presente el peligro.

El episodio iraquí, felizmente bien terminado, es ejemplar de la vulnerabilidad de las asociaciones humanitarias frente a la toma de rehenes. Su singularidad domina a eso que no ha sido posible de enunciar, en el seno de la organización, esa simple verdad de que las vidas de los humanitarios enviados al terreno es una prioridad absoluta de la misión. Podemos comprenderlo: después de haber consumido tanta energía para demostrar que debían permanecer allí a pesar de los riesgos tomados, es difícil reconocer que uno se va del país en razón del peligro corrido, especialmente de manera retrospectiva. Generalmente, la fragilidad en presencia de las prácticas del secuestro, que son banalizadas en ciertas regiones del mundo, afecta las acciones de las organizaciones comunitarias –fenómeno que no es válido para ellas y es una preocupación grande de los gobiernos occidentales–. Varios secuestros se produjeron en el curso de los últimos años en el seno de los MSF, entrañando la parálisis no solo de la misión concernida, sino también de toda la organización. Ya sea en Colombia, en Chechenia, en Daghestán, en Somalia, en la república democrática del Congo, luego de cada toma de rehenes, la asistencia a las poblaciones es interrumpida

---

[26] En su informe moral del 2003, el presidente de MSF, Jean-Hervé Bradol, dice, minimizando la gravedad de la crisis al día siguiente de la caída de Bagdad, comparándola con otras tragedias alrededor del mundo: "la situación no era tan catastrófica: nosotros venimos de hablar de Angola, del Congo, de Corea del Norte, de Tchechenia, y la diferencia entre los problemas serios, que existen en Irak, y de situaciones catastróficas es evidente. Finalmente, Irak ha sido para nosotros una pequeña intervención de urgencia".

y la institución no se concentra más que en un solo objetivo: salvar al compañero secuestrado. Este objetivo deberá ser siempre alcanzado.

Seguramente podemos comprender el deseo de proteger ante todo a su propio personal, más aún cuando los miembros secuestrados eran casi todos expatriados, ellos tienen relaciones de amistad con los equipos locales como con todas las sedes europeas. Además, en las escenas de conflicto, los protagonistas saben bien esta debilidad del mundo occidental y de sus organizaciones no gubernamentales frente a la toma de rehenes, y en algunas regiones del mundo, Asia central especialmente, ellos juegan cínicamente sin incomodarse por las diferencias entre soldados y humanitarios, entre agentes de seguridad privados y periodistas de la prensa extranjera, obligando a los Estados y a las organizaciones no gubernamentales a negociaciones largas y difíciles en las que el precio de la vida de las personas secuestradas se evalúa y se canjea generalmente de forma concreta y precisa. El caso que más movilizó a MSF, en el curso de su historia reciente, fue el secuestro de Arjan Erkel, responsable holandés de la misión del Cáucaso del Norte, y es desde un punto de vista un caso ejemplar. Es al término de veinte meses de cautiverio, sin saber quién había ordenado la toma de rehenes, que fue liberado contra la entrega de un rescate de un millón de euros enviados por el estado holandés luego de haber reclamado en vano por este último a MSF[27]. La publicidad hecha a esta transacción permitió saber por primera vez que, no solo se había entregado una suma a los secuestradores, sino también conocer el monto y, por lo tanto, saber en cuanto puede ser valuada la vida de un trabajador humanitario. O, más exactamente, de un voluntario expatriado, porque aun entre los miembros de las organizaciones no gubernamentales, todas las vidas no valen lo mismo.

---

[27] En efecto, para disimular que un rescate había sido pagado, los servicios de seguridad rusos habían organizado una espectacular falsa liberación, pero el gobierno holandés demandaba el reintegro de la suma dada y reveló públicamente las condiciones de liberación de Arjan Erkel. El gobierno holandés perdió su proceso contra MSF así como la apelación que había interpuesto. Para una análisis de las implicancias jurídico-políticas de ese caso, ver el artículo de Philippe Ryfman, "L' action humanitaire en proces", en el número de julio-agosto del 2005 de la revista interna de la asociación *Mesagges*.

En las misiones, la distinción más común que está efectivamente establecida para todas las delegaciones extranjeras, sean ellas humanitarias o de desarrollo, separa dos categorías de personal: los "expatriados" y los "nacionales". En el caso de MSF, los primeros provienen casi exclusivamente de los países occidentales y son miembros de asociaciones, en tanto que los segundos pertenecen a la localidad local y son considerados como empleados de la asociación. Para justificar esta diferencia de estatuto, la organización ha afirmado durante mucho tiempo que los expatriados están comprometidos con el proyecto humanitario mientras que los nacionales están solo a la búsqueda de un empleo. Voluntarios de un lado, mercenarios del otro. El argumento, sin embargo, se invierte cuando se trata de negociar las grillas de salarios porque entonces ellos hacen valer al personal local, contractual y aun habitualmente jornalero, que el servicio dado a las poblaciones debería ser su verdadera retribución. Cualquiera sea el caso, los expatriados participan hoy en la Asamblea general y votan por sus representantes, mientras que los nacionales son mantenidos fuera de la vida democrática de la asociación. En el terreno, la autoridad vuelve a los primeros, aun cuando se trate de voluntarios sin experiencia llevando las cuestiones con los profesionales locales experimentados. En lo cotidiano, los expatriados residen en una vivienda puesta a su disposición por la asociación y, generalmente, separados de la sociedad local, mientras que los nacionales vuelven cada noche con sus familias.

Esta administración de las misiones, con esta separación casi infranqueable entre las categorías de personal en función de su origen, hasta un período reciente era considerada como normalidad en las organizaciones humanitarias. En el fondo, se admitía que la aventura humanitaria era asunto de hombres y de mujeres de buena voluntad que venían de los países occidentales que se desvivían por las poblaciones en peligro y que tenían necesidad en el lugar de una asistencia técnica autóctona a fin de cumplir bien con sus cosas, como los administradores regionales coloniales podían tener necesidad de los jefes locales y los antropólogos de informantes. Por lo demás, los nacionales que no eran jamás miembros del personal de las administraciones centrales ni representados en las instancias gerenciales, no tenían voz en la deliberación, permaneciendo incluso invisibles: en las sedes de las organizaciones, donde ellos nunca iban porque los únicos billetes de avión financiados eran aquellos de los expatriados, no los conocían; en el terreno, raramente eran tomados en consideración, no participaban de las decisiones y tampoco eran consultados. Es al comienzo de los años 2000, es decir, 30 años después de la creación de MSF, que esta discriminación donde cada uno puede ver que eran absolutamente contrarias a los principios fundadores de la organización, comenzó a plantearse el problema y a ser denunciado por algunos, incluso por los dis-funcionamientos prácticos que ella generaba en el trabajo. Así, Armanda Harvey, responsable de recursos humanos en el terreno, había marcado una prioridad: "Nosotros habíamos alcanzado los límites de un sistema, basado en el funcionamiento corporativo "expats" que no se corresponde con la realidad de MSF de hoy. Las mejoras que podemos aportar seguirán siendo marginales sino ponemos en cuestión a nuestra organización. *Quid* de la eficacia de tu trabajo, si estás en misión en Sudán sin haberle preguntado jamás la opinión a un sudanés"[28]? varios proyectos de reforma son presentados entonces, pero jamás llevados a la práctica a pesar de las protestas repetidas de los profesionales locales deseosos de ser reconocidos finalmente.

Por lo tanto, la diferencia de estatuto entre expatriados y nacionales tiene consecuencias importantes para la vida de las personas implicadas. Seguramente, ella implica diferencias de remuneración y especialmente de contrato, los nacionales son empleados generalmente por cortos, a veces muy cortos períodos, incluyendo el día a día: además, la precariedad de esos contratos se ve agravada por el hecho de que ellos son firmados localmente y, en consecuencia, a discreción del personal de expatriados, haciendo al personal local totalmente dependiente de de sus superiores occidentales. Esta vulnerabilidad

[28] En el número especial de la revista *DazibAG*, de circulación interna en la organización, de agosto del 2003, ella señala la paradoja consistente en apoyarse enteramente en el personal expatriado inestable y descuidar al personal nacional con fidelidad: "La rotación de un expatriado es de alrededor del 2.5 % por año. Carecemos de pertinencia porque somos tributarios de personas que no cuidamos suficientemente en el terreno. Una de las mayores ventajas que tiene el personal nacional reside por lo tanto en el hecho de que posee una cierta distancia en las operaciones y que asegura la continuidad de las acciones. Cuando los expatriados parten, el personal nacional se queda".

de los empleados locales está aun reforzada por el hecho de que la protección social otorgada a las dos categorías de personal es muy diferente. Mientras que la cobertura médica de los expatriados corresponde a lo que provee el sistema francés de Seguridad Social, los nacionales no se benefician de un verdadero seguro y, cuando ellos están enfermos, generalmente no son atendidos ni indemnizados. Es luego de la asamblea del 2000 que la cuestión ha sido revisada y que se vota una propuesta: MSF debe además asegurar, en tanto que empleador, el tratamiento y seguimiento de los enfermos de SIDA. La paradoja era en efecto sorprendente porque, mientras la organización se había hecho la campeona de los antirretrovirales, estigmatizando a las sociedades occidentales y a las instituciones internacionales por su falta de compromiso en la materia poniéndose ellos mismos como ejemplo, su propio personal no era tomado a cargo[29]. La moción tardó mucho tiempo en hacerse realidad traduciéndose en hechos, y tres años después de su voto, el presidente aún se inquietaba por las dificultades de ponerlo en ejecución.

La cuestión de la protección de los nacionales reviste una dimensión más trágica aun en las situaciones de conflicto porque, a diferencia de los expatriados, ellos no se benefician de ninguna forma de inmunidad institucional. Una investigación muestra que cerca de seis fallecimientos sobre diez sucedidos entre los trabajadores humanitarios en el curso de las dos últimas décadas conciernen a personal nacional, siendo esta estimación ciertamente muy por debajo de la realidad, porque, por una parte, muchos de ellos son asalariados por día y, por lo tanto, no aparecen entre los efectivos y que, por otra, en el caso de Rwanda donde la mortalidad de los trabajadores humanitarios es muy alta, las cifras pertenecientes al personal nacional permanecen

---

[29] "Seis meses después de Barcelona, las promesas fueron cumplidas", titulaba el dosier especial publicado en diciembre del 2002, como suplemento de la revista *Messages*, refiriéndose a la Conferencia Internacional sobre el SIDA que había tenido lugar algunos meses antes. El dosier estaba constituido por reportajes y testimonios poniendo en valor por contraste los logros de MSF en el mundo. Seis meses más tarde, en su informe moral, el presidente de la organización reconocía que el personal enfermo generalmente no era tratado.

mal conocidas[30]. Dicho de otra forma, en el seno de las organizaciones humanitarias –como en el resto de las organizaciones de desarrollo o de cooperación-, esas diferencias son sistemáticamente instituidas entre el personal extranjero, casi siempre occidentales, y el personal local. Esas diferencias conciernen no solo al estatuto, el poder, las responsabilidades, el tipo de contrato, el nivel de remuneración y las señales de consideración, sino también a la protección de su vida, a veces de su supervivencia, ya sea que esté amenazada por la guerra o la enfermedad. La epidemia de SIDA, por un lado, el genocidio por el otro, han puesto cruelmente de manifiesto esas discriminaciones y sus consecuencias. En el seno mismo de lo humanitario, las jerarquías de humanidad son también establecidas pasivamente, pero raramente identificadas por lo que ellas son, es decir, políticas de la vida que, en los momentos de crisis, terminan con la constitución de dos conjuntos de individuos: aquellos cuya situación de expatriación protege el carácter sagrado de su vida y aquellos cuya pertenencia a la sociedad que es ayudada paradojalmente excluye esa protección. Durante mucho tiempo, los trabajadores humanitarios estaban tan ocupados en salvar las vidas de los "otros" que no se daban cuenta de que ellos estaban del mismo lado, que a sus costados los personales nacionales, demasiado cercanos como para ser pensados como una alteridad de víctima, sin embargo demasiado lejanos como para ser considerados como pertenecientes a su comunidad humanitaria, no podían acordarles los mismos derechos que defendían en las arenas

[30] Entre 1985 y 1998, en las instituciones de las Naciones Unidas y las organizaciones no gubernamentales, se conocieron 375 defunciones, habiendo ocurrido el tercio durante el genocidio en Rwanda: 67% eran de causa intencional, especialmente armas de fuego, y el 58% concernían al personal nacional, de los que el 13% eran choferes y el 12% guardianes. Ver, en el *Bristih Medical Journal*, el artículo de Mani Shiek et al., "Deaths among Humanitarian Workers" (2000, vol. 321, n° 7254 [junio], pp. 166-168). Sin embargo, según Jean-Hervé Bradol, quien era en ese entonces responsable de la misión de MSF en Rwanda y asistió en ese marco a la muerte de muchos de sus colaboradores tutsis: "Si le preguntábamos a las organizaciones humanitarias el nombre de sus empleados que murieron durante el genocidio, el 90% de ellas serían incapaces de darla. Y esto da la medida de lo que se ha hecho o no para ayudar a las personas cuando ellas tenían verdaderamente necesidad de ser ayudados". Ver el dosier especial "Los genocidio de tutsis en Rwanda: una abyección para la humanidad, un fracaso para los humanitarios", *Humanitaire. Enjeux, pratiques, débats* (2004, n° 10, [primavera-verano], pp. 12-28).

internacionales. Entonces, sucede que lo que ellos no habían visto, lo ven los protagonistas de los conflictos. El hecho de que todas las vidas no valen lo mismo entró en sus cálculos. Cuando ellos comentaban los secuestros, sabían que solo los extranjeros tenían un valor comercial alto que podían negociar apremiando, pero también sabían que tenían un valor político que haría pagar muy caro a quienes quisieran matarlos. Por el contrario, sus compatriotas, de los que ellos no imaginaban que la vida podría ser negociada y de lo que sabían que su muerte no les costaría nada, generalmente serían ejecutados.

*   *   *

La acción humanitaria de las organizaciones no gubernamentales, desde el nacimiento de la Cruz Roja, hasta la emergencia del movimiento inaugurado por médicos sin fronteras, está construida históricamente, en respuesta a lo inhumano de la guerra, como una restauración de la idea misma de humanidad, cuya genealogía, tan cristiana en las órdenes de caridad, como laica en las sociedades filantrópicas, despliega una doble dimensión que reenvía a dos significaciones de la palabra yo. Por una parte, ella es un concepto según el que la humanidad, en tanto que conjunto de seres humanos, es una e indivisible –concepto del que ya sabemos es a la vez reciente y frágil–. Por otra parte, ella es un sentimiento por el que los individuos manifiestan, a la vista de sus hermanos en sufrimiento o peligro, un gesto de humanidad –sentimiento por el que se aprueba concretamente la pertenencia a la especie humana–. Este paradigma, que es hoy bastante ampliamente aceptado, se impone sobre otros, ya sea estableciendo distinciones entre seres humanos (a través de la idea de raza, por ejemplo), o sea porque reivindican una indiferencia frente a los otros lejanos (especialmente por un sentimiento de exacerbación de lo nacional).

En el terreno de los conflictos contemporáneos, lo militares que intervienen, en nombre del interés de sus países, o incluso en nombre de intereses superiores (cualquiera sea la solidez de esta distinción que generalmente es ampliamente retórica), no niegan en teoría la idea y el sentimiento de humanidad, pero los ponen en duda con sus prácticas.

Ellos se dejan llevar, en particular bajo la presión del discurso de sus gobernantes y de sus superiores, a hacer del enemigo una categoría de humanidad lo suficientemente distante como para poder ser asesinado en masa por fuera de toda compasión. La injusticia de la guerra hoy no tiene las carnicerías de alguna manera compartidas entre campos opuestos como antaño, sino, por el contrario, en la desigualdad del valor de la vida en el campo de batalla: vida sagrada de los ejércitos occidentales de intervención, donde cada vida perdida es contada y honrada; vida sacrificable no solo de las tropas enemigas, sino también de sus poblaciones civiles, cuyas pérdidas son imprecisamente contabilizadas y donde los cadáveres terminan generalmente en fosas comunes. Contra esas políticas inhumanas de la vida –en el sentido de que ellas están en ruptura con la idea y el sentimiento de humanidad–, las organizaciones humanitarias reivindican una política de la vida que restablezca la solidaridad entre los seres humanos y la equivalencia de las vidas.

Ahora bien, esta política introduce a su pesar una doble desigualdad: una concierne a las personas cerca de quienes ellas intervienen, otra son las personas con quienes lo hacen. En primer lugar, el gesto humanitario, en el mismo momento en que restablece en el terreno el valor igual de todos para una solidaridad llevada hasta el posible sacrificio, introduce de hecho una distinción entre aquellos en los que la vida es digna de ser expuesta (los trabajadores humanitarios) y aquellos en los que la vida está expuesta de hecho (las poblaciones sobre las que ellos intervienen): unos son sujetos políticos activamente comprometidos en su misión de ayuda, los otros solo tienen subjetividad como víctimas pasivamente sometidas a los eventos. Entre los dos se instituye una relación menos de solidaridad que de obligación y donde la vida es la cuestión. Sin embargo, ese contrato no es sostenido hasta el final, porque la realización del peligro (la toma de rehenes) interrumpe la misión. La desigualdad abstracta, moral en suma, entre sujetos políticos y supuestas víctimas, resulta una desigualdad concreta, física también, entre aquellos que deciden irse y aquellos que solo pueden quedarse. En segundo lugar, la acción humanitaria, en el momento en que ella se despliega en el terreno en nombre de la asistencia a los más vulnerables, desconoce en su interior a aquellos que vienen de lejos a dar socorro (los voluntarios expatriados) y aquellos que, en el lugar, les permiten hacer bien esta tarea (los personales nacionales): unos se presume que actúan por compromiso, los otros son considerados como actuando por necesidad. Entre los dos, una jerarquía estatutaria, contractual, financiera y política es instalada. Ella tiene como corolario una diferencia de protección frente a la enfermedad y el peligro, instituyendo una desigualdad del valor de las vidas que toman a su cuenta los beligerantes. La primera de las dos desigualdades es, de alguna manera, inherente a la intervención humanitaria: ella recuerda que no todas las vidas valen y que no podemos salvar esas vidas cuando no se arriesga realmente la suya. Ella forma parte finalmente de nuestra concepción de la sacralidad de la vida humana, que, como lo hemos dicho respecto de la caridad, comienza por uno mismo. La segunda de las dos desigualdades es, por el contrario, una forma de inconsciente de la intervención humanitaria: ella nos dice la verdad de una jerarquía de vidas que llegamos generalmente a ocultar, pero que un día se pone de manifiesto cuando un asalariado local, que no es más que un empleado de una empresa conducida desde el mundo occidental, no puede participar por lo tanto de esta aventura generosa. Ella enuncia de esta forma lo que fundamenta el movimiento humanitario, un sentimiento de transporte moral de países ricos a los países pobres, de un mundo en paz hacia un mundo en guerra. Las dos desigualdades están relacionadas entre ellas: la desigualdad entre los expatriados y nacionales es la traducción en el corazón de las organizaciones humanitarias de la desigualdad entre benefactores y víctimas, Nos equivocaríamos, evidentemente, si no viéramos cuanto, una y otra, lejos de ser singularidades que serían propias de los actores humanitarios, están inscriptas en las economías morales de la época. La desigualdad de las vidas es uno de los fundamentos, generalmente invisible.

Conclusión
Crítica de la razón humanitaria

> *Debemos escapar a la alternativa del afuera o del adentro: es necesario estar en las fronteras. La crítica es también el análisis de los límites y la reflexión sobre ellos*
>
> Michel Foucault, *Qu'est-ce que les Lumiéres?*

¿Qué es un pensamiento crítico? ¿En qué puede sernos útil para pensar el mundo y, eventualmente, actuar sobre él? Estas preguntas se las hacen las ciencias sociales desde que existen. Emile Durkheim, promotor de una ciencia positiva de la sociedad, no estuvo menos –tanto en su vida pública como en su vida intelectual– profundamente implicado en una reflexión, generalmente más moral que política, sobre el mundo y sus mutaciones. Max Weber, mucho tiempo presentado como el defensor de la neutralidad axiológica, no consideraba menos –lejos de la antinomia, de la que se le atribuye la paternidad, entre el intelectual y el político- el ejercicio del pensamiento crítico necesario en la investigación, tal vez más aún que en la acción. Franz Boas, tanto el físico que fue antes de comprometerse en la antropología, no involucraba menos –incluyendo los riesgos y peligros institucionales –en el conocimiento de su disciplina al servicio de una crítica de un orden social que era también un orden racial[1]. La cuestión por lo tanto no es nueva. En realidad, tanto hoy como ayer, la vocación del investigador

[1] Sobre la sociología moral de Durkheim, podemos leer el volumen compaginado y presentado por Bruno Karsenti (2004/1924). Para una relectura de Weber sobre la ciencia, nos referiremos a la nueva traducción comentada por Isabelle Kalinowsky (2005/1919). Tratándose de Boas, fundador de la antropología estadounidense y padre de la teoría culturalista, él moviliza su disciplina para luchar contra las teorías raciales; su compromiso público contra algunos de sus colegas que habían colaborado clandestinamente con el ejército de Estados Unidos durante la primera guerra mundial, le valió ser, de toda la historia de la American Anthropological Association que él había creado, el único miembro excluido.

en ciencias sociales es una mezcla por la invención permanente de las que las sociedades son a la vez, la fuente y el producto y el juicio sobre el estado de cosas, tal como él las descubre en el mundo social. El pensamiento crítico está en el entrecruzamiento de los dos, entre la curiosidad y la indignación, entre el deseo de comprender y la voluntad de transformar. El compromiso, del que habla Norbert Elias, no es solo una obligación impuesta a las ciencias sociales que debería hacerlas envidiosas o nostálgicas de su distanciación de las ciencias sociales: eso es lo que le da su singularidad e incluso la necesidad. No hay el fondo más ciencias sociales que críticas.

En tanto que aceptemos esta premisa –¿quién defendería una ciencia, cualquiera que fuera, que no sea crítica? –entonces la cuestión se desplaza: ¿qué es en el fondo esta crítica?– O incluso: ¿cómo ponerla en acción? En un célebre artículo publicado durante los últimos años de su vida, Michel Foucault discute un texto escrito en 1784 por Kant en respuesta a la pregunta que le fuera dirigida por un periódico berlinés: "¿Qué son las Luces?". Retomando de forma muy libre el argumento del filósofo alemán, como era habitual en él, le hace decir lo que él mismo piensa, Michel Foucault escribe: "La hipótesis que yo desearía presentar, es que ese pequeño texto se encuentra de alguna forma en la articulación de la reflexión crítica y de la reflexión sobre la historia. La reflexión sobre "el hoy" como diferencia en la historia y como motivo para una tarea filosófica particular, me parece ser la novedad de ese texto. Viéndolo de este modo, creo que podemos encontrar en él un punto de partida: el esquema de lo que podríamos llamar la actitud de la modernidad[2]. En otros términos, el nacimiento de la crítica en la edad moderna sería ese regreso sobre el presente que no tomaríamos como un don, sino como un momento histórico en relación al cual el verdadero compromiso consistiría paradojalmente en distanciarse. Eso que parece tan sencillo sería precisamente lo que ponemos en cuestión.

---

[2] El artículo fue publicado en principio por Paul Rabinow en 1984, luego retomado en *Dits et écrits* (1994, vol. 4 p. 574). Michel Foucault agrega: "En eso que nos es dado como universal, necesario, obligatorio, cuál es la parte de lo singular, contingente y debido a las coacciones arbitrarias".

Allí donde la evidencia del mundo social se impone con toda la fuerza de la actualidad, se trataría de conservar una actitud de sorpresa.

Es ese el camino que me esforcé por mantener en este libro refiriendo, a través de una diversidad de escenas sociales, una lógica general que propuse llamar "razón humanitaria" y que me parece que esclarece las múltiples facetas de una historia moral del tiempo presente. El ejercicio no ha resultado sencillo y sin dificultades. Y es especialmente delicado porque lleva sobre cuestiones que no solo parecen ser así sino que se imponen moralmente. La escucha de los excluidos y de los marginados, la asistencia a los pobres y los desaventurados, el reconocimiento de los extranjeros enfermos y los demandantes de asilo, la compasión por los huérfanos de SIDA y los siniestrados en catástrofes, el testimonio a favor de las víctimas de guerra son otras tantas posturas y acciones que juzgamos buenas *a priori*, por causas que consideramos justas en sí mismas. Interrogar esta evidencia moral y tomarla como objeto de estudio, mucho más que como objeto de juicio o de sentimiento, es introducir un hueco en lo que generalmente hay consenso. Someterlo al análisis abstrayéndose de la evaluación y de la emoción, es arriesgarse a caer sobre la acusación de relativismo (porque mostraríamos que esos actos y esas actitudes consideradas como relevantes de imperativos absolutos son en los hechos, histórica y culturalmente construidos) o de cinismo (porque estableceríamos que los sentimientos morales son compatibles con consideraciones políticas, posiciones ideológicas e incluso de intereses prácticos) Hay, por lo tanto, una dificultad particular, creo, en ejercer un pensamiento crítico sobre esas cuestiones que tenemos la tendencia a ponerlas mas allá de cualquier discusión. La razón humanitaria es moralmente intachable.

Sin embargo, una vez que logramos sortear ese tabú intelectual, viene la pregunta ahora: ¿cuál sería la distancia justa para estudiarlo? O tal vez más exactamente: ¿cuál sería la posición adecuada para la crítica? Desde Platón y la famosa alegoría del Libro VII de *La Républi-que*, una respuesta clásica, –y sobre todo, heroica– consiste en estimar que la función social de la crítica sería dar a los hombres la luz de la verdad. De esa forma, estando decididos a salir de la caverna donde son retenidos sus compañeros de infortunio, el filósofo puede decir a la vez que hay un sol en el exterior y que ellos viven en la ilusión de las sombras que toman por realidad. Él les aporta, por lo tanto, el conocimiento de eso que ellos ignoran y la crítica de eso que creen saber. Es tomando lo inverso de ese texto que Michel Walzer propone su concepción de la crítica: "Algunos no buscan conocer otras críticas: no encuentran sus pares más que fuera de la caverna, en la llama de la verdad. Otros encuentran sus semejantes e incluso sus camaradas en el interior, en las sombras de las verdades contingentes e inciertas"[3]. Él muestra la diferencia de estatuto de la crítica en función de la posición ocupada: radicalidad generalmente arrogante en el exterior de la caverna, comprensión voluntaria complaciente en el interior.

La mayoría de los trabajos en ciencias sociales se sitúan de un lado y del otro de la línea, afuera o adentro. Es necesario hacer la elección de su campo – o mucho más de su posición. Por un lado devela, del otro traduce[4]. Unos practican la denuncia del orden social. Los otros proponen una gramática de los mundos sociales. En los sociólogos esta tensión se expresa entre aquellos que hacen de la crítica un instrumento de su radicalidad y aquellos que la toman como objeto de su análisis: sociología crítica *versus* sociología de la crítica. En antropología, la demarcación se hace generalmente entre aquellos que toman la violencia estructural del mundo y aquellos que esperan dar cuenta de los ordenamientos particulares de cada sociedad: antropología crítica *versus* antropología culturalista, si podemos decir así.

En el fondo, encontramos aquí la diferencia entre dos enfoques de la ideología[5]: aquella de Marx, porque es la que deforma, trasviste e

---

[3] Michel Walzer escribe también (1996/1988, pp. 11-12): "Yo me opongo a la afirmación según la cual los principios morales serían exteriores a la experiencia cotidiana: esperando en cualquier lugar alejado que los filósofos, despojados y sin pasión, los descubran. De hecho el mundo cotidiano es un mundo moral, y nosotros ganaríamos estudiando las reglas, las máximas, las convenciones internas, mucho más que deshojándonos para buscar algún punto de vista universal y trascendente". Él defiende una crítica más cercana a lo cotidiano.

[4] Podemos retomar aquí la distinción que propone Thomas Bénatouï (1999) entre los dos grandes paradigmas teóricos que son la sociología del descubrimiento, de inspiración marxista, tal como la desarrolla Pierre Bourdieu, y la sociología de la traducción, heredera del pragmatismo, tal como la defiende Bruno Latour y Michel Callon. Notaremos que Luc Boltansky se pasó de la primera a la segunda.

[5] Debemos a Paul Ricœur (1997) esta exploración sistemática del concepto de ideo-

incluso invierte la realidad para mostrarnos las lógicas de dominación y los intereses de clase; y aquella de Geertz, porque es el sistema cultural por el cual nosotros tomamos sentido, en particular políticamente, de las relaciones sociales. La primera es simuladora y nos excede, la segunda es integradora y nos constituye. Podríamos de esa forma comprender la ideología humanitaria, en un caso, a partir de lo que oculta de la realidad del mundo, y en el otro en tanto que ella se convirtió en nuestra manera de aprehenderlo. En un primer análisis, las dos perspectivas se oponen en serie de parejas que parecen irreconciliables: no se puede estar adentro y afuera a la vez, develar lo que los agentes no verían y traducir eso que saben mejor que nosotros. Arriesgamos sin embargo una reformulación de esta dualidad planteando la posibilidad de un pensamiento crítico que se sitúe en "las fronteras[6]"– al borde de la caverna, de alguna manera, allí donde un paso a un costado nos pone en la luz, cuando el otro nos deja en las tinieblas.

Es esa posición en las fronteras la que he querido defender en esta obra. No me sitúe por encima de los actores, en un lugar de donde la crítica es mucho más fácil que el arte que no es nunca puesto a prueba. No he tomado, por lo tanto, como concedido el fundamento del discurso sobre el sufrimiento, la benevolencia de las políticas compasivas, la reducción de las personas al estatuto de víctimas. Me he esforzado por entender lo que significaba esta razón humanitaria y lo que ocultaba, de no tomarla ni como el mejor de los gobiernos posibles ni como la ilusión de la que abusaríamos. Multiplicando los ángulos de vista –de escenas próximas en escenas lejanas, de lugares de escucha a zonas de conflicto-, diversificando los objetos – de la administración de los pobres a la gestión de las catástrofes, del tratamiento del asilo a la cuestión de los testimonios– me parece que podemos hacer más inteligibles las lógicas globales de la razón humanitaria. Especialmente, en cada uno de los terrenos, traté de proceder por idas y vueltas entre el adentro y el afuera de los mundos sociales que

logía, especialmente en *L'idéologie allemande de Marx y Engels* y en el texto "Ideology as Culture" de Clifford Geertz.

[6] Como lo escribe Michel Foucault (1994, p. 574) en la citación dada en el epígrafe que él continúa haciendo del *"ethos filosófico"* una *"actitud límite"*.

estudié, atento a los discursos y a las prácticas de sus miembros, tanto como a las cuestiones que en mi opinión se les escapaban, ajustando de cerca sus coerciones pero también sus espacios de libertad. De esa forma mi crítica se pudo sostener sobre la lucidez y la reflexividad de los actores –muchos de los que mostraban su ambivalencia o su decepción en relación a las políticas puestas en acción– sin renunciar, sin embargo, al trabajo antropológico que se aplica a explorar los puntos ciegos. Por otra parte, para haber hecho los certificados médicos a solicitud de los extranjeros en situación irregular, siempre criticando la humanización de las políticas de inmigración y por haber trabajado en organizaciones humanitarias manteniendo siempre una postura crítica en su seno, sabía por experiencia que era posible responder a este doble mandato. Conozco la posibilidad y aún la necesidad –pero también la dificultad de este juego de compromiso y de distanciamiento que, lejos de ser una suerte de esquizofrenia, proviene simplemente de una exigencia ética e intelectual en vista de la que el respeto por los interlocutores no impide la exploración de los territorios sobre los que ellos no pueden o no quieren ir.

La crítica que defiendo es por lo tanto una crítica que nos implica –individual y colectivamente– y no una crítica que deja al investigador en ciencias sociales solo, en el exterior de la caverna. También, creo, una verdadera radicalidad de la crítica[7]. Pero, como es con los filósofos con los que yo me comprometí en este diálogo, debo agregar que a diferencia de la forma en que ellos proceden, los sociólogos y los antropólogos –al menos aquellos que tienen una práctica etnográfica – producen su crítica a partir de investigaciones en las que los individuos piensan y actúan, de los grupos que se forman y se oponen, de los intereses que se afirman y se combaten. Ellos no están en el reino de los conceptos, sino en lo cotidiano de la vida. Ellos deben por lo tanto hacer, con este "empirismo irreductible", del que habla Olivier

[7] Según Vicente Descombes (2008, p. 61), dos posturas radicales entran en competencia: la "crítica ideológica" que pone todo en entredicho, salvo la posibilidad misma de reconstruir artificialmente otra ideología en lugar de la precedente, y la "critica intelectual de nuestra ideología" que incluye nuestro propio cuestionamiento y a la que ella misma se suma, mucho más cerca de lo que lo afirma la proposición de Michel Foucault para quien la crítica nos apunta en principio a nosotros mismos.

362

Schwartz[8]. Por supuesto que las cosas son un poco más complicadas de lo que parecen: detrás de las ideas y las ideologías, hay personas, con sus contradicciones y sus dudas, que pertenecen sucesiva o simultáneamente a mundos diferentes, que defienden posiciones variables y se inscriben en lógicas distintas. Hay también situaciones cuyas interpretaciones son delicadas y lo que está en juego es incierto, en las cuales las relaciones de fuerza se desplazan y aún se invierten. Confrontado con esos actores y esos hechos que resisten a toda tentativa de reducción, la crítica debe dar cuenta de esa irreductibilidad. Es la fragilidad, pero también, no tenemos duda, la grandeza de las ciencias sociales que debe siempre contemporizar con una complejidad y una indeterminación de los hechos que son simplemente el resultado de las intenciones y de las acciones humanas.

*　*　*

En esas condiciones, ¿qué es una crítica de la razón humanitaria? Si admitimos, con Charles Taylor, que los "imaginarios sociales" de una época "no son el conjunto de ideas, sino mucho más eso que permite, dándole sentido, las prácticas de una sociedad", entonces podemos decir que la razón humanitaria representa un poderoso imaginario social de nuestro tiempo. Sin embargo, ella parece escapar al análisis del filósofo canadiense para quien "lo que es central en la modernidad occidental, es una nueva concepción del orden moral de la sociedad", en el corazón de la cual se sitúa "la economía de mercado, el espacio público y la soberanía del pueblo, entre otras". Creo que la razón humanitaria muestra un poco más de este "entre otros": ocupa un lugar crucial en el orden moral contemporáneo. Creo haberlo mostrado en el texto, analizando como es movilizada en las prácticas de nuestras sociedades, en el tratamiento de la pobreza, del asilo o de la infancia

---

[8] En su comentario de la obra de Nels Anderson (Schwartz, 1993, p.266), afirma la necesidad de concebir la investigación en términos de impureza: "Reivindicar la dimensión empirista por una práctica como la etnografía, es en principio reconocer que, en las condiciones en que se ejerce, los materiales y las operaciones que le llegan contienen una cierta dosis de "impureza", es decir de inadecuación a las presiones de validez y objetivación científica".

en peligro, en la justificación de las acciones públicas, de las causas e incluso de la guerra. Esta razón humanitaria está inscripta en nuestra modernidad –porque aparece en Gran Bretaña, con los movimientos para la abolición de la esclavitud a fines del siglo XVIII– pero también en nuestro presente –especialmente en Francia con la creación de las grandes organizaciones no gubernamentales de intervención de urgencia en las últimas décadas del siglo XX. El trazo distintivo, en esta mirada, de las sociedades contemporáneas es ciertamente la generalización del referencial de los sentimientos morales en la vida política. Es lo que propongo llamar el gobierno humanitario. Volvamos una última vez sobre lo que lo caracteriza. Debemos considerar aquí, la doble significación de la palabra "humanidad" que la lengua francesa reúne en un solo término indiferenciado por el uso, mientras que el alemán y el inglés se muestran semánticamente más discriminantes[9]. En tanto que *Menschlickeit* o *mankind,* la humanidad es el conjunto de hombres y de mujeres y por lo tanto aquello que los distingue de otros seres vivientes. En tanto que *Humanität* o *humaneness* la humanidad es la simpatía que uno siente por sus semejantes y especialmente por aquellos que sufren. El primero describe la especie humana, el segundo es un sentimiento moral frente a los seres humanos. Los dos están ligados por un mismo principio inclusivo y exclusivo a la vez, que es una característica fundamental de las Luces. Inclusivo, en el sentido de que hace entrar a todos los seres humanos en una misma categoría, no solo biológica, sino también política. Exclusivo, en el sentido de que separa a los seres humanos del reino animal y les da un estatuto específico. En los dos sentidos de especie y de sentimiento, la humanidad supone, en consecuencia, una igualdad de derechos entre los seres humanos; se trata aquí de una innovación mayor en vista de los paradigmas anteriores, como lo mostró Reinhart Kosselleck[10].

[9] Como lo recuerda André Lalande (1993/1926, vol. 1, pp. 423-424) de donde yo retomo con bastante libertad los diferentes sentidos en las tres lenguas.

[10] En su investigación sobre los "conceptos antinómicos asimétricos",- Hellènes *versus* Barbares, cristianos *versus* paganos-, Kosselleck (1990/1979, p. 216-217) afirma que el reconocimiento de la idea de humanidad introduce un elemento fundamentalmente nuevo: implica que no hay exterior de esta categoría, porque "cualquiera puede referirse a la humanidad".

Más precisamente aún, la humanidad establece, si retomamos la doble significación, que todas las vidas son igualmente sagradas y que todos los sufrimientos valen ser consolados. El gobierno humanitario deviene de esta premisa. Él es una política de la vida y una política del sufrimiento. Sin embargo, ambos no se superponen completamente. Este libro se explaya sobre la segunda premisa, tal como ella es puesta en acción en los lugares de escucha, y se reafirma sobre la primera, tal como se despliega en las escenas de conflicto. En realidad, todo el volumen se organiza alrededor de esta dualidad que es también una complementariedad: equivalencia de las vidas, equivalencia de los sufrimientos. Es aquí precisamente donde reside la cuestión de la invocación humanitaria en Francia, a favor de los extranjeros enfermos para los que una afección grave justifica la regularización de su estadía, de la excepción humanitaria proclamada en Venezuela donde pobres y ricos son presumidamente iguales frente a la catástrofe natural, de la psiquiatría humanitaria en la segunda Intifada con el esfuerzo por poner en el mismo plano a las víctimas de ambos campos, de las organizaciones humanitarias que permanecieron en Irak bajo las bombas exponiendo a sus miembros, del mismo modo en que lo estaban los habitantes de Bagdad.

Históricamente, pero también genealógicamente, la razón humanitaria así definida se inscribe en la sociedad occidental. Históricamente en principio, porque esos grandes episodios –desde el abolicionismo inglés hay dos siglos, hasta el intervencionismo de los Estados Unidos de las dos últimas décadas, de la fundación de la Cruz Roja al nacimiento de MSF– pertenecen a la historia de Europa y de América del Norte. Genealógicamente después, porque el *ethos* de donde procede encuentra su fuente en el mundo cristiano –tanto para lo que es la sacralización de la vida como en lo que concierne a la valorización del sufrimiento– aún si, entendamos, hay otras tradiciones de compasión y de caridad, del Islam al hinduismo. Las dos dimensiones –histórica y genealógica– están ligadas en el expansionismo humanitario contemporáneo. De este expansionismo debemos entender el alcance antropológico. Durante mucho tiempo pensamos en el "fin de lo religioso" en términos nietzscheanos de la muerte de Dios y weberianos del desencantamiento del mundo. Recientemente invertimos esto, señalando el "regreso a la religión" a través del fundamentalismo musulmán, judío o cristiano, pero también con la multiplicación de las iglesias y de las sectas en América y en Europa, como en África o Asia. Sin subestimar ese movimiento de renacimientos religiosos, debemos considerar también otra evolución, menos visible pero tal vez más profunda, que se manifiesta a través de la secularización de lo religioso, en suma "lo religioso después de la religión", para retomar una fórmula de Marcel Gauchet[11]. La presencia contemporánea de lo religioso se manifestaría de la manera más eficaz allí donde está lo menos reparable, allí donde nos sería absolutamente evidente que seríamos más en la medida en que la reconozcamos. Más que en la renovación de las expresiones de las religiones en los cinco continentes, la última victoria de lo religioso sería su permanencia en el corazón de nuestros valores laicos democráticos –en el valor acordado a la vida y el sentido dado al sufrimiento.

Que la vida humana sea el bien supremo es para nosotros un principio intangible que consideramos como una conquista decisiva de nuestra modernidad –aun cuando, entre los países que todavía no abolieron la pena de muerte, se encuentra aquel que recurre frecuentemente al argumento humanitario para justificar las guerras, es decir Estados Unidos. Sin embargo, ese principio se inscribe en una larga persistencia, como lo recuerda Hannah Arendt: "Si la vida es impuesta en la época moderna, como el último punto de reparo, si permanece siendo el soberano de la sociedad moderna, es que la inversión moderna se ha operado en el contexto de una sociedad cristiana en la cual la creencia fundamental del carácter sagrado de la vida ha sobrevivido, absolutamente intacta, después de la laicalización y la declinación de

---

[11] Al término de su investigación sobre *Le Désenchantement du monde* (1985, pp.292-299), señala que permanece un "estrato subjetivo ineliminable del fenómeno religioso" del que da tres manifestaciones: una experiencia de pensamiento alrededor del misterio del infinito, una experiencia estética de lo indecible, una experiencia del problema que somos nosotros para nosotros mismos. Sorprendentemente, desconoce la traza singular del cristianismo en el orden político y moral contemporáneo. A la inversa, Jonathan Benthall (2008), en su reciente estudio sobre el "regreso de lo religioso", consagra un capítulo substancial a lo humanitario. Pero es verdad que, en el curso de las dos décadas que separan ambas obras, el fenómeno ha tomado entidad.

la fe cristiana[12]". Propongo llamar "bio-legitimidad" a este reconocimiento de la vida como valor superior a todos los otros, una vida que es necesario entender en el sentido de estar vivo. Ella está en el corazón del gobierno humanitario, en el privilegio otorgado a los inmigrantes gravemente enfermos sobre todos los otros extranjeros, o en el consenso universal que rodea a las intervenciones de socorro de urgencia, más que en los programas de justicia social. Es, por el contrario, eso que nos resulta inteligible e insoportable tanto como las políticas que hacen prevalecer los intereses colectivos de la salud pública sobre los beneficios individuales de los pacientes, como las acciones de los combatientes que se sacrifican en los ataques suicidas contra sus enemigos.

De forma paradigmática, en las sociedades occidentales, el compromiso romántico en el mundo se desplazó de la figura del voluntario, arriesgando su vida al lado de los movimientos de liberación, a la figura de lo humanitario, salvando vidas en los espacios liberados por los beligerantes. Bajo el mismo vocablo –"vida" -, no están las mismas verdades que lo enuncian: vida política de aquel que pelea, en el primer caso, vida física de aquel que socorremos en el segundo. No se trata aquí de establecer una jerarquía entre los dos, sino de, por una parte, constatar que ha habido un gran desplazamiento, del que nosotros no tenemos absoluta conciencia, y, por otra parte, observar que, de todas las significaciones posibles que podemos dar a la condición humana, es aquella que responde a la definición más restrictiva pero también la menos discutible de la vida, la que hemos puesto en la cumbre de nuestros valores: eso que Walter Benjamin llama el "simple hecho de vivir[13]". Que la cosa no sea más cuestionada no significa que no podamos discutir el asunto.

---

[12] Al final de *Condition de l'homme moderne* (1961/1958, pp. 390-398), se empeña en comprender cómo la vida devino nuestra soberana y ve en la promesa cristiana de la inmortalidad la llave de esta transformación. Agrega también que la vida individual sustituye, entonces, a la vida de la ciudad.

[13] La fórmula, sacada de la "Critique de la violence" (2000/1921), es bien conocida: "Y veamos finalmente qué mueve a la reflexión: eso que es calificado como sagrado es lo que el antiguo pensamiento mítico designaba como portador de culpabilidad: el simple hecho de vivir".

Paralelamente, las economías morales contemporáneas se constituyen alrededor de una nueva relación del sufrimiento que se ha constituido en un elemento central de nuestra vida pública. Insistimos sobre esta paradoja: mientras que el espectáculo del sufrimiento humano ha desaparecido de los lugares públicos donde antes mostraban los suplicios infligidos a los criminales. Su representación por la imagen y el relato ha devenido cada vez más habitual en la esfera pública, no solo en los medios, de los que sabemos su propensión a develar intimidades dolorosas, sino también en el mundo político al que ellos proveen una argumentación eficaz para justificar sus acciones. Esta fascinación por el sufrimiento se inscribe también en una genealogía cristiana. Aún si la encontramos en numerosos esquemas de pensamiento, en los estoicos por ejemplo, su experiencia humana fundante está estrechamente ligada a la Pasión de Cristo redimiendo la falta original del hombre y la mujer, una Pasión actualizada durante muchos años en el sacrifico de los mártires y la mortificación de los santos. La singularidad del cristianismo es hacer del sufrimiento una redención. En esta genealogía dolorosa, la modernidad introduce sin embargo una ruptura, por el uso que se ha hecho del sufrimiento, tanto en la literatura como en la política. La pasión se invierte en compasión, la exaltación del propio sufrimiento en atención al sufrimiento de los otros. O como lo sugiere también Hannah Arendt: "La historia está aquí para enseñarnos que no es del todo fatal que el espectáculo de la miseria inspire la piedad de los hombres; aún durante largos siglos en el curso de los que la religión de gracias del cristianismo determinaba la escala de los valores morales de la civilización occidental, la piedad solo existía por fuera de la vida política y generalmente por fuera de la jerarquía establecida por la Iglesia[14]". Con la entrada del sufrimiento en política, si podemos

[14] En su *Essai sur la révolution* (1967/1963, p. 99 y 160) señala que el sufrimiento, mudo como era, se hace locuaz y, a través del gesto revolucionario, se convirtió en un poderoso resorte de la acción colectiva: "Las masas sufrientes descendían a las calles sin ser invitadas por aquellos que se convertían entonces en sus organizadores y sus portavoces. Pero, los sufrimientos que mostraban no transformaban a los desposeídos en furiosos más que cuando el cuidado compasivo de los revolucionarios comienza a glorificar el sufrimiento". Más aún que a Robespierre, Hannah Arendt reprocha a Rousseau por esta irrupción del sufrimiento en el discurso político, lo que refuta Myriam Revault d'Allonnes (2008, pp.69-70).

decirlo, no somos salvados por la pasión que soportamos, sino por la compasión que sentimos. Ese sentimiento moral es, en su momento, fuente de la acción, porque queremos corregir la situación que provoca el malestar de los otros.

El gobierno humanitario es el heredero de esta protesta activa contra el sufrimiento del mundo. Pero, él la transforma en dos puntos esenciales: en principio, renunciando definitivamente a la violencia por no aceptar intervenir más que en espacios que estén previamente pacificados (esos corredores seguros que exigen a los beligerantes); después, sustituyendo con su propia acción la acción de las masas sufrientes (ya que no son más ellas las que expresan directamente sus condiciones). Sin embargo, más allá de esas evoluciones en el período, debemos señalar la continuidad en el período del lugar del sufrimiento en el espacio moral de las sociedades occidentales e incluso su valorización como experiencia de salud, individual o colectiva. Esta valorización es ambigua, como lo subrayaba ya San Agustín[15], porque el espectáculo del sufrimiento del otro despierta a su vez el horror y el placer: ponemos a prueba la tristeza viendo la desgracia de los otros y, mientras tanto, no podemos separarnos de esa visión, porque, dice "amamos probar la piedad". Esta dualidad emocional de la empatía sigue siendo un rasgo característico de la razón humanitaria. Es suficiente ver la exposición iconográfica de los cuerpos raquíticos y las miradas implorantes en las campañas de ayuda a las poblaciones del tercer mundo para comprobar la permanencia de esta doble valencia del sufrimiento que indigna y al mismo tiempo atrae. Del mismo modo, el relato del infortunio de los desocupados que piden ayudas financieras, de los solicitantes de asilo en busca de un estatuto de refugiado, de los niños con SIDA en África del Sur y de los adolescentes de la segunda Intifada participa de esta lógica de la exposición del sufrimiento por el que, pensamos, la movilización de los sentimientos morales permite acceder a la verdad trascendente de las víctimas.

---

[15] Refiriéndose en *Confessions* (1964, III-2, p. 50) a sus emociones frente al sufrimiento representado en el teatro, él se preguntaba: "¿Por qué el hombre quiere afligirse contemplando aventuras trágicas y lamentables que no quisiera sufrir él mismo? ¿Qué hay aquí sino una lamentable locura?".

De ese modo, profundamente anclados en la historia cristiana del mundo occidental, la sacralización de la vida y la valorización del sufrimiento hacen del gobierno humanitario contemporáneo una forma de teología política. Conocemos la afirmación de Carl Schmitt: "Todos los conceptos generadores de la teoría moderna del Estado son conceptos teológicos secularizados[16]". Si bien esta proposición es discutible en su formulación general y si, especialmente, la analogía del estado de excepción y del milagro cristiano pueden no convencer en absoluto, ella encuentra sin embargo su pertinencia, si bien de manera más circunscripta alrededor del díptico que compone la vida como bien supremo y el sufrimiento como prueba redentora. El gobierno humanitario, desde que instituye en el espacio político esos dos fundamentos del pensamiento cristiano, aparece manifiestamente en adelante como la parte religiosa del orden democrático contemporáneo. La doble política de la vida y el sufrimiento, de lo que reclama y de lo que promete, prolonga y renueva la herencia cristiana. Afirmar esta herencia permite dar toda su significación al desarrollo de la razón humanitaria. En el fondo, es una de las respuestas a las preguntas de Claude Lefort sobre la "permanencia de lo teológico-político[17]. Porque concluye de esta forma su examen de la cuestión: "En lugar de buscar en la democracia un nuevo episodio de transferencia de lo religioso en lo político, no deberíamos pensar que, además, lo teológico y lo político están desnudos, que el diseño de una nueva experiencia de la institución social se ha construido, que la reactivación de lo religioso se hace en el momento de su debilidad, que su eficacia no es más simbólica

[16] En el famoso capítulo 3 de su *Théologhie Politique* (1988/1922, p. 46) precisa: "Y es verdad que no solo de su desarrollo histórico, porque ellos han sido transferidos de la teología a la teoría del Estado, sino también de su estructura sistemática, donde el conocimiento es necesario para un análisis sociológico de esos conceptos".

[17] Donde renueva la formulación preguntándose (1986, p. 293): "¿Más que querer definir las relaciones que mantienen lo político y lo religioso, para apreciar el grado de subordinación del uno al otro y, en consecuencia, de interrogarse sobre la permanencia o no del pensamiento religioso en la sociedad moderna, no sería mejor darse en primera instancia, histórica y lógicamente, una formación teológico-política?" Entre las figuras que sustentan esta formación, agregaría que podemos encontrar, al lado de la nación y del pueblo, que han forjado o legitimado numerosos regímenes de nuestra modernidad, la figura de la humanidad con la que se identifica el gobierno humanitario.

sino imaginaria, que finalmente ella no hace más que testimoniar una dificultad, sin duda irreversible, sin duda ontológica, de la democracia por hacerse visible para sí misma – también de una dificultad para el pensamiento político, filosófico, de asumir sin travestismo, lo trágico de la condición moderna? Tal es la tesis defendida en ese libro: la razón humanitaria corresponde a este último repliegue teológico-político que "se hace en los puntos de su debilidad", allí donde "lo trágico de la condición moderna" no puede ser más eludido.

Desde esta perspectiva, propongo, por lo tanto, considerar el gobierno humanitario como la respuesta que nuestras sociedades han aportado a lo intolerable del estado moderno contemporáneo[18]. Frente a las violencias, las catástrofes, las epidemias, pero también la pobreza, la precariedad, el malestar, lo que es intolerable, no es solo la presencia de lo trágico, sino el lugar en el que se inscribe. Las vidas de los adolescentes palestinos, del civil iraquí y del enfermo africano valen bastante menos que las vidas del niño israelí, del militar estadounidense y del paciente europeo. El sufrimiento del desocupado, del refugiado, del siniestrado no es el simple producto de un infortunio, es también la manifestación de una injusticia. La razón humanitaria, instituyendo la equivalencia de las vidas y la equivalencia de los sufrimientos, nos permite creer también –contra la evidencia cotidiana de las realidades a las que estamos confrontados– en ese concepto mismo de humanidad que supone que todos los seres humanos valen lo mismo porque pertenecen a un mundo común. El gobierno humanitario es de esa forma para nosotros el poder que redime porque en tanto salva vidas, salva algo de la idea de nosotros mismos y porque aligerando los sufrimientos, aligera del mismo modo el peso de nuestro orden mundial desigual. Seguramente podemos pensar que este es uno de los usos cínicos, cuando la aviación norteamericana deja caer bombas en el mismo momento que cajas con alimentos sobre las poblaciones afganas o cuando una organización no gubernamental trata de raptar niños chechenos para hacerlos adoptar por familias francesas. Pero, esa desviación de la razón humanitaria no debe desviarnos al mismo

---

[18] Para un definición y una discusión del concepto de intolerable, me permito reenviar a mi texto (2005).

tiempo de su profunda significación que es por otra parte, probablemente menos desconcertante. Sería ciertamente reconfortante pensar en esas derivaciones en el registro de la excepción o de la perversión. En realidad, nos hace mucha falta interesarnos en comprender las lógicas de este imaginario social y sus implicancias sociales y políticas.

Porque el gobierno humanitario hace más que preservar nuestra concepción de lo humano, nos confiere en el sentido moral que nos otorga, nuestra propia parte de humanidad. Devenimos plenamente humanos por la forma en que nosotros tratamos a nuestros semejantes. No pienso aquí en el afecto individual del donante generoso o del voluntario dedicado, sino en el sentimiento colectivo por el que nuestras sociedades pueden pensarse solidarias de las miserias del mundo, ya sean ellas cercanas o lejanas. Si, como los escribe Zygmunt Bauman, la producción de vidas humanas superfluas, dicho de otro modo, sin valor social, es "simultáneamente el problema más preocupante y el secreto mejor guardado de nuestro tiempo"[19], entonces la defensa de la razón humanitaria representa el contrapunto ético, porque se inscribe en falso contra esta lógica, afirmando el principio de la igualdad de valor de todas las vidas.

Sin embargo, en escala planetaria, el gobierno humanitario se despliega evidentemente en un doble canon. En los países pobres, el asunto es de poblaciones numerosas y generalmente indiferenciadas, para las que se implementan tratamientos en masa. En los países ricos, por el contrario examina los relatos y escruta los cuerpos. Los refugiados representan la configuración paradigmática de los primeros, los demandantes de asilo la figura emblemática de los segundos. Para unos, los campos inmensos donde son agrupados, protegidos, cuidados por miles. A los otros, la casuística sutil por la que se decide con parsimonia cuáles de ellos pueden beneficiarse de una protección convencional. Pero, para que ese doble registro humanitario funcione, es necesario hacer lo más impermeables posible las fronteras, a la vez territoriales y morales, entre los dos mundos, y por ejemplo impedir a

[19] Según Bauman (2004, pp. 4 y 12), la noción de "*wasted lives*" reenvía a la idea de un "planeta pleno" sobre el que los seres humanos serían constituidos en "poblaciones superfluas".

los refugiados del sur reivindicar las prerrogativas de los demandantes de asilo del norte. Desarrollé ese punto alrededor del tema de Sangatte y del fracaso de *East Sea,* mostrando la importancia que tenía, para las sociedades occidentales, dejar abiertos lo menos posibles los espacios democráticos, guardándose para la eventualidad, para aquellas y aquellos que llegan sin embargo a inmiscuirse, considerarlos finalmente, bajo el título de humanitario, mucho más que de derecho.

Por eso, esta última razón devela una profunda verdad: "desplazando el derecho del receptor" sobre la "obligación del donante", según el análisis de George Simmel[20] de las respuestas a la pobreza pero que podemos generalizar a todas las formas de asistencia, él instituye un orden radicalmente desigual que es la marca de la razón humanitaria y esto estructuralmente, dicho de otra forma, independientemente de la voluntad de los actores. Esta desigualdad es infranqueable, precisamente porque está socialmente instituida y no individualmente decidida. El hecho no es solo demostrable teóricamente, sino empíricamente. Ese es todo el sentido de las investigaciones presentadas aquí, tratando de establecer, más allá de los lugares habituales donde lo humanitario tiene su lugar legítimo: en el seno de las organizaciones no gubernamentales de urgencia y de las instituciones internacionales de protección a los refugiados.

Entendiendo bien, podemos remarcar que la introducción de la razón humanitaria en la gestión del asilo y de la inmigración en Francia, de la ayuda de los huérfanos en África del Sur o el socorro a los siniestrados de Venezuela, permiten manifestar una proximidad entre el actor humanitario –ya sea que se trata de un voluntario de una organización no gubernamental o de un funcionario del Estado– y las personas asistidas a las que incluso a veces es posible darles una cierta presencia personal. De esa forma, el candidato al estatuto de refugiado cuya historia puesta en duda es validada por una cicatriz que certifica

---

[20] Para Simmel (1998/1908), pp. 45-46), ese basculamiento es decisivo: "desde que el bienestar de la sociedad requiere la asistencia de los pobres, la motivación se aleja de ese objetivo para dirigirse sobre el donante, sin, como consecuencia, volverse al receptor. El hombre pobre, en tanto que persona y su propia percepción de su posición en su conciencia, tiene también poca importancia a los ojos del donante que da una limosna para la salud de su alma".

las violencias sufridas, el extranjero sin papeles al que una enfermedad grave le confiere sorpresivamente una legitimidad para recibir un permiso de estadía, el niño sudafricano que se beneficia de la solicitud de las instituciones internacionales porque ha perdido a sus padres, la mujer venezolana que las fuerzas militares salvaron de la catástrofe natural, nos resultan todos ellos, gracias a la razón humanitaria, simplemente un poco más humanos. Y, ese resultado no es por cierto nada despreciable, especialmente en vista de la deshumanización de la que habitualmente son objeto.

Sin embargo, el mismo gesto por el que ellos parecen ser reconocidos los reduce a lo que no son –y generalmente rechazan ser–, reforzando su situación de víctima, ignorando su historia y haciendo sorda su palabra. La razón humanitaria está más atenta a la vida biológica de los despojados y los miserables –aquella en nombre de la que se le aporta la ayuda– que a su vida biográfica –aquella por medio de la cual serían capaces de darse a sí mismos un sentido a su existencia[21]. La administradora de los Fondos de urgencia social distribuida a los desocupados y precarios que se maravilla de la capacidad de los solicitantes de contar su desgracia y de justificar su demanda y, la periodista destinada a los territorios palestinos que se sorprendía de que esos temerarios tiradores de piedras palestinos mojaran su cama durante la noche pensaban, tanto una como la otra, haber hecho un importante descubrimiento sobre la subjetividad de los pobres, la primera, y de los combatientes, la segunda. Y es además muy probable que en el mismo momento en que ellas tenían esta epifanía, desconocieran completamente lo que sienten aquellos de quienes hablan.

Hay una verdad menos anodina de lo que parece. En el fondo, lo que le falta al gobierno humanitario es tal vez reconocer, más allá de la vida como cosa sagrada y del sufrimiento como valor, el otro "rostro", por hablar como Emmanuel Levinas, ese "rostro presente en su

---

[21] Una distinción que establece Hannah Arendt (1961/1958, p. 143) cuando escribe: "Limitado por un comienzo y un fin, es decir por los dos eventos supremos de la aparición y la desaparición del mundo, la vida sigue un movimiento estrictamente lineal, causado por el mismo motor biológico que anima a todos los vivos. La característica principal de esta vida, específicamente humana, es de estar ella misma siempre plena de eventos que finalmente pueden ser contados, pueden construir una biografía".

rechazo de ser reprimido[22]", ese rostro que resiste a toda tentativa de posesión, aún en nombre del bien. En esta perspectiva, reconocer un rostro, es también reconocer un derecho, más allá de toda obligación, y por lo tanto un sujeto, más allá de toda opresión, esto hace a la razón humanitaria.

*   *   *

El 2 de agosto de 1999, a la llegada del vuelo Conakry-Bruselas, se descubren dos cuerpos en el tren de aterrizaje del avión de la Sabena[23]. Esos muertos –de frío o de asfixia comentaban los especialistas- probablemente habrían pasado desapercibidos, como otros ocurridos en situaciones similares en el curso de este período, si no hubiera sido la ocurrencia de dos niños de catorce y quince años y, especialmente si no se hubiera encontrado, apretada en la mano de uno de ellos la siguiente carta:

Excelencias, Señores miembros y responsables de Europa:
Nosotros tenemos el honorable placer y la gran confianza de escribirles esta carta para hablarles del objetivo de nuestro viaje y del sufrimiento nuestro, de los niños y jóvenes de África. Pero ante todo, nosotros les presentamos los saludos más deliciosos, adorables y respetados en la vida. En este sentido, son nuestro apoyo y nuestra ayuda. Ustedes son para nosotros, en África, aquellos a quien debemos pedir socorro. Nosotros les suplicamos, por amor a vuestro continente, por el sentimiento que ustedes tienen por vuestro pueblo y especialmente por la afinidad y el amor que ustedes tienen por vuestros hijos, que amen la vida. Es más, por el amor y la timidez de nuestro creador Dios todopoderoso que les da todas las buenas experiencias, riquezas y poder de bien construir y organizar vuestro continente para ser el más bello y admirable entre los otros.

[22] Y del resto, de vuelta, según Levinas (1961, pp. 211 y 215, "la resistencia del Otro no me hace violencia no actúa negativamente, ella tiene una estructura positiva: ética".

[23] La historia es informada el 4 de agosto de 1999 en el diario belga *Le Soir* , bajo el título: "La última lección de dos escolares". Una obra de teatro llamada *Atterrissage* fue escrita por el dramaturgo Kangni Alem y presentada en Europa y África.

Señores los miembros y responsables de Europa, es vuestra solidaridad y vuestra gentileza que nosotros gritamos el socorro a África. Ayúdennos, nosotros sufrimos enormemente en África, tenemos muchos problemas y muchas carencias a nivel de derechos de los niños.

A nivel de los problemas tenemos la guerra, la enfermedad, falta de alimentación, etc. En cuanto a los derechos del niño, es en África y especialmente en Guinea que tenemos muchas escuelas pero una gran falta de educación y una buena enseñanza, pero es necesario mucho dinero. Sin embargo, nuestros padres son pobres y no tienen para darnos de comer. Además, tampoco tenemos escuelas deportivas, donde podríamos practicar football, básquet o tenis.

Es por eso que nosotros, los niños y jóvenes de África, les pedimos hacer una gran organización eficaz para África para permitirnos progresar. Por lo tanto, si ustedes ven que nosotros nos sacrificamos y exponemos nuestra vida, es porque sufrimos mucho en África y que tenemos necesidad de luchar contra la pobreza y poner fin a la guerra en África. Sin embargo nosotros queremos estudiar, y les pedimos que nos ayuden a estudiar para ser como ustedes en África.

Finalmente, nosotros les rogamos muy muy fuerte haber osado escribirles esta carta en tanto Ustedes grandes personajes a quienes nosotros debemos tanto respeto. Y no olviden que es a ustedes a quienes nosotros debemos rogar por la debilidad de nuestra resistencia en África.

Escrita por dos niños guineanos, Yaguine Koita y Fodé Tonkara.

La emoción suscitada por este drama, especialmente en Bélgica donde algunos meses más tarde una joven nigeriana es muerta asfixiada por los policías encargados de devolverla a su país, no tiene solo la solución fatal de esta travesía intercontinental de dos niños buscando escapar de la pobreza y la violencia de su país. Está ligada a la calidad singular de esta carta que, podríamos decir, toca a las sociedades occidentales en el corazón. Describiéndola como un "pedido humillante hacia un superior" y una "llamado patético por la benevolencia paternalista neocolonial", James Ferguson equivoca el sentido que ella tiene, porque él es ciertamente delicado al aventurarse sobre el terreno de la interpretación, al menos para nosotros – o tal vez más exactamente, para ellos en relación con nosotros[24]. Más allá del código cultural y literario de la súplica, que podríamos a la fuerza reducir a una relación "neocolonial", y que además, lo vimos, que ella no pierde su actualidad estilística aún en Francia, esta carta utiliza a todo lo largo, la razón humanitaria, aquella del sufrimiento y de la asistencia ("ayúdennos, nosotros sufrimos enormemente"), aquel de la vida y el sacrificio ("ustedes ven que nosotros nos sacrificamos y exponemos nuestra vida"), en el terreno mismo de su compromiso ("luchar contra la pobreza y poner fin a la guerra"). Si bien las palabras de estos niños nos afectan poderosamente, es especialmente porque ellas nos devuelven la imagen que nosotros queremos dar al mundo y que sus muertes son la prueba de nuestra impotencia. El mimetismo del que, según la antropología estadounidense, ellos dan prueba no consiste en imitar eso que somos, sino imitar eso que ellos piensan que nosotros amaríamos que sean. Es necesario por lo tanto escuchar, más allá de sus palabras, sus voces, como nos invita Veena Das, "una voz puede dar vida a palabras congeladas[25]". La fórmula no puede aquí aplicarse más literalmente ni más trágicamente.

Hecho remarcable, sin embargo, por una última vuelta, la emoción que sentimos –quiero decir, aquí ahora: no individualmente, sino colectivamente, en tanto que sociedad occidental- nos parece certificar nuestra humanidad. Hasta en su destino terrible, esos niños guineanos son, podemos pensar, nuestros semejantes, nuestros hermanos. Pero, nuestra compasión por su desaparición no puede tranquilizarnos con nosotros en tanto que olvidamos tantos otros hechos similares: algunas semanas antes de la muerte de estos dos niños, un adolescente senegalés milagrosamente sobreviviente de una viaje casi idéntico entre Dakar y Lyon, había sido enviado a su país, donde, una nueva

[24] De esta carta, James Ferguson (2002) retiene especialmente el deseo de mimetismo de esos niños ávidos de estudiar "para ser como ustedes en África", aún cuando reconoce al final de su artículo una tentativa de sensibilizar al mundo occidental y a sus responsabilidades sobre sus antiguas colonias.

[25] En su obra, Veena das (2007, pp. 8-9) se muestra siempre atenta a distinguir la palabra y el discurso "voice", "speech" considerando como un deber tanto imperioso como imposible, para el antropólogo, hacer escuchar las voces de aquellas y aquellos de quienes él o ella habla.

tentativa de embarque, oculto en un tren de aterrizaje, le resultó fatal; algunos meses más tarde, un opositor político cubano huyendo de su país en la sala de máquinas de un avión con peligro de su vida vio rechazado su pedido de asilo sin haber salido de la zona de espera de Roissy y se encuentra brutalmente expulsado para ser enviado a las autoridades de La Habana a su llegada: dos episodios entre muchos otros en la historia política de la hospitalidad contemporánea[26]. A los ideales occidentales, de los que ellos percibían los ecos lejanos hasta en su barrio miserable de Conakry, Yaguine Koita y Fodé Tounkara le habían otorgado más crédito del que seguramente hubieran debido. Porque si hubieran sobrevivido a su mortal travesía, la razón de estado hubiera una vez más prevalecido, contra ellos, sobre la razón humanitaria a la que apelaban.

[26] Ver: "Pasajero clandestino de un avión, un joven senegalés milagroso muere luego de su fuga", *Le Monde*, 7 de setiembre de 1999; y "Francia expulsa a un joven solicitante de asilo cubano", *Le Monde*, 3 de setiembre del 2000.

Bibliografía

Adorno Theodor W., 2003, *Dialectique negative,* Paris, Payot et Rivages [1re éd. allemande, 1966].

Agamben Giorgio, 1997, *Homo sacer. Le pouvoir souverain et la vie nue,* Paris, Seuil [1re éd. italienne, 1995].

——— 1999, *Ce qui reste d'Auschwitz. L 'archive et le témoin,* Paris, Payot et Rivages [1re éd. italienne, 1998].

——— 2003, *État d'exception,* Paris, Seuil [1re éd. italienne, 2003].

Agier Michel, 2004, «Le camp des vulnérables. Les réfugiés face á leur citoyenneté niée», *Les Temps moderns,* vol. 59, n° 627 (avril-juin), p. 120-137.

Althusser Louis, 1976, «Idéologie et appareils idéologiques d'Etat (Notes pour une recherche) », in *Positions. 1964-1975,* Paris, Editions sociales, p. 67-125 [1re éd., 1970].

Arendt Hannah, 1961, *Condition de l'homme modern,* Paris, Calmann-Lévy [1re éd. états-unienne, 1958].

——— 1967, *Essai sur la revolution,* Paris, Gallimard [1re éd. états-unienne, 1963].

——— 1968, «Introduction. Walter Benjamin: 1892-1940», *in* Walter Benjamin, *Illuminations,* New York, Harcourt, Brace and World, p. 1-55.

——— 2002, *Les Origins du totalitarisme; Eichmann &Jerusalem,* Paris, Gallimard [1re éd. états-unienne, 1951].

Armitage John, 2002, « State of Emergency. An Introduction », *Theory, Culture and Society,* vol. 19, n° 4 (août), p. 27-38.

Asad Talal, 1997, «On Torture, or Cruel, Inhuman, and Degrading Treatment», *in* Arthur Kleinman, Veena Das et Margaret Lock (eds.), *Social Suffering,* Berkeley, University of California Press, p. 285-308.

Assayag Jackie, 2004, «Lecons de ténebres. Violence, terreur, genocides », *Les Temps moderns,* vol. 59, n° 626 (décembre-février), p. 275-304.

Astier Isabelle, 1998, « RMI : du travail social á une politique des individus », *Esprit,* mars-avril, p. 142-157.

Augustin (saint), 1964, *Les Confessions,* Paris, Garnier-Flammarion.

Austin John Langshaw, 1970, *Quand dire, c'est faire,* Paris, Seuil [1re ed. etats-unienne, 1962].

Didier Fassin

BACHMANN Christian et LE GUENNEC Nicole, 1995, *Violences urbaines. Ascension et chute des classes moyennes á travers cinquante ans de politique de la ville*, Paris, Albin Michel.

BAUMAN Zygmunt, 1998, *Globalization. The Human Consequences*, Cambridge, Polity

Press.

———— 2004, *Wasted Lives. Modernity and its Outcasts*, Cambridge, Polity.

BECKER Howard S., 1985, *Outsiders. Etudes de sociologie de la deviance*, Paris, Métailié [1re éd. états-unienne, 1963].

BÉNATOUIL Thomas, 1999, «Critique et pragmatique en sociologie. Quelques principes de lecture », *Annales. Histoire, Sciences sociales*, vol. 54, n° 2 (mars-avril), p. 281-317.

BENJAMIN Walter, 1968, «Theses on the Philosophy of History», in *Illuminations*, New York, Harcourt, Brace and World, p. 255-266 [1re éd. états-unienne, 1942].

———— 2000, « Critique de la violence », in (*Euvres. Volume 1*, Paris, Gallimard, p. 210-243 [1re éd., 1921].

BENTHALL Jonathan, 1993, *Disasters, Relief and the Media*, Londres, I.B. Tauris.

————2008, *Returning to Religion. Why a Secular Age is Haunted by Faith*, Londres, I.B. Tauris.

BENVENISTE Emile, 1969, *Le Vocabulaire des institutions indo-européennes. Volume 1: Économie,*

parenté, société, Volume 2: Pouvoir, droit, religion, Paris, Editions de Minuit.

BERGER Nathalie, 2000, *La Politique européenne d'asile et d'immigration. Enjeux et perspectives*, Bruxelles, Bruylant.

BERGERON Henri, 1999, *L État et la toxicomanie. Histoire d'une singularité fianyaise*, Paris, Presses universitaires de France.

BERLANT Lauren (ed.), 2004, *Compassion. The Culture and Politics of an Emotion*, New York, Routledge.

BERNARDOT Marc, 2008, *Camps d'étrangers*, Bellecombe-en-Bauges, Éditions du Croquant.

BIBEAU Gilles, 1991, «L'Afrique, terre imaginaire du sida. La subversion du discours scientifique par le jeu des fantasmes», *Anthropologie et Societes*, vol. 15, n°s 2-3, p. 125-147.

BIHR Alain et PFEFFERKORN Roland, 1999, *Déchiffrer les inégalités*, Paris, Syros [1re éd., 1995].

BOLTANSKI Luc, 1993, *La Souffrance à distance. Morale humanitaire, médias et politique*, Paris, Métailié.

BORNSTEIN Avram, 2001, «Ethnography and the Politics of Prisoners in Palestine-Israel », *Journal of Contemporary Ethnography*, vol. 30, n° 5, p. 546-574.

BOURDIEU Pierre, 1992, *Réponses. Pour une anthropologie réflexive* [avec Loïc Wacquant], Paris, Le Seuil.

BOURDIEU Pierre (ed.), 1993, *La Misère du monde,* Paris, Seuil.

BRADOL Jean-Hervé, 2003, «Introduction. L'ordre international cannibale et l'action humanitaire » *in* Fabrice Weissman (éd.), *À l'ombre des guerres justes. L'ordre international cannibals et l'action humanitaire,* Paris, Flammarion, p. 13-32.

BRANDT Allan M., 1985, *No Magic Bullet. A Social History of Venereal Disease in the United States since 1880,* Oxford, Oxford University Press.

BRAUMAN Rony, 2000, *L'Action humanitaire,* Paris, Flammarion [1re éd., 1995].

BRAUMAN Rony et Salignon Pierre, 2003, «Irak. La posture du missionnaire », *in* Fabrice Weissman (éd.), *A l'ombre des guerres justes. L'ordre international cannibals et l'action humanitaire,* Paris, Flammarion, p. 275-291.

BUCAILLE Laetitia, 2004, *Growing Up Palestinian. Israeli Occupation and the Intifada Generation,* Princeton, Princeton University Press [1re éd. française, 2002].

BUTCHART Alexander, 1998, *The Anatomy of Power. European Constructions of the African Body,* Londres-New York, Zed Books.

BUTLER Judith, 1997, *The Psychic Life of Power. Theories in Subjection,* Stanford, Stanford University Press.

———— 2004, *Precarious Life. The Powers of Mourning and Violence,* Londres, Verso. Burr Leslie, 2002, The Suffering Stranger. Medical Anthropology and International Morality», *Medical Anthropology,* vol. 21, n° 1 (janvier), p. 1-24.

CALABRESI Guido et BOBBITT Philip, 1978, *Tragic Choices,* New York, Norton.

CARUTH Cathy (ed.), 1995, *Trauma. Explorations in Memory,* Baltimore, The Johns Hopkins University Press.

CASTEL Robert, 1981, *La Gestion des Argues. De l'anti-psychiatrie á l'après-psychanalyse,* Paris, Editions de Minuit.

————1995, *Les Métamorphoses de la question sociale. Une chronique du salarial,* Paris, Fayard.

CÉSAIRE Aimé, 1980, *Une tempéte. D'aprés* La Tempéte *de Shakespeare: adaptation pour un théátre négre,* Paris, Seuil [1re éd., 19691.

CLASTRES Pierre, 1974, *La Societe' contre l État. Recherches d'anthropologie politique,* Paris, Editions de Minuit.

CLOCHARD Olivier, DECOURCELLE Antoine et INTRAND Chloé, 2003, «Zones d'attente et demandc d'asile á la frontiére. Le renforcement des controles migratoires?», *Revue européenne des migrations internationales,* vol. 19, n° 2, p. 157-189.

Clochard Olivier, Gastaut Yvan et Schor Ralph, 2004, «Les camps d'étrangers depuis 1938. Continuité et adaptations », *Revue européenne des migrations internationales*, vol. 20, n° 2, p. 57-87.

Collins John, 2004, *Occupied by Memory. The Intifada Generation and the Palestinian State of Emergency*, New York, New York University Press.

Collovald Annie, 2001, «De la défense des "pauvres nécessiteux" à l'humanitaire expert. Reconversion et métamorphoses d'une cause politique », *Politix, vol.* 14, n° 56, p. 135-161.

Coronil Fernando, 1997, *The Magical State. Nature, Money, and Modernity in Venezuela*, Chicago, The University of Chicago Press.

Dalgalarrondo Sébastien et Urfalino Philippe, 2000, Choix tragique, controverse et décision publique. Le cas du tirage au sort des malades du sida», *Revue franfaise de sociologie*, vol. 41, n° 1 (janvier-mars), p. 119-157.

Daniel Valentine E. et Knudsen John Chr., 1995, *Mistrusting Refugees*, Berkeley, University of California Press.

Das Veena, 1997, «Language and Body. Transactions in the Construction of Pain», *in* Arthur Kleinman, Veena Das et Margaret Lock (eds.), *Social Suffering*, Berkeley, University of California Press, p. 67-91.

—————— 2007, *Life and Words. Violence and the Descent into the Ordinary*, Berkeley, University of California Press.

Das Veena et Kleinman Arthur, 2001, «Introduction », *in* Veena Das, Arthur Kleinman, Margaret Lock, Mamphela Ramphele et Pamela Reynolds (eds.), *Remaking a World. Violence, Social Suffering, and Recovery*, Berkeley, University of California Press, p. 1-30.

Das Veena, Kleinman Arthur, Lock Margaret, Ramphele Mamphela et Reynolds Pamela (eds.), 2001, *Remaking a World. Violence, Social Suffering, and Recovery*, Berkeley, University of California Press.

Das Veena, Kleinman Arthur, Ramphele Mamphela et Reynolds Pamela (eds.), 2000, *Violence and Subjectivity*, Berkeley, University of California Press.

Dauvin Pascal et Simean'r Johanna (eds.), 2002, *Le Travail humanitaire. Les acteurs des*

ONG, du siege au terrain, Paris, Presses de la Fondation de Sciences politiques.

Dejours Christophe, 1998, *Souffrance en France. La banalisation de l'injustice sociale*, Paris,

Seuil.

Deleuze Gilles, 2003, *Nietzsche et la philosophie*, Paris, Presses universitaires de France [1ʳᵉ ed., 1962].

Delouvin Patrick, 2000, «The Evolution of Asylum in France », *Journal of Refugee Studies*, vol. 13, n° 1 (mars), p. 61-73.

Demaziéle Didier et Pignoni Maria-Teresa, 1999, *Chómeurs: du silence á la révolte. Sociologie d'une vie collective*, Paris, Hachette littératures.

Derrida Jacques, 1997, *De l'hospitalité. Anne Dufourmantelle invite Jacques Derrida á re'pondre*, Paris, Calmann-Lévy.

Descombes Vincent, 2008, Quand la mauvaise critique chasse la bonne... », *Traces. Revue*

de Sciences humaines, Hors-Série, n° 8: «Present et futurs de la critique », p. 45-69.

De Waal Alex, 2005, *Famine that Kills. Darfur, Sudan*, Oxford, Oxford University Press

[1re éd., 1989].

Didier Elisabeth, 1992, « Torture et mythe de la preuve », *Plein droit. La revue du Gisti*, n° 18-19 (octobre), p. 64-69.

Dodier Nicolas, 1993, *L'Expertise médicale. Essai de sociologie sur l'exercice du jugement*, Paris, Métailié.

——— 2003, *Lefonspolitiques de l'epidemie de sida*, Paris, Editions de l'École des hautes etudes en sciences sociales.

——— 2005, «L'espace et le mouvement du sens critique » ,*Annales. Histoire, Sciences sociales*, vol. 60, n° 1 (janvier-février), p. 7-31.

Donzelot Jacques et Roman Joel, 1991, «Le déplacement de la question sociale», in Jacques Donzelot (éd.), *Face á l'exclusion. Le modele franca is*, Paris, Editions Esprit, p. 5-14.

Dorlin Elsa, 2006, *La Matrice de la race. Genéalogie sexuelle et coloniale de la nation française*, Paris, La Découverte.

Duffield Mark, 2001, *Global Governance and the New Wars. The Merging of Development and Security*, Londres, Zed Books.

Duprat Catherine, 1993, *«Pour l'amour de l'humanité». Le temps des philanthropes. Tome 1: La philanthropie parisienne des Lumières á la monarchie de Juillet*, Paris, Editions du CTHS.

Durkheim Emile, 2004, *Sociologie et philosophie* [presentation de Bruno Karsenti], Paris, Presses universitaires de France P1^{re} ed., 1924].

Ehrenberg Alain, 1998, *La Fatigue d'étre soi. Depression et sociéte*, Paris, Odile Jacob.

2004, « Les changements de la relation normal-pathologique. A propos de la souffrance psychique et de la santé mentale », *Esprit*, mai, p. 133-156.

Elster Jon, 1992, *Local Justice. How Institutions Allocate Scare Goods and Necessary Burdens*, New York, Russel Sage Foundation.

Elster Jon et Herpin Nicolas (éds.), 1992, *Ethique des choix médicaux*, Arles, Actes Sud.

Fassin Didier, 1996, «Exclusion, *underclass, marginalidad*. Figures contemporaines de la pauvreté urbaine en France, aux Etats-Unis et en Amérique latine», *Revue francaise de sociologie*, vol. 37, n° 1 (janvier-mars), p. 37-75.

Didier Fassin

———— 1999, «L'ethnopsychiatrie et ses réseaux. Une influence qui grandit», *Geneses. Sciences sociales et histoire,* n° 35 (juin), p. 146-171.

———— 2000, « La supplique. Strategies rhétoriques et constructions identitaires dans les

demandes d'aide d'urgence», *Anuales. Histoire, Sciences sociales,* vol. 55, n° 5 (septembre-octobre), p. 955-981.

———— 2001, «Une double peine. La condition sociale des immigrés malades du sida», *L'Homme,* n° 160 (octobre-clécembre), p. 137-162.

———— 2004a, « Et la souffrance devint sociale. De l'anthropologie médicale á une anthropologie des afflictions », *Critique, vol.* 60, n°s 680-681 (janvier-février), p. 16-29.

———— 2004b, *Des maux indicibles. Sociologie des lieux d'écoute,* Paris, La Découverte.

———— 2004c, « La cause des victimes», *Les Temps modernes,* vol. 59, n° 627 (avril juin),

p. 73-91.

————2005, « L'ordre moral du monde. Essai d'anthropologie de l'intolérable », *in* Didier Fassin et Patrice Bourdelais (éds.), *Les Constructions de l'intolérable. Etudes d'anthropologie et d'histoire sur les frontieres de l'espace moral,* Paris, La Découverte, p. 17-50.

————2006a, *Quand les corps se souviennent. Experiences et politiques du sida en Afrique du Sud,* Paris, La Découverte.

————2006b, « La biopolitique n'est pas la politique de la vie », *Sociologie et socials,* vol. 38, n° 2 (automne), p. 35-48.

————2007, «Humanitarianism, a Nongovernmental Government», *in* Michel Feher (éd.), *Nongovernmental Politics,* New York, Zone Books, p. 149-159.

————2009a, «Another Politics of Life is Possible », *Theory, Culture and Society,* vol. 26, n° 5 (septembre), p. 44-60.

————2009b, « Les economies morales revisitées », *Anuales. Histoire, Sciences Sociales,* vol. 64, n° 6 (novembre-décembre), p. 1237-1266.

Fassin Didier (éd.), 2010, *Les Nouvelles Frontières de la social française,* Paris, La Découverte.

Fassin Didier et Bensa Alban, 2008, *Les Politiques de l'enquéte. Épreuves ethnographiques,* Paris, La Découverte.

Fassin Didier et Defossez Anne-Claire, 1992, «Une liaison dangereuse. Sciences sociales et santé publique dans les programmes de reduction de la mortalité maternelle en Equateur », *Cahiers des Sciences humaines (ORSTOM),* vol. 28, n° 1, p. 23-36.

Fassin Didier, Le Marcis Frédéric et Lethata Todd, 2008, «Life and Times of Magda A. Telling a Story of Violence in South Africa », *Current Anthropology,* vol. 49, n° 2 (avril), p. 225-246.

FASSIN Didier et Morice Alain, 2001, «Les épreuves de l'irrégularité. Les sans-papiers, entre déni d'existence et reconquéte d'un statut», *in* Dominique Schnapper (éd.), *Exclusions au cceur de la cité,* Paris, Anthropos, p. 260-309.

FASSIN Didier, MORICE Alain et QUIMINAL Catherine (éds.), 1997, *Les Lois de l'inhospitalité. Les politiques de l'immigration á l'e'preuve des sanspapiers,* Paris, La Découverte.

FASSIN Didier et PANDOLFI Mariella, 2010, *Contemporary States of Emergency. The Politics of Military and Humanitarian Intervention,* New York, Zone Books.

FASSIN Didier et RECHTMAN Richard, 2007, *L 'Empire du traumatism. Enquete sur la condition de victime,* Paris, Flammarion.

FELDMAN Allen, 1994, On Cultural Anesthesia. From Desert Storm to Rodney King», *American Ethnologist,* vol. 21, n° 2 (mai), p. 404-418.

FELMAN Shoshana, 1999, « Benjamin's Silence », *Critical Inquiry,* vol. 25, n° 2 (hiver), p. 201-234.

FERGUSON James G., 2002, «Of Mimicry and Membership: Africans and the «New

World Society» », *Cultural Anthropology,* vol. 17, n° 4 (novembre), p. 551-569.

FOTHERGILL Alice, 2003, «The Stigma of Charity. Gender, Class and Disaster Assistance »,

The Sociological Quarterly, vol. 44, n° 4 (septembre), p. 659-680.

FOUCAULT Michel, 1975, *Surveiller et punir. Naissance de la prison,* Paris, Gallimard.

———— 1976, *Histoire de la sxualité. Vol. 1. La volonté de savoir,* Paris, Gallimard.

———— 1994, *Oils et écrits. 1954-1.988, Volume IV,* Paris, Gallimard.

———— 2004, *Sécurité, territoire, population. Cours au College de France, 1977-1978,* Paris,

GALLIMARD-Le Seuil-Editions de l'École des hautes etudes en sciences sociales.

FREYSSINET Jacques, 2004, *Le Chi-image,* Paris, La Découverte [1ʳᵉ éd., 1984].

FUKUYAMA Francis, 1993, *La Fin de l'histoire et le dernier homme,* Paris, Flammarion [1ʳᵉ éd. états-unienne, 1992].

GARFINKEL Harold, 1984, *Studies in Ethnomethodology,* Cambridge, Polity Press [lʳᵉ éd. états-unienne, 1967].

GAUCHET Marcel, 1985, *Le Disenchantment du monde. Une histoire politique de la religion,* Paris, Gallimard.

GAULÉJAC Vincent (de), 1996, *Les Sources de la honte,* Paris, Desclée de Brouwer.

GEREMEK Bronislaw (éd.), 1980, *Inutiles au monde. Truands et miserables dans l'Europe modern (1350-1600),* Paris, Gallimard Julliard.

GILMAN Sander L., 1985, *Difference and Pathology. Stereotypes of Sexuality, Race, and Madness,* New York, Cornell University Press.

Godelier Maurice, 1982, *La Production des Brands hommes. Pouvoir et domination chez les Baruya de Nouvelle-Guinée*, Paris, Fayard.

Goffman Erving, 1975, *Stigmate. Les usages sociaux des handicaps*, Paris, Le Seuil [1re éd. états-unienne, 1963].

Good Anthony, 2007, *Anthropology and Expertise in the Asylum Courts*, Oxford-New York, Routledge-Cavendish.

Goody Jack, 1977, *The Domestication of the Savage Mind*, Cambridge, Cambridge University Press.

Graham Mark, 2002, «Emotional Bureaucracies: Emotions, Civil Servants, and Immigrants in the Swedish Welfare State *Ethos, vol.* 30, n° 3 (septembre), p. 199-226.

Hacking Ian, 1995, *Rewriting the Soul. Multiple Personality and the Sciences of Memory*, Princeton, Princeton University Press.

———— 1999, *Mad Travellers. Reflections on the Reality of Transient Mental Illnesses*, Londres, Free Association Books.

Halluin Estelle (d'), 2008, *Les Épreuves du droit d'asile. De la politique du soupcon à la reconnaissance des refugies*, These de doctorat, Ecole des hautes etudes en sciences sociales, Paris.

Hartog François, 2005, «Le témoin et l'historien», in *Evidence de l'histoire*, Paris, Editions de l'Ecole des hautes etudes en sciences sociales, p. 191-214.

Heyman Josiah McC., 1998, *Finding a Moral Heart for U.S. Immigration Policy. An Anthropological Perspective*, American Ethnological Society Monograph Series, n° 7.

Hinton Alexander Laban, 2002, «The Dark Side of Modernity. Toward an Anthropology of Genocide », *in Alexander Laban Hinton (ed.), Annihilating Difference. The Anthropology of Genocide*, Berkeley, University of California Press, p. 1-40.

Hirschman Albert O., 1970, *Exit, Voice, and Loyalty. Responses to Decline in Firms, Organisations and States*, Harvard, Harvard University Press.

Hoffman Susanna M. et Oliver-Smith Anthony (eds.), 2002, *Catastrophe and Culture. The Anthropology of Disaster*, Santa Fe, School of American Research Press.

Hoffmann Stanley (ed.), 1996, *The Ethics and Politics of Humanitarian Intervention*, Notre Dame, University of Notre Dame Press.

Horton Richard, 1996, «Truth and Heresy about AIDS », *The New York Review of Books,* vol. 43, n° 9 (mai), p. 14-20.

Howell Signe (ed.), 1997, *The Ethnography of Moralities*, Londres, Rouledge.

Hyndman Jennifer, 2000, *Managing Displacement. Refugees and the Politics of Humanitarianism*, Minneapolis, University of Minnesota Press.

Ignatieff Michael, 2000, « The New American Way of War », *The New York Review of Books*, vol. 47, n° 12 (juillet), p. 42-46.

JAMES Erica Caple, 2010, *Democratic Insecurities. Violence, Trauma, and Intervention in Haiti*, Berkeley, University of California Press.

JEWKES Rachel et Abrahams Naeemah, 2002, « The Epidemiology of Rape and Sexual Coercion in South Africa. An Overview», *Social Science and Medicine,* vol. 55, n° 7 (octobre), p. 1231-1244.

JEWKES Rachel, ABRAHAMS Naeemah et Mvo Zodumo, 1998, «Why Do Nurses Abuse Patients? Reflections from South African Obstetric Services», *Social Science and Medicine,* vol. 47, n° 11 (décembre), p. 1781-1795.

JOUBERT Michel, BERTOLOTTO Fernando et BOUHNIK Patricia (éds.), 1993, *Quartier, democratie et santé. Mode de vie et santé des familles et des jeunes sur un quartier de banlieue, une recherche-action en santé communautaire*, Paris, L'Harmattan.

KANTOROWICZ Ernst H., 1989, *Les Deus Corps du Roi. Essai sur la théologie politique au Moyen Age*, Paris, Gallimard [1ʳᵉ éd. états-unienne, 1957].

KLEINMAN Arthur, 1988, *The Illness Narratives. Suffering, Healing and the Human Condition*, New York, Basic Books.

KLEINMAN Arthur, DAS Veena et LOCK Margaret (eds.), 1997, *Social Suffering,* Berkeley, University of California Press.

KOSELLECK Reinhart, 1990, *Le Futur passé. Contribution á la sémantique des temps historiques*, Paris, Editions de l'Ecole des hautes etudes en sciences sociales [1ʳᵉ éd. allemande, 1979].

LAACHER Smain, 2002, *Aprés Sangatte Nouvelles immigrations, nouveaux enjeux,* Paris, La Dispute.

LAE Jean-François, 1996, *L'Instance de la plainte. Une histoire politique et juridique de la souf fiance*, Paris, Descartes et Cie.

LAÉ Jean-François et MURARD Numa, 1995, *Les Récits du malheur,* Paris, Descartes et Cie.

LALANDE Andre, 1993, *Vocabulaire technique et critique de la philosophie,* 2 vol., Paris, Presses universitaires de France [lʳᵉ éd., 1926].

LAZARSFELD Paul Felix, 1981, *Les Chômeurs de Marienthal* [avec Marie Jahoda et Hans Zeisel], Paris, Éditions de Minuit.

LE Cour Grandmaison Olivier, 2005, *Coloniser, exterminer. Sur la guerre et l État colonial*, Paris, Fayard.

LEFORT Claude, 1986, *Essais sur le politique. xixᵉ-xxᵉ siècles*, Paris, Seuil.

LEGOUX Luc, 1995, *La Crise de l'asile politique en France*, Paris, Centre français sur la population et le développement.

LEVI Primo, 1987, *Si c'est un homme,* Paris, Julliard [1ʳᵉ éd., 1947].

LEVINAS Emmanuel, 1961, *Totalité et infini. Essai sur l'extériorité*, La Haye, Kluwer Academic, Martinus Nijhoff.

LEYS Ruth, 2000, *Trauma. A Genealogy*, Chicago, The University of Chicago Press.

Lovell Anne, 1998, « Sida-toxicomanie, un objet hybride de la nouvelle santé publique á Marseille., *in* Didier Fassin (ed.), *Les Figures urbaines de la santé publique. Enquete sur des experiences locales*, Paris, La Découverte, p. 203-238.

Macfarlane S. Neil, 1999, «Humanitarian Action and Conflict », *International Journal,* vol. 54, n° 4 (automne), p. 537-561.

Maigret Eric, 2002, «Pierre Bourdieu, la culture populaire et le long remords de la sociologie de la distinction culturelle», *Esprit,* mars, p. 170-178.

Makaremi Chowra, 2009, « Violence et refoulement dans la zone d'attente de Roissy-CDG », *in* Carolina Kobelinsky et Chowra Makaremi (eds.), *Enfermes dehors. Enquetes sur le confinement des étrangers,* Bellecombe-en-Bauges, Editions du Croquant, p. 41-62.

Malkki Liisa H., 1995, *Purity and Exile. Violence, Memory, and National Cosmology among Hutu Refugees in Tanzania,* Chicago, The University of Chicago Press.

———— 1996, «Speechless Emissaries. Refugees, Humanitarianism, and Dehistoricization »,

Cultural Anthropology, vol. 11, n° 3 (août), p. 377-404.

Marrus Michael R., 1985, *The Unwanted. European Refugees in the Twentieth Century,* New York, Oxford University Press.

Masquelier Adeline, 2006, « Why Katrina's Victims Aren't *Refugees.* Musings on a "Dirty" Word », *American Anthropologist,* vol. 108, n° 4 (decembre), p. 735-743. Mbembe Achille, 2003, «Necropolitics », *Public Culture, vol.* 15, n° 1 (hiver), p. 11-40. Messu Michel, 1991, *Les Assistés sociaux. Analyse identitaire d'un groupe social,* Toulouse, Privat.

Mignolo Walter D., 2000, *Local Histories/Global Designs. Coloniality, Subaltern Knowledges, and Border Thinking,* Princeton, Princeton University Press.

Minear Larry, 2002, *The Humanitarian Enterprise. Dilemmas and Discoveries,* Bloomfield, Kumarian Press.

Minear Larry et Weiss Thomas G., 1992, «Groping and Coping in the Gulf Crisis. Discerning the Shape of a New Humanitarian Order., *World Policy Journal,* vol. 9, n° 4 (automne-hiver), p. 755-777.

Morris David B., 1991, *The Culture of Pain,* Berkeley, University of California Press.

Nahoum-Grappe Véronique, 1996, «L'usage politique de la cruauté: l'epuration ethnique (ex-Yougoslavie 1991-1995) », *in* Françoise Heritier (ed.), *De la violence. Seminaire de Françoise Héritier,* Paris, Odile Jacob, p. 273-323.

Noiriel Gerard, 1991, *La Tyrannie du national Le droit d'asile en Europe, 1793-1993,* Paris, Calmann-Lévy.

Nussbaum Martha C., 2001, *Upheavals of Thought. The Intelligence of Emotions,* Cambridge, Cambridge University Press.

OGIEN Albert, 1999, «Situation de decision: une analyse des pratiques d'attribution d'argent public », *Droit et Société,* n°s 42-43, p. 365-391.

ORFORD Anne, 1999, Muscular Humanitarianism. Reading the Narratives of the New Interventionism », *European Journal of International Law,* vol. 10, n° 4, p. 679-711.

PANDOLFI Mariella, 2008, (Laboratory of Intervention. The Humanitarian Governance of the Postcommunist Balkan Territories », *in* Mary-Jo Del Vecchio Good, Sandra Teresa Hyde, Sarah Pinto et Byron J. Good (eds.), *Postcolonial Disorders,* Berkeley, University of California Press, p. 157-186.

PAUGAM Serge, 1991, *La Disqualification sociale. Essai sur la nouvelle pauvreté,* Paris, Presses universitaires de France.

———— 1993, *La Société française et ses pauvres. L'experience du revenu minimum d'insertion,* Paris, Presses universitaires de France.

———— 2007, *Le Salarié de la précarité. Les nouvelles formes de l'intégration professionnelle,* Paris, Presses universitaires de France.

PESCHANSKI Denis, 2002, *La France des camps. L 'internement, 1938-1946,* Paris, Gallimard.

PETEET Julie, 1994, «Male Gender and Rituals of Resistance in the Palestinian *Intifada.* A Cultural Politics of Violence », *American Ethnologist,* vol. 21, n° 1 (fevrier), p. 31-49.

PETRYNA Adriana, 2002, *Life Exposed. Biological Citizens after Chernobyl,* Princeton, Princeton University Press.

PIVEN Frances Fox et Cloward Richard A., 1993, *Regulating the Poor. The Functions of Public Welfare,* New York, Vintage Books [1ʳᵉ éd., 1971].

POLLAK Michael, 1990, *L'Expérience concentrationnaire. Essai sur le maintien de l'identité sociale,* Paris, Métailié.

PORRAS Ponceleón Temir, 2000, Venezuela: les ambiguités de la "révolution bolivarienne" », *Problémes d'Amérique latine,* n° 39 (octobre-décembre), p. 3-23.

PUGH Michael, 1998, .Military Intervention and Humanitarian Action. Trends and Issues », *Disasters,* vol. 22, n° 4 (décembre), p. 339-351.

PUPAVAC Vanessa, 2001, «Therapeutic Governance. Psycho-Social Intervention and Trauma Risk Management., *Disasters,* vol. 25, n° 4 (décembre), p. 358-372.

RANCIERE Jacques, 2005, *La Haine de la démocratie,* Paris, La Fabrique.

Rawls John, 1971, *A Theory of Justice,* Oxford, Oxford University Press.

———— 2008, *Legions sur l'histoire de la philosophie morale,* Paris, La Découverte [1ʳᵉ éd. étatsunienne, 2000].

RAZACK Sherene H., 2004, *Dark Threats and White Knights. The Somalia Affair, Peacekeeping, and the New Imperialism,* Toronto, University of Toronto Press.

REDFIELD Peter W., 2005, «Doctors, Borders and Life in Crisis », *Cultural Anthropology,* vol. 20, n° 3 (août), p. 328-361.

RENAULT Emmanuel, 2008, *Souffrances sociales. Philosophie, psychologie et politique,* Paris, La Découverte.

REVAULT D'allonnes Myriam, 2008, *L'Homme compassionnel,* Paris, Seuil.

REY Alain (ed.), 2006, *Dictionnaire historique de la langue franfaise,* Paris, Le Robert [1ʳᵉ éd., 1992].

REYNOLDS Pamela, 2000, «The Ground of All Making. State Violence, the Family and Political Activists », *in* Veena Das, Arthur Kleinman, Mamphela Ramphele et Pamela Reynolds (eds.), *Violence and Subjectivity,* Berkeley, University of California Press, p. 141-170.

RICOEUR Paul, 1997, *L'Idéologie et l'Utopie,* Paris, Seuil.

RIEFF David, 2002, *A Bed for the Night. Humanitarianism in Crisis,* New York, Simon and Schuster.

ROBERT Phlippe, 2002, *L'Insécurité en France,* Paris, La Découverte.

RODIER Claire et Terray Emmanuel (éds.), 2008, *Immigration : fantasmes et réalités. Pour une alternative à la fermeture des frontiéres,* Paris, La Découverte.

ROSANVALLON Pierre, 1995, *La Nouvelle Question sociale. Repenser l'Étatprovidence,* Paris, Seuil.

ROSE Nikolas, 1999a, *Governing the Soul. The Shaping of the Private Self* Londres, Free Association Book [1ʳᵉ éd., 1989].

———— 1999b, *Powers of Freedom. Reframing Political Thought,* Cambridge, Cambridge University Press.

SARAT Austin et Scheingold Stuart (eds.), 1998, *Cause Lawyering. Political Commitments and Professional Responsibilities,* New York, Oxford University Press.

SAYAD Abdelmalek, 1999, *La Double Absence. Des illusions de l'émigré aux souffrances de l'immigré,* Paris, Seuil.

SCHEPER-Hughes Nancy, 1992, *Death Without Weeping. The Violence of Everyday Lift in Brazil,* Berkeley, University of California Press.

SCHEPER-Hughes Nancy et Bourgois Philippe (eds.), 2004, *Violence in War and Peace. An Anthology,* Malden, Blackwell Publishing.

SCHEPER-HUGHES Nancy et SARGENT Carolyn (eds.), 1998, *Small Wars. The Cultural Politics of Childhood,* Berkeley, University of California Press.

SCHNEIDER Joseph W., 1985, «Social Problems Theory. The Constructionist View», *Annual Review of Sociology,* vol. 11 (aotit), p. 209-229.

SCHMITT Carl, 1988, *Théologie politique. 1922, 1969,* Paris, Gallimard [1rᵉ éd. allemande, 1922, 1970].

SCHOR Ralph, 1996, *Histoire de l'immigration en France de la fin du xix° siécle á nos jours,* Paris, Armand Colin.

SCHWARTZ Olivier, 1993, «L'empirisme irréductible» [Postface], *in* Nels Anderson (ed.), *Le Hobo. Sociologie du sans-abri,* Paris, Nathan, p. 266-308.

SENNETT Richard, 1979, *Les Tyrannies de l'intimité,* Paris, Seuil [1re éd. étatsunienne, 1974].

SCOTT James C., 1976, *The Moral Economy of the Peasant. Rebellion and Subsistence in Southeast Asia,* New Haven, Yale University Press.

SIMMEL Georg, 1998, *Les Pauvres,* Paris, Presses universitaires de France [1re éd. allemande, 1908].

SLIM Hugo, 2002, Not Philanthropy But Rights. The Proper Politicisation of Humanitarian Philosophy», *International Journal of Human Rights,* vol. 6, n° 2 (été), p. 1-22.

SMITH Adam, 1999, *Théorie des sentiments moraux,* Paris, Presses universitaires de France

[1re éd. anglaise, 1759].

SPENCER Jonathan, 2000, «On Not Becoming a "Terrorist". Problems of Memory, Agency, and Community in the Sri Lankan Conflict », *in* Veena Das, Arthur Kleinman, Mamphela Ramphele et Pamela Reynolds (eds.), *Violence and Subjectivity,* Berkeley, University of California Press, p. 120-140.

STEINMETZ George, 2003, «The State of Emergency and the Revival of American Imperialism. Toward an Authoritarian Post-Fordism », *Public Culture, vol.* 15, n° 2 (printemps), p. 323-345.

STRATHERN Marilyn, 2000, «Afterword. Accountability... and Ethnography », *in* Marilyn Strathern (ed.), *Audit Culture. Anthropological Studies in Accountability, Ethics and the Academy,* Londres, Routledge, p. 279-304.

SUÁREZ-Orozco Marcelo M., 1990, Speaking of the Unspeakable. Toward a Psycho-Social Understanding of Responses to Terror», *Ethos,* vol. 18, n° 3 (septembre), p. 353-383.

TAUSSIG Michael, 1992, *The Nervous System,* Londres, Routledge.

TAYLOR Charles, 1998, *Les Sources du moi. La formation de l'identité modern,* Paris, Seuil [1re éd. états-unienne, 1989].

———— 2004, *Modern Social Imaginaries,* Durham, Duke University Press.

TRY Fiona, 2002, *Condemned to Repeat ? The Paradox of Humanitarian Action,* Ithaca, Cornell University Press.

ÉNAULT Sylvie, 2007, «L'état d'urgence (1955-2005). De l'Algérie coloniale á la France contemporaine : destin d'une loi» , *Le Mouvement social* n° 218 (janvier-mars), p. 63-78.

THOMAS Héléne, 1997, *La Production des exclus. Politiques sociales et processus de &socialisation socio-politique,* Paris, Presses universitaires de France.

THOMPSON Edward Palmer, 1971, «The Moral Economy of the English Crowd in the Eighteenth Century», *Past and Present,* vol. 50, n° 1 (février), p. 76-136.

TOURAINE Alain, 1992, «Inégalités de la société industrielle, exclusion du marché», *in* Joélle Affichard et Jean-Baptiste de Foucauld (éd s.), *Justice sociale et inégalités*, Paris, Editions Esprit, p. 163-174.

TURNER Bryan S., 2002, .Sovereignty and Emergency. Political Theology, Islam and American Conservatism », *Theory, Culture and Society, vol.* 19, n° 4 (août), p. 103-119.

VALLAEYS Anne, 2004, *Médecins sans frontiéres. La biographie,* Paris, Fayard.

VÁSQUEZ Lezama Paula, 2007, *Les Politiques de la catastrophe en temps de «révolution bolivarienne». La gestion des sinistrés de* La Tragedia *de 1999 au Venezuela,* These de doctorat, Paris, Ecole des hautes etudes en sciences sociales.

VEISSE Arnaud, 2003, « Les lesions dangereuses », *Plein droit. La revue du Gisti,* n° 56 (mars), p. 32-35.

VIET Vincent, 1998, *La France immigrée. Construction d'une politique, 1914-1997,* Paris, Fayard.

VOGLER Candace et Markell Patchen, 2003, «Introduction. Violence, Redemption, and the Liberal Imagination », *Public Culture,* vol. 15, n° 1 (hiver), p. 1-10.

WAHNICH Sophie, 1997, L '*Impossible Citoyen. L étranger dans le discours de la Revolution francaise,* Paris, Albin Michel.

WALZER Michael, 1996, *La Critique sociale au xxᵉ siécle. Solitude et solidarité,* Paris, Métailié [1ʳᵉ éd. etats-unienne, 1988].

WEBER Max, 1959, *Le Métier et la Vocation d'homme politique* [introduction de Raymond Aron], Paris, Plon [1ʳᵉ éd. allemande, 1919].

——— 2005, *La Science, profession et vocation* [traduction et commentaires d'Isabelle Kalinowski], Marseille, Agone [1ʳᵉ éd. allemande, 1919].

WEBER Olivier, 1995, *French doctors. Les vingt-cinq ans d'épopée des hommes et des femmes qui ont inventé la médecine humanitaire,* Paris, Robert Laffont.

WEIL Patrick, 1995, *La France et ses étrangers. L 'aventure d'une politique de l'immigration de 1938 á nos fours,* Paris, Gallimard.

WHEELER Nicholas J., 2000, *Saving Strangers. Humanitarian Intervention in International Society,* Oxford, Oxford University Press.

WHITESIDE Alan et Sunter Clem, 2000, *AIDS. The Challenge for South Africa,* Cape Town, Human and Rousseau-Tafelberg.

WIEVIORKA Annette, 1998, *L'Ère du témoin,* Paris, Plon.

WITTGENSTEIN Ludwig, 1961, *Tractatus logico philosophicus,* Paris, Gallimard [1ʳᵉ éd. allemande, 1921].

——— 2004, *Recherches philosophiques,* Paris, Gallimard [1ʳᵉ éd. allemande, 1953].

WOODWARD Susan L., 2001, «Humanitarian War. A New Consensus? », *Disasters,* vol. 25, n° 4 (décembre), p. 331-344.

Young Allan, 1995, *The Harmony of Illusions. Inventing Post-Traumatic Stress Disorder,* Princeton, Princeton University Press.

Zago Angela, 1998, *La rebelión de los ángeles. Reportaje. Los documentos del movimiento,* Caracas, Warp Ediciones.

Zemon Davis Natalie, 1987, *Fiction in the Archives. Pardon Tales and their Tellers in Sixteenth-Century France,* Stanford, Stanford University Press.

Índice de figuras y tablas

Impreso por TREINTADIEZ S. A. en 2016
Pringles 521 (C1183 AEI)
Ciudad Autónoma de Buenos Aires
Teléfonos: 4864-3297 / 4862-6794
editorial@treintadiez.com